영화에서 포착한
동사의 쓰임

Hollywood Verbs: 동작과 행동의 영어

독자의 1초를 아껴주는 정성 길벗출판사

길벗	IT실용서, IT/일반 수험서, IT전문서, 경제경영서, 취미실용서, 건강실용서, 자녀교육서
더퀘스트	인문교양서, 비즈니스서
길벗이지톡	어학단행본, 어학수험서
길벗스쿨	국어학습서, 수학학습서, 유아학습서, 어학학습서, 어린이교양서, 교과서
페이스북	www.facebook.com/gilbuteztok
네이버 포스트	http://post.naver.com/gilbuteztok
유튜브	https://www.youtube.com/gilbuteztok

영화에서 포착한 동사의 쓰임
Hollywood Verbs: 동작과 행동의 영어

초판 1쇄 발행 2024년 9월 10일

지은이	에드워드 포비
옮긴이	강주헌
발행인	이종원
발행처	(주)도서출판 길벗
출판사	등록일 1990년 12월 24일
주소	서울시 마포구 월드컵로 10길 56(서교동)
대표 전화	02) 332-0931
팩스	02) 323-0586
홈페이지	www.gilbut.co.kr

기획 및 책임편집 김효정(hyo@gilbut.co.kr) ○ **외주 편집** 정영주 ○ **디자인** 글리치팩토리
제작 이준호 손일순 이진혁 ○ **마케팅** 이수미 장봉석 최소영 ○ **영업혁신팀** 한준희 ○ **영업관리** 김명자 심선숙
독자지원 윤정아 ○ **CTP 출력 및 인쇄** 상지사피앤비 ○ **제본** 상지사피앤비

잘못 만든 책은 구입한 서점에서 바꿔 드립니다
이 책은 저작권법에 따라 보호받는 저작물이므로 무단전재와 무단복제를 금합니다
이 책의 전부 또는 일부를 이용하려면 반드시 사전에 저작권자와 (주)도서출판 길벗의 서면 동의를 받아야 합니다
책 내용에 대한 문의는 길벗 홈페이지(www.gilbut.co.kr) 고객센터에 올려 주세요

ISBN	9791140714179(03740) (길벗도서번호 301174) ⓒ 길벗
정가	33,000원

영화에서 포착한 동사의 쓰임

Hollywood Verbs: 동작과 행동의 영어

Edward Povey 지음
강주헌 번역

저자 서문

15년 전부터 나는 영어 교사와 영어 학원 원장 및 외국어로서의 영어 교재 개발자까지 다양한 분야의 TESOL 전문가들을 가르치는 특권을 누려왔다. 그러던 어느 날, 지금은 길벗출판사에서 일하는 옛 제자로부터 뜻밖의 이메일을 받았다. 어휘책을 쓰는 데 관심이 있느냐고 묻는 메일이었다. 그때부터 우리는 자주 만나 커피를 마시며 광범위한 논의를 거친 끝에 이 책의 전반적인 틀을 결정했다.

이 책에서는 walk처럼 일반적인 움직임을 뜻하는 동사부터, hurdle과 squash처럼 구체적인 동작을 뜻하는 동사까지 무척 다양한 동사가 다루어져 있다. 각 동사에는 예문과 자세한 설명이 곁들여져 있다. 이 작업을 시작한 초기에 우리는 움직임을 여러 방법으로 설명할 필요가 있다고 생각했다. 그래서 처음에는 시각적인 예로 gif 파일을 연결하는 방법을 고려했지만 이를 실질적으로 실행하는 게 여간 까다롭지 않았다. 결국, 각 단어의 의미를 명확히 정의하고 설명하는 데 도움이 되는 예로 영화 장면과 등장인물을 사용하기로 결정했다. 주요 동사에는 일반적인 의미와 예문만이 아니라, 실질적인 사용 빈도를 기준으로 선택된 관련 구동사와 표현, 관용구를 더했다. 대부분의 원어민은 일상의 대화에서 구동사와 관용구를 빈번하게 사용한다는 점에 주목할 필요가 있다. 여기에 소개되는 표현들이 일상의 대화에서 사용될 가능성이 무척 높다는 사실에 나 자신도 놀라지 않을 수 없었다. 영어는 그 표현에서 놀라운 정도로 구체성을 띤다.

글을 쓰는 작업을 시작하고 나서야, 내가 해야 할 일이 엄청나게 많다는 걸 제대로 실감할 수 있었다. 과거에 나는 공립학교 영어 교과서를 만들고, 등급별 영어 동화책을 개발하고, 온라인이나 현장에서 사용할 TESOL 교재 프로젝트에 참여한 경험이 있었다. 하지만 이번 어휘책을 집필하는 과정은 새로운 도전인 동시에 그에 따른 보람도 있었다.

영어를 이용한 의사소통은 오래전부터 나에게 관심사였다. 내 아버지와 어머니는 여러 대륙을 여행하며 살았던 교육자였다. (올여름에도 보츠와나의 야생 동물 보호 구역에서 캠핑하려고 떠나셨다!) 덕분에 나는 어린 시절의 일부를 파푸아뉴기니에서 보냈고, 그때 부모님은 한 비정부기구(NGO)를 대신해 지역 학교에서 가르치셨다. 어렸을 때 이런 경험을 한 데다가 다문화권인 영국에서 성장하고, 나중에는 아프리카를 비롯해 여러 곳을 폭넓게 여행하고, 스페인과 한국에서 살면서 겪은 경험을 통해, 지금처럼 전지구적으로 연결된 세계에서는 문화를 넘나드는 의사소통이 중요하다는 걸 알게 되었다. 이런 깨달음은 내 가족에게도 그대로 반영되어, 두 아이는 이중언어 사용자로서 지금 한국에서 공립학교를 다니고 있다.

이런 경험들을 통해, 나는 명확하고 효율적으로 의사소통하는 방법을 알게 되었다. 개인적으로 나는 다양한 수준의 언어 능력을 지닌 사람들을 상대하기 때문에 명확하게 의사를 전달하려고 구동사와 관용구의 사용을 최소한으로 줄인다. 한국에서는 다양한 수준과 연령층의 학생들을 가르치고, IELTS(International English Language Testing System)의 시험관으로서 말하기 시험을 진행하며 그와 관련된 기량을 다듬어왔다. 이 과정에서 얻은 지식이 이번 어휘책을 쓰는 데 큰 도움이 되었다. 어떤 표현, 어떤 구동사, 어떤 관용구가 영어를 외국어로 말하는 사람들에게 흔히 사용되고 유용하게 쓰이며, 때로는 혼란을 야기하는지를 파악하는 것이 이 책에 포함될 내용을 선정하는 데 반드시 필요했다.

이 책에 사용된 예문은 격식을 떠나 편하게 쓰이는 표현부터 딱딱한 비즈니스 표현까지 다양하게 분포되어 있다. 또 I와 they만이 아니라, 신문 기사나 보고서에서 볼 수 있는 사물 주어까지 다양한 대명사를 사용했다. 어떤 예문에서나 나는 명확한 의미와 실질적인 용례를 보여주려고 애썼다. 다시 말하면, 독자가 각 단어와 표현을 의사소통 과정에서 실제로 사용하는 데 도움을 주려는 의도로 짜맞추어진 예문들이다. 문화를 초월한 의사소통에 이 책이 유익하고 도움을 줄 수 있기를 바랄 뿐이다.

이 책을 쓰고, 자료를 조사하는 데만도 수개월이 걸렸다. 이 방대한 프로젝트를 완성하는 데 필요한 시간을 나에게 허락하며 변함없이 지원해 준 가족에게 감사의 말을 전하고 싶다.

에드워드 포비

옮긴이의 글

단어의 힘

단어가 인격이다. 이렇게 말하면 지나친 과장일까? 하지만 꽤 오래전에《단어가 인격이다》라는 제목의 책이 출간되어 적잖은 인기를 끌었고, 문화체육부가 선정하는 교양 도서로도 선정했다는 사실이 무엇을 의미하겠는가? 단어가 사용자의 품격을 좌우한다는 건 지나친 말이 아닌 셈이다.

우리가 흔히 동의어라고 뭉뚱그려 생각하는 단어들 사이에도 미묘한 차이가 있다. '한가로이 걷다'에 해당하는 단어로 우리 머릿속에는 saunter와 stroll이 가장 먼저 떠오를 것이다. 둘 사이에는 어떤 차이가 있을까? 여기에서 말하는 차이는 구조적 차이가 아니라 의미의 차이이고 '느낌'의 차이이다. 이런 느낌의 차이까지 고려한 단어를 상황에 맞게 적절히 사용한다면, 상대가 당신을 어떻게 생각하겠는가? 그런 단어 사용에서 상대는 당신의 지적 수준을 가늠하며 당신을 높게 평가할 것이다. '단어가 인격'이란 말이 성립한다. 게다가 당신이 어떤 분야에서든 협상하는 사람이라면, 상대에게 커다란 긴장감을 안길 수 있을 것이다. 여기에 바로 단어의 힘이 있다.

물론 '한가로이 걷다'를 walk idly라고 표현한다고 해서 잘못된 것은 없다. 하지만 어떤 개념을 한 단어로 표현할 수 있는데 굳이 그 단어를 사전적으로 풀이하는 식으로 말할 필요가 있을까? '효율성'이란 면에서도 전자가 훨씬 더 나을 것이다. 이런 관점에서 이 책은 '행동과 움직임'(action and motion)과 관련된 동사들을 10가지 범주로 분류해 그 차이를 풀어냈다. (1) 걷기와 달리기, (2) 위와 아래, (3) 비틀기와 회전, (4) 구부리기, (5) 밖으로 빼기, (6) 안으로 당기기, (7) 때리기, (8) 자르기로 나눈 뒤에 (9) 움직임이 없지만 행동과 관련된 동사, 예컨대 stop 같은 동사들까지 치밀하게 다루었다. 끝으로는 지금까지 언급한 범주에 포함되지 않지만 동작 혹은 움직임이 개입되는 동사들을 '기타'라는 범주에서 빠짐없이 다루었다.

어떤 의미에서 단어만큼 공부하기에 지루한 분야도 없다. 그러나 우리가 그저 동의어라고 생각하던 동사들 사이에 어떤 미묘한 차이가 있는지를 알아가는 것도 지적인 재미와 자극이 있으리라 믿는다. 그렇다고 그런 동기부여를 공부하는 당사자의 몫으로만 남겨두는 것은 저자의 무책임일 수 있다. 다시 말해서 저자는 독자에게 자신의 책을 재미있고 흥미롭게 읽어가도록 유도할 책임이 있다. 이런 점에서 이 책의 저자는 그 책임을 거의 완벽하게 해내고 있다. 각 동사의 뜻을 설명하는 데 그치지 않고, 그 뜻을 더 실감나게 파악할 수 있도록 관련된 '영화'를 소개해 준다. 더구나 대부분 그 제목을 한번쯤은 들어보았을 법한 유명한 영화들이다. 과장해서 말하면, '죽기 전에 보아야 할 영화'들을 이에 관련된 단어들과 연결해 놓은 책처럼도 여겨진다.

단어책, 더 나아가 '행동과 움직임을 표현하는 사전'이 이렇게 재밌게 쓰일 수 있다는 걸 이 책에서 경험하는 동시에 더 품격 있는 화자로 성장해 가기를 바란다.

충주에서
강주헌

CONTENTS

저자서문   4

옮긴이의 글   6

편집자의 글   792

Index   794

저자 및 옮긴이 소개   800

WALK/RUN 20

walk	22	parade	88
run	28	roam	90
chase	32	rush	93
stride	35	pop	96
trot	38	saunter	99
jog	41	meander	101
dash	44	pace	103
sprint	47	trail	106
gallop	49	navigate	109
stroll	51	track	112
march	53	trudge	115
hike	56	pursue	117
shuffle	59	flee	119
race	62	step	121
ramble	65	sashay	125
wander	67	hurry	127
prowl	70	hunt	129
slink	72	move	132
charge	75	seek	135
stampede	77	explore	137
lurch	80		
stomp	83		
tiptoe	86		

UP/DOWN 140

jump	142	toss	208
climb	145	drive	210
lift	147	shift	213
pounce	150	lunge	216
hurdle	152	ascend	218
leap	155	catapult	220
elevate	159	swoop	223
rise	162	fall	225
propel	165	collapse	229
skip	167	raise	232
hop	170	spring	234
flip	174	bounce	237
burst	177	pass	240
jolt	180	cling	244
soar	182	handle	246
launch	184	possess	248
hitch	186	descend	250
mount	188	plummet	252
force	191	tumble	254
project	194	dangle	257
promote	196	skim	259
surge	198	plunge	261
fling	200	dive	264
cast	203	slip	267
throw	205		

TWIST/ROTATE 270

twist	272
warp	275
wrap	278
spin	280
swivel	283
revolve	285
rotate	288
twirl	290
pivot	292
roll	294
curl	300
wind	303
spiral	306
turn	308
loop	312
screw	315
veer	317
swing	319
rock	322
reel	325
circle	327
stir	329
mix	331

BEND   334

bend	336	pinch	390
flex	339	stoop	393
bow	341	duck	395
lean	343	skew	398
fold	345	squash	400
hunch	347	kneel	402
tilt	349		
slump	351		
crouch	353		
sag	355		
dip	357		
sway	359		
curve	361		
slope	365		
shrink	367		
flinch	370		
buckle	372		
distort	374		
crumple	376		
slouch	379		
sink	381		
hinge	385		
nod	387		

STRETCH/PUSH 404

stretch	406		accentuate	466
open	409		tremble	468
extend	413		shake	470
reach	416		squirm	472
expand	420		wiggle/wriggle	474
span	423		bump	476
spread	425			
lengthen	428			
inflate	430			
grow	433			
prolong	435			
broaden	438			
swell	441			
unfold	444			
flare	446			
unfurl	448			
elongate	450			
widen	452			
strain	455			
enlarge	457			
amplify	460			
exaggerate	462			
protract	464			

PULL/GRAB/HOLD 478

pull	480		fish	537
keep	484		evoke	539
tug	488		guide	541
yank	490		squeeze	543
jerk	492		retract	546
haul	495		absorb	548
retrieve	498		take	550
lure	500		carry	553
snatch	502		cradle	556
grasp	504		embrace	558
seize	506		anchor	561
tow	509		tether	563
lug	511		fasten	565
fetch	513		secure	567
drag	515		hold	569
catch	517		hug	573
rake	520		clench	575
winch	522			
nab	524			
gather	527			
clutch	530			
grip	532			
elicit	535			

HIT/STRIKE 578

punch	580		tap	633
kick	582		pat	635
strike	585		flick	637
beat	588		shove	639
slap	591		push	642
hit	594		poke	645
smack	598		nudge	648
whack	600		prod	650
thump	602		clap	652
sock	604			
belt	606			
slam	608			
knock	610			
hammer	613			
wrestle	615			
grapple	617			
confront	619			
struggle	621			
duel	623			
spar	625			
tussle	627			
scuffle	629			
brawl	631			

CUT 654

cut	656
slice	660
chop	662
carve	664
trim	666
shear	668
snip	670
clip	672
hack	674
slash	676
dice	678
split	680

NON-MOVEMENT 684

stand	686	stagnate	741
remain	690	stall	743
stay	693	sleep	745
stop	697	rest	747
pause	700	snooze	750
wait	703	nap	752
halt	705	hibernate	754
freeze	707		
linger	709		
hover	711		
suspend	713		
loiter	716		
dwell	718		
delay	720		
maintain	722		
persist	724		
await	726		
persevere	728		
bear	730		
support	732		
last	734		
idle	736		
lounge	739		

EXTRAS 756

swim	758
stitch	760
measure	762
pour	764
sew	766
dance	768
splash	771
kiss	773
draw	775
paint	778
cook	781
sing	783
write	785
read	788

걷기와 달리기
WALK/ RUN

walk	parade
run	roam
chase	rush
stride	pop
trot	saunter
jog	meander
dash	pace
sprint	trail
gallop	navigate
stroll	track
march	trudge
hike	pursue
shuffle	flee
race	step
ramble	sashay
wander	hurry
prowl	hunt
slink	move
charge	seek
stampede	explore
lurch	
stomp	
tiptoe	

walk 걷다

한 발씩 번갈아 앞으로 내딛으며 적당한 속도로 움직이다. 운동이나 여가 활동으로 이용되고, 이동 방법으로도 사용된다. '개와 같은 동물이나 사람을 동반해서 걷다'라는 뜻으로도 쓰인다(walk the dog 개를 산보시키다).

많은 영화와 다큐멘터리가 walking 걷기이란 개념을 중심으로 제작되었다. walking이 인간의 가장 기본적인 행동 중 하나로 인식되기 때문이다. 《Walking the Himalayas 히말라야를 걷다》(2015)는 영국 탐험가 레비슨 우드 Levison Wood가 아프가니탄에서 부탄까지 히말라야 산맥의 전 구간을 '걷는' walk 여정을 담은 다큐멘터리 시리즈이다. 세계에서 가장 외지고 가장 험준한 지역을 '걸으며' walking 만나는 히말라야의 경이로운 풍경과 다양한 문화 및 어려움이 소개되는 다큐멘터리이다.

23 walk

walk
걷다

She walks to work every morning.
그녀는 매일 걸어서 출근한다.

walk away (from)
문자 그대로 혹은 상징적으로
어떤 상황을 버리거나 포기하다

Despite the offer, I decided to walk away from the job opportunity because the company didn't align with my goals.
제안을 받았지만 그 회사가 내 목표와 맞지 않아 취업 기회를 포기하기로 결정했다.

특히, 더는 관심이 없거나 흡족하지 않을 때 혹은 적극적으로 참여할 의사가 없을 때 사용되는 표현이다. 어떤 것으로부터 벗어나거나 거리를 두고, 자신의 필요와 욕구에 더 맞는 것을 찾아가려는 의도가 함축된 표현이다.

walk out
저항이나 불만의 표시로
갑자기 그만두다

The employees threatened to walk out if their demands for better working conditions were not met.
직원들은 더 나은 근무 조건에 대한 요구가 받아들여지지 않으면 파업하겠다고 위협했다.

walk away 포기하다 보다 더 공격적이고, 목적 의식을 더 명확히 드러내는 행위이다. 《Pride 런던 프라이드》(2014) 는 1984년 영국 광부의 파업으로 피해를 입은 가정들을 지원하기 위해 모금 활동을 벌인 레즈비언과 게이 활동가들의 이야기를 바탕으로 제작된 영화이다. 영화에서는 노동자들이 항의하며 일터를 '걸어 나갈 때' walk out 집단적으로 행동하며 연대하는 장면들이 소개된다.

walk down the aisle
결혼식이나 그와 유사한 공식 행사에서 통로를 따라 이동하다, 결혼하다

It was a moment of pure joy and anticipation as the couple walked down the aisle.
부부가 결혼식장의 통로를 따라 내려올 때는 형언할 수 없는 기쁨과 기대감으로 가득한 순간이다.

신부가 대기실에서 나와 결혼식이 진행되는 예식 공간이나 제단으로 걸어오는 전통적인 행위를 가리키는 표현이다. 신부가 삶의 과정에서 다른 단계로 들어서는 순간이며, 문화적으로나 사회적으로 중요한 의미를 갖는 순간이기도 하다.

walk a fine line
민감하거나 까다로운 문제를 다룰 때 상황을 신중하게 탐색하다, 줄타기를 하다

Managers often have to walk a fine line between discipline and fostering a collaborative work environment.
관리자는 규율과 협력적인 작업 환경을 만들어 가는 것 사이에서 줄타기를 해야 하는 경우가 많다.

갈등이나 논쟁 혹은 부정적인 결과를 피하기 위해 어느 한 쪽으로 크게 치우치지 않고 상반되는 두 힘이나 관점 사이에서 균형을 잡으려는 경우 흔히 쓰이는 표현이다.

walk all over someone
누군가를 함부로 대하며, 그의 친절이나 약점을 이용하다

Don't let him walk over you like that, you need to stand up for yourself.
그가 당신을 그처럼 무시하도록 내버려두지 말라. 남에게 휘둘리지 말고 혼자 우뚝 서야 한다.

업무적인 관계와 개인적인 관계에서 한쪽이 다른 한쪽을 억누르고 학대할 때 일어나는 상황이고, 한국어로는 '갑질'에 해당하는 상황과 유사하다. 《A Clockwork Orange 시계태엽 오렌지》(1971) 에는 폭력배들이 순박한 사람들의 집에 무단으로 침입해 그들을 겁주고 재산을 약탈하며, 그들을 '함부로 대하는' walk all over 유명한 장면이 있다.

walk in the park
단순해서 무척 쉽고, 힘들이지 않고 해낼 수 있는 것

After studying for weeks, I felt that the exam was a walk in the park.
몇 주 동안 공부한 뒤여서 시험이 무척 쉽게 느껴졌다.

어떤 과제나 활동이 까다로울 게 전혀 없어, 공원을 한가롭게 산책하는 것에 비교될 정도로 쉽게 해낼 수 있다는 뜻이 담겨 있다.

take a walk down memory lane
향수나 감상에 젖어 과거의 경험이나 사건을 기억에 떠올리다

Listening to their favorite songs from high school took them on a walk down memory lane.
그들은 고등학생 시절에 좋아했던 노래를 들으며 추억에 젖었다.

과거의 순간이나 장소를 머릿속으로 다시 상기하며 좋은 추억을 떠올리거나 중요한 사건을 회상할 때 사용하는 표현이다. 옛 학교 친구를 재회하거나 오래된 사진첩을 넘길 때 흔히 느끼는 감정이기도 하다.

talk the talk, walk the walk
말을 번지르르하게 잘하다, 구체적인 행동으로 보여주다

Politicians like to talk the talk about change but fail to walk the walk once elected into office.
정치인들은 변화하겠다고 말을 번지르르하게 잘하지만, 선택을 받고 나면 실천하지 않는다.

말과 행동의 일치가 중요하다는 걸 강조하는 숙어로 쓰인다. 함께 쓰이면 '무언가에 대해 설득력 있고 자신 있게 말하는 데 그치지 않고 구체적인 행동으로 뒷받침하다'라는 뜻이다. 이 숙어는 두 부분으로 분리되어 별개로 사용되기도 한다.

learn to walk before you can run
제대로 걷지도 못하면서 뛰어가려고 하다

Start by learning vocabulary and simple sentences, and then move onto dialogues and complex grammar. Learn to walk before you can run.
어휘와 간단한 문장부터 학습한 뒤에 대화와 복잡한 문장으로 넘어가라. 달리기 전에 걷는 법부터 배워라.

섬세하고 복잡한 작업을 시도하기 전에 기본적인 역량을 먼저 갖추라고 조언하는 속담 proverb 이다. 복잡하고 힘든 작업을 시도하기 전 가장 단순한 단계부터 시작해 점진적으로 발전해 나아가야 한다는 뜻으로 주로 사용된다.

don't judge a man until you have walked a mile in his shoes
역지사지하라

Before you judge his behavior, try to understand the challenges he is facing. Don't judge a man until you have walked a mile in his shoes.
그의 행동을 심판하기 전에 그에게 닥친 어려움을 이해하려고 해 보라. 상대의 입장에서 생각하려고 노력하라.

다른 사람의 어려움이나 관점을 제대로 알지 못하는 상태에서 그에 대해 성급히 판단하지 말라고 조언하는 속담이다. 공감 능력, 즉 다른 사람의 행동이나 선택을 비판하기 전에 이해하려는 노력의 중요성을 강조하는 표현이다. 이 표현에서 a man과 대명사 his는 them과 their를 사용해 성별을 중성화할 수 있다.

run 달리다

두 발을 사용해 신속하게 움직이다. 대체로 '걷는 행위'walking 보다 빠르게 이동하는 행위를 가리킨다. 달리기 경주에서 runner주자가 행하는 행위이고, 약속 시간에 늦거나 버스가 출발하기 전에 타려고 할 때도 run하게 된다. running달리기을 다룬 영화에서는 투지determination, 경쟁competition, 개인적인 성장이 주제인 경우가 많다. 물론 runner들이 직면하는 육체적이고 정서적인 어려움도 표현된다.

run은 '무언가를 관리하다, 운영하다, 조직하다'를 뜻할 수도 있다. 예컨대 경영자manager/운영자operator가 run a business기업을 운영하다, run a cafe카페를 운영하다 한다고 말한다. 《Jobs잡스》(2013)는 애플의 창립 초기와, 스티브 잡스가 running the business애플을 운영하는 역할을 맡게 되는 여정을 중점적으로 다룬 전기 영화이다.

이와 비슷하게 run은 특히 '기계나 시스템을 작동하다, 가동하다'라는 뜻으로도 사용된다(run a car자동차를 운전하다, run software소프트웨어를 실행하다). 앞의 두 예에서 run은 결국 '기계를 가동하다'를 뜻한다.

끝으로, run은 '특정한 방향으로 흐르다, 확장되다'를 뜻할 수도 있다. 이 뜻으로는 물과 강, 배수 시설과 하수 시설에서 주로 사용된다. 수도꼭지가 제대로 작동하지 않을 때, Is the water running?물은 흐르나? 이라고 묻는다.

run
달리다

She runs five miles every morning before work.
그녀는 출근하기 전 매일 5마일을 달린다.

run out of
어떤 것을 다 써버려 더는 남지 않게 되다, 어떤 것의 공급이 고갈되다

I need to go to the store; we've run out of toilet paper.
나 상점에 가야 해. 화장지가 다 떨어졌거든.

음식과 돈, 휘발유, 의약품 등과 같이 물리적인 것은 물론이고, 시간과 에너지처럼 무형의 것에도 사용되는 표현이다. 예컨대 바쁜 하루가 끝나면 I've run out of energy! 기운이 다 떨어졌어! 라 말할 수 있다.

run an errand
심부름하다

I have to run a few errands this afternoon, so I'll be out for a couple of hours.
오늘 오후에 심부름을 몇 가지 해야 해서 2시간 동안 외출할 예정이다.

'일상적인 활동 이외에 집밖으로 나가는 허드렛일이나 자질구레한 일 errand을 행하다'라는 뜻으로 쓰인다. 세탁한 옷을 찾거나 도서관에서 빌린 책을 반납하는 행위, 소포를 우편물로 발송하고 자동차를 세차하는 행위가 여기에 속한다. errands가 여럿인 경우 a few errands로 표현될 수 있다.

run wild
통제되지 않거나 억제되지 않은 방식으로 행동하다, 제멋대로 행동하다

Don't let your children run wild in the cafe.
아이들이 카페에서 제멋대로 행동하지 못하게 하세요.

run in the family
가족 구성원 사이에 공유되는 특징이나 자질을 보유하다

A talent for music seems to run in the family; her grandmother was a renowned pianist, and her siblings are all musicians.
음악적 재능은 집안 내력인 듯하다. 할머니가 저명한 피아니스트였고, 형제자매도 모두 음악가이다.

신장이나 머리칼 색깔 등 신체적 특징에도 적용되는 표현이다. 외향적이거나 내향적인 성격적 특징, 예술이나 수학에 대한 재능이나 성향을 언급할 때도 사용된다. 알레르기나 유전병 같은 질병을 가리킬 때도 사용될 수 있다.

(a) run for one's money
호각의 경쟁

Our startup is giving the established brands a run for their money.
우리 스타트업은 기존 브랜드들에 도전하고 있다.

동사로 '까다롭고 힘든 상황에서 누군가에게 강력히 경쟁하거나 반대하다'라는 뜻으로도 사용된다. give someone a run for their money 누군가와 치열하게 경쟁을 벌이다처럼 좀 더 긴 표현으로도 사용된다.

run out of steam
기력, 탄력, 열정을 잃다

After studying for hours, I ran out of steam and couldn't focus on my homework anymore.
몇 시간을 공부한 뒤여서 기력이 떨어져 숙제에 더 이상 집중할 수 없었다.

신체 활동과 직업, 학업, 인간 관계, 여행, 개인적인 열망을 가리키는 데 사용될 수 있다.

run the show
상황이나 사건을 책임지다, 통제하다

The team captain makes all the decisions and runs the show.
팀장이 모든 결정을 내리고, 책임도 짊어진다.

기업 활동과 사건, 운동, 프로젝트, 심지어 가족에게도 사용되는 표현이다.

chase 추적하다

누군가 혹은 무언가를 붙잡기 위해 뒤따르거나 뒤쫓는다는 뜻이다. 또 '누군가 혹은 무언가를 당신에게서 강제로 멀어지게 만들다'를 뜻할 수도 있다. 한 대 이상의 차량이 다른 차량을 고속으로 여러 장애물을 피해가며 추적하거나 추격당하는 장면을 담은 car chase 자동차 추격전가 연출된 영화가 많다. car chase는 액션 영화에서 빼놓을 수 없는 주된 요소이고, 거기에서 비롯된 흥분감과 긴장감은 관객에게도 아드레날린을 샘솟게 한다.

간혹 chase는 낭만적인 뜻으로도 사용된다. 남자가 여자에게 구애하거나 구혼하려고 '(여자를) 귀찮게 따라다니다'라는 뜻으로 사용되는 경우이다. 낭만적인 뮤지컬 영화 《Mamma Mia! 맘마미아!》(2008)에서 배우 메릴 스트립이 연기한 등장인물은 세 명의 잘생긴 구혼자로부터 '쫓기는' chased 설정이라 할 수 있다.

chase
추적하다

Batman chased the Joker across the city.
배트맨은 조커를 쫓아 도시 전체를 뒤지고 다녔다.

chase after
...을 쫓다

The police chased after the thief but he got away.
경찰은 그 도둑을 뒤쫓았지만 도둑은 빠져나갔다.

이 구동사의 뜻은 chase와 비슷하지만, 대화에 사용되면 더 자연스럽게 들린다.

give chase
뒤쫓기 시작하다

James Bond gave chase and caught the assassin at the airport.
제임스 본드는 암살범을 뒤쫓기 시작했고 공항에서 붙잡았다.

추적 a chase 의 시작을 뜻하는 표현이다.

chase away, chase off
누군가 혹은 무언가를 강제로 쫓아내다

The hikers chased off the bear after it came looking for food.
하이커들이 먹을 것을 찾아 다가오는 곰을 쫓아냈다.

chase a/someone's dream
누군가의 꿈을 쫓다

Martin Luther King chased his dream of bringing racial equality to the USA.
마틴 루서 킹은 미국에 인종 평등을 안겨주겠다는 꿈을 추구했다.

'누군가의 열망이나 목표 혹은 야망을 이루려고 노력하다, 추구하다'라는 뜻이다. 연설과 소셜 미디어에서도 영감을 주는 좋은 문구로 쓰인다. 영화 《Dead Poets Society 죽은 시인의 사회》(1989) 에서 로빈 윌리엄스가 연기한 영어 교사는 학생들에게 '꿈을 쫓으라' chase their dreams 고 독려한다.

chasing rainbows
비현실적인 것, 혹은 일어날 가능성이 희박한 것을 추구하다

I know you want to become a movie star, but you should stop chasing rainbows and get a real job.
네가 영화배우가 되려는 건 알지만, 허황된 꿈은 그만 접고 진짜 직업을 구해야 할 거다.

일반적으로 부정적인 뜻을 지니며, 분별력이 없는 사람에게 주로 사용된다. He's chasing rainbows 그는 무지개를 쫓고 있다 라는 식의 짧은 문장으로 주로 사용된다.

chasing paper
끊임없이 돈을 쫓다

He's a hustler, always chasing paper.
그는 항상 돈을 쫓는 사기꾼이다.

'돈을 벌거나 가지려고 항상 애쓰다'를 뜻하는 속어적 표현이다. 이 표현은 래퍼 50센트 50 Cent 의 'Chase the Paper'와 라나 델 레이 Lana Del Rey 의 노래 'Blue Jeans' 등 많은 랩송과 팝송에도 담겨 있다.

stride
성큼성큼 걷다

큰 보폭으로 성큼성큼 걷다, 결단력 있게 단호한 발걸음으로 전진하다. 명사로 사용된 stride는 '보폭'step 을 뜻하지만, 우리가 걷는 모습을 가리키는 데도 사용된다. 이때는 주로 자신감과 결단력이 엿보이는 '걸음걸이'라는 뜻으로 쓰인다. 슈퍼맨 같은 슈퍼 히어로는 '자신감 넘치게 성큼성큼 걷는다'stride with confidence. 주인공들은 단호한 모습으로 전쟁터나 싸움터에 '뛰어든다'stride.
게다가 making significant strides in one's career or personal development경력이나 개인적인 발전에서 상당한 진전을 이루어 내다라는 표현에서 보듯이, stride는 다양한 과제에서 이루어 낸 '진전'이나 '성공'을 뜻하는 데도 사용된다.

stride
큰 걸음으로 걷다

He strode confidently into the room.
그는 자신 있게 성큼성큼 방에 들어왔다.

hit someone's stride
본 궤도에 오르다

Her career is going really well, she has hit her stride.
그녀는 훌륭하게 경력을 쌓아가며 상당한 성공을 거두었다.

모든 것이 원만하게 진행되며 목표에 도달하는 데 문제가 없을 때 우리는 hit our stride 본 궤도에 오르다 라고 말한다. 대표적인 예를 들면, A horse hits its stride to win the race 말이 본래의 컨디션을 되찾으며 경주에 승리하다, A race car driver hit his stride in the final lap 경주용 자동차 운전자가 마지막 트랙에서 본래의 페이스를 되찾았다 등이 있다.

find someone's stride
자신의 보폭을 찾다

I'm starting to find my stride with this new project.
마침내 자신감을 갖고 이 새 프로젝트를 본격적으로 진행하기 시작했다.

'특정한 활동이나 상황에서 편안하고 자신 있게 효과적으로 행동하다'를 뜻하는 관용적 표현이다. 결국 '일을 편한 마음으로 쉽게 해내는 수준에 이르다'라는 뜻이다. 영화《The King's Speech 킹스 스피치》(2010) 에서 콜린 퍼스 Colin Firth 가 연기한 국왕 조지 6세는 말을 더듬는 습관 때문에 유능한 리더로서의 능력을 제대로 발휘하지 못한다. 언어 치료사의 도움으로 조지 6세는 역사적으로 중대한 시기에 언어 장애를 극복하고 '본래의 능력을 보여주었다' find his stride.

take it in someone's stride
크게 영향을 받지 않고 차분하게
무언가를 받아들이다, 처리하다

There were many problems, but he took it in his stride.
많은 문제가 있었지만, 그는 상황을 차분하게 처리했다.

'평정심과 자신감에 별다른 영향을 받지 않고 상황을 쉽고 탄력적으로 차분하게 다루다'라는 뜻으로도 쓰인다. 무언가에 동요하지 않고 unphased, 아무런 영향을 받지 않았다면 unaffected, take it in your stride한 것이 된다. 장애물이 문젯거리가 되지 않았다는 뜻이다.

make great/rapid strides
큰 진전을 이루다

We are making great strides towards equality.
우리는 평등한 세계를 향해 큰 진전을 이루고 있다.

우리는 큰 목표에 더 가까이 다가섰을 때, 무언가를 향해 혹은 새로운 영역으로 make great strides/rapid strides 큰 걸음을 내딛다 했다고 말할 수 있다. 당신이 가장 좋아하는 스포츠 팀이 토너먼트의 우승을 향해 make great strides하고, 어떤 기업체가 새로운 영역으로 make great strides를 할 수도 있다.

hit a creative stride
모든 것이 순조롭게 진행되다

With the release of this new album, she has hit her creative stride.
새 앨범을 발표한 이후 그녀는 상당한 성과를 거두었다.

창조 작업 혹은 예술 작업에서 모든 것이 순조롭게 진행될 때 hit a creative stride라 표현한다.

trot
총총걸음, 빨리 걷다

trot는 주로 말이나 네발짐승이 빨리 걷는 행위를 가리키지만 사람의 '빠른 걸음'을 표현하는 데도 사용된다. trotting은 '활기차고 상당히 빠른 속도로 걷는 행위'를 뜻한다(뒤에서 다룰 dancing과 무척 유사하다). trotting은 활기찬 걸음으로 속도상 walking걷기보다는 빠르지만, running달리기과 galloping질주보다는 느리다.

흥미롭게도 trot는 foxtrot의 일부로도 쓰인다. foxtrot는 일종의 사교춤ballroom dancing이며, 어원상 축약되어 한국에서 전통 가요라 불리는 '트로트'가 된다. 그러나 '트로트'는 오랜 역사를 지닌 춤곡 foxtrot와 별 관계가 없다. foxtrot는 '짧고 빠르며 활발한 춤, 또는 그 춤곡'으로 '빠른 걸음'을 뜻하는 trot의 의미를 기억하는 데 도움을 준다.

trot
빨리 걷다

The horses trotted through the forest.
말들이 빠른 걸음으로 숲을 지났다.

on the trot
연이어, 중단 없이

I've been sick for 3 days on the trot.
나는 연이어 사흘을 앓았다.

'연달아, 중단 없이'를 뜻하는 관용적 표현으로, 일련의 사건이나 행동이 빠른 속도로 전개되는 상황을 묘사하는 데 주로 사용된다. 어떤 스포츠 팀이 우승컵을 '연이어 두 번' two times on the trot 차지하고, 몇 게임을 '연이어' on the trot 패할 수 있다. 잉글랜드에서는 비가 며칠 동안 '내리' on the trot 쏟아지는 경우가 흔하다.

globe trotting
세계를 여행하는

We spent a year globe trotting from country to country.
우리는 이 나라에서 저 나라로 세계를 여행하며 1년을 보냈다.

'누군가가 세계 곳곳을 광범위하고 빈번하게 여행하는'이란 뜻으로 사용된다. 영화 《Indiana Jones 인디아나 존스》 시리즈에서 해리슨 포드 Harrison Ford 가 연기한 고고학자이자 모험가인 인디아나 존스는 고고학적 유물을 찾아 세계 곳곳을 여행하는 globe trotter 세계 각지를 여행하는 사람 이다.

hot to trot
열의로 가득한

Before the game started, the whole team was hot to trot.
경기가 시작되기 전, 팀 전체가 열의로 가득했다.

'무언가에 대한 열의와 열정으로 가득한 상태'를 가리키는 데 사용되는 표현이다. 어떤 활동에 참여하는 흥분감과 각오가 대단히 높다는 뜻이 함축되어 있다.

jog 천천히 달리다

jog는 동사로 쓰일 때 운동이나 육체 활동의 한 형태로 '일정한 속도로 천천히 달리다'를 뜻한다. jogging조깅은 walking걷기보다는 빠르지만 running달리기만큼 격렬하지 않은 리드미컬한 움직임이 수반된다. 먼 거리를 지치지 않고 가려 할 때 jogging 정도의 속도가 주로 사용된다. 요즘 많은 사람이 건강을 위해 건전한 취미로 jogging을 즐긴다. morning jog와 일과 후의 evening jog는 의욕적이고 역동적인 사람들에게는 활동적인 생활의 일부이다.

jog
천천히 달리다

I'm going for a quick jog this morning.
오늘 아침에는 간단히 조깅을 할 생각이다.

jogging along
그럭저럭 해 나가다

The essay I'm working on is jogging along.
지금 쓰고 있는 수필이 그럭저럭 진척되고 있다.

일이나 연구의 진척이 느리지만 확실히 진행되고 있을 때 사용되는 표현이다. 빠른 속도는 아니지만, 그렇다고 멈춘 것도 아니다. 작업이 느릿하게 진척되고 있을 뿐이다. 이 표현은 말할 때의 억양에 따라 '낙관적' optimistic 으로, 혹은 '체념 상태' a resigned feeling 로 해석될 수 있다.

jog off/on
사라지다

I told those idiots to jog off.
나는 그 멍청이들에게 꺼지라고 말했다.

fuck off 꺼져 버려를 점잖게 표현한 관용어로, 그만큼 흔하게 쓰이지는 않는다. 한편 격식에 얽매이지 않고 누군가에게 '떠나다, 사라지다' leave/go away 로 말할 때도 쓰인다. 이 표현은 소리가 괜찮게 들리기 때문에 우스개로도 사용될 수 있다. 당신이 짜증스럽고 성가신 사람들에게 '꺼져!' go away 라고 말했더라도, 친구들에게는 그들에게 jog off라고 말했다 둘러댈 수 있다.

jog someone's memory
기억이 되살아나게 하다

I put the note on my fridge to jog my memory later.
나중에 기억을 되살리려고 냉장고에 쪽지를 붙여두었다.

단서나 실마리를 제공하거나 프롬프트를 사용해 '누군가가 무언가를 기억하도록 돕다'라는 뜻이다. 이 표현에는 누군가가 잊거나 간과한 과거의 사건이나 사실을 다시 기억에 떠올리도록 자극하는 수단이 수반된다. 어떤 단어 하나가 우리에게 과거에 꾸었던 꿈을 다시 기억나게 해 주거나, 오래된 물건이 어린 시절을 기억에 떠올려 줄 때 **it jogged my memory** 그것이 내 기억을 되살려주었다 라고 말한다. 형사들은 목격자와 함께 사건 현장을 살펴보며 목격자가 본 것에 대한 기억을 되살려주려 애쓴다 try to jog their memory. 크리스토퍼 놀란 Christopher Nolan 감독이 연출한 영화《Memento Mori 메멘토》(2000)에서 단기 기억 상실로 고생하는 남자는 문신을 사용해 **jog his memory**한 끝에 과거를 기억해 낸다.

dash 돌진하다

어떤 지역이나 어떤 물건, 혹은 어떤 사람을 향해 빠른 속도로 갑자기 움직이다. 관련된 명사 앞의 전치사가 toward에서 away from으로 바뀌면 '황급히 멀어지다'가 된다.
이 단어는 강렬한 느낌을 전달하기 때문에 '허겁지겁 서두르고 있다'라는 사실을 강조할 때 사용될 수 있다. 또한
'무언가를 파괴하다/때려 부수다'라는 뜻으로도 사용된다.
예컨대 someone's hopes were dashed는 '누군가의 기대와 열망 혹은 바람이 갑자기 완전히 무너졌다/좌절되었다'라는 뜻이다.
dash는 '무언가를 소량으로 뿌리다/더하다'라는 뜻도 갖는다.
예를 들면 We dash some salt in a soup when we are cooking 우리는 요리할 때 스프에 약간의 소금을 뿌린다 등이 있다. 조리법에서 주로 명사로 쓰이는 a dash of something에서 dash는 '소량' a small amount 이란 뜻이다.
dash에서 파생된 dashing은 handsome 잘생긴 이란 뜻이다.
제임스 본드 영화의 주인공은 항상 '잘생긴' dashing 스파이로, 흥미진진한 임무를 띠고 세계 곳곳을 빠른 속도로 돌아다닌다 dash around the world.

dash
돌진하다, 서둘러 달리다

I have to dash to work, I'm late!
난 서둘러 출근해야 해. 늦었어!

dash after
추적하다, 뒤쫓다

The dog escaped and I dashed after it.
개가 도망쳐서 내가 뒤쫓았다.

dash around
주변을 뛰어다니다

The supermarket was near closing time so I dashed around to grab my food.
슈퍼마켓이 곧 문을 닫을 시간이어서 나는 서둘러 돌아다니며 먹을 것을 구했다.

구체적으로 말하면, '무언가를 찾거나 심부름을 하려고 어떤 지역 주변을 서둘러 움직이다'라는 뜻이다.

dash off
서둘러 떠나다/급하게 어딘가에 가다

As soon as this meeting finishes, I have to dash off for another appointment.
회의가 끝나자마자 나는 다른 약속 장소로 서둘러 출발해야 한다.

dash down
빠른 속도로 서둘러 쓰다

My boss told me the details so I dashed it down on my notebook.
상관이 세부 사항을 알려주었고, 나는 수첩에 서둘러 옮겨 썼다.

'무언가를 무척 빠른 속도로 허겁지겁 쓰다'를 뜻하는 구동사이다.

dash back
쏜살같이 돌아가다

I forgot my phone in the station so I dashed back to find it.
정거장에 휴대폰을 두고 와서, 휴대폰을 찾으려고 급히 돌아갔다.

어떤 장소에 급히 돌아가야 했을 때 we dashed back there라고 말한다. Did you lock your door? Did you turn off the cooking gas? Dash back home to check before you leave the building! 문은 잠갔나? 가스레인지 불은 껐고? 건물을 나서기 전에 빨리 집에 돌아가 확인하라!

dashing
잘생긴, 늠름한

Known for his dashing personality, he charmed everyone with his wit, charisma, and genuine kindness.
매력적인 성격으로 널리 알려진 사람답게, 그는 위트와 카리스마, 진심 어린 친절로 모든 사람의 마음을 사로잡았다.

'맵시 있고' stylish '매력적인' attractive 사람이나 그런 사람의 이목구비를 묘사하는 단어이다.

sprint
전력으로 질주하다, 단거리 경기, 전력 질주

짧은 거리를 빨리 달리다. 올림픽에서 100미터 경주는 빨리 달려야 하는 '단거리 경기' sprint인 반면, 장거리 경주는 sprint전력 질주하지 않는다. 빨리 달려야 하는 단거리 선수를 '스프린터' sprinter라 하고, 상대적으로 느린 속도로 장거리를 달리는 사람은 jogger라 한다. 영화 《Chariots of Fire 불의 전차》(1981)에서는 반젤리스 Vangelis의 음악을 배경으로 sprinting과 running이 슬로 모션으로 처리된 장면이 특히 기억에 남는다.

sprint는 명사로 쓰여 어떤 직장이나 지위에 머문 '짧은 기간'을 뜻하는 데도 쓰인다.

sprint
전력으로 질주하다

I saw the exit and sprinted towards it at full speed.
출구가 보였고, 나는 전속력으로 출구를 향해 뛰어갔다.

a sprint
단기간 근무

He did a sprint at Samsung.
그는 삼성에 잠깐 근무했다.

여기에서 명사로 사용된 sprint는 '짧은 근무 기간'을 뜻한다. 주로 기업과 관련해 쓰이지만, 격의 없고 상당히 친근하게 들리는 표현이다.

gallop 질주하다

일반적으로 네발짐승, 특히 말에 사용되는 단어이다. gallop은 말을 비롯해 네발짐승이 네 발을 바닥에 붙일 틈도 없이 달리는 '빠른 속도'를 가리킨다. 말이 질주gallop하는 것처럼 급히 걷는 사람에게도 gallop이란 단어가 사용될 수 있다. 피터 잭슨 Peter Jackson이 감독한 영화 《The Lord of the Rings 반지의 제왕》 3부작에서는 말들이 전쟁터를 향해 '질주하는' galloping 인상적인 장면이 기억에 남는다.

하지만 gallop은 상징적인 의미로 쓰여 원래의 의미에 생동감을 더해 준다. 신문이나 기업 보고서에서 gallop은 판매 실적과 가격 등 시시각각 변하는 데이터나 수치를 가리키는 데 사용될 수 있다. 음악에서는 '빠른 음악' quickening music의 리듬이나 느낌을 뜻하는 데 사용된다. 실제로 하드록과 헤비 메탈에는 gallop갤럽이라 불리는 리듬까지 존재한다.

gallop
질주하다, 전속력으로 달리다

The horses galloped towards the castle.
말들이 그 성을 향해 전속력으로 달려갔다.

gallop prices
가격을 급히 올리다

Inflation has led to galloping prices.
인플레이션으로 물건 값이 앙등했다.

gallop은 '데이터, 수치, 가격 등의 급격한 인상이나 변동'을 뜻하는 비유적인 단어로 사용될 수 있다.

gallop off/away into the sunset
해피 엔딩으로 끝나다

At the end of the film, they went galloping off into the sunset.
영화의 끝 장면에서 그들은 말을 타고 석양을 향해 달려갔다.

영화의 마지막 장면에서 주인공이나 사랑하는 연인들이 석양을 향해 말을 타고 가는 모습은 해피 엔딩 happy ending 을 뜻하는 비유이다. 현실 세계에서 우리가 해피 엔딩을 맞을 때도 이 표현이 사용될 수 있다.

stroll
한가로이 거닐다, 한가로이 거닐기

명사로 쓰인 stroll은 특정한 목적지나 목적을 염두에 두지 않고, 순전히 즐거운 마음과 재미로 하는 a leisurely walk 한가롭게 걷는 행위를 뜻한다.

공원은 '한가롭게 거닐기' to stroll 에 좋은 곳이고, 멋진 카페와 상점도 많은 흥미로운 지역이다.

take a stroll 산책하다 이라는 예에서 보듯이, 명사로 쓰인 stroll은 take와 함께 쓰이기도 한다. 소피아 코폴라 Sofia Coppola가 감독한 영화 《Lost in Translation 사랑도 통역이 되나요?》(2003)에서는 빌 머리 Bill Murray와 스칼릿 조핸슨 Scarlett Johansson이 도쿄의 활기찬 거리를 '느긋하게 거닐며' strolling 삶에 대해 생각하고 뜻밖의 인연을 맺어간다.

이탈리아에는 저녁 식사 후 도심 주변이나 해변의 산책로 promenade 에서 take a stroll하는 전통이 있다. 이탈리아인들은 이런 전통을 passeggiata 산책라 부른다. 한편 프랑스어에서는 '한가롭게 산책' to stroll 하는 걸 좋아하는 사람을 flâneur 산책가라 일컫는다. 이런 예에서 보듯이, take a stroll은 유럽 문화에서 무척 중요한 부분이다.

stroll
산책

Let's take a stroll after dinner this evening.
오늘 저녁에는 식사를 끝낸 뒤 산책을 하자.

(a) stroll in the park
누워서 떡 먹기

The homework this week was a stroll in the park.
이번 주 숙제는 누워서 떡 먹기였다.

문자 그대로 '공원에서 걸어다니다' take a walk around the park 를 뜻할 수 있지만, 완전히 다른 뜻으로 사용될 수도 있다. 예컨대 어떤 일이나 작업이 a stroll in the park하다고 말하면, 그 일을 끝내는 게 '누워서 떡먹기' no bother 만큼 쉽다는 뜻이다. 요컨대 '문자 그대로 공원에서 산책하는 것' a literal stroll in the park 만큼 조금도 힘들지 않다는 뜻이다.

(a) stroll down memory lane
추억 여행

These old photos are a stroll down memory lane.
이 오래된 사진들은 과거의 기억을 되살려 준다.

오래전의 사진을 들춰 보거나 오래전에 찍은 비디오를 볼 때, 혹은 과거의 이야기를 들을 때 강렬한 향수에 젖으며 오래된 기억이 되살아나는 현상을 뜻하는 표현이다. 사진 하나를 보는 것처럼 짧게 이루어지는 행위에 대해서는 사용되지 않는다. 일련의 기억을 떠올려 주는 오랜 기간의 행위로 주로 사용된다.

march 행진하다

이 단어는 군사적인 색채를 짙게 띠며, '허리를 꼿꼿이 펴고 규칙적인 발걸음으로 걷는 행진'을 뜻한다. 군인들이 상관의 지휘하에 북소리나 리드미컬한 음악에 맞추어 '행진한다' march. march를 사용해 '종속' subordination 과 '리듬' rhythm 에 대해 언급하는 표현이 많다. march는 단독으로 명령어로 사용되기도 한다("행진!").

얄궂게도 marching은 권력자의 부당한 대우와 불의한 행동에 항의하는 형태의 하나로 '가두 시위'라는 뜻으로도 쓰인다. 이 경우 marching은 명령을 받아 이루어지기보다는 시위자들이 연대 solidarity 와 위세 strength 를 과시하는 방법으로 이루어진다. 영화 《Selma 셀마》(2104)는 1965년 투표권을 쟁취하기 위해 셀마에서부터 몽고메리까지 마틴 루서 킹 주니어 Martin Luther King Jr. 목사가 주도한 '행진' march 을 시간순으로 그려낸 영화이다.

march
행진하다

The parade featured marching soldiers.
그 퍼레이드에는 행진하는 군인들이 특별히 등장했다.

march on
행진하다

The revolutionaries marched on the Bastille.
혁명가들이 바스티유 감옥을 향해 행진했다.

'물리적 충돌이나 전투를 위해 어떤 장소로 향하다'라는 뜻이다.

march against
...에 반대하며 가두행진하다

They are marching against the new law.
그들은 새로운 법에 반대하며 가두행진하고 있다.

'항의하며 함께 행진하다' to march together in protest 라는 뜻이다.

march to the beat of someone's own drum
누군가의 북소리에 맞춰 행진하다

He doesn't care about anyone's opinion. He marches to the beat of his own drum.
그는 누구의 의견에도 신경 쓰지 않는다. 그는 자신의 뜻대로 살아간다.

다른 사람의 기대나 의견을 따르지 않는 사람은 march to their own beat 혹은 march to the beat of their own drum이라고 표현한다. '자기의 뜻대로 살아가다/행동하다'라는 뜻이다. 이 표현은 예지력을 지닌 창작가나 기업인에게 사용되면 긍정적이고 야심찬 뜻으로 해석될 수 있지만, '버림받은 사람' outcast 으로 여겨지며 기피되는 사람에게 사용되면 '경멸하는' derogatory 의 뜻으로 해석될 수 있다.

**steal a march/
steal someone's march**
앞질러 행동하다

The two companies are always trying to steal a march on each other. They released the new phone first in order to steal the other company's march.
두 회사가 서로 앞서려고 항상 옥신각신한다. 한쪽이 상대 기업을 앞서려고 신형 휴대폰을 먼저 출시했다.

신속히 행동해 선점함으로써 상대보다 이점을 얻으려 할 때 we steal the other's march라 표현할 수 있다. 이 표현은 기업 활동과 스포츠에서 주로 쓰인다.

hike 하이킹하다

일반적으로 '시골길을 따라 고도가 높은 곳으로 오랫동안 걷는 행위'를 뜻하는 단어로 가장 흔히 사용된다. 따라서 '하이킹'hiking이 취미가 되고, hiking 장비로 알려진 의류와 신발 및 용품도 생겨났다. 영화 《127 Hours 127시간》(2010)는 모험가 애런 랠스턴이 외딴 협곡에서 '하이킹'hiking하던 중 큰 바위 틈에 오른팔이 낀 뒤 살아남기 위해 몸부림치는 장면을 담은 생존 드라마이다.

hiking 하이킹할 때 언덕과 산을 올라야 하듯이, hike에 담긴 또 하나의 의미는 '숫자와 양, 특히 가격이나 세금의 급격한 증가'이다. 이 용례는 신문과 기업 보고서에서 흔히 볼 수 있다.

hike
하이킹하다

They are hiking through the Alps to raise money for charity.
그들은 자선 기금을 모금하려고 알프스 산맥을 하이킹하고 있다.

hike up
치켜올리다, 걷어올리다

She hiked up her skirt to get on the bike.
그녀는 자전거에 올라 타려고 치마를 걷어올렸다.

'무언가를 갑자기 빠르게 올리다'라는 뜻으로 쓰인다. 대체로 셔츠, 치마, 바지 같은 의류와 함께 쓰인다.

hike prices
값을 올리다

The government is hiking the price of cigarettes next month.
다음 달에 정부는 담뱃값을 인상할 예정이다.

'재화와 용역 혹은 상품의 가격을 인상하다'라는 뜻이다. '소비자와 고객에게 제공되는 상품이나 서비스의 값을 올린다'라는 의미이기도 하다.

take a hike
꺼져!

He was bothering me so I told him to take a hike.
그는 나를 괴롭혔다. 그래서 나는 그에게 꺼지라고 말했다.

take a hike는 문자 그대로 '근처의 언덕에 하이킹을 가다' go for a hike up a nearby hill 라는 뜻으로 쓰일 수 있지만, f*** off 꺼져라 의 완곡 어법으로도 사용된다. 물론 위의 예문처럼 누군가에게 과거에 f*** off이라고 말했던 때를 완곡하게 언급하는 경우에도 사용된다. 때로는 '순간적으로 발끈해서' in the heat of the moment 상대에게 직접적으로 사용하기도 하지만, 누군가에게 '그냥 가고 (당신을 혼자) 내버려두라'고 말했던 때를 다시 이야기하는 경우에 가장 흔히 사용된다.

shuffle
발을 끌며 걷다

shuffling in walking은 '두 발을 땅바닥에서 실제로는 떼지 않고 체중을 발에 실어 천천히 움직이다'라는 뜻이다. 움직이고 싶지 않지만 어쩔 수 없는 체념 상태에서 나타내는 움직임이다. the shuffling in walking은 '다리로 다른 것을 움직이게 하는 행위'를 때로는 가리킨다(shuffle through leaves 나뭇잎을 헤치며 느릿하게 걷다).
shuffle은 '물건을 느릿하게 분명한 이유가 없이 움직이다'라는 뜻으로도 쓰인다(shuffle papers before a presentation to waste time 프레젠테이션 전에 서류를 뒤적이며 시간을 보내다).
책상 위를 깔끔하게 정리하는 어려운 작업을 수행하기 전에 공간을 마련하려고 '물건의 위치를 이리저리 바꾸기' shuffle things around도 한다. 하지만 게임을 하기 전 카드를 무작위로 섞는 shuffling cards는 빠른 속도로 능숙하게 해 볼 수 있다. shuffle people or employees 인력을 재배치하다 는 '기업이나 관공서에서 직원을 다른 직책으로 이동시키는 일반적인 현상'이다.
한편 shuffle은 2000년대 초에 생겨났지만 LMFAO가 2001년에 발표한 'Everyday I'm shuffling'으로 유명해진 춤을 가리키기도 한다. 참고로 LMFAO라는 이름은 온라인에서 Laugh My F***ing Ass Off웃기다를 뜻하는 두문자로 흔히 사용된다. 만약 당신이 shuffle을 춤으로 인식하는 세대보다 나이가 많다면, 밥 앤 얼Bob & Earl이 1963년 발표한 알앤비R&B, 리듬 앤 블루스 계통의 춤과 노래 '할렘 셔플'Harlem Shuffle을 알지도 모르겠다. 이 노래는 훗날 롤링 스톤스The Rolling Stones가 리메이크해 불렀다. 두 춤이 어떤 건지 전혀 모르더라도 온라인을 뒤적이면 적절히 편집된 많은 동영상을 찾아볼 수 있다.

shuffle
발을 끌며 걷다

He shuffled into the kitchen because he knew he was in trouble.
그는 자신이 곤경에 빠졌다는 걸 알고 있어, 발을 끌며 느릿하게 부엌에 들어갔다.

shuffle someone out of
누군가를 …에서 물러나게 하다

After the scandal, many government officials were shuffled out of their positions.
그 스캔들 이후 많은 정부 관리가 자리에서 물러났다.

shuffle off this mortal coil
죽다

He took his last breath and then shuffled off this mortal coil.
그는 마지막 숨을 내쉬고는 세상을 하직했다.

'죽다'를 극적이고 완곡하게 표현하는 방법이다. 셰익스피어의《Hamlet 햄릿》에서 To be, or not to be 사느냐 죽느냐 가 등장하는 단락에 쓰여 유명해진 표현이다. 여기에서 mortal coil은 '일상의 번민' troubles of everyday life 을 가리키는 관용어이다.

race 경주하다

속도 경쟁에 참가하다, 무언가에서 1등이 되다. horse racing경마, motor racing자동차 경주의 용례에서 보듯이 정식 스포츠 명칭이기도 하다.
《Days Of Thunder폭풍의 질주》(1990)는 NASCAR 자동차 경주racing를 다룬 영화로, 톰 크루즈Tom Cruise가 주인공으로 출연했다.
a race경쟁/경주는 두 사람이나 두 팀이 무언가를 먼저 완료하려고 경쟁하는 경우 비공식적인 의미로 쓰일 수 있다.

race
경주하다, 질주하다

Lightning McQueen raced across the finishing line.
라이트닝 맥퀸이 결승선을 통과했다.

(a) racing certainty
확실히 일어날 법한 일

I haven't been studying at all, so it's a racing certainty that I will fail this test.
나는 공부를 전혀 하지 않았다. 따라서 이번 시험에서 떨어질 게 확실하다.

'일어날 가능성이 무척 높은 경우'를 가리킨다.

(a) race to the bottom
바닥으로의 경쟁

Corporations are moving manufacturing offshore to cheaper markets in a race to the bottom.
기업들은 경쟁자를 물리치기 위해 더 싼 시장을 찾아 제조업을 해외로 이전하고 있다.

'경쟁자를 물리치려고 품질 기준이나 가격을 낮추는 경쟁적인 상황'을 가리킨다.

(a) race against time/the clock
시간과의 싸움/경쟁

Finding a cure is a race against the clock.
치료법을 찾아내는 것은 시간과의 싸움이다.

'시간이 부족한 상황에서 무언가를 신속하게 완료하려고 노력하는 상황'을 가리킨다.

heart racing
심쿵하다, 심장이 빨리 뛰다

When I saw her my heart was racing.
그녀를 보자 내 심장이 빨리 뛰었다.

불안감이나 누군가에게 끌리는 마음으로 심장 박동이 빨라질 때 heart is racing이라고 말한다.

(a) rat race
치열한 경쟁

It's a rat race at my workplace with everyone trying to outdo each other.
내가 일하는 곳에서는 모두가 서로 앞서려고 치열한 경쟁을 벌인다.

인간의 삶에서 끝없이 계속되는 무의미한 경쟁을, 치즈를 얻기 위해 과학적 경쟁 실험에 시달려야 하는 실험실의 쥐에 비유한 관용구이다. 이 표현에 담긴 의미는 상당히 부정적이지만 표현 자체는 매우 시적이고 재밌게 사용된다. 예컨대 경쟁 산업이나 기업에 취직하면 join the rat race라고 표현한다.

ramble
어슬렁어슬렁 거닐다

rambling은 hiking하이킹과 strolling한가로운 거닐기이 절충된 단어이다. 발음이 귀를 즐겁게 해 주는 단어로, 즐거움과 무작위가 혼합된 느낌을 주기도 한다. rambling은 일반적으로 시골에서 이루어진다는 점에서 주로 도시 또는 도시 인근에서 행해지는 strolling과 다르다.

숀 펜Sean Penn이 감독한 영화 《Into the Wild인투 더 와일드》(2007)는 평범한 삶을 포기하고 알래스카 황무지로 rambling을 떠난 크리스토퍼 맥캔들리스Christopher McCandless의 실화를 바탕으로 제작되었다.

ramble
어슬렁어슬렁 거닐다

We spent the day rambling on the forest paths.
우리는 숲길을 느긋하게 거닐며 그날을 보냈다.

ramble on about
...에 대해 길게 이야기하다

He was rambling on about politics but I wasn't paying attention.
그는 정치에 대해 장황하게 이야기했지만 나는 주의를 기울이지 않았다.

누군가 따분한 주제에 대해 끝없이 말할 때 they are rambling on about something이라 표현한다. 굳이 말할 필요도 없겠지만 그 지루한 말을 불행히도 듣고 있어야 하는 사람들의 기분을 고려할 때 이 표현에는 부정적인 뜻이 담겨 있다.

wander
이리저리 천천히 거닐다

wandering은 '발걸음이 닿는 대로 느릿하게 걷는 행위'라는 점에서 rambling과 무척 비슷하다. 하지만 wandering에는 걷는 이유나 목적조차 없다. 또한 wandering은 대체로 커다란 원형a wide circular이나 지그재그 형태zig zag pattern로 하기 때문에 정해진 길을 따라 걷는 게 아니다. wandering은 방과 건물, 구역과 도시 등 어디서나 할 수 있어 도시 환경이나 시골 환경 중 어느 한 곳에 국한되어 쓰이지 않는다. wandering은 사실적인 의미만 아니라 비유적인 표현으로도 사용될 수 있다. 우리가 무언가에 집중하지 못하면 우리 마음이 wander방랑하다 하는 상태이다. 이런 상태는 흔히 daydreaming백일몽이라 부른다. 대화에서 주제가 wander한다면, 주제가 '두서없이 왔다갔다한다'는 뜻이다. 영화 《Eternal Sunshine이터널 선샤인》(2004)은 짐 캐리Jim Carrey와 케이트 윈슬렛Kate Winslet이 연기한 두 주인공, 즉 자신의 기억을 지우는 시술을 받는 조엘과 클레멘타인의 이야기를 따라간다. 그들의 마음이 과거를 '두서없이 방황'wander할 때 파편화된 기억들로 이야기가 짜여진다.

wander
정처 없이 돌아다니다

We wandered through the museum looking at statues.
우리는 박물관을 이러저리 돌아다니며 조각상들을 보았다.

mind wander
집중력을 잃다

The lecture was so boring that my mind started to wander.
강의가 너무 지루해서 나는 딴 생각을 하기 시작했다.

(a) wandering eye
연애할 대상을 찾는 시선

He always had a wandering eye when he went to the club without his girlfriend.
그는 여자친구 없이 클럽에 가면 함께할 상대를 찾아 항상 두리번거렸다.

'연인 관계에 충실하거나 헌신적이지 않은 사람'을 가리킬 때 흔히 사용되는 구어적 표현이다. '헌신적인 관계' committed relationship 를 저버린 채 다른 상대에게 관심을 보이거나 눈을 떼지 못하는 사람이란 뜻도 함축되어 있다.

wanderlust
방랑벽

His Instagram feed is a testament to his wanderlust, filled with images of remote villages, bustling cities, and scenic landscapes from every corner of the earth.
그의 인스타그램 피드는 외딴 마을, 북적거리는 도시 등 세계 방방곡곡의 풍경을 찍은 영상으로 가득해서, 그의 방랑벽을 보여주는 증거이다.

wander

'세계 곳곳을 여행하며 세상을 보려는 강렬한 열망이나 욕구'를 뜻한다. 현대에 이 단어는 소셜 미디어에서, 특히 열망과 영감을 자극하는 사진들로 가득한 계정에서 주로 사용된다. #wanderlust

prowl 배회하다

stalk몰래 접근하다, roam이리저리 돌아다니다, hunt사냥하다를 위해 '잠행하는 움직임'stealthy movement을 가리키며, 포식자predator가 먹잇감prey을 노리는 상황에서 주로 쓰인다. 스티븐 스필버그Steven Spielberg 감독의 유명한 영화 《Jurassic Park쥬라기 공원》(1993)에서는 공룡들이 섬에 조성된 테마 공원에서 '서성댄다'prowl.
형사는 단서를 찾아, 쓰레기 수거인은 재활용 쓰레기를 찾아 '배회'prowl하듯이, 사람들은 무언가를 찾아 prowl하기도 한다. 영화 《Sherlock Holmes셜록 홈즈》(2009)에서 로버트 다우니 주니어Robert Downey Jr.가 연기한 셜록 홈즈는 날카로운 지적 능력을 사용해 단서를 찾아 '서성거리며'prowl 미스터리를 해결한다.

prowl
배회하다

The lioness began to prowl through the tall grass, stalking her prey.
암사자가 높이 자란 풀숲을 배회하기 시작하더니 먹잇감에 몰래 접근했다.

be/go on the prowl
서성거리다

She just split up with her boyfriend so now she's out on the prowl.
그녀는 얼마 전 남자친구와 헤어져서 요즘 밖을 나돌아다닌다.

문자 그대로 '사냥' hunting 에 사용되고, 성적 상대의 '헌팅' hunting 에 나선 사람에게도 사용될 수 있다. 짐승에 사용되는 경우도 그렇지만, 이 표현은 무척 약탈적이고 잔혹하게 들릴 수 있다. 하지만 친구를 언급할 때 사용되면 '이성을 만나기를 기대하며 밖에 있다' be out looking to hook up 라는 뜻으로 가볍게 쓰일 수도 있다.

prowl for trouble
문제나 폭력을 일으킬 꼬투리를 찾아다니다

The kids in this area have nothing to do so they go out every night prowling for trouble.
이 동네 아이들은 할 일이 없어, 밤마다 밖을 나돌아다니며 말썽을 피운다.

slink
살금살금 움직이다

주변의 눈을 피해 발각되지 않으려고 은밀하게 살금살금 움직이다. 죄책감이나 수치심 때문에 다른 사람의 눈에 띄지 않으려는 바람이 함축된 뜻으로도 쓰일 수 있다.
고양이와 뱀은 워낙에 slinky남의 눈을 피하다 한 방법으로 움직이는 동물이지만, 사람도 이렇게 잠행하는 stealthy 동물처럼 움직일 수 있다.
《Mission Impossible 미션 임파서블》,《James Bond 007 시리즈 또는 제임스 본드 시리즈》,《The Bourne Identity 본 아이덴티티》 같은 영화들에서 주인공은 상대에게 발각되지 않고 단서를 찾기 위해 조용히 '살금살금 움직이는' slink 장면이 자주 연출된다.《Ocean's Eleven 오션스 일레븐》(2001) 같은 영화에서는 전문가들로 구성된 범죄단이 카지노에 은밀히 '침투해' slink into 귀중품을 훔친다.

slink
살금살금 움직이다

As the naughty child realized he was caught, he attempted to slink out of the room unnoticed.
그 개구쟁이는 자신이 붙잡혔다는 걸 직감하자, 눈에 띄지 않게 방에서 몰래 빠져나가려 했다.

slink away
슬그머니 빠져나가다

He tried to slink away from the scene without anyone noticing.
그는 누구도 알아채지 못하게 현장에서 슬그머니 빠져나가려 했다.

대체로 '죄책감이나 수치심 때문에 조용하고 은밀하게 떠나다/물러나다'라는 뜻으로 쓰인다.

slink into the shadows
어둠 속으로 슬그머니 숨다

The cat, known for its elusive behavior, would slink into the shadows whenever someone approached.
사람의 눈길을 피하는 행동으로 유명한 고양이답게, 누군가 접근하면 슬그머니 눈길에서 멀어졌다.

'은밀하게 관심 밖으로 이동하다/눈길에서 멀어지다'라는 뜻으로 쓰인다.

slink through the back door
두려움이나 죄책감으로 도망치다/
떠나다

Not wanting to attract attention, she preferred to slink through the back door rather than using the main entrance.
관심을 끌고 싶지 않아, 그녀는 정문을 이용하지 않고 뒷문으로 슬그머니 빠져나가는 걸 더 좋아했다.

charge
습격/돌격(하다)

기세 좋게 전진해 달려가다, 신속하고 힘있게 움직이다. 군대의 전진, 짐승의 공격, 운동 선수나 팀의 전방 공격을 표현할 때도 사용된다.
영화 《300 300》(2006)에서는 300명의 스파르타 병사들이 페르시아 대군의 진영을 향해 '돌격한다' charge into battle. 《Saving Private Ryan 라이언 일병 구하기》(1998)과 《Dunkirk 덩케르크》(2017) 같은 전쟁 영화에서도 군인들이 전쟁터로 돌격 charge into battle 하는 걸 어렵지 않게 볼 수 있다. charge는 in charge로 쓰여 '책임지다/임무를 맡다' take responsibility or duty 라는 뜻을 갖는다. 영화 《The Godfather 대부》(1972)는 코를레오네 범죄 가문을 '책임진' 가장 patriarch who is in charge of the Corleone crime family 에 대한 이야기이다. 법률 용어로 charge는 경찰이나 법원이 범법 행위를 '기소' accusation 한다는 뜻이다. charge는 휴대폰이나 노트북의 배터리를 '충전하려고 플러그를 꽂는 행위' charge our phone or laptop 를 뜻하기도 한다.

charge
습격/돌격(하다)

She charged down the field, determined to reach the finish line first.
그녀는 결승선을 먼저 통과하겠다는 각오로 운동장으로 뛰어들었다.

take charge of
...을 떠맡다

She decided to take charge of the project and lead the team to success.
그녀는 그 프로젝트의 운영 책임을 떠맡고, 팀을 성공으로 이끌겠다고 마음먹었다.

여기에서 charge는 '임무나 책임을 맡다' take duty or responsibility 라는 뜻이지만, 이 뜻도 '전방 이동' the forward movement 을 의미하는 charge와 적잖은 관계가 있다. 예컨대 당신이 '앞쪽에서 전진할 방향을 인도'한다면, take charge한다고 말할 수 있다. 이 역할을 하는 사람은 대담하고 자신감에 넘치므로, take charge는 기업 활동이나 팀 프로젝트에서 긍정적인 요인이다.

charge into the fray
싸움/경쟁에 뛰어들다

He wasn't afraid to charge into the fray and confront difficult situations.
그는 싸움판에 뛰어들어 어려운 상황에 맞서는 걸 두려워하지 않았다.

여기에서 the fray는 '어렵고 힘든 상황'을 뜻한다. 따라서 charge into the fray는 '그런 상황에 과감히 뛰어들다'라는 뜻이다. 이 표현은 문자 그대로 '전쟁' war 이나 '물리적 충돌' conflict 같은 상황에 사용되지만, 한층 가볍게 사용되어 '아기의 기저귀를 갈다'를 뜻할 수도 있다.

stampede
우르르 몰려가다

많은 사람이나 짐승이 급작스레 무절제하고 광적으로 움직이는 모습을 뜻하고, 대체로 극심한 공포와 혼란이 수반된다. 동물의 경우 a stampede는 '커다란 소리나 포식자 같은 것으로부터 멀어지는 행동'을 뜻한다(놀라서 우르르 달아남). 사람의 경우에는 '불/화재 같은 것으로부터 멀어지는 행동'을 뜻하지만(앞다투어 달아남), 반대로 '무언가를 향해 우르르 몰려가는 행동'을 뜻할 수도 있다. 예컨대 블랙 프라이데이 세일 Black Friday Sale 이 시작되면 쇼핑객들이 할인점을 향해 '난입' pile into 하는 걸 흔히 볼 수 있다. stampede는 '운동 경기와 시위에서 대규모 군중의 움직임'을 묘사하는 데도 사용된다(쇄도/집결).
모험 영화 《Jumanji 쥬만지》(1995)에서 다양한 동물들의 stampede는 마을에 큰 피해를 입힌다.

stampede
우르르 몰려들다

The shoppers are going to stampede into the store as soon as the doors open.
쇼핑객들은 상점이 문을 열자마자 안으로 몰려들어갈 태세이다.

start a stampede
의도적이든 아니든 간에 혼잡이나 공황 상태를 야기하다

When rumors spread that a famous artist might make a surprise appearance, it started a stampede as fans rushed to get into the concert.
유명한 연주자가 깜짝출연할지도 모른다는 소문이 퍼지자 팬들이 연주장에 몰려들며 광란이 시작되었다.

문자 그대로의 의미에는 위험하다는 뜻이 내포되지만, 어떤 아이디어나 상품에 대한 '흥분을 부추기다' incite excitement 라는 뜻으로 사용되는 경우에는 긍정적일 수 있다.

stampede for the exits
출구를 향해 우르르 달려가다

As soon as the fire alarm sounded in the crowded theater, there was a stampede for the exits as audience members rushed to evacuate.
북적대던 극장에서 화재 경보기가 울리자 관객들이 출구로 우르르 몰려가며 서둘러 대피했다.

극심한 공포가 밀려오면 사람들은 본능적으로 출구로 달려간다 go for the exits.

stampede

avoid a stampede
혼잡을 피하다

To prevent chaos, the event organizers implemented a well-organized entry process to avoid a stampede at the gate.
혼란을 예방할 목적으로 행사 주최측은 관객이 한꺼번에 몰리는 것을 막기 위해 질서정연하게 입장하도록 조치했다.

stampede avoidance는 '혼잡한 지역에서 벗어나다'라는 뜻으로 개인적인 차원에서도 실행할 수 있다. 물론 대규모 행사장, 연주장, 운동장에서는 신중하게 계획된 절차에 따라 조직적인 차원에서 이뤄진다.

stampede mentality
부화뇌동, 군중 심리

The stampede mentality at the music festival led to a surge toward the stage when the band began to perform, overwhelming the security barriers.
음악제에서 밴드가 연주를 시작하자 부화뇌동하는 군중 심리가 무대를 향해 우르르 몰려드는 형태로 변질되며 안전 장벽을 무너뜨렸다.

'집단에 속한 개개인이 주변 사람들의 행동이나 감정으로부터 영향을 받아, 깊이 생각하지 못하고 충동적으로 행동할 때 나타나는 집단 행동'을 가리킨다.

lurch
갑자기 휘청거리다

중심을 잡지 못하고 옆으로 갑작스레 휘청거리는 움직임. '걷는 경우' walking 에 lurch는 좀비나 도깨비가 두 발을 엇갈리며 걷는 모습을 연상케 한다. 《Night of the Living Dead 살아 있는 시체들의 밤》(1968)와 TV 시리즈 《The Walking Dead 워킹 데드》(2010-2022) 같은 좀비 영화에는 lurching zombie 휘청거리며 걷는 좀비들이 등장한다.

lurch
비틀거리며 걷다

The zombies lurched around the graveyard.
좀비들이 묘지 주변에서 비틀거리며 걸어다녔다.

lurch at/to/toward
...을 향해 비틀거리며 걷다

The drunken guy in the bar was lurching at women and then finally he lurched towards the door.
술집에서 술에 취한 남자가 여자들에게 휘청거리며 다가가더니 결국에는 문 쪽으로 비틀거리며 걸어갔다.

'비틀거리며 불규칙하게 발을 내딛는 불안정한 움직임'을 표현하는 구동사. to lurch at someone은 '저돌적이고 성적인 면을 띠며 도덕적으로 불미스런 움직임'을 가리킬 수 있다.

lurch forward
앞으로 갑자기 기울어지다

The car engine stalled and then the car lurched forward to a halt.
자동차 엔진의 시동이 꺼지면서 자동차가 앞쪽으로 급격히 쏠리더니 멈추었다.

'갑자기 앞쪽으로 기울어지는 움직임'을 뜻한다. 예컨대 기차가 갑자기 멈추고 모든 승객이 '앞쪽으로 갑자기 밀려나는 경우' jerk forward를 생각하면 된다.

leave in the lurch
...를 저버리다

He promised to help with the project, but he left us in the lurch at the last moment.
그는 그 프로젝트를 돕겠다고 약속했지만, 최후의 순간에 우리를 저버렸다.

어떤 이유로든 여기에서 명사로 쓰인 the lurch의 뜻은 동사 lurch와 무척 다르다. leave someone in the lurch는 '어려운 상황에 있어 도움이 필요한 사람을 포기하다/저버리다'를 뜻한다.

stomp
쿵쾅거리며 걷다

무거운 발걸음으로 걷다. stomp!쿵쾅처럼 들리는 큰 소리를 내며 발을 땅바닥에 내딛다. 발음에서 뜻이 연상되는 단어이다. 《Godzilla 고질라》(1954), 《Jurassic Park 쥬라기 공원》(1993), 《Pacific Rim 퍼시픽 림》(2013), 《Transformers 트랜스포머》(2007) 같은 영화에서는 거대 괴수, 로봇, 외계인이 곳곳을 '쿵쾅거리며' stomp 서사적인 전투를 벌인다.

stomp
발을 구르다

My kids love to stomp through puddles in the rain.
아이들은 비를 맞으며 물웅덩이에서 발을 구르는 걸 좋아한다.

stomp feet
발을 구르다

The kid was so angry, he began to stomp his feet.
그 아이는 너무 화가 났던지 발을 구르기 시작했다.

'분노나 불만의 표현'을 가리키는 데 주로 사용된다.

stomp out
근절하다, 뿌리 뽑다

The government is determined to stomp out tax evasion.
정부는 탈세를 뿌리 뽑기로 결정했다.

'부정적인 쟁점이나 문제를 없애다/끝내다'라는 뜻이다. 문자 그대로 사용한 예로는 stomp out a fire 불을 끄다, 상징적인 뜻으로 사용한 예로는 stomp out a disease or negative behavior 질병이나 부정적인 행동을 근절하다 가 있다.

stomp on the gas
속도를 내다, 가속 페달을 밟다

This project is going too slow, I suggest we stomp on the gas.
그 프로젝트는 너무 느리게 진행되고 있어, 가속 페달을 밟자고 제안하려 한다.

문자 그대로 '자동차의 가속 페달을 꽉 누르다'라는 뜻이다. 비유적으로는 '서두르다' hurry up, '속도를 올리다' speed up 의 뜻으로도 사용될 수 있다.

(my) old stomping ground
내 구역/내가 주로 놀던 곳

We went back to visit my old high school and I showed him my old stomping ground.
우리는 돌아가서, 내가 다니던 고등학교를 방문했고, 나는 그에게 내가 주로 놀던 곳을 보여 주었다.

'한때 상당한 시간을 보낸 곳이라 구석구석까지 아는 지역이나 거리 혹은 도시'를 뜻한다. '친구들과 놀며 자란 곳이나 대학에 다녔던 구역'을 가리킬 수도 있다.

tiptoe
발끝으로 걷다

발꿈치보다 발가락toe이나 앞발forefoot로 소리나지 않게 조심스레 걷다. tiptoe는 동사로 사용되거나 on tiptoe(s)처럼 명사로 사용되며, '발끝으로 걷다/손이 닿지 않는 곳에 있는 무언가에 다가가다'를 뜻한다.

영화 《Home Alone나 홀로 집에》(1990)에서 어린 주인공 케빈은 도둑들을 잡을 덫을 놓으려고 집안 곳곳을 '발끝으로 살금살금 걸어다닌다'tiptoe.

tiptoe
발끝으로 걷다

The baby was sleeping, so we tiptoed into the room.
아기가 잠을 자고 있어, 우리는 발끝으로 걸으며 조용히 방에 들어갔다.

tiptoe around
주변을 살금살금 걷다/무언가에 대해 조심스레 행동하다

The results don't look good, but she's tiptoeing around the issue.
결과가 좋아 보이지 않지만, 그녀는 그 문제에 대해 언급하지 않는다.

'문제가 되는 사람이나 쟁점 혹은 상황에 정면으로 대응하거나 개입하는 걸 피하다'라는 뜻이다. 누군가 기분이 좋지 않거나 화를 낼 것 같으면 그에게 tiptoe around 조심스레 다가가다 할 수 있다.

tiptoe through life
조심스레 살다

He has stayed in the same job and rarely leaves his hometown, just tiptoeing through life without any risks.
그는 한 직장에 머물며 고향을 좀처럼 떠나지 않았고, 어떤 위험도 무릅쓰지 않으며 평생을 조심스레 살았다.

'혼란과 대립을 피하기 위해 발끝으로 걸으며 삶을 살아가는 사람'을 비유적으로 표현할 때 사용된다. 이 표현에는 '따분하며 위험을 회피하고, 재미나 도전을 추구하지 않고 삶을 무덤덤하게 살아가는 사람'이란 뜻이 함축되어 있다.

parade
열 지어 행진하다

일반적으로 조직화된 형태로 과시하듯 공개적으로 진행되는 행진. 군대와 말의 공개적인 가두행진이 대표적인 예이다. parading과 a parade 퍼레이드는 주변 사람이나 세계인에게 무언가를 두드러지게 보여 주는 행사이다. 유명한 parade로는 1925년 이후 매년 미국 메이시스 백화점에서 주최하는 뉴욕시의 '메이시스 추수감사절 퍼레이드'Macy's Thanksgiving Day Parade가 있다. 이때 커다란 풍선, 장식 차량, 행진하며 연주하는 악대 marching band가 뉴욕시의 거리 곳곳을 '행진한다' parade. 이 가두행진 parade은 《Spider-Man 스파이더맨》(2002) 과 뮤지컬 영화 《Annie 애니》(1982)를 비롯해 많은 영화에 등장했다.

parade
행진하다

The horses paraded past the palace.
말들이 궁전을 지나 행진했다.

parade someone/ something in front of someone
누군가의 앞에서 무엇/ 누구를 과시하다/자랑하다

The teacher paraded the best students in front of the visiting officials.
그 교사는 방문한 관리들 앞에서 최고의 학생들을 자랑해 보였다.

(don't) rain on someone's parade
남의 행사를 망치다/찬물을 끼얹다

Don't talk about that on his birthday, we don't want to rain on his parade.
그의 생일에 그것에 대해 말하지 마라. 그에게 좋은 날에 찬물을 끼얹고 싶지 않으니까.

'누군가의 계획이나 기념 행사를 망치다'라는 뜻이다. 어떤 행동을 하지 말라는 뜻, 즉 누군가의 하루를 망치지 말라는 경고로 주로 쓰인다(Don't rain on his parade 그의 잔치에 재를 뿌리지 마라).

parade wares
상품을 전시하다

The street vendors set up their stalls early to parade wares for the visiting tourists.
노점상들은 일찍부터 좌판을 설치하고, 관광객들에게 판매할 상품을 늘어놓는다.

'상품, 재능, 소질, 솜씨 등을 전시해서 보여 주다'라는 뜻이다. wares는 '판매하는 품목'을 가리킨다. 따라서 parade wares는 문자 그대로도 사용되지만 (a company parading wares at a trade show 무역 박람회에서 제품을 전시한 기업) 비유적으로도 사용된다(a job applicant parading wares on a resume 이력서에 이런저런 재능을 소개하는 취업 지원자).

roam 배회하다

roaming은 '뚜렷한 계획이나 분명한 목적지 없이 넓은 지역을 이리저리 광범위하게 걷는 행위'를 떠올려준다. 동사로 쓰일 때는 '하이킹'hiking에 해당하는 행위 및 걷는 동안 마주하는 주변 경치를 표현한다. roam은 주변 경관이 넓고 아름다운 시골 지역과 주로 관련되지만, 도시를 배경으로 roam을 동사로 사용한 용례도 적지 않다.

만화 영화 《The Lion King 라이온 킹》(1994)에서는 아프리카 초원을 '배회하며'roam 자신의 운명을 알아가는 어린 사자 심바가 주인공이다.

roam은 '관심을 여기저기로 돌리다/(눈으로) 두리번거리다'라는 뜻으로도 사용된다. your mind wanders 마음이 방황하다는 your mind roams로도 표현될 수 있다.

roam
정처없이 돌아다니다

I'm planning to spend the day roaming the forest to take some photos.
그날은 하루 종일 숲을 돌아다니며 사진을 찍을 계획이다.

roam about/roam around
주변 곳곳을 돌아다니다

The kids like to roam around the campsite playing games.
아이들은 게임을 하면서 캠프장 곳곳을 돌아다니는 걸 좋아한다.

이 구동사는 roam의 원래 뜻에 변화를 주지 않고 이 단어에 내포된 'wandering' 방랑 이란 면을 강조한다.

roam far and wide
사면팔방으로 돌아다니다

While in Italy we roamed far and wide, seeing everything we could.
이탈리아에서 우리는 사방으로 돌아다니며 최대한 많은 것을 보았다.

roam에 내재한 '광범위함' broadness 이 강조된 표현이다.

roam off the beaten path
인적이 드문 곳을 돌아다니다

Instead of going to the usual tourist spots, we decided to roam off the beaten path.
우리는 일반적인 관광지로 가지 않고 인적이 드문 곳을 찾아다니기로 결정했다.

이 표현에서는 roam에 내포된 '계획되지 않은 모험 정신'이 강조되었다.

roam the streets
거리를 배회하다

On my days off I like to roam the streets, watching people, taking in the sites, and finding new cafes to visit.
쉬는 날에는 거리를 배회하며 사람들을 구경하고, 관광지를 둘러보며 새로운 카페를 찾아 방문하는 걸 좋아한다.

roam이 도시를 배경으로 쓰일 때는 roam the streets라는 표현이 주로 사용되고 '도시나 도시 근교에서 시간을 보내다'라는 뜻이 된다. '시골 지역을 배회하다' roam the countryside 가 그렇듯이, roam the streets도 '배회하는 동안 마주하는 주변 경치'를 표현한다.

let your mind roam
마음의 굴레를 벗어라

Just relax, listen to the music, and let your mind roam.
긴장을 풀고 음악을 들으며 마음의 굴레를 풀어놓아라.

roam과 mind는 여러 의미로 사용될 수 있지만 명상과 요가, 마음이 편해지는 음악 relaxing music 등과 관련한 표현으로 무척 흔히 사용되는 까닭에 거의 '해학적인 상투적 표현' humorous cliché 이라 할 수 있다.

rush 돌진하다

신속하게 서둘러 움직이다. 예컨대 기차를 놓치지 않으려 빨리 걸으며 몸 전체를 움직일 때도 사용될 수 있지만, 숙제나 집안일을 서둘러 끝내는 경우처럼 무언가를 하는 방식을 가리킬 때도 사용된다.

영화 《Speed 스피드》(1994)는 폭탄이 설치된 채 도시를 '질주하는' rush 버스가 등장하는 스릴러물이다. 《Back to the Future 백 투 더 퓨처》(1985)에서는 현재로 돌아가려고 '서둘러' in a rush 계획을 세우는 두 명의 시간 여행자가 등장한다.

속도와 긴박함을 강조하는 경우 rush는 명사로 쓰여 surge 급증, sudden move forward 쇄도를 뜻할 수도 있다. 또한, 감정이나 피와 관련된 의미로도 사용된다. 예컨대 우리가 갑자기 일어설 때 the blood in our bodies rushing to our head 몸속의 피가 머리로 솟구치다라 표현할 수 있다.

rush
급히 서두르다

As soon as we heard the bell, the students rushed to grab their bags and leave the classroom.
종이 울리자마자 학생들은 서둘러 가방을 챙기고는 교실을 빠져나갔다.

in a rush
아주 바쁘게, 허겁지겁

Sorry, I can't stop. I'm in a rush.
미안해, 멈출 틈이 없어. 바쁘거든.

무척 바쁠 때 in a rush라고 말한다.

rush something
...에 쇄도하다

The fans rushed the stage when the first song came on.
첫 노래가 시작되자 팬들이 무대로 몰려들었다.

주로 무리가 갑작스레 '쇄도하다/밀어닥치다'라는 뜻으로 사용된다.

rush hour
러시아워

I try to avoid driving in rush hour, it takes too long to get home.
나는 러시아워에 운전하는 걸 피하려고 한다. 귀가하는 데 너무 시간이 많이 걸리기 때문이다.

출퇴근이나 통학 등으로 하루 중에 교통이 몹시 혼잡한 시간을 가리킨다.

rush to conclusions
경솔하게 결론짓다

We don't know all the facts yet, let's not rush to conclusions.
아직 모든 사실을 알 수 없으니, 성급히 결론을 내리지 말자.

'관련된 모든 사실을 파악하기 전에 성급히 결정을 내리다/의견을 정하다'라는 뜻이다. 이 표현은 일반적으로 '나쁜 것' a bad thing, '경계해야 할 것' something that we warn against 에 대해 쓰이는 경우가 많다.

(an) adrenaline rush
아드레날린의 맹렬한 분비

I love extreme sports, because they give me such an adrenaline rush.
나는 익스트림 스포츠를 좋아한다. 그런 극한 스포츠를 하면 아드레날린이 솟구치기 때문이다

'격렬하고 위험한 활동에서 비롯되는 에너지와 흥분감의 surge 급상승'를 뜻한다. 스카이다이빙 skydiving, 롤러코스터 타기 roller coaster ride, 카 레이싱 racing, 파도타기 surfing 등과 같은 활동에 주로 쓰이는 단어이다. 운동 경기에서 승리하거나 산 정상에 오르는 성취감에서도 an adrenaline rush를 경험할 수 있다.

(a) head rush
현기증

She stood up too quickly and got a head rush.
너무 급하게 일어나서 현기증이 났다.

너무 급하게 일어나서 시야가 순간적으로 흐릿해지는 go grey/blurry 경우를 a head rush라 표현한다. 심한 경우 fainting 기절/실신 으로 이어질 수 있다.

pop 불쑥 나타나다

popular인기 있는의 약어로 '모든 장르의 음악'을 아우르는 단어로도 쓰이지만, 이 단어를 기억하는 가장 좋은 방법은 영화와 함께하는 스낵인 popcorn팝콘을 떠올리는 것이다. pop은 onomatopoeia의성어이다. 의성어는 '소리를 직접적으로 흉내낸 단어'라는 뜻으로, 이 경우에는 '가열된 옥수수가 펑하고 터지는 소리'popping처럼 짧게 터지는 소리a short burst of sound를 가리킨다.
동사로는 '빠르고 갑작스런 움직임이나 소리 혹은 행동'과 관련해 다양한 용도로 쓰인다. popcorn팝콘이 만들어지는 소리를 기억하면, 아래에 나열된 '빠르고 갑작스런 행동'을 기억하는 데 도움이 될 것이다.

pop
펑하고 터뜨리다

Let's pop a bottle of champagne to celebrate.
축하하기 위해 샴페인 한 병을 터뜨리자.

pop by/in/into
잠깐 들르다

Feel free to pop by my office if you have any questions
질문이 있으면 편하게 내 사무실에 들러라.

'비공식적으로 잠깐 혹은 갑자기 방문하다'라는 뜻이다. 이때의 pop과 아래의 pop off/pop out은 무척 친근하고 친숙하게 들린다. 어딘가를 방문하거나 떠날 때 사용하기에 적절한 표현이다. 가령 어떤 카페 앞을 지나다가 당신이 그 카페의 주인과 아는 사이라면 pop by for a chat 잠깐 들러 이야기를 나누다 혹은 pop in for a quick visit 잠깐 들르다 할 수 있다.

pop off/out
잠시 외출하다

We need some milk, so I'm gonna pop out to the shop.
우유가 없어, 상점에 잠깐 다녀와야겠다.

'떠나다/가다' to leave/go 라는 뜻이다. 위에서도 언급했듯이, 이 표현도 친숙하게 들린다. 특히 영국식 영어로 흔히 쓰인다. 어떤 경우 pop off는 '소란이나 폭력이 시작되다'를 뜻할 수 있으므로, 사용되는 맥락을 잘 살펴야 한다.

pop the question
구혼하다/청혼하다

He finally popped the question, and she said yes!
그가 마침내 청혼했고, 그녀는 '좋아요!' 라고 화답했다.

한쪽 무릎을 꿇고 Will you marry me? 나랑 결혼해 주시겠습니까? 라고 묻는다는 뜻이다.

pop into view
시야에 들어오다

As we got to the top of the hill, the village below popped into view.
언덕 꼭대기에 오르자, 아래로 마을 전체가 시야에 확 들어왔다.

'무언가 예기치 않게 갑자기 눈에 보이거나 분명해지는 경우'를 표현할 때 사용된다.

saunter
한가로이 걷다

특별한 목적지 없이, 느릿하고 느긋하게 걷다. 한가하고 서두르지 않는 태도 a casual and unhurried attitude 로 걷는 행동이기도 하다. stroll 한가로이 거닐다 과 유사하지만, 더 느긋하게 걷는 것이고 표현도 더 멋지게 들린다. '다급함' urgency 이 전혀 없어 '해방감' a sense of freedom 을 만끽한다는 뜻이 함축된 단어이기도 하다. 《Le Fabuleux Destin d'Amélie Poulain 아멜리에》(2001) 는 프랑스 파리를 무대로, 변덕스런 아멜리에가 파리의 매력적인 거리와 동네를 '느긋하게 돌아다니며' saunter 주변 사람들의 삶을 한층 재밌게 해 주는 모습을 담은 기발한 whimsical 영화이다.

saunter
천천히 걷다

After work, she sauntered to her favorite cafe to enjoy a coffee with friends.
퇴근하면 그녀는 좋아하는 카페로 느긋이 걸어가 친구들과 함께 커피를 즐긴다.

saunter along
...을 따라 느릿하게 걷다

They decided to saunter along the beach after dinner and enjoy the sunset.
그들은 저녁 식사를 끝낸 뒤 해변을 따라 느릿하게 산책하며 일몰을 즐기기로 결정했다.

해변과 강변, 산길, 산책로, 유적지 같은 곳에서 '천천히 걸을 때' 주로 사용된다.

saunter about
주변을 거닐다

He saunters about like he owns the place.
그는 그곳을 소유한 주인처럼 주변을 어슬렁어슬렁 거닐었다.

이 단어에 내포된 세련되고도 호사스런 소리 때문에, 거만한 사람이 걷는 모습을 '조롱' derision 하고 '경멸' contempt 하는 표현으로도 간혹 사용된다.

meander
이리저리 거닐다

특정한 목적지 없이 느긋한 속도로 느릿하고 정처 없이 움직이다. 바로 앞에서 보았던 saunter한가로이 걷다와 유사하지만, meander는 walking걷는 모습만이 아니라 사물이 river강나 path오솔길처럼 '구불구불' 움직이는 상태를 묘사하는 데 사용된다. 또한 story이야기나 conversation대화과 같은 무형의 것에도 사용된다. 예컨대 대화가 특정한 목표 없이 진행되는 경우 meander이야기 등이 두서없이 진행되다라 표현한다. 영화《The Secret Life of Walter Mitty월터의 상상은 현실이 된다》(2013)는 세계 여행을 시작해 '특정한 목적지가 없이 이곳저곳을 떠돌며'meandering 충만한 삶을 살아보려는 몽상가, 월터 미티의 발자취를 쫓아가는 모험-코미디물이다.

meander
구불구불하다

The river meandered through the valley.
강이 계곡을 따라 구불구불 흘렀다.

meander off
일탈하다

The conversation meandered off into unrelated topics, losing focus on the original subject.
대화가 원래의 주제에 집중되지 못하고, 아무런 관련없는 화제들로 두서없이 빠져들었다.

'정해진 길이나 경로에서 일탈해 방황하다'라는 뜻이다. 이 표현은 유형의 것만 아니라 무형의 것에도 사용될 수 있다.

pace
초조하게 서성이다

'초조하거나 불안해서, 혹은 깊은 생각에 잠겨 좁은 지역에서 이리저리 걷다' walk back and forth 라는 뜻으로 사용된다. pace up and down, pace the floor는 이 의미가 들어간 표현으로 둘 모두 '서성거리다, 왔다갔다 하다'라는 뜻을 갖는다. 영화 《Fight Club 파이트 클럽》(1999)에서는 에드워드 노턴 Edward Norton 과 브래드 피트 Brad Pitt 가 연기한 등장인물들이 내적으로 갈등하며 격렬한 감정에 사로잡혀 pace up and down하는 모습으로 표현된 장면들이 있다.
pace는 '걷기' walking 나 '달리기' running 등 일반적인 움직임에서 '무언가의 속도를 유지하다'라는 뜻으로도 쓰인다. 속도 speed 를 측정할 때는 pace를 명사로 사용한다(fast pace/slow pace 빠른 속도/느린 속도). Sprinter 단거리 선수 는 pace oneself quickly 빠르게 일정한 속도를 달리다 하는 반면, 장거리를 달리는 jogger는 pace at a slower rate of steps 상대적으로 느린 속도로 일정하게 달리다 한다. pace의 이런 정의는 교통과 기업 활동, 도시 생활, 가격, 과학 기술의 개발에도 적용될 수 있다.

pace
서성이다

He spent hours pacing the floor of his apartment, trying to come up with a solution to the problem.
그는 몇 시간째 아파트를 서성대며 그 문제의 해결책을 찾아내려 애썼다.

pace yourself
자신에게 맞게 속도를 조절하다

It's important to pace yourself when you're drinking tequila at a party.
파티에서 데킬라를 마실 때는 자신의 주량에 맞게 속도를 조절하는 게 중요하다.

'특히 몸을 사용하는 활동이나 과제에서 속도를 조절하거나 제어하다'라는 뜻이다.

pace up and down/pace the floor
왔다갔다 하다

She paced up and down the hospital corridor, waiting for news from the doctor.
그녀는 병원 복도를 왔다갔다하며, 의사로부터 소식을 기다렸다.

'초조하고 불안해서, 혹은 긴장하거나 흥분해서 좁은 공간을 서성대다'라는 뜻이다.

at a snail's pace
무척 느리게

Traffic on the highway was moving at a snail's pace because of the heavy snowfall.
폭설 때문에 고속도로에서 차량들이 무척 느릿하게 움직이고 있었다.

pace

'무척 느리게' very slowly 혹은 '둔한 속도로' at a sluggish rate 움직이는 경우를 가리킨다.

do something at one's own pace
자신에게 맞는 속도로 무언가를 하다

Practice English at your own pace and don't expect to become fluent overnight.
너에게 적합한 속도로 영어를 공부하고, 하룻밤 사이에 유창해지기를 기대하지 마라.

자신에게 편한 속도로 무언가를 해 보라고 격려할 때 사용되며, empathy 공감 와 compassion 인정 이 담긴 표현이다.

trail 뒤따라가다

누군가 혹은 무언가를 뒤쫓다. 특히 pursuit추적나 tracking추격에 해당하는 방식으로 뒤쫓는 경우를 가리킨다.
lag behind뒤처지다, fail to keep up with others따라잡지 못하다라는 뜻이 함축되어 있다. 명사로 쓰인 a trail은 '산길, 오솔길'을 뜻하고, '느릿느릿 걷다'라는 뜻의 동사로도 쓰인다.

영화 《The Lord of the Rings: The Return of the King반지의 제왕: 왕의 귀환》(2003)에서, 두 호빗 프로도와 샘이 절대 반지를 파괴하려고 둠산으로 향하는 동안 골룸이 그들을 '추적한다'trail.

trail
뒤쫓다

The detective trailed the suspect through the crowded streets of the city.
형사는 그 도시의 붐비는 거리를 지나며 용의자를 뒤쫓았다.

trail behind
뒤처지다, 느릿느릿 따라가다

The quality of education in my area is beginning to trail behind other neighborhoods.
내가 사는 지역의 교육 수준은 다른 동네들에 뒤처지기 시작한다.

'뒤처져서 속도를 늦춘 채 상당한 거리를 두고 누군가를 뒤따라가다'라는 뜻이다. 예컨대 어떤 무리와 함께 하이킹할 때 다른 사람보다 느리게 걷는다면 trail behind them 그들을 느릿하게 따라가다 이 된다. 은유적인 의미에서는 '특정한 상황에서 다른 사람들에 비해 진전이나 발전이 부족한 상태'를 뜻할 수 있다.

hot on someone's trail/
hot on the trail of someone
바짝 뒤쫓아

The journalists were hot on the celebrity's trail, trying to get an exclusive interview.
기자들은 그 유명인을 바짝 뒤쫓으며 독점 인터뷰를 하려고 애썼다.

'특히 추적이나 조사에서, 누군가를 찾아내거나 붙잡기 직전이다'를 뜻하는 관용어이다. 액션과 모험, 스릴러와 범죄, 공포 같은 영화 장르에서는 형사나 괴물이 '누군가의 흔적을 바짝 뒤쫓는' hot on someone's trail 장면을 자주 보여준다.

blaze a trail
새로운 길을 열다

Marie Curie blazed a trail for women in science, becoming the first woman to win a Nobel Prize.
마리 퀴리는 여성으로서 노벨상을 처음 수상하며, 과학계에서 여성을 위한 길을 열었다.

'무언가를 처음으로 하다' 혹은 '새로운 길이나 경향을 개척하며 다른 사람들이 따르게 하다'를 뜻하는 관용적 표현이다. '특정한 분야나 시도 혹은 운동에서 새로운 길을 열다/개척하다'라는 뜻으로도 쓰인다.

navigate
지도를 보며 길을 찾다

경로를 계획하고, 어떤 장소나 대상을 가로지르다. traveling 여행, hiking하이킹, sailing항해, driving운전 등과 같은 교통 수단이나 물리적 공간과 관련된 뜻으로도 쓰인다. 경로route를 짜는 사람은 navigator항해사/항법사로 불린다.
영화 《Life of Pi 라이프 오브 파이》(2012)에서는 조난 사고로부터 살아남은 한 소년이 벵골 호랑이와 함께 구명정을 타고 태평양을 '항해해 건너야 한다' must navigate.
navigate는 추상적인 방법으로 올바른 경로를 찾아가는 과정, 예컨대 어떤 문제와 인간 관계 및 법적 쟁점을 해결하거나 힘든 과제를 극복하는 과정에도 사용될 수 있다. 영화 《Paprika 파프리카》(2006)는 치유사가 환자들의 꿈을 navigate 하는 장치를 사용해 꿈의 세계를 통해 초현실적 여행을 떠나는 일본 애니메이션 작품이다.

navigate
지도를 보며 길을 찾다

I've never visited London before but I'm sure we can navigate the city with a smartphone app.
나는 전에 런던을 방문한 적이 없었지만, 스마트폰 애플리케이션으로 그 도시에서 길을 찾을 수 있을 거라고 확신한다.

navigate through
까다롭고 도전적인 상황을 성공적으로 돌파하다

We managed to navigate through the regulations and get approval for the proposal.
우리는 그럭저럭 규제를 성공적으로 극복하고, 그 제안의 승인을 얻어냈다.

navigate around
우회하다

He decided to navigate around the sensitive topic and focus on areas of agreement during the meeting.
그는 회의 동안에 민감한 주제를 건너뛰고, 합의된 영역에 집중하기로 결정했다.

'장애물이나 문제를 피하거나 우회하는 방법을 찾다'라는 뜻이다.

navigate off
경로를 벗어나다

Don't navigate off the path, you might get lost!
길에서 벗어나지 마라. 길을 잃을 수 있다!

'정해진 경로나 노선에서 벗어나다'라는 뜻이다. 영화《An American Werewolf Of London 런던의 늑대 인간》(1981) 에서 두 명의 미국인 배낭 여행자는 잉글랜드에서 요크셔 황무지를 가로지르는 하이킹 hiking 을 하는 동안 정해진 길에서 '벗어나지' navigate off 말라는 주의를 받았다. 정해진 길로만 다녀야 한다는 주의 warning 를 받았지만 그들은 '길에서 벗어났고' stray from the path, 결국 늑대 인간으로부터 공격을 받았다.

track 뒤쫓다

무언가 혹은 누군가의 '흔적'trail이나 '경로'path를 뒤쫓다. 동사로 쓰인 trail과 유사하게 쓰인다. 하지만 track은 '무언가의 진전 상황을 점검하기 위해 그것을 추적해 관찰하고 기록하다'라는 뜻으로도 사용된다. 따라서 track progress진전 상황을 추적하다 라는 관용구가 자주 쓰인다.

동물이나 사람이 남긴 sign흔적, clue단서, track자국을 뒤쫓는 사람은 tracker추적자라 불린다. '야생생물 추적자'wildlife tracker 는 보존과 과학적 연구를 위해 '동물들을 뒤쫓는다'follow animals. '트래커'tracker라 불리며, 사물이나 사람의 위치와 움직임을 파악하는 등 다양한 목적에 사용되는 전자 장치도 있다. a fitness tracker는 손목에 착용해 우리 건강과 움직임에 대한 데이터를 수집하는 '건강 지표 추적기'로, 애플 워치Apple Watch가 대표적인 예이다.

미스터리, 범죄와 스릴러, 모험과 생존 등 다양한 장르의 영화가 무언가 혹은 누군가를 '추적해 찾아내기'tracking down라는 주제를 다룬다. 전쟁 영화 《Saving Private Ryan라이언 일병 구하기》 (1998)은 제2차 세계대전 동안 라이언 일병을 track down추적해 찾아내다한 뒤 고향에 데려오는 미군들에 대한 이야기이다.

track
추적하다, 기록하다

We track our expenses using a budgeting app.
우리는 예산 애플리케이션을 사용해 비용을 기록한다.

track progress
진전 상황을 추적하다

The teacher likes to track the progress of her students with regular reports and quizzes.
그 교사는 정기적인 보고서와 퀴즈 시험으로 학생들의 진척 상황을 점검하는 걸 좋아한다.

'일정한 기간 동안 무언가의 발전이나 진전 상황을 추적해 관찰하고 기록하다' monitor and record 라는 뜻이다. 개인적인 목표, 학문적 성과, 건강과 체력, 사업 성과 및 재정적 목표와 관련해 쓰인다.

track down
추적해 찾아내다

I'm trying to track down a copy of this book.
나는 이 책을 추적해 찾아내려고 한다.

'단호한 노력으로 누군가 혹은 무언가를 추적해 찾아내다'라는 뜻이다. 이 표현은 우리가 잃어버린 것이나 어떻게든 입수하려고 애쓰는 물품에도 사용할 수 있다.

keep track of
...을 기록하다, ...의 흔적을 뒤밟다

I use the calendar on my phone to keep track of my appointments.
나는 휴대폰의 캘린더를 사용해 내 약속을 기록한다.

'무언가에 대한 인식을 점검하거나 유지하다'라는 뜻이다. 우리는 일반적으로 체력 관리, 금전 관계, 일상의 업무, 시간 약속 등을 keep track of...를 기록하다 한다. 특히 우리는 휴대폰, 열쇠, 지갑 등을 잃어버렸을 때 그것을 찾으려고 keep track of...할 수 있다.

lose track of
...을 놓치다

I lost track of time while reading that book.
나는 시간 가는 줄 모르고 그 책을 읽었다.

'무언가를 잊다/의식하지 못하다'라는 뜻이다. keep track의 반의어로, 똑같은 종류의 것에 대해 주로 쓰인다. 우리가 영화에 몰입하면 '시간이 가는 줄 몰랐다'라는 뜻으로 lose track of time이라 표현한다. 이런 현상은 그 영화가 우리 마음을 성공적으로 사로잡고, 우리를 영화의 세계로 끌어들여, 주변 환경과 시간의 흐름을 일시적으로 잊게 만들었다는 증거이다

trudge
터덜터덜 걷다

힘들거나 지쳐서 혹은 내키지 않아, 느릿하게 무거운 발걸음으로 걷다. 눈밭과 진창에선 발이 깊이 빠지고 걷는 것도 쉽지 않아, We trudge through snow and mud라고 표현하는 경우가 많다. 또 우리는 with reluctance 마지못해 We trudge to work 무거운 발걸음으로 출근하다, due to exhaustion 지쳐서 We trudge home 터덜터덜 퇴근하다 하기도 한다. 무거운 것을 옮기는 경우에도 trudge를 사용할 수 있다.
프랜시스 포드 코폴라 Francis Ford Coppola 감독이 베트남 전쟁을 서사적으로 연출한 《Apocalypse Now 지옥의 묵시록》(1979)에서는 병사들이 진창과 습지대를 '무거운 발걸음으로 터벅터벅 걷는' trudging through 장면이 묘사된다. 많은 것을 생각하게 하는 봉준호 감독의 공상 과학 영화 《Snowpiercer 설국열차》(2013)는 다시 시작되지만 암울하고 불확실한 미래를 상징하며, 생존자들이 '눈밭을 터벅터벅 걷는' trudge through the snow 인상적인 장면으로 끝맺는다.

trudge
지쳐서 터덜터덜 걷다

After a long day of hiking, we had to trudge back to the campsite.
하루의 긴 하이킹을 끝낸 뒤, 우리는 터벅터벅 걸어서 캠프장까지 돌아와야 했다.

trudge on
계속 걷다

It's been a difficult year, but I'm going to trudge on and complete this semester.
힘든 해였다. 그러나 나는 끈질기게 매달렸고, 결국 이번 학기를 끝냈다.

'어려움이나 장애에도 불구하고 계속 걷거나 진행하다'를 뜻한다.

pursue
추적하다, 추구하다

누군가를 생포하거나 무언가를 잡기 위해 뒤따르거나 추적하다. 형사들은 범인을 '추적해 붙잡고' pursue, 슈퍼히어로는 악당을 '추적하여 생포해' pursue 법의 심판대에 세우려 한다. pursuing하는 행위는 명사로 pursuit 추적로 쓰인다. 제목에 pursuit라는 단어가 사용된 영화가 많다. 《The Pursuit of Happyness 행복을 찾아서》(2006)와 《The Pursuit of Love 린다의 가장 완벽한 5개월》(2021)가 대표적인 예이다.
pursue는 '단호하고 끈덕지게 목표를 추구하거나, 어떤 활동에 종사하다/수행하다'라는 뜻으로도 사용된다. 우리가 어떤 분야에서 일자리를 얻는 데 필요한 교육을 받고 활동할 때 pursue a career 경력을 추구하다 라고 말한다. 시간과 노력 및 자원을 할애해 어떤 활동에 참여한 경우에는 pursue an interest 관심 분야에 정진하다 라고 말한다. 우리는 각자 개인적인 삶에서 열정 passion과 취미 hobby, 인간관계 relationship를 '추구한다' pursue. 한편 기업은 전략 strategy, 이익 profit, 새로운 시장 new market을 '추구한다' pursue. 이렇게 사용되는 pursue에는 몸과 마음을 다바쳐 pursue the goal하겠다는 의지가 함축되어 있다.

pursue
추적하다, 뒤쫓다

The detective pursued the suspect through the crowded streets.
그 형사는 북적대는 길거리를 뚫고 용의자를 추적했다.

pursue one's dreams
꿈을 추구하다

I'm going to pursue my dream of becoming a painter and enroll in art classes.
나는 화가가 되려는 꿈을 쫓아 미술 강좌에 등록하려 한다.

'개인적인 열망이나 목표 혹은 야망을 성취하기 위해 적극적으로 노력하는 행위'를 가리킨다. 이 표현에는 꿈이나 비전을 실현하기 위한 단계를 계획적으로 밟고 의식적으로 노력한다는 뜻이 포함된다.

pursue a lost cause
성공할 가능성이 없는 것을 이루어 내려 하다

The company has put a lot of money into this project but I think they are pursuing a lost cause.
그 회사는 이 프로젝트에 이미 많은 돈을 투입했지만, 내 생각에 그들은 성공할 가능성이 없는 목표를 이루려 하는 듯하다.

a lost cause는 '실패한 것, 가망이 없는 것'을 뜻한다.

flee 달아나다

위험이나 두려움 때문에 어떤 장소나 상황에서 도망치다 run away/탈출하다 escape 혹은 불쾌한 상황을 피하다. 동물들은 flee from danger 위험을 피해 달아나다 하고, 우리는 flee from war 전쟁을 피해 피난하다 한다. 또 우리는 '자연 재앙과 분쟁으로부터 벗어나' flee from natural disasters and conflicts 피난처와 안전, 그리고 구호품을 찾아간다. 재난 영화, 예컨대 《San Andreas 샌 안드레아스》(2015)에서는 지진이 일어난 뒤 붕괴되는 건물로부터 '탈출' fleeing 하는 장면, 《Dante's Peak 단테스 피크》(1997)에서는 폭발하는 화산으로부터 '도망치는' running away 장면들이 그려진다.

flee
벗어나다, 도망치다

When the fire alarm sounded, the students fled the building in a panic.
화재 경보가 울리자, 학생들은 허둥지둥 건물에서 빠져나왔다.

flee from
...에서 달아나다

The refugees fled from the war zone in search of safety.
피난민들은 안전을 찾아 전쟁 지역에서 달아났다.

우리가 도망치며 벗어나는 곳을 가리킬 때 사용되는 표현이다.

flee the scene
현장을 벗어나다

There was a car accident but the driver fled the scene.
자동차 사고가 있었다. 그러나 운전자는 현장에서 달아났다.

'당국에 의해 체포되거나 신원이 밝혀지는 걸 피할 목적에서, 사고나 범죄가 일어난 장소를 서둘러 벗어나다'라는 뜻으로 사용된다.

step
걸음을 옮기다

움직임과 관련된 뜻으로는 '한 발씩 차례로 들었다 내리는 동작'을 뜻한다. 더 넓게는 '특별한 행동 과정을 취하다'를 뜻할 수 있다. 예컨대 새로운 표현을 배우는 게 커뮤니케이션 능력을 향상시키는 방법이듯이, 우리는 점진적으로나 특정한 방법으로 무언가를 진행하거나 학습할 때 비유적으로 '단계를 밟는다' take steps 라고 말한다. 동사 step은 다양한 구동사에 쓰이며 명확한 의미를 갖는다.

step
걸음을 옮기다

She stepped carefully over the fallen branch on the forest trail.
그녀는 숲길에 쓰러진 나뭇가지 위로 조심스레 발걸음을 옮겼다.

step aside
옆으로 비키다

Step aside and let me handle this.
옆으로 비켜 주세요. 제가 처리하겠습니다.

'다른 사람이나 다른 무엇을 위해 옆으로 비켜서다/공간을 내주다'라는 뜻이다.

step up
앞으로 나오다/강화하다

The company decided to step up its marketing efforts to reach a wider audience.
그 회사는 고객층을 넓히기 위해 마케팅 활동을 강화하기로 결정했다.

'강도를 높이다' 혹은 '더 많은 책임을 떠맡다'라는 뜻이다. step up을 사용한 일상적 표현이 많다. **step up security** 보안을 강화하다, **step up investment** 투자를 확대하다, **step up to support** 지원을 늘리다 는 모두 '양을 늘리다' to increase the amount 라는 뜻이다.

step down
퇴진하다, 사직하다

After years of service, the CEO announced his decision to step down and retire.
오랫동안 재직한 뒤 그 최고경영자는 사직하고 은퇴하겠다는 결정을 발표했다.

'권위 있는 직책에서 사직하다/물러나다'를 뜻한다.

step forward
자진해서 도움을 제의하고 나서다

Nobody else volunteered so I decided to step forward for the position of team leader.
아무도 자원하지 않아, 내가 팀장의 자리를 맡겠다고 나서기로 결정했다.

'도움을 제안하다' 혹은 '어떤 과제, 책임이나 기회를 자진해서 맡다'를 뜻한다. '자발적으로 나서서' step forward 자신에게 주어진 운명적 과제를 이루어 내는 주인공을 묘사한 영화가 많다. 영화 《The Lion King 라이온 킹》(1994)에서 주인공 심바는 자신에게 적법하게 주어진 왕이라는 지위를 되찾는다.

step on someone's toes
누군가의 감정을 상하게 하다

Be careful not to step on anyone's toes when you join the new team.
새로운 팀에 합류하면 기존 팀원의 감정을 상하게 하지 않도록 조심해라.

'암묵적인 경계를 넘거나 무례하게 행동함으로써 누군가를 짜증나게 하다/기분을 상하게 하다'라는 뜻이다. 짜증 irritation, 불쾌함 annoyance, 불편함 discomfort을 야기한다는 뜻이 함축된 표현이다. 이 표현은 주로 부정문으로 사용된다(I didn't mean to step on (someone's) toes. 누군가를 화나게 할 의도는 아니었다).

watch your step
발밑을 조심하라, 조심해서 걸어라

The sign has a warning to watch your step.
발밑을 조심하라는 경고가 표지판에 쓰여 있다.

울퉁불퉁한 지면, 미끄러운 표면, 장애물 등 주변의 잠재적인 위험과 관련해 '주의하다/조심하다'라는 뜻이다. 이 구문은 지하철역 플랫폼 등의 표지판에서 흔히 볼 수 있다.

one step at a time
한 번에 한 걸음씩

> This is going to be a lot of work, but I'm sure we can do it one step at a time.
> 이번 일에는 많은 작업이 필요하겠지만, 한 번에 하나씩 해낼 수 있다.

어떤 일을 점진적으로 처리하고, 복잡한 과제는 쉽게 처리할 수 있는 작은 단위로 나누라고 조언하는 표현이다.

step into someone's shoes
누군가 시작한 일을 계속하다/누군가의 입장이 되다

> Before you criticize him, you should step into his shoes and consider what he has been through this year.
> 그를 비판하기 전에 그의 입장이 되어, 그가 올해 어떤 일을 겪었는지를 생각해 봐야 한다.

누군가가 겪은 일과 골칫거리, 그의 관점을 제대로 이해하려면 '그의 역할이나 책임을 떠맡거나 그의 관점에서 보아야 한다'를 뜻한다.

sashay
뽐내며 걷다

'뽐내면서 자신감 있고 과장된 몸짓으로 움직이다'라는 뜻이 함축된 동사. 부드럽게 혹은 우아하게, 특히 엉덩이를 눈에 띄게 씰룩이며 움직인다는 뜻의 단어이기도 하다. 무용수, 모델, 가수가 엉덩이를 흔들면서 자신 있게 걷는 모습, 예컨대 비욘세가 공연장의 무대에서 그렇게 걷는 모습을 상상해 보라. 화려하고 호화로운 영화에 등장하는 인물들은 sashay뽐내며 으스대며 걷다하는 경우가 많다. 《Moulin Rouge!물랑 루즈》(2001)는 음악이 연주되는 동안 무희들이 무대를 sashay하며 가로지르고, 화려한 춤곡dance numbers이 흐르며 보헤미아 시대의 파리를 구현한 뮤지컬 영화이다. 《Priscilla프리실라》(1994)는 오스트레일리아 오지를 가로지르며 여행하는 세 '여장 남자'drag queen의 발자취를 따라가는 코미디 영화이다. 이 영화에서 등장인물들은 여자처럼 옷을 입고 '엉덩이를 씰룩이며'sashay 공연한다.

sashay
부드럽게 걷다

She sashayed into the room, turning heads with her confident stride.
그녀는 미끄러지듯 방에 들어와서는 자신감 넘치는 걸음으로 관심을 끌었다.

sashay around
주변을 뽐내며 걷다

She sashayed around the party, greeting guests with her charm.
그녀는 파티장 곳곳을 우아하게 걸어다니며 손님들에게 자신만의 매력으로 인사를 건넸다.

sashay와 함께 쓰이는 구동사는 흔하지 않다. sashay 자체가 혼자 쓰이면서도 생생하고 풍부한 표현력을 지니기 때문이다. sashay around는 '대담하면서도 자신감 있게 주목을 끄는 모습으로 곳곳을 돌아다니다'를 뜻한다. 주위의 주목이나 감탄을 끌어낼 목적으로 걸음걸이 하나하나에 자신감과 천부적 감각을 담고 있다는 뜻이 함축되어 있기도 하다.

hurry 서두르다

짧은 시간 내에 목적지에 도착하거나 과제를 완성하기 위해 신속하게 움직이거나 행동하다. 아침에 출근을 준비하고 get ready in the morning, 대중 교통을 이용하며 take public transport, 마감 시한에 맞추고 meet deadlines, 쇼핑을 할 때 do shopping 우리는 '서두른다' hurry.
hurry는 다양한 상황에 쓰이며, 신속하게 행동해야 할 필요성이 있다는 '긴박감' urgency을 전달해 준다. 재난을 막고, 미스터리를 해결하며, 많은 사람의 목숨을 구하기 위한 '서두름' hurrying을 다룬 영화는 많다. 제2차 세계대전 당시 실제로 있었던 덩케르크 철수 작전을 소재로 한 영화 《Dunkirk 덩케르크》(2017)에서는 프랑스 덩케르크 해안에 갇힌 채 독일군으로부터 끊임없이 공격을 받던 수십만 명의 연합군을 구출하기 위해 '필사적으로 서두르는 모습' the desperate hurry이 그려진다. 한편 《The Day After Tomorrow 투모로우》(2004)는 새로운 빙하기가 닥치며 지구를 집어삼킬 듯한 극단적인 기상 이변이 일어났을 때 안전한 곳으로 '서둘러' hurry 대피하려는 기후학자와 그의 아들에 대한 이야기이다.

hurry
서두르다

We need to hurry if we want to make it to the airport before the flight leaves.
비행기가 출발하기 전 공항에 도착하려면 서둘러야 한다.

hurry up
빠르게 움직이다

Hurry up! The bus is about to leave.
서둘러라! 버스가 곧 출발할 거야.

'더 신속하게 움직이다/행동하다'라는 뜻이다. '발걸음 속도를 높이다'라는 뜻으로 쓰인다.

hunt 사냥하다

식용, 스포츠, 판매를 위해 야생 동물을 추격해 사로잡거나 죽이다. 이런 행위를 하는 사람들을 hunter 사냥꾼 라 부른다. 경찰이나 구조대가 무언가 혹은 누군가를 결연히 수색하는 행위를 가리키는 데도 사용된다.
competition 경쟁 이나 challenge 도전 와 관련된 뜻으로도 사용된다. 비유적으로 사용해 We hunt for solutions, answers, opportunities, jobs, and information 해결책과 대답, 기회와 직장 및 정보를 '사냥한다' 이라고도 말할 수 있다. 《Predator 프레데터》(1987)는 액션으로 가득한 공상 과학 스릴러 영화로, 중앙 아메리카에서 구조 임무를 수행하는 특공대를 '사냥하는' hunt 외계 생명체에 대한 이야기를 담고 있다. 2019년에 시작돼 지금까지 계속되는 유명한 TV 시리즈 《The Witcher 위처》는 괴물과 초자연적 존재를 '사냥하는' hunt 리비아의 게롤트가 주인공이다.

hunt
사냥하다

He hunts deer in the forest during hunting season.
그는 사냥 기간에 숲에서 사슴을 사냥한다.

hunt down
끝까지 추적하다

The police vowed to hunt down the fugitive until he was captured.
경찰은 도망자를 체포할 때까지 추격할 거라고 맹세했다.

'누군가 혹은 무언가를 추적해 생포하거나 죽이다'라는 뜻이다.

(a) treasure hunt
보물 찾기

The kids embarked on a treasure hunt through the forest during summer camp.
여름 캠프 동안, 아이들은 숲을 뒤지며 보물 찾기에 나섰다.

'숨겨진 물건이나 소중한 물건을 찾아나서다'라는 뜻이다. treasure hunt는 아이들에게 인기 있는 교실 활동이기도 하다.

hunt for clues
미스터리를 해결하는 데 도움이 될 수 있는 단서나 증거를 찾아나서다

The museum encourages children to hunt for clues scattered throughout the displays.
박물관에서는 아이들에게 전시물 곳곳에 흩어져 있는 단서를 찾아 보라고 독려한다.

hunt for bargains
염가 상품을 찾아다니다

I like to hunt for bargains during sale season.
세일 기간 동안 나는 할인 상품을 찾아 돌아다니는 걸 좋아한다.

중고품 상점 thrift store 과 빈티지 마켓 vintage market 에서 싼값이나 할인된 가격으로 판매되는 물건을 찾아나서다.

move 움직이다

위치나 장소에 변화를 주다. 예컨대 방에서 가구의 위치를 바꿀 경우 We move objects라 표현할 수 있다. 교통수단을 이용해 다른 곳으로 이동하는 행위도 move에 해당한다. 운동하려고 몸을 움직이는 행위도 move our bodies가 된다. move house는 '이사하다'라는 뜻이다.

'감정'과 관련해서도 move가 사용될 수 있다. 영화나 노래 같은 것이 우리를 move한다면, 우리가 그것으로부터 '정서적인 영향을 받았다'라는 뜻이다. 멋진 연설, 영화와 노래, 공연 등은 moving 가슴을 뭉클하게 하는 한 것으로 묘사될 수 있다. 《Slumdog Millionaire 슬럼독 밀리어네어》는 인도 뭄바이의 한 빈민가 출신 젊은이가 인도판 Who Wants to Be a Millionaire?라는 퀴즈쇼에 뜻하지 않게 출연자가 되어 벌이는 '감동적인 영화' a moving film의 표본이다. 세계 전역에서 관객의 마음을 뭉클하게 해 준 사랑과 희망, 그리고 불굴의 인간 정신에 대한 이야기를 담았다.

move

move
옮기다, 움직이다

We moved the furniture to make room for the new sofa.
우리는 새 소파를 놓을 공간을 마련하고 가구를 옮겼다.

move on
다음 단계로 옮겨가다, 진격하다

Let's move on to the next topic.
다음 주제로 넘어갑시다.

move in
입주하다

They plan to move in together next month.
그들은 다음 달에 함께 이사해 들어올 계획이다.

'새 집이나 새 공간에 들어가 살기 시작하다'라는 뜻이다. 반대말은 **move out** 이사를 나가다 이다.

move out
이사를 나가다

The students will move out of their dorms at the end of the semester.
학기가 끝나면 학생들은 기숙사에서 나갈 것이다.

'현재의 거주지를 떠나다'라는 뜻이다. 반대말은 **move in** 입주하다 이다.

move forward
전진하다, 추진하다

We need to move forward on the agenda for today's meeting.
우리는 오늘 회의 안건을 밀어붙일 필요가 있다.

move up
승진하다

She was promoted and moved up to a managerial position in the company.
그녀는 승진해 관리직까지 올라갔다.

'계급, 직위, 지위에서 올라가다'라는 뜻이다.

make a move
행동에 들어가다

It's almost 9 am, we need to make a move.
거의 아침 9시다. 작업을 시작해야 한다.

'행동을 취하다/결정을 내리다'라는 뜻이다. make a move on someone은 '성관계를 가질 목적으로 수작을 걸다'라는 뜻이다.

on the move
분주한, 이리저리 이동하는

She's always on the move during summer holidays.
여름 휴가 기간이면 그녀는 항상 분주하게 이리저리 여행을 다닌다.

'이리저리 여행하거나, 분주하게 돌아다니는 과정'을 뜻하는 표현이다.

seek
샅샅이 뒤지다

무언가를 찾아내거나 얻으려 시도하다. 무언가를 의도적으로 찾아나서거나, 무언가를 얻으려고 노력한다는 뜻이 함축되어 있다.

이 단어가 가장 흔히 사용되는 예는 hide and seek 숨바꼭질란 놀이이다. 숨바꼭질은 일부가 hide 숨고, 나머지는 숨은 사람들을 찾아나서는 놀이이다. 《Finding Nemo 니모를 찾아서》(2003)는 한 다이버에게 납치된 아들 니모를 '찾으려고' seek 바다를 가로지르는 흰동가리의 장대한 여정을 그린 애니메이션 영화이다. People seek love, adventure, happiness, peace, and justice 사랑, 모험, 행복, 평화, 정의를 추구하다 에서 seek은 '추구하다'라는 뜻이 된다. 친구와 가족에게 seek advice 조언을 구하다 하고, 피난민들은 seek shelter 피난처를 구하다 한다. 예컨대 성경에서 마리아의 출산이 임박해지자 마리아와 요셉은 베들레헴에서 find shelter 피난처를 찾아내다 한다. 더 일반화하면, 우리는 철학, 개인적인 성장, 삶의 방향에 의거해 각자의 삶에서 seek meaning 의미를 찾다, seek purpose 목적을 추구하다 한다.

seek
구하다

She decided to seek advice from a professional counselor.
그녀는 전문 상담자에게서 조언을 구하기로 마음먹었다.

seek approval
승인을 구하다

We are seeking approval to start construction.
우리는 건설을 시작하기 위한 승인을 얻으려고 힘쓰고 있다.

'공식적인 동의나 허가를 요청하다'라는 뜻이다.

seek and ye shall find
구하라, 그리하면 찾을 것이요

You'll find a job eventually. Seek and ye shall find.
결국엔 일자리를 얻을 것이다. 구하라 그리하면 찾을 테니까.

성경에 쓰인 표현으로, '무언가를 부지런히 찾으면 결국 찾아낼 것'이란 뜻이다.

explore
탐험하다

새로운 장소(혹은 새로운 개념이나 주제)에 대해 배우거나 더 깊이 알기 위해 여행하거나 조사하다. city 도시, park 공원, cave 동굴, concept 개념, hobby 취미, trend 추세, history 역사, culture 문화가 explore의 대상이고, 이때 explore는 '탐험/답사하다' 혹은 '탐구하다/조사하다'를 뜻한다. 새로운 지역과 장소를 여행하는 사람은 explorer 탐험가라 한다. 유명한 explorer로는 마르코 폴로 Marco Polo, 자크 쿠스토 Jacques Cousteau, 닐 암스트롱 Neil Armstrong이 있다.
《Lawrence of Arabia 아라비아의 로렌스》(1962)는 제1차 세계대전 동안 아랍군이 오스만 제국에 맞서 반란을 일으켰을 때 중동 지역을 '탐험한' explore 영국군 장교, 토머스 에드워드 로렌스 Thomas Edward Lawrence의 삶을 추적한 고전적인 서사 영화이다. 한편 《Avatar 아바타》(2009)는 외계 생명체들과 나비족으로 알려진 토착민이 살아가는 판도라라는 외계 행성을 '탐험하는' explore 해병대원 이야기를 그린 장대한 공상 과학 영화이다.

explore
탐험하다

He likes to explore new hiking trails on the weekends.
그는 주말에 새로운 하이킹 코스를 탐험하는 걸 좋아한다.

explore all avenues
모든 수단을 강구하다

Before making a final decision about the project, we need to explore all avenues to ensure we've considered every possible solution.
그 프로젝트에 대한 최종 결정을 내리기 전에, 우리가 가능한 모든 해결책을 고려했는지를 확인하기 위해 모든 수단을 강구할 필요가 있다.

'가능한 모든 선택안이나 해결책을 고려하다/조사하다'라는 뜻이다.

위와 아래
UP/
DOWN

jump	toss
climb	drive
lift	shift
pounce	lunge
hurdle	ascend
leap	catapult
elevate	swoop
rise	fall
propel	collapse
skip	raise
hop	spring
flip	bounce
burst	pass
jolt	cling
soar	handle
launch	possess
hitch	descend
mount	plummet
force	tumble
project	dangle
promote	skim
surge	plunge
fling	dive
cast	slip
throw	

jump 뛰어오르다

일반적으로 두 발을 공중에 띄우며, 지면이나 바닥에서 몸을 신속히 솟구쳐 오르다. jump는 이 행동을 표현하는 데 가장 흔히 사용되는 단어이기도 하다. hop깡충깡충 뛰다, leap높이 길게 뛰다, bounce급히 뛰어오르다 등 모든 유사한 단어가 jumping도약 의 한 형태에 해당한다. 등장인물들이 믿기지 않는 '도약'jump 을 선보이는 영화는 헤아릴 수 없이 많다. 《Crouching Tiger, Hidden Dragon와호장룡》(2000)과 《Matrix매트릭스》(1999) 가 대표적인 예이고, 물론 스파이더맨과 슈퍼맨이 등장하는 슈퍼히어로 영화도 마찬가지이다. 농구에서 유명한 동작으로는 농구 링hoop을 향해 슛을 쏘는 '점프 슛'a jump shot이 있다. 이 동작은 마이클 조던Michael Jordan과 조던을 형상화해 나이키 의류를 장식한 '점핑 맨'jumping man 로고로 유명해졌다. jump는 다른 맥락에서 '갑작스런 움직임'a sudden move, '급격한 증가'a quick increase, '공격'an attack 혹은 '기꺼이 응하다' to join something eagerly를 뜻하기도 한다.

jump
빠르게 이동하다

The children were excited to jump in the pool.
아이들이 흥분해서 수영장에 뛰어들었다.

jump at
기회나 제안을 덥석 받아들이다

She jumped at the chance to study abroad.
그녀는 해외에서 공부할 기회를 지체 없이 붙잡았다.

jump ahead
앞으로 나아가다

After studying hard, she was able to jump ahead to more advanced courses.
열심히 공부한 덕분에 그녀는 고급 과정에 진학할 수 있었다.

'신속하게 전진하다/진척을 이루다' 혹은 '시간에 선보이는 앞으로 나아가다'를 뜻한다. to move ahead in a queue or in traffic 줄을 서서 혹은 자동차를 타고 앞으로 움직이다 이라는 뜻으로 소박하게 쓰이기도 하지만, a company has better revenues or technology than competitors 어떤 기업이 경쟁 기업들보다 매출이나 기술 수준에서 앞서다 라는 뜻으로 거창하게 쓰일 수도 있다.

jump ship
배에서 내리다

The employees all wanted to jump ship when the company was taken over by unpopular management.
인기 없는 경영진이 회사를 장악하자 직원들은 모두 회사를 떠나고 싶어했다.

'어려움이 닥치자 프로젝트, 팀, 조직을 떠나다'가 기본적인 뜻이다. 이 표현은 항해와 관계가 있다. 배가 침몰할 위기를 맞으면 선원들은 더 안전한 곳을 찾아 jump ship 배에서 뛰어내리다 할 것이다.

jump on the bandwagon
시류에 편승하다

Everybody is wearing black leather boots this winter so I've decided to jump on the bandwagon and get myself a pair too.
올겨울에는 모두가 검은 가죽 부츠를 신고 다닌다. 그래서 나도 시류에 편승해 한 켤레를 구입하기로 마음먹었다.

'다른 사람들을 뒤쫓아 유행하고 인기 있는 것을 하다'라는 뜻이다. 특히 '추세를 뒤쫓는' to chase trends 경우를 가리킨다.

jump to conclusions
속단하다

Let's not jump to conclusions, we need more information.
성급히 결론짓지 말자. 더 많은 정보가 필요하다.

'신중히 고려하지 않거나 뚜렷한 증거도 없이 성급히 결정짓다'라는 뜻으로 쓰인다.

jump through hoops
고생하다

I have been accepted to get a visa, but they made me jump through so many hoops during the application.
결국 비자를 발급받았지만, 신청하는 동안 많은 고비를 넘겨야 했다.

'무언가를 성취하기 위해 어려운 과정, 특히 관료주의를 통과하다'라는 뜻이다.

climb 오르다

올라가다, 위로 향하다, 상승하다. 손과 발을 사용해 산에 오르는 행위에 당연히 쓰일 수 있지만, temperature기온, price가격, success성공 등이 상승한다는 뜻으로도 비유적으로 사용된다. 가장 흔한 용례로는 climb a mountain산을 오르다 혹은 mountain climbing등산이 있다. 이 표현은 밧줄과 장비를 사용해 수직 등반 구역 a vertical climb을 오르는 경우를 특별히 뜻하지만, 등산화와 배낭을 메고 일반적인 하이킹을 하는 경우를 뜻할 수도 있다. 또한 계단stairs이나 사다리ladder와 함께 쓰인 climb은 대체로 '올라가다'ascend를 뜻한다. 《Cliffhanger클리프행어》(1993)에서, 실베스터 스탤론Sylvester Stallone은 로키산맥에서 강도 행위를 막기 위해 climb a mountain산악을 등반하다해야 하는 산악 구조 대원으로 출연한다. climb은 비유적으로 사용되어, 조직 내에서의 승진을 뜻할 수 있다. 《The Secret Of My Succe$s나의 성공의 비밀》(1987)는 마이클 J. 폭스Michael J. Fox가 climbing the corporate ladder라는 꿈을 안고 뉴욕시로 이주한 대학 졸업생으로 출연한 코미디 영화이다.

climb
오르다

He likes to climb mountains in his spare time.
나는 여가 시간에 등산하는 걸 좋아한다.

**climb the ranks /
climb the corporate ladder**
승진하다

She hopes to climb the ranks and become a manager someday.
그녀는 승진해서 언젠가 관리자가 되기를 소망한다.

'직장, 조직, 기관 등 계급 구조를 지닌 곳에서 승진하다/위로 올라가다'를 뜻한다.

climbing the walls
초조해하다, 미칠 지경이 되다

I've been stuck at home for several days and I'm climbing the walls.
나는 며칠 동안 집에서 두문불출했다. 이제는 나가고 싶어 미칠 지경이다.

'극단적인 불안과 초조 혹은 불만과 좌절감'을 표현하는 데 주로 사용되는 관용어이다. '어떤 상황에 갇히거나 억류된 느낌' 혹은 '억눌린 에너지를 쏟아내고 방출하고 싶은 욕망'이 함축된 표현이기도 하다.

lift 들어올리다

더 높은 곳으로 들어올리다/높이다. 영국 영어에서 lift는 승강기를 뜻하는 것으로, 미국인과 한국인의 경우 '엘리베이터'elevator라 부른다. '엘리베이터'elevator든 '리프트'lift든 건물에서 사람들을 더 높은 층까지 lifting올리기 하는 역할에서는 똑같다.

비물리적인 의미로 사용될 때 lift는 '기분과 사기, 에너지와 자신감 같은 것의 고양'elevation을 뜻할 수 있다. 요즘 흔히 사용되는 lift awareness는 '특정한 쟁점이나 주제 혹은 대의에 대한 의식을 높이다'를 뜻한다. 환경 보호 캠페인이나 건강 교육 프로그램이 여기에 속한다.

lift는 일반적인 맥락에서 '운송하다'to transport라는 뜻으로도 사용될 수 있다. 예컨대 친구의 자동차를 타고 다른 곳으로 이동할 때 get a lift남의 차를 얻어 타다라고 표현한다. 이삿짐센터를 불러 lift furniture가구를 들어내다하여 새로운 목적지로 가져갈 때는 '운송'transportation, 크레인이 lift crates상자를 들어올리다하여 배에 선적할 때는 '들어올림'elevation이란 뜻이 lift에 수반된다. 결국 lift에는 위쪽만이 아니라 옆쪽으로의 이동도 포함된다.

lift는 '제약을 폐지하다/취소하다'의 뜻으로도 사용될 수 있다. Rules can be lifted when they are obsolete or irrelevant낡은 규칙이나 부적절한 규칙은 폐지될 수 있다. ban금지, lockdown감금, sanction제재, censorship검열 등도 lift폐지의 대상이다.

어떤 경우 lift는 '복제하다, 훔치다, 표절하다'를 뜻할 수 있다. lift a wallet 지갑을 훔치다, lift a quote from a text 교과서에서 인용구를 표절하다, Some companies are accused of lifting designs and ideas from other companies 다른 회사의 디자인과 아이디어를 도용했다는 이유로 비난받다 등이 대표적인 예이다. 특히 디지털 영역에서는 많은 사람이 이미지와 영상 및 음악을 '도용'lift해 새로운 콘텐츠를 제작한다.

lift
들어올리다

She lifted the heavy box onto the shelf.
그녀는 무거운 상자를 들어 선반 위에 올려놓았다.

lift off
이륙하다

The rocket is scheduled to lift off tomorrow morning.
로켓은 내일 아침 발사될 예정이다.

잼 병의 뚜껑처럼 '무언가를 제거하다/벗겨내다'라는 뜻으로 사용된다. '공중에 올라가다'를 뜻하며, 특히 항공기나 우주선에 사용된다. 로켓 발사 a rocket launch 에서 가장 위험한 순간은 '이륙' lift off 할 때이다.

(a) facelift
주름 제거 수술

Many celebrities undergo facelifts to maintain their youthful appearance.
많은 유명인이 젊은 모습을 유지하려고 주름 제거 수술을 받는다.

주름, 처진 피부 등 노화의 징후를 줄임으로써 얼굴을 다시 젊어보이게 하는 목적의 성형 수술 a cosmetic surgical procedure 을 가리킨다. 젊은 모습을 인위적으로 만들어 내려면 얼굴 근육을 팽팽하게 당기고, 과도한 피부를 제거하는 과정이 개입되기 마련이다.

do the heavy lifting
무거운 짐을 들다, 어려운 과제를 맡다

She did most of the heavy lifting on this project because the other team members were absent.
이번 프로젝트에서 그녀가 대부분의 어려운 과제를 떠맡았다. 다른 팀원들이 결근했기 때문이다.

'특정한 상황에서 가장 어렵고 힘든 과제나 책임을 떠맡다'를 뜻하는 관용어이다. '어떤 작업의 대부분을 하다' 혹은 '어떤 프로젝트나 시도에서 가장 까다로운 부분을 처리하다'를 뜻하기도 한다. 육체 노동에도 사용되지만, 사무 현장이나 교육 프로젝트 같은 경우에도 사용될 수 있다.

pounce 덮치다

bounce와 비슷하게 들리지만, 둘 사이에는 미묘한 차이가 있다. bounce에 '되돌아오는 움직임'이란 뜻이 함축되어 있다면, pounce에는 '아래로의 움직임'이란 뜻이 함축되어 있다. 하지만 plunge처럼 '가파른 하강'은 아니며, 다소 '장난스런'playful 기분이 느껴지는 단어이다. 고양이가 생쥐를 어떻게 잡는지 상상해 보라. 이 모습에 pounce의 본질적인 뜻이 담겨 있다. 결국 pounce는 '어떤 의도를 갖고 갑자기 내리덮치다'를 뜻한다. 어떤 상황에서는 '신속하고 공격적으로 행동하다', '기회를 잡다'를 뜻하기도 한다.

pounce
덮치다

The cat pounced on the mouse.
고양이가 생쥐를 덮쳤다.

pounce on
달려들다

When the TV went on sale, I pounced on the deal and bought it that morning.
텔레비전 할인 판매가 시작되자, 나는 그 기회를 놓치지 않고 그날 아침에 구입했다.

어떤 맥락에서 pounce on은 문자 그대로 jump on 달려들다 의 뜻으로 사용된다. 위의 예문에서는 '드문 기회를 잡다'라는 뜻으로 사용되었다. 주어와 목적어 모두에 사람이 사용되면 pounce on은 경찰의 체포, 폭력, 성적인 의도 등 다양한 방향으로 사용된다.

pounce on one's words
누군가의 발언을 물고 늘어지다

During the interview, the journalists were ready to pounce on any inconsistent statements made by the politician.
인터뷰하는 동안, 기자들은 그 정치인의 일관성 없는 발언을 물고 늘어질 각오를 단단히 했다.

hurdle
장애물을 뛰어넘다

이 단어에서 가장 먼저 떠오르는 것은 육상 허들 경기, 즉 주자runner들이 똑바로 세워진 장애물들을 '껑충 뛰어넘은' bound over 뒤에 결승선까지 달려가는 경이다. 이 경기는 sprinting 전력 질주과 비슷하지만, 코스를 따라 뛰며 jump 도약해야 하는 것이 다르다.

행동 동사 hurdle은 '장애를 뛰어넘다' jump over obstacles, '장애를 극복하다' overcome obstacles 등과 같이 비물리적인 의미로도 쓰인다. 육상 선수가 아닌 경우, 일상적인 대화에서는 이 이차적인 의미로 훨씬 더 자주 유용하게 쓰인다.

영화 《Erin Brockovich 에린 브로코비치》 (2000)에서 줄리아 로버츠 Julia Roberts는 오염 물질을 배출하는 에너지 기업과의 법적 분쟁에서 '여러 장애물을 극복해야' overcome hurdles 하는 주인공 에린 브로코비치 역할을 맡았다. 비슷하게 《The King's Speech 킹스 스피치》 (2010)에서는 콜린 퍼스 Colin Firth가 말더듬증이란 hurdle 장애/난관을 극복해야 하는 조지 6세를 연기했다.

hurdle

hurdle
뛰어넘다

I managed to hurdle over the fence as the bull came running at me.
황소가 내게 돌진하길래 나는 울타리를 뛰어넘었다.

hurdle through hoops
무언가를 성취하기 위해 고생하다

Starting a new business is tough, we had to hurdle through so many hoops.
새로운 사업을 시작하는 건 힘들다. 우리는 수많은 난관을 극복해야 했다.

'일련의 난관이나 요건, 대체로 지방 정부가 제기하는 규제 요건을 처리하다'를 뜻한다.

clear a hurdle
어려움이나 장애를 성공적으로 극복하다

After some financial difficulties, the company was able to gain new funding and clear the hurdle.
재정적 어려움이 있은 뒤에 그 회사는 새로운 자금을 지원받아 그 난관을 성공적으로 극복할 수 있었다.

cleared the hurdles는 successfully hurdle through hoops와 동의어 관계에 있다.

fall at the first/last/final hurdle
첫/마지막 장애를 넘지 못하다

We tried to open a new cafe in the area but the high rental costs meant that we fell at the first hurdle.
우리는 이 지역에서 새로운 카페를 시작하려 했지만, 비싼 임대료 때문에 첫 장애물도 넘지 못했다.

첫 장애물에 더는 전진하지 못하고 중단해야 할 때 fall at the first hurdle이라고 말한다. 한편 성공을 거의 코앞에 두었지만 마지막 순간에 실패하면 fall at the final hurdle이라고 말할 수 있다.

hurdle the final barrier
마지막 최종적인 장애를 극복하다

The two sides made a last minute agreement, which meant that we had reached a settlement and hurdled the final barrier.
양측이 마지막 순간에 합의를 이루었다는 것은, 우리가 타협하며 마지막 장애물을 뛰어넘었다는 뜻이다.

leap
도약, 뛰어오르다

한 곳에서 다른 곳으로 힘차게 도약하는 행위. 대체로 비유적으로 쓰이지만, '새로운 장소나 상황으로 급작스레 변하다/전환하다'를 뜻할 수 있다. 이 단어는 인간으로서 달에 처음 착륙한 닐 암스트롱의 말 One small step for man, one giant leap for mankind 한 인간에게는 작은 발걸음이지만, 인류에게는 위대한 도약이다 로 유명해졌다.
영화 《Crouching Tiger, Hidden Dragon 와호장룡》(2000)에는 등장인물들이 공중으로 '뛰어올라' leaping 날아다니는 숨막히는 장면들이 많다.

leap
뛰어오르다

Let's leap over the gate.
대문을 뛰어넘자.

(a) leap of faith
맹신, 맹신하는 것

She had only known him for a few months so she took a leap of faith by accepting his marriage proposal.
그녀는 그를 안 지 불과 수개월 정도지만 무작정 그를 믿으며 그의 청혼을 받아들였다.

효과가 있다는 증거도 없이, 그 행동의 결과가 어떻게 될지 전혀 모르면서 새로운 것에 뛰어드는 상황을 가리킨다.

leap for joy
기뻐 날뛰다

When she finds out about her promotion, I'm sure she will leap for joy.
그녀는 자기가 승진한 걸 알게 되면 기뻐 어쩔 줄을 모를 거라 확신한다.

'무언가에 열광하며 매우 기뻐하다'를 뜻한다. 이런 기쁨의 표현에 a jump가 굳이 포함될 필요는 없지만, 흥분해 두 주먹을 공중에서 휘두르는 행위 excitedly shakes their fists in the air 는 포함될 수 있다.

leap to conclusions
껑충 뛰어 결론에 도달하다, 속단하다

The evidence looks convincing, but let's not leap to conclusions here.
그 증거는 설득력 있어 보인다. 그러나 여기에서 서둘러 결론을 내리지는 말자.

'충분한 사실이나 증거를 확보하지 못한 채 가설을 세우거나 성급히 추정하다'라는 뜻이다. 이 표현은 항상은 아니지만 주로 부정문으로 사용된다 (don't/we shouldn't leap to conclusions 성급히 결론지어서는 안 된다).

by leaps and bounds 착착, 급속도로, 일사천리로	The city's skyline has changed by leaps and bounds as new skyscrapers and developments have transformed the urban landscape. 새로운 고층 건물과 개발로 도시 풍경이 달라졌고, 도시의 스카이라인도 착착 달라졌다.

'빠르고 신속한 발전이나 진보'와 관련해 쓰이는 부사구. 개인의 발전, 과학기술의 발달, 기업의 성장, 사회적 진보와 관련해 주로 쓰인다.

look before you leap 잘 생각해 보고 행동하라	The new position that the company offered is good, but it's in a new town, so you should really look before you leap. 그 회사가 제안한 직책은 좋지만, 그 회사는 신도시에 있으므로 제안을 받아들이기 전에 신중하게 생각해야만 한다.

'어떤 조치를 취하기 전 그 결정의 결과를 신중히 따져보라'고 조언하는 격언이다. 비유적으로 쓰일 뿐, 문자 그대로의 의미로는 쓰이지 않는다.

leap in/off at the deep end
무턱대고 뛰어들다

I didn't know a lot about this degree subject, but I decided to go for it and just leap in at the deep end.
나는 그 학위 주제에 대해 제대로 몰랐지만, 깊이 생각하지 않고 과감히 도전하기로 결정했다.

'계획이나 준비 혹은 지침도 없이 복잡한 과제를 새롭게 떠맡다/뛰어들다'를 뜻한다.

elevate
들어올리다, 높이다

더 높은 직책이나 위치에 오르다, 승진시키다. elevate는 elevator엘리베이터 덕분에 기억하기가 쉽고 관련된 용례도 무척 많다.
추상적으로 raise a level, status or importance수준, 지위, 중요도를 높이다라는 뜻으로도 쓰일 수 있다. 이 추상적인 뜻으로 쓰일 때 elevate는 도덕성, 문화, 지적 능력, 품격 등이 더 높아졌다는 느낌을 전달하는 동사이기도 하다.
직장과 성과, 권위와 품격, 기분, 삶의 질 등 그 밖에도 많은 것과 관련해 쓰인다.
영화 《Dead Poets Society죽은 시인의 사회》(1989)에서 로빈 윌리엄스Robin Williams는 학생들에게 열정을 추구하라고 elevate고양하다하는 교사 역할을 맡았다.

elevate
올리다

The workers used machinery to elevate the crane to the second floor.
노동자들은 기계를 사용해 크레인을 2층에 올렸다.

elevate one's mood
기분을 좋게 하다

The music in this restaurant has really elevated my mood.
이 식당의 음악은 내 기분을 정말 좋게 해 주었다.

elevate one's style
품격을 높이다

After her 40th birthday, she invested in classic and well-made clothes that helped to elevate her style.
40번째 생일을 지낸 뒤, 그녀는 고상하고 좋은 옷에 돈을 쓰며 품격을 높이는 데 신경을 썼다.

elevate one's quality of life
삶의 질을 높이다

New government policies have helped to elevate quality of life for the residents in this area.
새로운 정부 정책은 이 지역 거주자들의 삶의 질을 높이는 데 도움이 되었다.

elevate to a higher position
승진하다, 승격하다

My application has been successful and I've been elevated to a higher position within the company.
내 지원서가 성공적으로 통과되었고, 나는 그 회사에서 더 높은 직책으로 승진했다.

'지위, 계급, 중요도, 권한의 수준을 높이다'라는 뜻이다. 직장이나 경력과 관련해 주로 쓰인다.

elevate the conversation
대화의 수준을 높이다

The online moderators asked everyone to elevate the conversation with a focus on constructive dialogue.
온라인 진행자들은 모두에게 건설적인 대화에 집중하며 대화의 수준을 높여달라고 요청했다.

'건설적이고 통찰력 있게 대화하며 토론과 담론의 질과 깊이를 개선하다'라는 뜻으로 쓰인다.

rise
오르다, 일어나다

더 높은 수준에 오르다, 위로 움직이다, 상승하다. 독자적으로 올라가는 물체에 대해 쓰인다. (특히 일어서는 과정에 있는) 사람, 가격, 시위대, 사회 운동 등에도 쓰인다.
제목에 rise가 쓰인 영화가 많다. rise의 주인공이 영웅, 악당, 집단 등 무엇이든 간에 rise라는 개념이 많은 줄거리의 중심이 될 수 있기 때문이다. 《Star Wars: Episode IX The Rise of Skywalker 스타워즈: 라이즈 오브 스카이워커》(2019)와 《The Dark Knight Rises 다크 나이트 라이즈》(2012), 《Rise of the Planet of the Apes 혹성탈출: 진화의 시작》(2011) 는 모두 영웅과 악당의 부상을 보여주는 표본적인 영화이다. 특히 좋아하는 영화 중 하나는 바이킹의 서사극, 《Valhalla Rising 발할라 라이징》(2009) 이다.

rise
떠오르다

The sun rises in the east every morning.
태양은 매일 아침 동쪽에서 뜬다.

rise and shine
정신을 차리고 일어나라

She likes to rise and shine early in the morning.
그녀는 아침 일찍 일어나 움직이는 걸 좋아한다.

'정신을 차리다'라는 뜻이다. 누군가에게 wake up 정신을 차리고 일어나다 하라고 말하는 방법으로 흔히 쓰이는 표현이다.

rise to the occasion
상황에 잘 대처하다

Although she was nervous, she was able to rise to the occasion and give a brilliant speech.
그녀는 불안하고 초조했지만 상황에 잘 대처하며 연설을 훌륭하게 해 낼 수 있었다.

극복해야 할 중대한 문제가 있고, 누군가 그 문제를 떠맡아야 할 때 they rise to the occasion이라 표현한다.

rise from the ashes
폐허를 딛고 일어서다

The new coach helped the team to rise from the ashes.
신임 코치는 팀이 다시 일어서는 데 도움을 주었다.

좌절이나 패배 ashes 가 있은 뒤의 재기 resurgence 혹은 부활 revival 을 뜻한다. 긍정적인 방향의 재개와 변화를 강조하는 표현이다.

rise and fall
등락, 흥망성쇠

Economic markets often witness the rise and fall of stock prices.
경제 시장에서 주가의 등락은 흔한 현상이다.

rise above
굴하지 않다

She had to deal with a lot of negativity on social media, but she managed to rise above the hate.
그녀는 소셜 미디어에서 많은 부정적인 반응을 견뎌내야 했지만, 어떻게든 증오에 굴하지 않았다.

'저항과 장애를 이겨내는 품격과 회복 탄력성을 보여주다'라는 뜻으로 사용된다. 부정적인 공격에 굴복하지 않는 긍정적인 마음가짐이 함축된 표현이다.

propel 추진하다

물리력과 에너지로 앞쪽과 위쪽으로 추진하다, 밀다, 움직이다. 항공기와 선박을 앞으로 움직이게 하는 회전축과 회전 날개는 바로 그 의미에서 propeller프로펠러라 불린다. 아래에 소개된 예들은 무척 자주 쓰이는 용례 겸 표현이지만, propel은 무언가를 앞쪽으로 밀어내는 모든 것에 사용될 수 있다. 예컨대 new evidence can propel a legal case forward새로운 증거로 법적 소송을 추진할 수 있다 라는 표현도 가능하다.
《Apollo 13아폴로 13》(1995)과 《Interstellar인터스텔라》(2014)를 비롯해 많은 영화에서 우주선이 우주로 '쏘아 올려지는' propelled 장면이 등장한다. 《Iron Man아이언맨》에서 토니 스타크는 슈트에 장착된 로켓을 이용해 자신을 하늘로 '추진한다' propel. propel은 비유적으로 사용된다. 《The Devil Wears Prada악마는 프라다를 입는다》(2006)는 열심히 일하며 성공을 향해 '나아가는' propel 여성에 대한 영화이다.

propel
추진하다, 나아가다

Swimmers use their arms and legs to propel themselves through the water.
수영하는 사람은 팔다리를 사용해 물살을 가르며 나아간다.

propel someone to stardom
누군가를 스타덤에 오르게 하다

After her successful singing audition on television, she was propelled to stardom overnight.
그녀는 텔레비전 방송국의 노래 오디션을 성공적으로 통과한 뒤 하룻밤 사이에 스타덤에 올랐다.

한 가지 요인으로 무척 빠르게 명성을 얻은 경우에 주로 사용되는 표현이다.

propel the economy
경제를 활성화하다

The reduced taxes helped to propel the economy this year as people spent their extra cash.
올해에는 감세로 사람들이 추가로 지출함으로써 경제를 활성화하는 데 도움이 되었다.

경제 성장을 뒷받침하는 요인들로는 '경제를 더 높은 고점까지 밀어올리는 것' what propel the economy to higher highs 이 있다.

propel someone to victory
누군가를 승리로 이끌다

Her stellar performance in the final lap propelled her to victory.
마지막 트랙에서 보여준 뛰어난 성적이 그녀를 승리로 이끌었다.

성공 요인은 '우리를 승리로 밀고 가는 것'이다.

skip 건너뛰다

걷기walking와 달리기running 사이에 몇몇 발걸음을 생략하는 hop깡충 뛰기과 jump도약가 더해진 동작을 가리킨다. 발걸음stepping이 활기차고 탄력 있기 때문에 거의 춤을 추는 것처럼 보인다. 어린아이들이 함께 놀이를 할 때 '줄을 맞추어 팔짝팔짝 뛰기도 한다'skip along. '줄넘기'skipping rope라는 놀이도 있다. 영화 《Forrest Gump포레스트 검프》에서 주인공이 달리는 독특한 모습은 skipping과 유사하다.

많은 상황에서 skip은 '어떤 행동을 무시하다/생략하다'를 뜻할 수 있다. 예컨대 skip lunch는 '아침과 저녁을 먹지만 점심을 생략하다'라는 뜻이고, skipping a song은 '목록이나 앨범에 있는 노래 중 하나를 제외하다'라는 뜻이다. 고전적인 십대 코미디 영화 《Ferris Bueller's Day Off페리스의 해방》 (1986)에서, 페리스는 시카고 시내를 돌아다니는 모험 여행을 위해 하루 동안 학교를 '빼먹는다'skip.

skip
팔짝팔짝 뛰다

The children skipped around the playground.
아이들이 학교 운동장에서 팔짝팔짝 뛰어다녔다.

skip on/over
...을 건너뛰다

He skipped on the toys on the floor and almost fell down.
그는 바닥에 흩어진 장난감들을 건너뛰다가 넘어질 뻔했다.

무언가를 피하려다 발을 헛딛고 넘어질 뻔할 때 주로 사용되는 표현이다.

skip out of
...에서 재빠르게 나가다

Instead of helping with the presentation, he skipped out of work to have lunch.
그는 프레젠테이션을 돕기는커녕 점심을 먹으려고 직장을 빠져나갔다.

'의무를 다하지 않고 피하거나, 신속하고 몰래 벗어나다'라는 뜻이다. skip out of town 시내를 황급히 빠져나가다 은 보안관 시대에 무법자들과 강도들이 취하는 행동으로 주로 사용되었다.

skip it
나중까지 포기하다/기권하다

I don't know how to solve this problem right now so let's skip it until later.
지금 당장은 이 문제를 어떻게 풀어야 할지 모르겠다. 일단 나중까지 남겨두자.

어떤 일을 지금 당장 해결하기에는 너무 어렵거나 혼란스럽고 스트레스까지 생긴다면, 지금은 skip it 그냥 두다 하고, 나중에 해결을 시도할 수 있다.

skip to the chase
본론으로 들어가다

Enough small talk, let's skip to the chase.
잡담은 그만하고 본론으로 들어가자.

기업에서 잡담을 생략하고 곧장 본론이나 주된 쟁점으로 들어가려고 할 때 흔히 사용되는 표현이다. 적극적이고 확신에 찬 것처럼 들리기 때문에 회의에 참석한 사람들에게 그런 인상을 주고 싶다면 skip to the chase라고 제안하지 못할 이유가 없다.

without skipping a beat
망설임이나 머뭇거림 없이, 바로

During the debate, the politician answered each question confidently and without skipping a beat.
토론하는 동안 그 정치인은 모든 질문에 한순간의 망설임도 없이 자신 있게 대답했다.

'방해하거나 집중력을 흐트러뜨리는 뜻밖의 사건이 있어도 주저 없이 매끄럽게 계속하다'라는 게 기본적인 뜻이다. 결단력과 자신감 및 갑작스런 변화에 대한 적응력을 보여주는 행동과 관련된 표현이다.

(one's) heart skips a beat
놀라다, 흥분하다

When she walked in the room, his heart skipped a beat.
그녀가 방에 들어갔을 때 그는 깜짝 놀라지 않을 수 없었다.

흥분하여 혹은 불안하거나 두려워 가슴이 순간적으로 두근거릴 때 사용하는 표현이다. 일반적으로, 사랑하는 사람을 보았을 때처럼 긍정적인 상황에 사용하지만, having a quick flash of fear 순간적으로 두려움에 사로잡히다 처럼 부정적인 상황에도 사용된다.

hop 껑충 뛰다

skip이 일련의 흥겨운 발걸음 half steps 이라면, hop 역시 흥겨운 기분에 한 곳에서 다른 곳으로 가볍게 한 번 뛰는 행동을 가리킨다. a small hop forward는 토끼의 움직임이나, 사방치기 놀이를 하며 일련의 정사각형 모형을 살짝살짝 뛰어넘는 아이들의 모습과 비슷하다. 짧은 거리를 이동할 때 hop onto public transport 대중 교통에 뛰어올라 타다, 이곳저곳을 여행할 때는 hop from location to location이라고 표현한다. 《Mary Poppins 메리 포핀스》(1964)와 《The Sound of Music 사운드 오브 뮤직》(1965) 처럼 노래와 춤으로 이루어진 뮤지컬 영화에서는 등장인물들이 노래를 부르며 즐겁게 '뛰어다닌다' hop.

hop
껑충 뛰다

He hopped off the rock onto the grass.
그는 바위에서 풀밭으로 껑충 뛰어내렸다.

hop on the bus or train/a plane
hop in a taxi
버스 또는 기차/비행기에 타다
택시에 타다

We were late for the club so we hopped in a taxi.
우리는 클럽에 늦을 것 같아 택시를 탔다.

take transport with a hop은 예정에 없던 상황이어서 서두른다는 뜻이 강조된다.

hop in the shower
샤워하다

Before we go out, I just need to hop in the shower.
외출하기 전에 나는 잠깐이라도 샤워해야 한다.

take a shower는 오랜 시간이 걸리는 반면, hop in the shower는 빠른 시간 내에 샤워를 끝낼 것이란 뜻이 강조된다.

hop to it
서두르다

The kids were tidying slowly so I told them to hop to it.
아이들이 느릿하게 정리해서 나는 아이들에게 서두르라고 말했다.

'역동적으로 일을 시작하다' 혹은 '어떤 일을 서둘러 끝내라고 재촉하다'라는 뜻이다. 이 표현은 대체로 단독으로 쓰인다(Hop to it! 서둘러라!, Let's hop to it! 서두르자!).

hop on the bandwagon
시류에 따르다, 유행을 따르다

I bought these shoes to hop on the bandwagon because all the cool people are wearing them.
멋쟁이들은 다들 그 신발을 신길래 나도 유행에 맞추려고 그 신발을 샀지.

새로운 트렌드가 생길 때마다 따라가는 걸 좋아하는가? 모두가 메고 다니는 가방, 모두가 신고 다니는 신발을 유행이란 이유로 항상 구입하는가? 그렇다면 당신은 hop on the bandwagon하는 사람이다.

hopping mad
무언가에 대해 몹시 화를 내다

When the referee made the call, the player was hopping mad.
심판이 호각을 불자 그 선수는 화가 나 길길이 뛰었다.

channel hopping
채널을 이리저리 바꾸다

I couldn't decide what to watch so I spent the night channel hopping.
나는 무엇을 시청할지 결정할 수 없어 채널을 이리저리 돌리며 밤을 보냈다.

'텔레비전에서 방영되는 어떤 프로그램도 (그 사람의) 관심을 끌지 못해 채널을 이리저리 바꾸다'라는 뜻이다. Children hop channels to find cartoons 어린아이들이 만화 영화를 찾으려고 채널을 이리저리 바꾼다. 지루함 boredom 이 함축된 표현이고, 허름하고 낡은 모텔에서 밤늦게까지 잠을 이루지 못하고 있는 기분도 전해주는 표현이다.

bar hopping
술집 순례

We went bar hopping in Ibiza.
이비사 섬에서 우리는 여러 술집을 돌아다니며 술을 마셨다.

일반적으로 '친구들과 함께 밤새 여러 술집을 돌아다니며 좋은 시간을 보내다'라는 뜻으로 사용된다. 영국에서는 같은 뜻으로 a pub crawl이란 표현이 사용된다.

flip 홱 뒤집다

무언가를 뒤집다, 혹은 뒤집히게 하다. 우리가 몸을 공중제비 somersault로 뒤집거나, 어떤 물건을 엎어놓거나 뒤집는 경우에 사용된다. flip과 함께 쓰이는 대표적인 명사로는 pancake 팬케이크가 있다. 프라이팬에서 팬케이크를 만들 때 flip을 해야 한다. 재키 찬Jackie Chan, 우리나라에서는 성룡과 브루스 리Bruce Lee, 우리나라에서는 이소룡같은 martial arts무술 스타들은 '곡예 같은 공중제비'acrobatic flip로 유명하다.

전체적인 이야기의 흐름에서 '서사가 뒤집어지며'flip the narative 극적인 반전an unexpected twist이 일어나는 영화가 적잖게 있다. 브루스 윌리스Bruce Willis의 《The Sixth Sense 식스 센스》(1999)와 레오나르도 디카프리오의 《Shutter Island 셔터 아일랜드》(2010)가 대표적인 예이다.

flip
뒤집다

She flipped over the pancakes.
그녀는 팬케이크를 휙 뒤집었다.

flip a coin
동전을 튕겨 올리다

Let's flip a coin to decide who goes first.
동전을 던져 누가 먼저 갈지를 결정하자.

'동전을 위로 던진 뒤 동전이 땅에 떨어지기 전에 앞면이나 뒷면을 선택해 결정을 내린다'는 뜻이다

flip off
중지를 세워 보이며 욕하다

He flipped off the other driver that had swerved into his lane.
그는 자기의 차선으로 끼어든 운전자에게 중지를 세워 보이며 욕했다.

혐오나 분노의 뜻이 함축된 무례한 손짓으로 여겨진다.

flip on/off
전등 스위치 등을 켜다/끄다

Can you flip on the light so I can see?
내가 볼 수 있게 불을 켜 줄 수 있겠니?

flip through
휙휙 넘기다

She flipped through the magazine to find the article she wanted to read.
그녀는 읽고 싶은 기사를 찾으려고 잡지를 휙휙 넘겼다.

'책이나 사진을 신속하게 대충 훑어보다'라는 뜻이다.

flip up/down
무언가를 세운 뒤 뒤집다/무언가를
낮춘 뒤 접어 내리다

I like to flip up the collar of this jacket.
나는 이 재킷의 칼라를 세운 뒤
뒤집었다.

flip your lid
눈이 뒤집히다

He flipped his lid when he heard the
bad news.
그는 그 나쁜 소식을 듣자 눈이
뒤집혔다.

'이성을 잃고 화를 내다'라는 뜻이다.

flip the script
상황을 뒤집다

The team scored a last minute goal
and completely flipped the script for
the remainder of the game.
그 팀은 마지막 순간에 득점함으로써
남은 시간 동안 상황을 완전히 뒤집었다.

'상황을 바꾸다/예정된 순서를 바꾸다'라는 뜻이다. 힙합의 노랫말에 무척 흔히 사용되는 표현이다. 유명한 힙합 듀오 갱스타 Gang Starr 의 히트곡 중에는 제목이 Flip the Script인 노래도 있다.

burst 터지다

갑자기 깨지며 열리다/에너지나 감정 혹은 활력을 방출하다. burst open the safe of a bank 은행 금고를 벌컥 열다, burst out into laughter at a joke 농담에 웃음을 터뜨리다, 뷔페 식당에서 잔뜩 먹어서 burst at the seams 배가 터질 정도로 꽉 차다 하다고 표현된다. 이 생생한 단어를 사용해 흥미로운 상황을 묘사한 표현이 많다.
은행이나 카지노에 burst into 난입하다 해서 돈을 훔치는 범죄단을 다룬 절도 범죄 영화가 많다. 유명한 것으로 《The Italian Job 이탈리안 잡》(2003)과 《Ocean's Eleven 오션스 일레븐》(2001)이 있다.

burst
터지다

The balloon burst when it hit something sharp.
풍선이 날카로운 것에 부딪히며 터졌다.

burst with
...으로 터지다

I was bursting with happiness when I heard the good news.
나는 그 좋은 소식을 듣고 행복하기 그지없었다.

'강렬한 감정이나 열정으로 가득한 상태'를 가리킨다. happiness 행복, joy 기쁨, anger 분노 등과 같은 강렬한 감정어와 함께 쓰인다.

burst into/out of
... 에 뛰어들다/...에서 뛰어나오다

They burst into the party laughing and joking.
그들은 웃고 농담하며 파티장에 뛰어들었다.

'어떤 곳에 들어가다/어떤 곳에서 빠져나오다'를 뜻하며, 이때 큰 소음이 흔히 동반된다. 누군가 야단법석을 피우며 방에 들어갈 때, 소방관들이 불타는 건물에 들어갈 때, 죄수들이 감옥을 탈출할 때 이 표현이 쓰일 수 있다.

burst into tears/laughter
울음을 터뜨리다/웃음을 터뜨리다

The joke was so funny we all burst into laughter.
그 농담이 너무 재밌어 우리 모두가 웃음을 터뜨렸다.

'격렬하고 걷잡을 수 없을 정도로 울거나 웃기 시작하다'를 뜻한다.

burst at the seams
꽉 들어차다

I had such a big lunch, I'm bursting at the seams.
점심을 너무 많이 먹어 배가 터질 지경이다.

'넘칠 정도로 꽉 들어차다/대만원이다'라는 뜻이다. 여기에서 seam은 옷의 '솔기' seam를 가리킨다. burst at the seams는 문자 그대로 '옷이 늘어나 뜯어질 정도까지 신체적으로 성장한 상태'를 뜻한다. 이 표현은 '사람들로 가득하고 번잡한 장소, 예컨대 공연장이나 파티장'에도 사용될 수 있다.

burst someone's bubble
누군가의 환상을 깨뜨리다

I hate to burst your bubble, but you won't get the job if you dress like that.
너의 환상을 깨뜨리고 싶지는 않지만, 그렇게 옷을 입으면 취직할 수 없을 거다.

'누군가의 환상, 공상, 비현실적인 기대를 깨뜨리다'를 뜻한다.

burst onto the scene
무대에 갑자기 나타나다

New Jeans burst onto the scene with a popular song.
뉴진스는 인기 있는 노래로 벼락같이 등장했다.

'갑작스레 인기를 얻다/성공하다/유명해지다'라는 뜻이다. 이 표현에서 the scene은 music 음악계, art 미술계, movie making 영화 제작, politic 정치계, academia 학계 등 구체적인 분야로 대체될 수 있다.

jolt
갑자기 거칠게 움직이다

갑작스럽고 급격한 충돌이나 충격을 뜻한다. 우리 몸이나 자동차의 움직임, 전기 충격이나 돌연한 감정적 타격에 의한 움직임을 뜻할 수도 있다.

공포 영화와 서스펜스 영화에는 관객에게 a sudden jolt 갑작스런 충격 를 주는 장면이 있기 마련이다. 《Psycho 싸이코》 (1960) 의 샤워 장면, 《The Shining 샤이닝》 (1980) 의 추적 장면을 떠올려 보라.

jolt

jolt
갑자기 덜컥거리며 움직이다

The train jolted forward as it left the station.
기차가 앞으로 덜컥 움직이며 역을 떠났다.

jolt the system
시스템에 충격을 주다

An unexpected election result will jolt the system.
예상을 벗어난 선거 결과는 시스템에 큰 충격을 주었다.

'갑작스런 유의미한 충격이나 혼란'과 관련해 쓰인다. 건강과 재정, 세계적인 사건, 테크놀로지, 사회 운동 등 많은 분야에 쓰일 수 있다.

jolt awake
갑자기 잠에서 깨다

The loud noise outside made him jolt awake in his bed.
밖에서 들려온 커다란 소음에 그는 침대에서 벌떡 일어났다.

'소란이나 소음 때문에 갑자기 잠에서 깨다/정신을 차리다'라는 뜻이다.

jolt one's memory
기억을 되살리게 하다

I'm trying to jolt my memory about where I put my keys.
나는 열쇠를 둔 곳을 기억해 내려 애쓰고 있다.

'누군가에게 무엇을 기억나게 만들다'라는 뜻이다.

soar 치솟다

힘들이지 않고 무척 높이 빠른 속도로 하늘에 올라가다/날다. soar는 rising상승과 gliding활공에도 사용될 수 있다. 철새나 비행기가 구름 위로 날아가는 모습을 상상해 보라. 그 모습이 soar이다. 《Up업》(2009)이란 매력적인 애니메이션 영화에는 헬륨 풍선에 매달린 집이 soar into the sky하늘로 날아오르다하는 장면이 있다.

비유적으로 soar는 '위대한 성취, 성공, 인기' 등을 가리킬 수 있다. career경력, fame명성, temperature기온, price가격, 무언가에 대한 요구는 높은 수준까지 soar할 수 있다. 《The Social Network소셜 네트워크》(2010)와 《Steve Jobs스티브 잡스》(2015)를 비롯해, 유명한 인물의 soaring success눈부신 성공를 다룬 명화가 많다.

soar
치솟다

The eagle soared through the sky looking for prey.
독수리는 하늘 높이 올라가 먹잇감을 찾는다.

soar away
빨리 올라가다/멀리 날아가다

The balloon soared away as soon as the child let go.
아이가 놓아주자마자 풍선은 하늘 높이 올라갔다.

soar to new heights
새로운 높이까지 날아오르다

With the price of raw materials and oil rising, inflation is soaring to new heights.
원자재와 석유 가격의 상승으로, 인플레이션율이 새로운 경지까지 앙등하고 있다.

'과거 어느 때보다 더 높은 수준에 이르다'라는 뜻이다.

launch
발사하다, 진수하다

시작하다, 추진하다, 출시하다. 선박이나 로켓의 첫 출발the beginning voyage을 뜻하는 단어로 가장 흔히 쓰인다.
비슷하게 돌이나 창을 공중에 던질 때도 launch objects into the air라고 말할 수 있다.
launch는 신상품을 시장에 처음 선보이는 '출시'라는 뜻으로도 쓰인다. 제작사가 대중이 구매하거나 사용할 수 있도록 상품이나 영화, 앨범이나 서적의 제작을 시작하는 행위도 launch에 포함된다. 최근 기억에서 가장 상징적인 launch는 스티브 잡스가 아이폰을 공개할 때였다. 그 혁명적인 기기는 처음에 많은 회의skepticism에 부딪혔지만, 사람들이 휴대 장치와 상호작용하고 휴대 장치에 의존하는 방법에 새로운 기준을 제시하는 동시에 그 방법을 근본적으로 바꿔놓으며 테크놀로지의 지형을 재정립했다.

launch
발사하다

The space agency successfully launched a rocket into orbit.
우주국은 로켓을 궤도에 성공적으로 발사했다.

product launch
상품 출시

The company plans to launch a new product next month.
회사는 다음 달에 신상품을 출시할 예정이다.

'신상품을 시장에 소개하고 출시하다'라는 뜻이다. 상품 출시 a product launch 의 주된 목적은 새롭게 출시하는 상품을 시장에 알려 관심을 불러일으키며 소비자를 끌어들이려는 것이다.

launch date
출시일

I'm anticipating the launch date for the new smartphone.
나는 새 스마트폰의 출시일을 기대하고 있다.

상품이나 서비스, 프로젝트나 계획이 공시적으로 시작되며 대중이나 특정한 계층에게 제공되는 특정한 날짜를 뜻한다.

launch event
출시 행사

Are you planning to attend the launch event this weekend?
넌 이번 주말에 있을 출시 행사에 참석할 계획이야?

기업이나 조직이 신상품, 서비스, 프로젝트 혹은 새 프로그램을 대중 또는 특정 고객층에게 소개하고 홍보하기 위해 개최하는 행사를 가리킨다.

hitch 끌어올리다

주로 무언가를 연결하거나 고정하려고 위로 당겨 올리다. 이동식 주택trailer 혹은 caravan은 트럭이나 차량의 뒤쪽에 '위로 당겨져 연결된다'be lifted and attached = be hitched. 바지나 치마 같은 옷이 내려갈 때 '옷을 끌어올리다'라는 뜻으로 hitch up clothing이라 말한다.

hitch편승하다는 '지나가는 자동차의 운전자에게, 혹은 같은 방향으로 여행하려는 친구에게 동승을 부탁해 허락을 얻다'라는 뜻도 갖고 있다. Hitching a ride from strangers낯선 사람에게 자동차를 얻어 타다는 오래전에 흔한 일이었고, 당시 hitchhiker히치하이커라 불리던 그런 여행자는 길가에 서서 엄지를 세워 보였고, 한 손에는 원하는 목적지를 큼직하게 쓴 종이가 들려 있었다. 《Thelma & Louise델마와 루이스》(1991)에는 hitchhiker 역할을 하는 브래드 피트가 델마와 루이스의 자동차를 얻어 타는 장면이 있다.

hitch가 명사로 사용되면 '문제, 장애'를 뜻하는 경우가 많다는 걸 기억해야 한다. 예컨대 we encountered a hitch는 '우리가 문제에 부딪혀 (시작한 일을 계속) 진행하지 못했다'를 뜻한다.

hitch
들어 올리다

She hitched up her backpack to her shoulders and started walking.
그녀는 배낭을 들어 어깨에 메고 걷기 시작했다.

hitch a ride
편승하다, 자동차를 얻어 타다

Instead of taking a taxi, she was able to hitch a ride with her friend who lived nearby.
택시를 타지 않고, 그녀는 근처에 사는 친구의 차를 얻어 탈 수 있었다.

'다른 사람의 자동차를 얻어 타는 행위'를 뜻한다. 원하는 방향으로 운행하는 자동차에 편승하는 경우를 주로 가리킨다.

get hitched
결혼하다

My friend got hitched last weekend with a big ceremony.
내 친구는 지난 주말에 성대한 결혼식을 치렀다.

'결혼하다' get married 혹은 enter into a marriage 를 뜻하는 구어적 표현이다. tie the knot/get married 결혼하다 라는 행사를 격식에 얽매이지 않고 표현할 때 주로 사용된다. getting married/entering into a marital union 으로도 표현되는 행위를 편안하고 정답게 표현하는 방법이기도 하다.

mount
올라가다, 올라타다

산mountain 등에 오르다, 올라가다. Hikers mount a hill, cliff, wall, rock face, summit, or peak언덕, 절벽, 벽, 수직으로 서 있는 암벽 면, 산꼭대기, 산봉우리에 오르다라고 쓰인다. 《Everest에베레스트》(2015) 같은 영화들은 mount the peak를 하려는 등반가들이 주인공이다. 말, 오토바이나 자전거에 타거나 오르는 행위도 mount로 표현될 수 있다.

mount는 climbing등반과 riding타기처럼 물리적인 행위를 뜻하는 데 주로 사용되지만, '행사를 개최하다'to organize events 혹은 '감정이 고조되다'to intensify emotions처럼 추상적인 개념을 가리키는 데도 쓰인다.

mount
올라가다, 오르다

The hikers were determined to mount the summit before lunch.
하이커들은 점심 전에 정상에 오르기로 결심했다.

mount a campaign
캠페인을 개최하다/조직하다

The charity organization plans to mount a fundraising campaign to support underprivileged children's education.
그 자선 단체는 불우 아동의 교육을 지원할 기금 모금을 위한 캠페인을 개최할 계획이다.

'특정한 활동이나 행사, 전시를 개최하다/준비하다/마련하다'라는 뜻이다. 영화《Thank You For Smoking 땡큐 포 스모킹》(2005) 에는 담배 산업을 홍보하기 위해 '캠페인을 개최하는' mounting a campaign 로비스트가 등장한다.

mounting anger
커져가는 분노

There was mounting anger as the airline announced more flight delays.
항공사가 더 많은 비행편의 지연을 발표하자 분노는 더욱 커져갔다.

다양한 맥락에서 불만과 좌절감이 커져가는 현상을 반영하며, 분노가 점점 확대되는 상황을 가리킨다.

mounting pressure
가중되는 압박감

The pressure began to mount as the deadline approached.
마감 시간이 다가오자 압박감이 더 심해지기 시작했다.

'압박, 흥분, 스트레스 등이 증가하다/커지다'라는 뜻이다. 《Gravity 그래비티》(2013) 는 우주에 오도 가도 못하게 고립되어 mounting pressure 가중되는 압박감 와 생명을 위협하는 문제들과 싸우며 어떻게든 살아남아 지구로 돌아가려 애쓰는 우주 비행사들을 추적한 스릴러 영화이다.

force 몰아대다

어떤 일을 구체화하거나 특정한 결과를 얻어내려고 강요하다/ 밀어붙이다/압력을 가하다. '계획에 없던 반응을 자아내는 외적인 압력'을 주로 가리킨다. 실화를 기반으로 제작된 영화 《Schindler's List 쉰들러 리스트》(1993)에서는 홀로코스트 동안 유대인들에게 가해지는 잔혹 행위를 목격하고 최대한 많은 유대인을 구하기 위해 자신의 안전을 '어쩔 수 없이' be forced 위험에 빠뜨린 한 남자가 주인공이다.
force는 명사로 사용되어 '물리력'이나 '영향력'을 뜻한다. 예컨대 Air Force 공군은 한 국가에서 공중전을 담당하는 군대를 가리킨다. 《Star Wars 스타워즈》 시리즈에서 '포스' the Force는 은하에 존재하며 제다이와 시스에게 초자연적 능력을 부여하는 신비롭고 강력한 에너지장이다.

force
몰아대다, 강요하다

The teacher had to force the students to focus on their studies.
교사는 학생들에게 공부하는 데 집중하라고 몰아세워야 했다.

use force
물리력을 사용하다

The police used force to control the crowd during the protest.
경찰은 시위하는 군중을 통제하기 위해 물리력을 사용했다.

'목표를 성취하기 위해 물리력이나 강제력을 사용하다'라는 뜻이다. 주로 군사력과 경찰력과 관련해 쓰인다.

force through
...을 밀치고 나가다/돌파하다

The government is determined to force through the new legislation.
정부는 법안을 밀어붙이기로 결정했다.

'반대에도 불구하고 무언가를 밀어붙이다/결정을 실행하다'라는 뜻이다.

force someone's hand
누군가가 행동할 수밖에 없는 상황이 유발되다

The market uncertainty forced investors' hands, prompting them to reconsider their portfolios and investment strategies.
시장의 불확실성으로 인해, 투자자들이 포트폴리오와 투자 전략을 재고할 수밖에 없는 상황이 빚어졌다.

'누군가에게 행동을 취하거나 결정을 내리게 만들다'라는 뜻이다. 이 표현은 포커 같은 카드 게임에서 기원한 것으로 추정된다. 카드 게임에서 hand 패 는 게임 참여자가 쥐고 있는 카드를 가리킨다. 카드 게임에서는 한 참가자의 행위에 따라 상대는 특정한 방식으로 대응할 수밖에 없다는 점에서 '행동이 강요된다' force.

project
내밀다, 투사하다

우리가 익히 아는 project프로젝트가 명사로 쓰여 plan계획, assignment과제, initiative기획를 뜻한다. 명사로 쓰일 때는 첫 음절 pro-에 강세가 들어가고, 동사로 쓰일 때는 마지막 음절 -ject에 강세가 주어진다.

동사 project에는 '앞으로 던지다/내던지다', '제시하다/내보이다', '미래를 위해 계획하다/무언가를 계산하다' 등 여러 뜻이 있다. 영화관에서 이미지와 영상을 벽이나 표면에 project투사하다, 투영하다하는 기계인 projector영사기 덕분에 뜻을 기억하기 쉬운 단어이기도 하다.

project
내던지다

He projected his voice across the auditorium so that everyone could hear him.
그는 목소리를 강당 구석구석까지 들리게 발성해서 모두가 그의 말을 들을 수 있었다.

project ahead
미리 예상하다, 추정하다

Financial analysts are working to project ahead and anticipate potential market trends
재무 분석가들이 미래를 추정하며 잠재적인 시장 동향을 예측해 보려 노력하고 있다.

'미래의 사건, 발전, 상황을 예측하고 계획하다'를 뜻한다. 사업, 재무, 개인적인 계획 등 다양한 분야에 사용되는 표현이다.

project an image
영상을 비추다, 투영하다

CEOs strive to project an image of confidence and competence during meetings.
최고경영자들은 회의하는 동안 자신감과 적격성을 투영하려고 애쓴다.

project an image는 문자 그대로 '영사기를 사용해 영상을 보여주다'를 뜻한다. 그러나 여기에서는 '특정한 이미지, 즉 인상을 다른 사람들에게 제시하다/보여주다'를 뜻한다. 외적인 모습이나 행동 혹은 일련의 특징을 투영함으로써 자신에 대한 인식에 영향을 미치려는 의도가 함축된 표현이다.

promote
촉진하다, 승진하다

무언가 혹은 누군가의 성장과 발전과 인기를 뒷받침하다/ 격려하다/촉진하다. 또 무언가 혹은 누군가의 긍정적인 발전과 성장 및 성공을 독려하고 지원하는 걸 목표로 하는 노력이나 행동과 관련해 사용된다. 마케팅과 승진 혹은 승격과 관련해서도 쓰인다('홍보하다,' '승진하다'). 그러나 격식을 따지지 않는 개인적인 표현에서는 '대의를 지원하다' to elevate/support a cause 라는 뜻으로 쓰인다.

《The Devil Wears Prada 악마는 프라다를 입는다》(2006)는 패션 잡지 편집장의 비서로 일하는 여성을 그린 영화로, 그녀는 편집장이 자신의 노력을 인정하고, 자신을 더 높은 지위로 promote 승진시키다 해 주기를 바랐다.

promote
홍보하다, 알리다

She has been promoting yoga to her friends as a healthy and relaxing hobby.
그녀는 친구들에게 요가가 긴장을 풀어주는 건강한 취미라고 선전했다.

promote a product
상품을 홍보하다, 상품의 판매를 촉진하다

The marketing team devised a plan to promote the new product to a wider audience.
마케팅 팀은 신상품을 더 많은 소비자에게 홍보할 계획을 고안했다.

'판매, 인기, 인지도를 높일 목적으로 광고하다, 홍보하다'라는 뜻이다.

promote to a higher position
더 높은 지위로 승진하다

After years of dedication, she was promoted to a higher position within the company.
수년간 헌신적으로 일한 덕분에 그녀는 그 회사에서 더 높은 직책으로 승진했다.

'조직이나 계급 구조에서 더 큰 책임과 권한 및 권위를 지닌 위치로 올라가다'라는 뜻이다.

surge 급증하다

갑작스럽고 큰 증가 혹은 움직임. 주로 에너지, 강도, 부피의 급증과 관계가 있다. rush돌진, stampede쇄도와도 유사하지만 surge는 속도보다 '힘'power을 더 강조한다. rush는 속도에 중점을 둔다면, stampede의 경우에는 '다리의 움직임'을 강조한다. 이런 이유에서 surge는 전기와 함께 사용되며 '전류나 전압이 순간적으로 급격히 높아지는 현상'을 뜻하는 '서지'로 번역된다.

1980년대의 많은 영화와 텔레비전 프로그램, 심지어 뮤직 비디오도 electricity surging전기 서지로도 특수 효과로 사용했다. 《Back to the Future백 투 더 퓨처》(1985)에서는 시간을 여행하는 자동차 들로리언에 전기가 surge급격히 증가한 전력이 전달되다되면서 플럭스 축전기라는 전자 기기가 활성화되어 마티가 시간 여행을 할 수 있게 된다.

surge
파도처럼 밀려오다

When the singer came on, everybody surged forwards towards the stage.
가수가 등장하자 모두가 무대를 향해 몰려왔다.

(a) surge in demand
수요 급증

During the holiday season, there is always a surge in demand for certain products.
휴가철 동안에는 특정 상품에 대한 수요가 항상 급증한다.

(a) power surge
전력 서지

A lightning strike caused a power surge that damaged several electronic devices in the house.
번개로 인한 전력 서지로 집안의 여러 전자 기기가 손상됐다.

'전기 회로를 따라 흐르는 전압이나 전류가 순간적으로 급격히 높아지는 현상'을 뜻하고, 그에 따른 피해가 있는 경우가 많다.

fling 힘껏 던지다

무언가를 힘차고 빠르게 던지다. 이 동사에는 무모함 reclessness이란 뜻이 약간 함축되어, Children often fling their toys in a careless way 아이들은 장난감을 함부로 던진다 라는 식으로 쓰인다. 《Toy Story 토이 스토리》 시리즈에도 어린아이가 예컨대 카우보이 인형 같은 장난감을 바닥이나 상자에 함부로 던지는 장면이 많다.

fling은 '잠깐 동안의 열정적이고 무모한 연애에 빠지다'란 의미도 있다는 것에도 주목해야 한다. 명사로 사용된 fling은 '휴가가 끝나면 관계도 끝나는 홀리데이 로맨스' holiday romance 처럼 단명으로 끝나는 연애를 뜻하지만, 때로는 유부남이나 유부녀가 순간적으로 저지르는 '불륜이란 실수' a momentary lapse of fidelity를 가리키는 데도 쓰인다. 이런 경우 have a fling이라 표현한다.

fling
던지다, 집어넣다

Let's fling the papers in this box and go through it tomorrow.
신문을 상자에 던져두고 내일 살펴보기로 하자.

fling open
열어 젖히다

He woke up and flung open the curtains to let the light in.
그는 일어나서, 커튼을 열어 젖혀 빛이 들어오게 했다.

'문이나 창문, 상자 등을 힘차고 역동적으로 열다'라는 뜻이다. 신속하고 격렬한 움직임이란 뜻이 함축되어, '무언가를 열정적이고 다급하게 열다'라는 뜻을 내포한다.

fling oneself into
...에 투신하다, 몰두하다

I'm going to fling myself into study this semester to get a better grade.
나는 이번 학기에 공부에 몰두해서 더 나은 성적을 받아야겠다.

fling이 드물게 무척 긍정적인 뜻으로 쓰인 예이다. fling oneself into는 어떤 행동이나 상황에 열정적으로 혹은 전심으로 관여한다는 개념을 전달하는 데 쓰인다. 무언가에 자포자기한 심정으로 신속하면서도 열정적으로 참여한다는 뜻이 함축된 표현이기도 하다.

fling caution to the wind
과감하게 행동하다, 걱정을 던져버리다

We're going to fling caution to the wind and search for a hotel when we arrive.
우리는 걱정 따위는 던져버리고, 도착하는 즉시 호텔을 찾아나설 예정이다.

'결과를 생각하지 않고 과감하게 행동하다/위험을 무릅쓰다'라는 뜻이다. fling caution to the wind하는 사람은 '평소의 신중하고 조심스런 접근을 무시하거나 포기하고, 순전히 운에 맡기는' 사람이다.

cast 던지다

무언가를 힘껏 던지다 to throw/hurl. 강물에 드리운 낚싯줄처럼 우리가 던질 수 있는 것은 그다지 많지 않다 There are a few specific things that we cast like a fishing line into a river. '내보내다' to project/emit 라는 한층 일반적인 뜻으로도 쓰일 수 있으며, 그 대표적인 예가 cast a spell 주문을 걸다 이다.

cast는 '영화나 텔레비전 프로그램에 출연할 배우를 선정하다' 라는 뜻의 동사로도 사용된다. 그렇게 선정된 배우들은 명사인 cast 출연자로 불린다. 이때 명사로 쓰인 cast는 집합 명사로 단수와 복수의 형태가 같다. 《Ocean's Eleven 오션스 일레븐》 (2001)은 조지 클루니, 브래드 피트, 맷 데이먼, 줄리아 로버츠 등 유명한 cast 출연진 를 갖춘 영화이다.

cast
던지다

He cast the stone into the pond.
그는 연못에 돌을 힘껏 던졌다.

cast a ballot
투표하다

Citizens cast their ballots in the presidential election.
시민들은 대통령 선거에서 투표했다.

'선거에서 투표하다'를 뜻한다. 일반적으로는 '개개인이 여러 선택안이나 후보자 가운데 선택해야 하는 공식적인 의사결정 과정에서 투표하다'라는 뜻이다.

cast a spell
주문을 걸다

She raised her magic wand and cast a spell on the troll.
그녀는 마술 지팡이를 들고 트롤에게 주문을 걸었다.

'민담, 판타지 문학 등 신비성을 띤 여러 형태의 이야기에서 행하는 마법적인 행동'과 관련된 표현이다. 해리 포터와 그 친구들 같은 마법사들은 마법적인 힘을 띤 주문 magic words 과 지팡이로 cast a spell을 한다.

cast doubt
의혹을 던지다

The scandal cast doubt on his ability to govern effectively.
그 추문은 그의 실질적인 통치 능력에 대한 의구심을 갖게 했다.

'무언가에 대한 불확실성이나 회의를 제기하다'를 뜻하며, 그것에 신뢰성, 진실성, 정확성이 부족하다는 뜻이 함축된다. New evidence can cast doubt on a previously believed claim 새로운 증거에 따라 과거에 믿었던 주장에 의구심이 제기된다.

throw
내동댕이치다, 던지다

throw의 기본적인 의미는 '주로 손과 팔을 움직여 무언가를 공중에 힘껏 밀어내다'라는 뜻이다. 《Thor토르: 천둥의 신》(2011)에서 주인공인 천둥의 신, 토르는 마법의 망치 묠니르를 throw던지다 한 뒤에 불러들여 손에 쥐고는 무기로 사용한다. throw는 미묘한 차이를 지닌 다양한 뜻으로 사용되지만, 앞에서도 말했듯이 기본적인 뜻은 propel밀어내다과 cast던지다이다. throw가 사용된 많은 예를 들 수 있지만 여기에서는 가장 일반적이고 유용하게 사용되는 용례만을 소개하기로 한다.

throw 던지다	She threw the ball across the yard. 그녀는 공을 마당 건너편으로 던졌다.
throw away 버리다	I need to clean out my closet and throw away all the old clothes I don't wear anymore. 나는 벽장을 깨끗이 치우려고, 더는 입지 않는 오래된 옷가지를 모두 버릴 거다.

'더는 필요 없거나 유용하지 않다는 이유로 무언가를 버리다/없애다'라는 뜻이다.

throw up 토하다	He drank too much last night and ended up throwing up in the bathroom. 어젯밤 너무 많이 마셔서 결국 욕실에서 토하고 말았다.

뱃속에 있는 내용물을 입으로 토하다 vomit, 게우다 regurgitate 라는 뜻이다.

throw a party 파티를 열다, 잔치를 벌이다	They decided to throw a surprise party for their friend who was moving away. 그들은 이사를 떠나는 친구를 위해 깜짝 파티를 열기로 결정했다.

'친구, 가족, 지인을 위해 잔치와 모임을 개최하다/주최하다'라는 뜻이다. 영화 《The Great Gatsby 위대한 개츠비》(2013) 는 throw a party를 좋아하는 부유한 사교계 명사, 제이 개츠비가 주인공이다.

throw a game
일부러 게임에 패하다

We have learned that several players conspired to throw the game in exchange for bribes from gamblers.
우리는 몇몇 선수가 도박꾼들에게서 뇌물을 받고 게임에 일부러 져주기로 공모한 걸 알게 되었다.

'스포츠 경기나 경연 대회에서 비윤리적이고 불법적인 방법으로 고의로 패하는 행위'를 가리키는 관용적 표현이다. 경기 참가자가 게임의 결과에 영향을 주려고 최선을 다하지 않는다는 뜻이 함축된 표현이다.

throw in the towel
패배를 인정하다, 수건을 던지다

Despite their best efforts, the team realized they were outmatched and decided to throw in the towel.
최선의 노력을 다했지만 그 팀은 자신들이 열세임을 깨닫고, 패배를 인정하기로 결정했다.

'힘겨운 상황에서 포기하다/패배를 인정하다'를 뜻하는 관용적 표현이다. 선수의 코치가 패배를 인정한다는 신호로 throw a towel into the ring 링에 수건을 던지다 하는 권투 경기에서 유래한 표현이다.

toss 가볍게 던지다

빠르고 돌연한 움직임으로 가볍게 무언가를 던지다. 대체로 짧은 거리로 던지는 행위이며, **toss something on a table or on the floor**탁자나 바닥에 무언가를 가볍게 던지다라는 예에서 보듯이 '긴 거리' a long distance에는 쓰이지 않는다.
toss a coin은 '동전을 던져 어느 면이 위로 올라오는지 확인하는 것으로 결정하다'라는 뜻이다. 일반적으로 동전의 양면은 '앞면' head과 '뒷면' tail으로 불리고, 동전을 던지기 직전에 '앞면'이나 '뒷면'이라 소리친다. 《The Dark Knight 다크 나이트》(2008)에서 배트맨의 악당, 투페이스는 동전 던지기의 결과를 근거로 결정을 내린다. 동전에서 흉터가 있는 쪽은 '죽음' death을 뜻하고, 깨끗한 쪽은 '삶' life을 뜻한다. **coin toss**동전 던지기는 많은 영화에서 '운명' fate이나 '운' chance이란 개념을 상징한다.

toss
가볍게 던지다

He tossed the keys onto the table.
그는 열쇠를 탁자에 가볍게 던졌다.

toss a coin
동전을 던져 결정하다

Let's toss a coin to see who gets to choose first.
누가 먼저 선택해야 하는지 동전을 던져 결정하자.

'승패를 결정하다/의사를 결정하다/분쟁을 해결할 목적에서 동전을 공중에 던지는 행위'를 가리킨다.

toss and turn
뒤척이다

She tossed and turned all night, unable to fall asleep.
그녀는 밤새 뒤척이며 잠들지 못했다.

'잠들려고 애쓰며 계속 자세를 바꾸다'라는 뜻이다. 악몽이나 불안으로, 수면을 쉽게 취하는 못하는 경우를 가리킨다.

toss one's hat in the ring
출마를 선언하다

He has decided to toss his hat into the ring and run for president.
그는 출마를 선언하기로 결정하고 대통령 선거에 입후보했다.

'경쟁, 대회, 연구에 참여하겠다는 의사를 선언하는 행위'를 뜻한다. 특히, 기회를 얻기 위한 도전과 관련되어 쓰이고, 단호히 열정적으로 경쟁에 참여하려는 자발적 의지가 함축된 표현이기도 하다. 선수가 싸울 준비가 되었다는 신호로 링 안에 모자를 던졌던 권투의 세계에서 유래했지만, 그 용례가 점차 진화하여 권투의 영역 밖까지 확대되었다.

drive
운전하다, 몰다

빠르고 돌연한 움직임으로 가볍게 무언가를 던지다. driving a car 자동차를 운전하다 에서 보듯이 '차량을 운전하다'라는 뜻으로 가장 흔히 사용된다. 흥미진진한 car driving 자동차 운전 을 다룬 영화가 많고, 《The Fast and the Furious 분노의 질주》 (2001~현재) 시리즈가 대표적인 예이다. 이 장기 흥행 시리즈는 자동차 추격전, 강도 사건, 도로 질주 등을 중심으로 이야기가 전개된다. 이 시리즈의 제목은 아드레날린의 분비를 자극하는 액션과 손에 땀을 쥐게 하는 자동차 추격전의 대명사가 되었다. drive는 동사로 사용될 때 propel 추진하다, push forward 몰아가다, motivate 동기를 부여하다, compel 억지로 …하게 하다 등 다른 뜻을 갖지만, 기본적인 의미는 driving a car라는 행위에 있다. 예컨대 someone has drive는 '단호하다, 야심차다' 라는 뜻이다. 또 a driver drives a car 운전자가 자동차를 운전하다 처럼 The motivation is driving them 동기부여는 그들을 운전하다/앞으로 몰아가다 한다.

drive
운전하다

She drives the car to work every day.
그녀는 매일 자동차를 운전해 출근한다.

drive out
몰아내다, 내쫓다

The soldiers tried to drive out the protestors from the square.
군인들은 시위자들을 광장에서 몰아내려 했다.

'누군가 혹은 무언가를 강제로 떠나게 만들다'라는 뜻이다. 《Braveheart 브레이브하트》(1995) 와 《Avatar 아바타》(2009) 같은 영화는 침략자들을 drive out 몰아내다 하고, 고향 땅을 지키려는 토착민에 대한 이야기를 담았다.

drive up
끌어 올리다

The increase in gas prices will drive up the price of commuting for many workers.
휘발유 값이 오르면 많은 노동자의 통근 비용도 덩달아 올라갈 것이다.

'인상하다/인상되게 만들다'라는 뜻이다. 주로 '가격' price 에 쓰이지만, 수요와 인플레이션, 수준, 기대치 등 다른 요인에도 사용된다.

drive someone crazy
누군가를 미치게 만들다

The noise from the construction next door is driving me crazy!
옆집의 공사 소음에 미칠 것만 같다!

'누군가 혹은 무언가가 다른 사람에게 극단적인 짜증이나 불만, 역정을 야기하는 상황'을 가리키는 데 사용되는 관용구이다. 구어적 표현으로, 격식을 지켜야 하는 문서나 전문적인 글에서는 사용되지 않고 일상적인 대화에서 주로 사용된다. 《Black Swan 블랙 스완》(2010) 은 발레 댄서에 대한 이야기로, drive for perfection 완벽을 추구하는 욕망 이 '그녀 자신을 미치게 만든다' drive her crazy.

drive a hard bargain
사정없이 깎다

She drives a hard bargain in negotiations.
그녀는 협상에서 가격을 사정없이 깎았다.

비즈니스 상황에서는 노련한 협상 전술을 지닌 사람을 칭찬하는 긍정적인 표현으로 주로 사용된다. '자신이나 자신이 속한 조직을 위해 최선의 거래를 체결하는 데 목적을 두고 단호하고 냉정하게 협상하다'라는 뜻이다. 이 표현에는 협상가가 쉽게 흔들리거나 겁먹지 않고, 자신의 요구에서 전혀 물러서지 않는다는 뜻이 함축되어 있다.

shift 옮기다

장소와 위치를 옮기다/방향과 상황에 변화를 주다. 주로 '옆으로 이동'이란 뜻이 함축된 단어이다. 예컨대 자동차에서 변속기를 움직일 때 to shift gears라 표현하고, 집에서 가구를 재배열할 때 to shift furniture라 말한다. 그 밖에 우리가 shift하는 물리적인 것으로는 상자, 짐, 연장, 식료품 등이 있다. 계획을 다른 날로 바꿀 때도 shift a schedule이라고 표현할 수 있다. 컴퓨터 키보드에서 대문자, 특수 문자, 이모티콘을 입력하는 보조키로 사용되는 버튼은 '시프트'shift 버튼으로 불린다. shift는 비유적으로도 사용된다. 상황과 경험, 믿음의 변화에 대응해서 삶과 행동, 관점 등에 변화를 주는 경우 change만이 아니라 shift도 쓰일 수 있다. 또 attitude마음가짐, values가치관, perspective관점, goal목표에 변화를 주는 경우에도 shift가 사용될 수 있다. 가치관과 관점, 이념과 마음가짐의 '변화'shifting를 통해 개인적인 성장과 경험의 변화를 꾀한다는 주제를 다룬 영화가 많다. 《American History X 아메리칸 히스토리 X》(1998)는 신나치주의자에 스킨헤드족이던 주인공이 교도소에 복역하는 동안 인종차별적인 신념에 의문을 제기하고 변화를 도모하며shift 완전히 달라진다는 이야기를 다루었다.

shift
옮기다

My friend helped me to shift furniture before the move.
내 친구는 내가 이사하기 전에 가구를 옮기는 걸 도와주었다.

(a) seismic shift
지각 변동

The introduction of smartphones brought about a seismic shift in the way people interact with technology on a daily basis.
스마트폰의 등장으로 사람들이 일상의 차원에서 테크놀로지를 대하는 방법에 지각 변동이 일어났다.

'엄청난 결과를 초래하는 중대하고 심원한 변화'를 표현하는 데 사용되는 은유적 구절이다. '지진 활동' seismic activity 에서 유래한 표현이며, 지진 활동은 '지진으로 인한 지구 지각의 움직임'을 가리킨다. 사회, 문화, 경제, 정치 및 테크놀로지 분야의 변화에도 사용되는 좋은 표현이다.

shift gears
기어를 바꾸다, 태도를 바꾸다

Our company has decided to shift gears and focus on growth potential in AI.
우리 회사는 방향을 바꾸어 인공지능의 잠재적 성장에 초점을 맞추기로 결정했다.

문자 그대로 '자동차의 기어를 바꾸다'를 뜻하고, 비유적으로는 '특정한 활동이나 대화 혹은 상황에서 중심점과 접근법 및 방향을 바꾸다'를 뜻한다. 넷플릭스가 DVD 대여에서 주문형 스트리밍 on-demand streaming 으로 전환한 것이 대표적인 예이다.

shift into high gear
최대의 노력을 기울이다, 기어를 높이다

We need to shift into high gear to complete the project on time.
그 프로젝트를 제시간에 완료하기 위해서는 한층 더 노력할 필요가 있다.

문자 그대로의 뜻 '기어를 높이다'는 차량에 적용되지만, '활동, 노력, 생산성의 속도나 수준을 높이다/강화하다'라는 뜻으로도 사용될 수 있다.

shift the blame
책임을 전가하다

The politician attempted to shift the blame onto the opposition party for the government's failures.
그 정치인은 정부의 실패에 대한 책임을 야당에게 돌리려고 했다.

'개인적인 반격이나 비판을 피할 목적에서, 책임이나 잘못을 부당하게 다른 사람에 떠넘기다'라는 뜻이다.

lunge 달려들다

갑자기 앞쪽으로 움직이다. 완력을 사용하고, 공격성을 띠는 경우에 주로 쓰인다. 무술, UFC 같은 '접촉 스포츠'contact sports에 주로 사용되는 표현으로, 동물이 사냥할 때도 흔히 볼 수 있는 동작이다. 《Enter the Dragon 용쟁호투》(1973)과 《Ong-Bak: Muay Thai Warrior 옹박: 무에타이의 후예》(2003) 같은 무술 영화에는 투사들이 서로에게 lunge하는 장면이 많다. 명사로 사용된 a lunge런지는 한 발은 앞으로 내뻗고 다른 발은 뒤에 고정한 채 체중을 한 발에 집중하는 운동의 일종이다. 하체의 힘과 안정성 및 균형을 개선하는 데 효과적인 운동이다.

lunge
찌르다, 쑥 내밀다

The fencer lunged forward, aiming for his opponent's chest.
펜싱 선수는 상대의 가슴을 겨냥해 펜싱 칼을 앞으로 내밀었다.

lunge at
덤벼들다

The cat lunged at the mouse, trying to catch it.
고양이는 생쥐에게 달려들어 생쥐를 잡으려 했다.

'누군가 혹은 무언가를 향해 갑자기 공격적으로 움직이다'를 뜻한다.

ascend
올라가다

오르다, 올라가다, 직급이나 계급에서 올라가다. We ascend hills, mountains, ladders, stairs언덕, 산, 사다리, 계단을 오르다에 쓰이고, 직장에서 더 높은 직책에 오르는 경우에도 ascend into a higher position at work라 말할 수 있다. 《Everest에베레스트》(2015)는 세계에서 가장 높은 산봉우리를 '오르려는'attempt to ascend 산악인들의 역경을 다룬 전기적인 모험 영화이다.

ascend
오르다

The climbers began to ascend the mountain.
산악인들은 산을 오르기 시작했다.

ascend to power
권력을 장악하다

The ambitious politician wanted to ascend to power.
그 야심찬 정치인은 권력을 잡기를 원했다.

'정치 조직이나 사회에서 권한, 리더십, 통제권을 휘두르는 지위에 오르다'라는 뜻이다. 프랜시스 포드 코폴라 Francis Ford Coppola 가 감독한 영화,《The Godfather 대부》(1972) 는 마피아 지하 세계에서 '권력을 장악한' ascend to power 범죄 가문에 대한 이야기이다.

ascend the throne
왕위에 오르다

King Charles ascended the throne.
찰스 왕이 즉위했다.

'왕이나 여왕이 되다'라는 뜻이다.《Game of Thrones 왕좌의 게임》(2011-2019) 에서 대너리스 타르가르엔 공주는 ascend the throne을 바란다.

catapult
내던지다

명사로 쓰인 a catapult는 먼 옛날에 전쟁하는 동안 발사체를 발진하는 데 사용한 기계 장치이다. 그리스 시대를 배경으로 한 서사극 《Troy 트로이》(2004)와 중세 배경의 액션 영화 《Ironclad 아이언클래드》(2011)에서 catapult 투석기가 커다란 돌덩어리를 catapult 투석하다, 내던지다 하는 장면을 볼 수 있다. catapult는 동사로 쓰일 때 바위와 화살, 로켓 등 발사체처럼 움직이는 것을 표현하는 데 사용될 수 있다.

catapult는 경력, 명성, 혁신, 감정, 성취 등과 같이 위쪽으로 움직이는 무형의 것에도 사용될 수 있다. 《The Hunger Games 헝거 게임》(2012) 이후의 제니퍼 로런스 Jennifer Lawrence, 《Guardians of the Galaxy 가디언즈 오브 갤럭시》(2014) 이후의 크리스 프랫 Chris Pratt처럼 많은 배우가 catapult to success 성공의 반열에 오르다 했다.

catapult
내던지다

My son catapulted the toy car across the living room and broke the TV.
내 아들이 장난감 자동차를 거실 맞은편까지 던져 텔레비전을 망가뜨렸다.

catapult forward
앞으로 나아가다

Our investment in innovation has allowed the company to catapult forward to the position of market leader.
혁신에 투자한 덕분에 우리 회사는 시장 주도 기업의 위치에 올라설 수 있었다.

'특정한 방향으로 신속하고 힘차게 나아가다, 움직이다'를 뜻한다.

catapult ahead
앞서 나아가다

We have catapulted ahead of our competitors due to the prioritization of customer satisfaction.
우리는 고객 만족을 우선시한 까닭에 경쟁자들보다 앞서 나아갔다.

'경쟁과 경주에서 다른 사람들보다 앞서 나아가다'라는 뜻이다.

catapult to stardom
스타덤에 오르다

Robert Pattinson was catapulted to stardom by his role in Twilight.
로버트 패틴슨은 《트와일라잇》에서 맡은 역할로 스타덤에 올랐다.

'누군가 혹은 무언가를 명성과 성공의 위치에 신속히 올리다'라는 뜻이다.

catapult into the limelight
각광을 받다

After winning the singing competition, she was catapulted into the limelight.
가요제에서 우승한 이후로 그녀는 각광을 받았다.

'갑자기 대중의 관심이나 검색의 중심이 되다'라는 뜻이다.

swoop
급강하하다

'빠른 속도로 급격히 내려오다'를 뜻하는 역동적인 동사로, '휩쓸어 버릴 듯한 동작' a sweeping motion 이 수반된다. 새가 먹잇감을 붙잡으려 '강하하는 방법'이 a swoop action 급강하이다. 항공기와 헬리콥터, 슈퍼히어로도 비슷하게 a swoop action을 취한다. 《Superman II 슈퍼맨 II》(1980)에는 슈퍼맨이 나이아가라 폭포 근처에서 물에 빠진 소년을 구하려고 swoops down하는 감동적인 장면이 있다.

swoop에는 '신속하고 단호하게 움직이다'라는 뜻도 있다. Police will swoop into a crime scene to make arrests 경찰 등이 체포하려고 범죄 현장을 급습할 것이다. Angry parents will swoop into a room if their kids are misbehaving 아이들이 못된 짓을 하고 있다면 화난 부모가 방을 급습할 것이다. Journalists will swoop onto a scene to get an exclusive photo or interview 기자들은 독점 사진을 찍거나 독점 인터뷰를 하려고 현장에 급히 달려갈 것이다.

swoop
급강하하다

The eagle swooped down and caught its prey.
독수리가 급강하해서 먹잇감을 잡아챘다.

in one fell swoop
단번에, 일거에

The new CEO announced plans to revamp the entire organizational structure of the company in one fell swoop.
신임 최고경영자는 회사의 조직 전체를 일거에 개조할 계획을 발표했다.

'한 번의 단호하고 강력한 조치로 한꺼번에 무언가를 이루다'를 뜻하는 관용적 표현이다. '빠르고 효율적인 방법으로 과제를 완성하다/목표를 성취하다/중대한 변화를 일으키다'라는 뜻이 함축된 표현이다.

fall 떨어지다

drop 떨어지다, collapse 붕괴하다, decrease 감소하다, lower 낮아지다, move downwards 아래로 움직이다 등 많은 뜻을 지닌 다용도 동사이다. 우리가 균형을 잃고 휘청거리며 바닥에 넘어지면 falling이다. 잎사귀는 미국에선 fall 가을로, 영국에서는 autumn 가을으로 알려진 계절에 fall한다. 어떤 물체가 떨어뜨려지면 be dropped 땅바닥까지 fall할 수 있고, 지진이 일어나면 건물이 fall 무너지다 할 수 있다. 비판적 찬사를 받은 《Godzilla Minus One 고질라 마이너스 원》(2023)에서 고질라는 엄청난 파괴를 일삼으며 건물들을 fall 무너뜨리다 한다. 일부 맥락에서 fall은 '굴복하다, 누군가 혹은 무언가의 유혹에 넘어가다'를 뜻할 수 있다. 이 뜻은 사람에게 사용될 수 있고(fall in love 사랑에 빠지다), 사기와 거짓 같은 부정적인 것에도 사용된다(Don't fall for scams! 사기에 넘어가지 마라!).

fall
떨어지다

The leaves fall from the trees in autumn.
잎사귀는 가을에 나무에서 떨어진다.

fall apart
허물어지다, 결딴나다

Our plans for the project fell apart in the first week.
그 프로젝트에 대한 우리 계획은 첫 주에 허물어졌다.

물리적으로나 비유적으로 '무언가가 붕괴되다/분해되다/무너지다'라는 걸 표현하는 데 사용된다. 낡은 옷, 오래된 건물이나 설비 같은 유형의 것에도 사용되지만, 인간관계와 계획, 전략과 시스템, 건강과 사회 같은 무형의 것에도 사용된다. 로맨틱 드라마에서는 연인들의 관계가 fall apart하며 헤어지는 장면이 자주 묘사된다. 《Fatal Attraction 위험한 정사》(1987)에서는 주인공 마이클 더글러스 Michael Douglas가 외도를 저지른 뒤 그의 결혼 생활이 fall apart하고, 내연녀가 분노에 사로잡혀 가족의 애완용 토끼를 죽인 뒤 냄비에 넣고 삶는 충격적인 장면이 연출된다.

fall behind
뒤처지다, 낙오하다

It's easy to fall behind in learning a new language without regular practice.
규칙적으로 공부하지 않으면 새로운 언어를 배울 때 뒤처지기 쉽다.

'다른 사람과 비교할 때 일정표, 속도, 기준 등을 따라잡지 못하다'라는 뜻이다. 일정표와 목표, 학문적 성과, 경쟁, 과학기술의 발전 등에 적용될 수 있는 표현이다.

fall asleep
잠들다

My cat likes to fall asleep on my lap.
고양이는 내 무릎에서 잠자는 걸 좋아한다.

'깨어 있는 상태에서 수면 상태로의 전환'을 표현하는 데 흔히 사용되는 관용구이다.

fall for someone
누군가에게 홀리다, 홀딱 빠지다

She met him last week, and she's starting to fall for him already.
그녀는 그를 지난 주에 만났는데 벌써 그에게 빠져들기 시작했다.

'누군가를 향해 연애적 감정을 느끼거나 감정적으로 끌리다'라는 뜻이다. 사랑에 빠지는 과정 process of falling in love 의 일부이다.

fall in love
사랑에 빠지다

I fell in love with that small cafe in Paris.
나는 파리의 그 작은 카페와 사랑에 빠졌다.

fall for someone... 에게 홀리다 의 다음 단계가 fall in love이다. 그러나 이 표현은 애지중지하는 물건과 책, 영화와 관심사, 음식과 반려동물, 미술품 등에도 가볍게 사용될 수 있다. 《Pride and Prejudice 오만과 편견》(2005) 와 《Romeo and Juliet 로미오와 줄리엣》(1996) 은 falling in love를 주제로 한 불멸의 문학 작품을 영화로 각색한 것이다.

(don't) fall for something
무언가에 속아 넘어가다

Be careful with those online scams and don't fall for something that seems too good to be true.
온라인 사기를 조심하고, 진실이라 하기에는 너무 좋아 보이는 것에 속아 넘어가지 않도록 하라.

특정한 상황이나 사람 혹은 아이디어에 속거나 홀리지 말라고 조언할 때 흔히 사용되는 표현이다.

collapse
붕괴하다

실패, 유약함, 탈진, 지원의 부족 등을 이유로 쓰러지다/무너지다.
일반적으로 다시 일어설 수 없거나, 다시 일어서기 무척 힘든
급격한 움직임을 가리킨다. collapse는 fall 떨어지다 이나
tumble 굴러 떨어지다 보다 훨씬 더 강력한 의미가 담긴 단어여서
교량과 탑, 동굴처럼 물리적인 구조물에 사용될 수 있다.
《World Trade Center 월드 트레이드 센터》(2006)는 911 테러로
무너진 세계 무역 센터의 collapse 붕괴를 다룬 영화이다.
a person collapses라는 표현은 마라톤을 완주한 뒤 혹은
스트레스로 가득한 하루를 보낸 뒤 지독한 피로와 극심한
스트레스로 '푹 쓰러지다'라는 뜻이다.
가격과 경제 상황, 자신감, 사기 및 명성 같은 무형의 것이
하락하거나 침체되는 경우에도 collapse가 사용될 수 있다.
사회의 collapse 붕괴를 다룬 영화도 많다. 《The Road 더 로드》
는 환경 파괴와 societal collapse 사회 붕괴가 있은 뒤 한
아버지와 아들의 삶을 추적한 영화, 즉 종말 이후의 세계를 다룬
영화이다.

| **collapse** | She collapsed from exhaustion after working long hours. |
| 쓰러지다 | 그녀는 장시간 일한 뒤에 탈진해 쓰러졌다. |

| **collapse under the weight of** | The company may collapse under the weight of debt. |
| ...의 무게로 무너지다 | 그 회사는 빚의 무게를 견디지 못하고 무너질지 모른다. |

'어떤 대상이나 구조 혹은 시스템이 압력과 부담 및 외적인 힘에 약해지거나 무너지는 상황'을 가리킨다. 문자 그대로의 의미로도 사용되지만 비유적으로도 사용된다.

| **collapse in a heap** | She collapsed in a heap after finishing the marathon. |
| 풀썩 쓰러져 움직이지 않다. | 그녀는 마라톤을 완주한 뒤 풀썩 쓰러졌다. |

'일반적으로 탈진이나 허약한 체력 때문에 급작스레 완전히 쓰러지다'를 뜻한다.

| **collapse like a house of cards** | After the scandal, his reputation collapsed like a house of cards. |
| 급작스레 완전히 쓰러지다/결딴나다 | 추문이 퍼진 뒤에 그의 명성은 완전히 허물어졌다. |

collapse on the bed
침대에 쓰러져 눕다

I've had a long day, so I'm going to collapse on the bed.
긴 하루를 마쳤으니 침대에 벌렁 누워야겠다.

일상적인 대화에 흔히 쓰이는 구어이고, 편안한 기분이 담긴 표현이다. 하루 종일 스트레스와 싸운 뒤에 퇴근해서 배우자에게 편하게 건네는 말이라 생각하면 된다.

raise 일으키다

들어올리다, 인상하다, 자라다, 양육하다, 언급하다. 우리는 교실에서 선생님의 관심을 끌려고 raise a hand 손을 들다, 또 raise a question 질문을 제기하다 한다. A government will raise taxes 정부가 세금을 올릴 것이다 에서 raise는 increase로 바꿔쓸 수 있다. 중요한 쟁점에 대해 캠페인을 벌이는 목적은 raise awareness 의식을 제고하다 와 raise support 지지를 호소하다 에 있다. 끝으로, parents raise their children에서 raise는 '자식들을 양육하다/돌보다' nurture and look after them 라는 뜻이다.

《Mrs. Doubtfire 미세스 다웃파이어》(1993)에서 로빈 윌리엄스는 이혼한 뒤에 유모로 변장해서 시간을 보내며 자신의 자식들을 '키우고 돌본다' raise his children. 《Milk 밀크》(2008)는 캘리포니아 공직 사회에 최초로 선출된 동성애자 하비 밀크 Harvey Milk의 생애 및 1970년대 LGBTQ 성 소수자/옮긴이주 의 인권에 대한 의식을 제고하려던 그의 노력 his efforts to raise awareness 을 추적한 영화이다.

raise 올리다	He raised the window blinds to let in some fresh air. 그는 맑은 공기를 들어오게 하려고 창문 블라인드를 올렸다.
raise funds/money 기금/돈을 모금하다	The charity is going to raise money to help the victims. 자선 기관은 피해자들을 돕기 위한 기금을 모금할 계획이다.

'특정한 목적을 위해 돈을 모으다'라는 뜻이다.

raise a toast 축배를 올리다, 건배하다	Let's raise a toast to the bride and groom. 신부와 신랑을 위해 건배합시다.

'술잔을 들고 누군가 혹은 무언가를 축하하다/예우하다'를 뜻한다. toast 건배/건배하다 는 '누군가를 위해서 술잔을 들어 살짝 부딪친 뒤에 마시다'를 뜻한다. 결혼식이나 기념식의 연설에서 무척 흔히 사용되는 표현이다.

raise the roof 함성을 지르다, 분위기를 띄우다	The DJ played some great music and raised the roof. 디제이는 멋진 음악을 틀며 분위기를 한껏 띄웠다.

'흥분이나 열정을 고취하다'라는 뜻이다. 파티와 연주회, 축하연 등 사람들이 춤추고 노래하며 마음껏 즐기는 행사와 관련해 쓰이는 표현이다.

spring
튀어 오르다

위로 움직이다, 갑자기 불쑥 움직이다, 용솟음치다, 폭발시키다. spring은 다양한 용례로 쓰이지만, 동물과 식물이 추운 겨울을 견뎌낸 뒤 spring back into life 생기를 되찾다 하는 계절이 spring 봄이어서 기억하기 쉬운 동사이다. 봄이 시작되면 옛 직장 동료는 spring has sprung이라 말하곤 했다. '봄'이란 계절을 뜻하는 spring과 동사 spring 봄이 오다의 과거형 sprung을 이용한 말장난이다.

spring
뛰어넘다

The gate to the field wouldn't open so we decided to spring over it and continue walking.
운동장으로 들어가는 정문이 열리지 않아, 우리는 정문을 뛰어넘어 계속 걷기로 결정했다.

spring into action
갑자기 행동하기 시작하다

In preparation for the charity event, volunteers spring into action and help set up.
자선 행사를 앞두고 자원봉사자들이 행동에 돌입해 도움을 주었다.

'무언가를 신속하고 즉각적으로 시작하다'라는 뜻이며, 신속한 대응이 필요한 상황에 쓰인다.

spring to your feet
벌떡 일어서다

When the teacher enters the classroom, the students spring to their feet.
선생님이 교실에 들어오면 학생들이 벌떡 일어선다.

'어떤 상황에 진지하게 대응하며 신속하고 힘차게 일어서다'라는 뜻이다.

spring to life
약동하다, 활기를 띠다

During the annual festival, the city will spring to life with celebrations, music and festivities.
연례 축제 기간 동안, 도시는 기념 행사와 음악, 경축 행사로 활기를 띨 것이다.

spring to (one's) feet와 비슷하게, '휴면기가 있은 뒤 각성하다/활발해지다'라는 뜻이다.

spring open
갑자기 열리다

He used so much force that the jar of olives did spring open at last.
그가 힘을 너무 주었던지 올리브 병이 마침내 펑하고 열렸다.

'갑자기 빠르게 열리다'라는 뜻이고, 외적인 힘이 반드시 가해질 필요는 없다.

spring to mind
갑자기 생각나다

I was trying to remember the name of that song and then it suddenly sprung to mind.
나는 그 노래 제목을 기억해 내려 애쓰고 있었는데 그 제목이 갑자기 생각났다.

세부 사항, 아이디어, 기억 등이 갑자기 떠오르는 경우에 사용되는 표현이다.

bounce 튀다

표면에서부터 뛰어오르다 jump, 튀어오르다 rebound. 주로 반복되는 움직임을 가리킨다. jump와 비슷하지만, 표면을 때린 뒤에 되돌아오는 움직임 rebound/spring back 에 초점이 맞추어진 단어이다. bounce하는 것으로는 공, 트램펄린, 고무줄 등이 있다. 물론 박람회장이나 축제장에서 흔히 눈에 띄는 bouncy castle 바운시 캐슬, 팽팽하게 공기를 채운 놀이 기구 도 bounce하는 것이다.

bounce는 재밌고 유쾌한 움직임이므로, 애니메이션 영화에서는 많은 등장인물이 bounce around 여기저기를 깡충깡충 뛰어다니다 한다. 《Winnie the Pooh 곰돌이 푸》(1977)에서는 티거라는 호랑이가 bounce around하고, 《Lilo & Stitch 릴로 & 스티치》(2002)에는 '껑충껑충 뛰어다니는' bouncing 외계 생명체인 스티치가 등장한다.

jump와 관련된 많은 단어가 그렇듯이 bounce도 문자 그대로, 또는 비유적인 의미로 모두 사용될 수 있다. 대표적인 예가 bounce ideas와 bounce back으로, 그 뜻은 recoil 되감기, reverberation 반향 과 관련된 정의와 비슷하다.

bounce
튀어오르다

The crowd bounced up and down at the concert.
군중들은 연주장에서 펄쩍펄쩍 뛰었다.

bounce around
이곳저곳을 돌아다니다

This job requires me to bounce around various locations throughout the year.
직장 일로 나는 일년 내내 여러 곳을 돌아다닌다.

'뚜렷한 계획이나 분명한 경로가 없이 여기저기를 돌아다닌다'라는 뜻이다.

bounce back
회복하다

He was quite sick for a while but he managed to bounce back and now he has recovered.
한동안 그는 상당히 아팠지만 그럭저럭 회복해서 지금은 정상을 되찾았다.

'역경이나 실패로부터 신속히 회복하다'라는 뜻이다. 사람, 건강, 경제와 비즈니스, 프로젝트 등 다양한 부문에 사용되는 구동사이다.

bounce into someone
누군가를 조우하다

I bounced into my old coworkers while walking to my seat at the stadium.
나는 운동장에서 내 좌석을 찾아가는 동안 옛 직장 동료를 우연히 만났다.

'누군가를 우연히 만나다/조우하다'라는 뜻이다. 이 표현은 뜻밖의 장소에서 옛 친구를 갑자기 만나듯이, 주로 긍정적인 의미에서 사용된다.

bounce ideas off of someone
피드백을 받기 위해 생각을 공유하다

While the students are preparing for their research papers, they like to bounce ideas off each other and the professors.
학생들은 기말 리포트를 준비하는 동안, 서로 피드백을 주고받고 교수의 의견도 구하려고 아이디어를 공유하는 걸 좋아한다.

'관심사를 알아보거나 피드백을 받기 위해 다른 사람들과 생각을 공유하며 토론하다'라는 뜻이다.

pass
통과하다, 건네주다

pass건네주다/패스하다는 많은 의미로 쓰인 동사이다. 운동 경기에서 팀원에게 공을 차는 것처럼, 이쪽에서 저쪽으로의 이동 혹은 전환을 가리킬 수 있다. '테스트나 시험에 성공하다/합격하다,' '승인을 얻다'라는 뜻으로도 사용된다. '무언가의 옆이나 위를 지나가다'를 뜻할 수 있고, '죽다'의 완곡한 표현으로도 사용된다.

예컨대 역무원에게 기차표를 주는 행위는 손으로 무언가를 pass건네주다하는 것이고, pass an exam 혹은 pass a course는 시험과 과목을 성공적으로 통과한 경우에 쓰인다. 또 a vote or proposal can be passed는 어떤 법안이나 제안이 승인될 가능성이 높다는 뜻이다. 여행하거나 걸을 때 we pass by buildings건물들 옆을 지나가다한다. '죽다'die를 정중하게 표현하고 싶으면 pass away를 사용해야 한다. 《The Passing》(2011)은 여동생의 passing죽음과 그 죽음을 둘러싼 미스터리한 상황을 풀어가는 한 젊은이에 대한 이야기이다.

pass
넘기다, 건네주다

She passed the book to her friend.
그녀는 그 책을 친구에게 건네주었다.

pass away
죽다

My grandfather passed away peacefully in his sleep.
할아버지는 잠을 자는 동안 평온하게 세상을 떠나셨다.

죽음을 점잖고 정중하게 표현할 때 사용하는 완곡한 표현이다.

pass out
의식을 잃다, 기절하다

She passed out from exhaustion.
그녀는 탈진해서 기절했다.

산소 부족, 저혈압, 탈수 증세, 스트레스, 탈진 혹은 질병으로 '의식을 잃다'라는 뜻이다.

pass time
시간을 보내다

Fishing is a popular activity to pass time while enjoying nature.
낚시는 자연을 즐기면서 시간을 보내기에 좋은 활동이다.

'특정한 방법으로 시간을 보내는 활동'이며, 주로 무언가에 몰두하거나 시간을 더 빨리 가게 한다는 뜻이 함축된 표현이다. 지루할 때 취미나 작은 작업을 하며 시간을 보내는 경우도 포함된다.

pass judgment
판단을 내리다

It's not fair to pass judgment on someone without knowing the full story.
전체 이야기를 모르는 상태에서 누군가에 대해 판단하는 것은 공정하지 않다.

자신의 믿음이나 기준에 근거해 누군가 혹은 무언가에 대해 결정을 내리거나 의견을 정하는 행위를 가리킨다. 상황이나 행동 혹은 누군가를 평가해서 결론을 내린다는 뜻이 함축된 표현이다.

pass the torch to someone
권한을 이양하다, 한쪽으로 비켜서다

After years of leading the organization, the founder decided it was time to pass the torch to a younger generation of leaders.
그 조직을 오랫동안 끌어온 뒤에 창립자는 더 젊은 세대의 지도자들에게 권한을 넘길 때가 되었다고 결정했다.

올림픽처럼 선수들이 릴레이로 횃불을 전달하며 운동장까지 옮겼던 그리스와 로마의 전통에서 유래한 표현으로 추정된다. '권한이나 리더십을 이양하다' transfer responsibility or leadership 라는 뜻의 비유로 사용되는 pass the torch의 용례는 이 고대의 전통에서 영감을 받은 게 분명해 보인다. 이 표현은 비즈니스와 정치, 교육 및 일상생활에도 사용된다. succession 계승, continuity 연속성, the passing of a legacy from one generation or individual to the next 다른 세대나 다른 사람에게 유산의 유증 란 개념이 함축된 표현이다.

don't let life pass you by
운에 맡기고 해 보다

You should travel if that's your real passion. Don't let life pass you by.
여행에 진정한 열정이 있다면 여행을 해라. 삶을 덧없이 보내지 마라.

적극적으로 살며 기회를 붙잡고, 시간을 최대한 활용하라고 독려하며 동기를 부여하는 표현이다. 경험할 기회를 받아들이고 열정을 추구하며 목적 의식을 갖고 계획적으로 살라고 독려하는 표현이기도 하다. Don't let life pass you by라는 표현에는 삶이 소중하면서도 덧없다는 뜻이 함축되어 있다.

cling 달라붙다

무언가를 꽉 붙잡다, 무언가에 바싹 들러붙다. 아이들은 겁먹거나 번잡한 곳에서는 cling to their parents 부모에 바싹 달라붙다 한다. 또 wet clothes도 cling to our body 젖은 옷이 우리 몸에 들러붙다 한다. 우리가 부엌에서 음식물을 덮으려고 사용하는 얇고 투명한 비닐 랩은 cling film이라 불린다. cling은 '누군가 혹은 무언가에 정서적으로 애착을 갖다/ 헌신하다'라는 뜻으로도 쓰인다. 요컨대 그런 것을 놓아주려 하지 않는다는 뜻이다. We cling to memories, values, sentimental items, habits, and aspirations에서는 '추억거리, 가치관, 감상적인 물건, 습관, 열망에 매달리다/ 고수하다'라는 뜻으로 쓰였다. 이런 표현이 가능한 이유는 나열된 단어들에 안정감, 정체성, 편안함이란 뜻이 함축돼 있기 때문이다.

《Up 업》(2009)은 픽사 Pixar가 제작한 애니메이션 영화로, 슬픔과 향수 때문에 과거에 매달리는 한 홀아비 a widower who clings to the past due to grief and nostalgia를 통해 가슴을 따뜻하게 해 주는 이야기이다. 그는 한 젊은 탐험가와 뜻하지 않게 인연을 맺고 함께 모험하는 과정에서 삶과 사랑에 대한 소중한 교훈을 배운다.

cling
바싹 달라붙다

I tried to cling on to the stairs before I lost balance.
나는 계단에 바싹 달라붙어 균형을 잃지 않으려 했다.

cling on
꽉 붙잡다

The politician clung on to power despite mounting opposition.
그 정치인은 거센 반대에도 불구하고 권력을 놓지 않았다.

'무언가를 단단히 완강하게 고수하다'라는 뜻이며, 문자 그대로의 뜻만 아니라 비유적으로도 쓰인다.

cling to the past
과거에 매달리다

I've decided to get rid of my old things and stop clinging to the past.
나는 오래된 것을 버리고 과거에 집착하는 걸 그만두기로 결정했다.

'과거의 경험이나 기억에 정서적으로 연연해하다'라는 뜻으로, 발전과 성장을 방해한다는 뜻이 함축된 표현이다.

handle
다루다, 취급하다

문자 그대로는 '손으로 무언가를 쥐다, 잡다, 조작하다'라는 뜻이다. 즉, 연장tool, 짐luggage, 식료품groceries, 기구devices, 주방 용품appliances 및 기계류machinery와 차량vehicles을 쥐거나 다루는 행위를 뜻한다. 여기에서 handle은 무언가를 효과적으로 조작, 관리, 취급할 수 있느냐 없느냐를 말하기 위해 사용된다. 예컨대 to handle luggage는 '별다른 문제없이 짐을 옮기다'를 뜻한다.

handle은 '상황, 과제, 문제를 관리하다, 처리하다'라는 뜻으로도 사용된다. 이 경우에도 handle은 그 일을 효과적으로 혹은 적절하게 해낼 수 있느냐 없느냐를 말하기 위해 사용된다. 예컨대 We handle jobs, tasks, challenges, problems, information and emotions일, 과제, 난제, 문제, 정보, 감정을 처리하다와 같이 쓸 수 있다. I can handle it이라는 상투적인 표현은 '나는 잘 해낼 수 있다'라는 뜻이다.

등장인물들이 무기와 폭탄을 handle하는 걸 보여주는 영화, 특히 선을 잘라 '폭탄을 해체'diffusing a bomb하는 영화가 많다. 하지만 《Inside Out인사이드 아웃》(2015)은 handling of emotions를 보여주는 대표적인 영화이다. 픽사가 제작한 이 애니메이션 영화는 두려움과 분노, 불안, 기쁨 등의 감정을 handle하는 소녀가 주인공이다. 이 영화는 다양한 감정이 우리 생각과 행동에 어떻게 영향을 미치는지 아주 멋지게 보여준다.

handle
다루다

Please handle the fragile items with care.
깨지기 쉬운 물건들은 조심해서 다루십시오.

get a handle on something
무언가에 대해 파악하다, 이해하다

It took me a while, but I finally got a handle on the new software system at work.
시간이 좀 걸렸지만, 결국 나는 새롭게 도입한 소프트웨어 시스템을 파악했다.

'상황이나 문제에 대해 이해하다, 통제하다'라는 뜻이다.

possess
소유하다

'소유하다, 지배하다'를 뜻한다. 즉 무언가를 보유하는 행위를 나타낸다. 우리가 정식으로 소유하는 own 물건은 possession 소유물이라 부른다. possess는 법, 학문, 전문 직업 등 격식이 필요한 맥락에서 assets 자산, rights 권리, qualities 자질, characteristics 특징의 소유 및 지배를 표현하는 데 사용된다. 예컨대 법률 문서, 학술 논문, 전문가 보고서에서 possess는 property 재산, rights 권리, skills 역량, attributes 속성의 소유나 지배를 뜻하는 단어로 주로 사용된다. 또한 이력서에는 we possess skills 이런저런 역량을 소유하다, 법률 문서에는 we possess property 부동산을 보유하다 라는 식으로 쓰인다. possess라는 단어가 영화에 사용되는 주된 맥락 중 하나는 공포 영화에서 등장인물들이 possessed by demons 악령에게 홀린 된 경우이다. 《The Exorcist 엑소시스트》(1973)는 악령에게 possessed 사로잡힌 된 소녀를 다룬 고전적인 공포 영화이다. 《The Possession 포제션: 악령의 상자》(2012)은 어떤 소녀가 벼룩 시장에서 골동품 상자를 구입한 뒤 악령에게 possessed 되는 공포 영화이다. 악령은 어린 소녀를 possess 홀리다 하는 걸 좋아하는 듯하지만, 집이 악령에게 possessed 되는 영화도 많다. 《The Amityville Horror 아미티빌의 저주》(1979)와 《Poltergeist 폴터가이스트》(1982)가 대표적인 예이다.

possess
소유하다

The businessman possesses several luxury cars and properties.
그 기업인은 여러 대의 고급 자동차와 부동산을 보유하고 있다.

possessed by
...에 사로잡히다

She was possessed by grief when her sister died.
그녀는 누이가 죽었을 때 슬픔에 사로잡혔다.

위에서 언급한 영화의 예에서 보듯이, 이 표현은 초자연적인 것에 사용될 수 있다. 그러나 일반적으로는 '무언가에 사로잡히다' be obsessed by something 로 사용되는 경우가 많다. 예컨대 We can be possessed by passion, ambition, greed, jealousy, curiosity, anger, grief and addiction 열정과 야망, 탐욕과 질투, 호기심, 분노와 슬픔, 중독에 사로잡히다 과 같이 사용된다.

descend
내려가다

'위로 움직이다'를 뜻하는 ascend의 반대말로, descend는 문자 그대로나 비유적으로 '아래로 움직이는 행동'을 가리키는 동사이다. descend는 상대적으로 더 높은 곳에서 낮은 곳으로 움직이는 행동, 혹은 우월한 위치에서 열등한 위치로 추락하는 경우를 표현하는 데도 사용될 수 있다. 학문적인 글이나 과학적 문헌, 공식 문서처럼 격식을 차려야 하거나 전문적인 영역에서도 descend가 주로 사용된다. 반면에 일상적이고 격식에 얽매이지 않는 대화에서는 go down과 come down이 descend보다 더 자주 쓰이는 편이다.

《The Descent디센트》(2004)는 여성들이 전인미답의 동굴에 descend내려가다하면서, 무시무시한 괴물과 맞닥뜨린다는 공포 영화이다. 그 밖에도 사람들이 descend into madness or obsession광기나 강박에 빠져들다하는 과정을 묘사한 영화도 많다. 《The Machinist머시니스트》(2004)는 불면에 시달리며 descend into paranoia, guilt, and self-destruction 편집증, 죄책감, 자기 파괴에 빠져드는 산업 노동자를 추적한 심리 스릴러 영화이다.

descend
내려가다

The elevator slowly descended to the ground floor.
엘리베이터는 천천히 지상층까지 내려갔다.

(to be) descended from
...의 후손이다

I was surprised to learn I'm descended from Italian immigrants.
내가 이탈리아 이민자의 후손이라는 걸 알고는 깜짝 놀랐다.

혈통이나 가계를 표현하는 데 사용되는 구절이다.

plummet
추락하다, 곤두박질하다

일반적으로 무척 높은 곳에서 가파른 각도로 걷잡을 수 없이 빠르게 떨어지다, 추락하다. 암벽 등반가들에게 plummet는 치명적이며 부상을 초래할 수 있다. price가격, stock market 주식 시장, economy경제, temperature기온도 plummet할 수 있다. 추락descent을 통제할 수 없을 정도로 급작스레 진행된다는 뜻이 함축된 단어이다.

《The Big Short빅 쇼트》(2015)는 2008년 금융 위기로 치달은 사건들을 다룬 영화로, 주택 시장의 plummet급락와 그 이후에 닥친 주요 금융 기관의 붕괴가 그려진다.

plummet
추락하다, 곤두박질치다

The airplane engine failed, causing the aircraft to plummet toward the ground.
비행기 엔진이 고장났고, 그로 인해 비행기가 지상으로 곤두박질쳤다.

plummeting temperatures
기온의 급락

Plummeting temperatures overnight caused ice on the roads.
밤새 기온이 크게 떨어져 도로가 얼었다.

'기온이 갑자기 크게 떨어진 현상'을 가리킨다.

tumble
굴러 떨어지다

갑자기 걷잡을 수 없이 굴러서 혹은 공중제비를 돌면서 떨어지다. 사람들이 싸우거나 위험에서 도주하는 장면에서 fall and tumble넘어지고 구르다하는 모습은 액션 영화와 공포 영화에서 무척 흔하다. 《Die Hard다이 하드》(1988)에는 브루스 윌리스 Bruce Willis가 계단 아래로, 깨진 유리 조각들 위로, 엘리베이터 통로에서 tumble down굴러 떨어지다하는 고전적인 장면이 있다. tumble은 비유적으로 사용되어 주가와 가격 등의 '급작스런 하락' 및 가치 상실을 뜻할 수도 있다. 《Rogue Trader겜블》(1999)는 독단적인 투기 거래로 베어링스 은행의 파산과 주식 시장의 tumble폭락을 초래한 주식 중개인, 닉 리슨Nick Leeson의 실화를 바탕으로 제작된 영화이다.
tumble은 의류를 건조기에 넣고 돌려서 뜨거운 공기로 건조시켜 말리는 방법을 뜻하는 tumble dry회전식 건조기에 말리다에서 가장 흔히 사용되는 듯하다. 소셜 네트워크인 '텀블러'Tumbler도 있다.

tumble
굴러 떨어지다

He was so drunk he almost tumbled down the stairs.
그는 너무 취해 계단에서 굴러 떨어질 뻔했다.

take a tumble
하락하다

The share price took a tumble today after the profit warning was issued.
오늘 이익이 저조할 것이란 발표가 있은 후 주가가 하락했다.

종종 비유적으로 사용되어 '하락하다'를 뜻한다.

tumble dry
회전식 건조기로 말리다

I checked the instructions and it's ok to tumble dry this sweater.
세탁 설명서를 읽어 보니, 이 스웨터는 회전식 건조기에 넣고 말려도 괜찮다.

의류를 건조기에 넣고 건조해도 괜찮다고 말하는 세탁 설명.

tumbleweeds
회전초

I asked if there were any questions but it was just tumbleweeds.
나는 질문이 있는지 물었지만 내 질문에 분위기만 썰렁해졌을 뿐이다.

a tumbleweed 회전초는 북아메리카에서 가장 흔한 식물의 일종으로, 뿌리를 내리지 못한 채 평편한 평원에서 바람에 굴러다니는 식물이다. tumbleweed 는 《The Good, The Bad And The Ugly 석양의 무법자》(1966) 같은 서부 영화의 배경에서 클로즈업되며 팽팽한 긴장감을 자아낸다.

흥미롭게도 tumbleweed는 시각적으로나 언어적으로나 '어떤 일도 일어나지 않은 시간'을 뜻한다. 또 '침묵의 순간' a moment of silenc, '버려진 장소' an abandoned place, '행동이 잠시 멈춘 상태' a pause in the action 를 뜻할 수도 있다. tumbleweed는 요즘 코미디와 만화에서 그런 유형의 순간을 상징하는 단어로 자주 쓰인다.

dangle 매달리다

위에 있는 무언가에 부착된 채 매달(리)다, 흔들(리)다, 걸치다. 우리가 흔히 dangling하다고 표현하는 것으로는 열쇠, 스카프, 목걸이와 귀걸이, 커튼과 샹들리에나 오래 걸은 뒤 강물에 발을 담근 경우를 들 수 있다. 낚시할 때 낚시줄에 '매달린' 미끼도 dangle lures라 표현된다. 《Mission: Impossible 미션 임파서블》(1996)에는 톰 크루즈가 연기한 주인공이 복잡하게 연결된 레이저망으로 보호된 방에서 약간 뜬 채 dangling 매달린 하는 유명한 장면이 있다.

dangle은 '도발적으로 유도하거나 유혹하며 무언가를 제공하다/제시하다'라는 뜻으로도 사용된다. 예를 들면, We dangle a string in front of a cat to get its attention 고양이의 주의를 끌려고 고양이 앞에 줄을 매달다, A shop could dangle the offer of discounts to entice customers 손님들을 유인하려고 할인을 제안하다, A company could dangle incentives like bonuses to encourage employees to work harder 직원들이 더 열심히 일하도록 독려하려고 보너스 같은 장려책을 내놓다 등과 같이 쓸 수 있다.

dangle
늘어뜨리다, 매달다

I like to dangle my feet in the river after a hike.
나는 하이킹한 뒤에 두 발을 강물에 축 늘어뜨리는 걸 좋아한다.

dangle a carrot
당근을 내걸다

The gym is going to dangle a carrot by offering 12-month memberships for half price.
그 체육관은 12개월 회원권을 반값에 제안하는 유인책을 내놓을 예정이다.

'동기 부여를 하려고 보상이나 장려책을 제안하다'라는 뜻이다. 이 표현은 말이나 당나귀에게 당근을 주는 행위에서 유래한 듯하다.

skim
걷어내다, 스치듯 지나가다

호숫가에서 심심풀이로 흔히 즐기는 놀이로 납작한 돌을 집어 프리스비(frisbee 던지기 놀이를 할 때 쓰는 플라스틱 원반)처럼 물 위로 던져 수면에서 몇 번이고 튀어오르게 하는 것이 있다. 이런 놀이를 skimming 물수제비이라 한다. skim은 '무언가 표면 위로 부드럽고 가볍게 미끄러지듯 가도록 던지다'라는 뜻이다. skimming은 '무언가의 표면 위를 지나가는 행위'를 가리킨다. 결국 skim은 무언가를 던져 무언가의 표면에서 튀어 오르는 움직임 전체를 가리킨다.

물 위로 돌을 던지는 skimming은 강이나 호수 근처에서 한가한 시간을 보내는 시골 아이들에게는 무척 잘 알려진 놀이이다. 《Stand by Me 스탠 바이 미》(1986)는 스티븐 킹 Stephen King의 중편 소설을 기반으로 제작된 영화로, 주인공들이 모험으로 가득한 여행을 하는 동안 강 위로 돌을 skim하는 장면이 기억에 남는다. 웨스 앤더슨 Wes Anderson이 감독한 《Moonrise Kingdom 문라이즈 킹덤》(2012)에도 젊은 주인공들이 즐겁게 교감을 나누는 관계를 묘사한 방법 하나로 돌을 함께 skim하는 장면이 나온다.

skim '걷어내다'은 '유체의 위쪽에 떠 있는 물질을 제거하는 행위'를 가리킨다. skimmed milk는 '지방을 제거하는 과정을 거쳐 결국 저지방 제품이 된 우유'를 가리킨다. semi-skimmed는 지방을 부분적으로 제거한 상태를 가리킨다.

끝으로, skim은 잡지나 책 등을 자세히 읽지 않고 전반적인 개념을 파악할 목적으로 전체를 '빠른 속도로 읽다/훑어보다'를 뜻할 수도 있다. 기사, 포스터, 교과서, 이메일, 메뉴를 신속히 파악하기 위해 skim과 read를 결합한 skim-read를 하기도 한다. 이 과정에서 우리 눈은 텍스트 위로 빠르게 움직이며 핵심어와 세부 사항을 파악한다.

| skim | The stone skimmed across the surface of the water. |
| 스치듯 지나가다 | 돌이 수면 위를 스치듯 지나갔다. |

| skim the surface | Today we are going to skim the surface of this subject. |
| 피상적으로 다루다 | 오늘 우리는 그 문제를 피상적으로만 다룰 예정이다. |

'어떤 문제를 깊이 파고들지 않고 피상적으로/대충 다루다'라는 뜻이다.

plunge
거꾸러지다, 급락하다

'움직이다, 건너뛰다'를 뜻하지만 아래쪽으로의 낙하falling와 추락descending에 초점이 맞추어진 동사이다. 물에 뛰어드는 water diving과 함께 가장 자주 쓰이지만, 물속 깊이 잠기다submerge라는 뜻이 함축된 동사이기도 하다. plunging profits, prices, temperatures추락하는 이익, 가격, 온도라는 예에서 보듯이 '아래쪽으로의 이동'을 뜻하는 데 전적으로 사용될 수도 있다. 한편으론 '무모하게 무언가를 하기 시작하다'라는 뜻으로도 사용된다.

《Titanic타이타닉》(1997)은 유명한 유람선이 바다 바닥까지 plunge한 역사적 사건을 극화한 영화이다. 금융 위기와 주식 시장의 plunge급락를 다룬 영화도 많은 편이다. 《Wall Street월 스트리트》(1987)와 《The Big Short빅 쇼트》(2015)가 대표적인 예이다.

plunge
뛰어들다, 잠기다

As soon as we got to the lake, we plunged into the water.
우리는 호수에 도착하자마자 물속에 뛰어들었다.

plunge in at the deep end
힘든 일에 갑자기 뛰어들다

My Spanish level wasn't improving, so I decided to move to Spain and plunge in at the deep end.
내 스페인어 수준이 나아지지 않았다. 그래서 스페인으로 이주해 본격적으로 공부해 보기로 결심했다.

문자 그대로는 '수영장에서 가장 깊은 곳에 뛰어들다'라는 뜻이다. 하지만 비유적으로는 '필요한 준비나 전문 지식도 없이 어떤 과제를 시작하다'라는 뜻으로 쓰인다. 이 표현은 jump in at the deep end와도 유사하지만, 더 강렬한 느낌을 자아낸다.

take the plunge
...을 단행하기로 하다

My driving instructor said I'm ready, so I took the plunge and applied for the driving test.
내 운전 교습 선생이 나에게 준비가 되었다고 말해서, 나는 과감히 도전해 운전 시험에 응시했다.

'위험이 따르고 불확실하더라도 중대한 결정을 내리다/행동을 취하다'라는 뜻이다.

plunge headlong
거꾸로 뛰어들다, 저돌적으로 뛰어들다

They have only been together for a short time but they decided to plunge headlong into getting an apartment together.
그들은 사귄 지 얼마 되지 않았지만, 앞뒤 가리지 않고 아파트를 함께 얻기로 결정했다.

문자 그대로나 비유적으로나 결과를 고려하지 않은 채 '충동적으로 성급히 무언가를 하다'라는 뜻으로 쓰인다.

plunge into chaos
혼란에 빠지다

After the rate change, the stock market plunged into chaos.
금리 변화가 있은 뒤 주식 시장이 혼란에 빠졌다.

'급격한 혼란이나 하락을 경험하다'라는 뜻이다. riot 폭동 이나 protest 시위 로 인한 혼란으로 chaos가 문자 그대로의 뜻으로 사용되는 경우도 있지만, '질서를 상실한 혼란' disarray 의 뜻으로 사용되는 경우가 더 많다.

dive
뛰어들다, 다이빙하다

plunge와 무척 유사하지만, dive는 '물에 뛰어들다'라는 뜻으로 주로 쓰인다. 새나 비행기가 아래쪽으로 내려가는 행위를 뜻하기도 한다('급강하', '급강하하다'). 비유적으로는 '숫자와 데이터의 급락'을 뜻할 수 있다. '몰두하다' engage, '조사하다' investigate, '탐구하다' explore 를 뜻할 수도 있다.
바다에 뛰어들며 '다이빙' diving 하는 모습을 담은 영화는 많다. 《The Big Blue 그랑 블루》(1988)와 《The Life Aquatic with Steve Zissou 스티브 지소와의 해저 생활》(2004)가 대표적인 예이다. 《Saving Private Ryan 라이언 일병 구하기》(1998) 처럼, 등장인물들이 (신속히 엄폐물을 찾아) '몸을 숨기기 위해 뛰어드는' dive for cover 걸 보여주는 영화도 있다.

dive
다이빙하다, 뛰어들다

He dove off the cliff into the sea.
그는 절벽에서 바다로 뛰어내렸다.

dive into
주저하지 않고 무언가를 열정적으로 시작하다

After completing training, she was eager to dive into work.
훈련을 마친 뒤 그녀는 간절히 일을 시작하고 싶어했다.

dive into의 목적어로는 work 일, topic 주제, project 프로젝트, task 과제 등이 쓰인다. 이때의 뜻은 diving into water/a pool에 쓰인 문자 그대로의 뜻과 다르다.

dive in with both feet
기세좋게 시작하다

She liked yoga so much she decided to dive in with both feet and sign up for a year.
그녀는 요가를 무척 좋아해서, 반드시 시작하기로 결심하고 1년치를 등록했다.

dive into보다 훨씬 더 열정적으로 시작하는 경우에 사용되는 표현이다.

dive for cover
위협을 받거나 위험에 직면할 때 엄폐물이나 보호막을 신속히 찾아나서다

If this thunderstorm turns to lightning, we will dive for cover.
천둥이 번개로 바뀌면 우리는 신속히 엄폐물을 찾아 몸을 감출 것이다.

nosedive
급락하다, 급강하하다

After the profits report, the stock began to nosedive.
수익 보고서가 발표된 후 주가가 급락하기 시작했다.

비행기가 갑자기 하강하기 시작할 때 nosedive가 문자 그대로의 의미로 쓰인다. 하지만 비유적인 뜻으로 nosedive는 profits 이익, prices 물가, business 사업, health 건강, relationships 관계, academic scores 학업 성적 등의 성과를 나타낼 때도 쓰일 수 있다. 명사로 쓰일 때는 동사 take와 함께 사용되는 경우가 많다. After the coach left, our team's performance took a nosedive 코치가 떠난 뒤 우리 팀 성적은 곤두박질쳤다.

dive bar
알코올 음료를 마실 수 있는 술집, 허름한 술집

I know a great dive bar in this area, let's go for a drink.
나는 이 지역의 싼 술집을 알고 있다. 한 잔 마시러 가자.

a dive bar는 호화롭고 값비싼 upscale bar의 반대말로, 편안한 분위기에서 값싼 술을 팔고 조명도 흐릿한 술집을 가리킨다. a dive bar에는 개성이 뚜렷하고 재밌는 사람들이 모이는 경향이 있어 항상 나쁜 곳만은 아니다. 하지만 그런 분위기를 즐기지 못하면 이를 폄하하며 This place is a dive! 어둡고 지저분한 술집 이라고 말할 수 있다.

slip 미끄러지다

순간적으로 발을 헛딛거나 균형을 잃다. fall 넘어지다 과 유사하지만, slip에는 '바닥에 넘어지기' fall on the floor 직전에 일어나는 행위, 즉 발을 헛딛는 행위가 있다는 것이 다르다. 따라서 slip은 ice 빙판, wet surfaces 젖은 표면, mud 진창 같은 것에서 주로 일어난다. 과장된 동작으로 웃음을 주는 '슬랩스틱 코미디' slapstick comedy 에서는 '미끄러지는 동작' slip 에 바나나 껍질이 주로 사용된다. 《Home Alone 나 홀로 집에》 (1990)에는 도둑 마브가 케빈의 집에 몰래 들어가려다 '미끄러져 넘어지는' slip and fall 재밌는 장면이 많다.

slip은 '실수하다, 잘못을 범하다'라는 뜻으로도 쓰인다. We may slip and get facts or figures wrong 실수해서 사실이나 수치를 잘못 이해하다, We may accidentally slip and reveal a secret or confidential information 뜻하지 않게 실수해서 비밀 정보를 누설하다 등과 같이 쓰인다.

slip
미끄러지다

She slipped on the wet floor and fell.
그녀는 젖은 바닥에 미끄러져 넘어졌다.

(a) slip of the tongue
말 실수

That was a slip of the tongue.
I pronounced it wrong.
그건 실수로 말한 것이었다. 내가 잘못 말한 것이다.

의도하지 않은 발언, 즉 실언 unintentional utterance 을 가리킨다.

slip through the cracks
눈에 띄지 않고 넘어가다, 빠져나가다

It's easy for important emails to slip through the cracks and go unanswered.
중요한 이메일이 눈에 띄지 않고 넘어가서 답장을 보내지 못하는 경우가 적지 않다.

'눈에 띄지 않아 처리되지 않고 넘어가다'라는 뜻으로 쓰인다. 세밀한 부분까지 살펴보는 일이 중요한 시스템이나 공정에서, 무언가 혹은 누군가 발각되지 않고 빠져나갔다는 뜻이 함축된 표현이기도 하다.

slip through one's fingers
손가락 사이로 빠져나가다

The chance to buy the waterfront property slipped through their fingers when another buyer made a higher offer.
다른 구매자가 더 높은 가격을 제안한 까닭에 물가의 땅을 구입할 기회가 사라졌다.

'무언가를 잡지 못하다'라는 뜻으로 쓰인다. 이 표현은 opportunity 기회, happiness 행복, memories 기억, goal 목표, dream 꿈 에 쓰일 수도 있다.

비틀기와 회전 TWIST/ ROTATE

twist	spiral
warp	turn
wrap	loop
spin	screw
swivel	veer
revolve	swing
rotate	rock
twirl	reel
pivot	circle
roll	stir
curl	mix
wind	

twist 비틀다

원형으로 회전하다/돌다, 혹은 원래의 모양에 변형을 주다. a twist는 '예상 밖의 변화/전개'를 뜻할 수도 있다. 관객이 전혀 예상하지 못한 놀라운 반전으로 유명한 영화가 많다. 《Usual Suspects 유주얼 서스펙트》(1995), 《Oldboy 올드 보이》(2003), 《Inception 인셉션》(2010)이 대표적인 예이다. Having a twist는 관객의 예상을 뒤엎고 토론과 논쟁을 야기하는 방법이 되었다.
twist는 1960년대에 유행한 춤의 이름(트위스트)으로, 처비 체커 Chubby Checker의 '더 트위스트' The Twist와 비틀즈의 '트위스트 앤드 샤우트' Twist and Shout를 비롯해 많은 노래를 통해 유명해졌다.

twist
비틀다, 꼬다

She likes to twist her hair when she is nervous.
그녀는 초조할 때 머리칼을 돌돌 마는 경향이 있다.

(a) creative twist
창의적 반전

The designer Paul Smith is famous for putting a creative twist on traditional and formal clothing.
패션 디자이너 폴 스미스는 전통적이고 격식을 갖춘 의상에 창의적인 반전을 더하는 걸로 유명하다.

무언가에 예상하지 못한 특징이나 독특함을 더해주는 혁신적이고 창의적인 요소를 가리키는 표현이다.

(a) twist of fate
운명의 반전

It was an amazing twist of fate that they were both staying at the same hotel that night.
그들 둘이 그날 밤 같은 호텔에 투숙하게 된 것은 운명의 놀라운 반전이었다.

사건의 전개 과정에서 불가항력적으로 일어난, 예상 밖이지만 중대한 변화를 뜻한다. 상황이 예측하지 못한 방향으로 바뀌며 결과에도 기대하지 않은 영향을 미쳤다는 뜻이 함축된 표현이다. A twist of fate는 긍정적인 변화와 부정적인 변화, 둘 모두를 가져와 누군가의 삶이나 특정한 사건의 방향을 바꿀 수 있다.

put a new twist on something
무언가를 새롭고 혁신적인 방향으로
해석하다, 제시하다

This restaurant has put a twist on Mexican food with the inclusion of Korean ingredients and sauces.
이 식당은 한국 식재료와 양념을 사용함으로써 멕시코 음식에 새로운 방향을 제시했다.

twist someone's arm
강요하다, 회유하다

I didn't want to go out, but my friends managed to twist my arm.
나는 외출하고 싶지 않았다. 그러나 친구들이 나를 억지로 끌어냈다.

'설득하거나 압력을 가해 누군가에게 무엇을 하게 하다'라는 뜻이다.

warp 휘다

압력, 열 등 외적인 요인에 의해 틀어지다/휘다/뒤틀리다, 혹은 무언가를 틀어지게/휘게 만들다. 우리가 물체 위에 앉으면, 물체를 구부리면, 물체를 햇빛에 지나치게 노출하면, 물체는 warped될 수 있다.

시간과 현실, 공간을 warp한다는 아이디어를 다룬 영화가 많다. 《Doctor Strange 닥터 스트레인지》(2016)는 '현실을 왜곡해' warp realtiy 순식간에 차원을 넘나든다. 《Interstellar 인터스텔라》(2014)에서는 등장인물들이 웜홀을 통과해 여행하며 '공간을 왜곡한다' warp space. warp speed와 time warp라는 표현은 공상과학 매체에서 주로 사용된다. 두 표현의 뜻에 대해서는 아래의 설명을 참조하기 바란다.

warp
틀어지다, 휘다

The weight of the books caused the bookshelf to warp in the middle.
책들의 무게로 선반의 중앙이 틀어졌다.

warp speed
초고속, 최고 속력

We're traveling at warp speed.
우리는 엄청나게 빠른 속도로 여행하고 있다.

공상 과학에서 빛의 속도보다 빠른 가상의 속도를 가리킬 때 사용되는 용어이다. 1966년 텔레비전 시리즈로 시작된 《Star Trek 스타 트렉》에서 사용돼 유명해졌고, 《Men in Black 맨 인 블랙》과 《Doctor Who 닥터 후》 같은 다른 공상 과학 시리즈에서도 사용되었다.

(a) time warp
시간 왜곡

The spaceship enters a time warp and travels back in time to a different era.
우주선이 시간 왜곡에 들어가 다른 시대로 시간을 거슬러 여행한다.

시간의 정상적인 흐름을 왜곡해 등장인물이 미래나 과거로 이동하거나, 시간을 다르게 경험하거나 다른 시간대를 만나게 해 주는 메커니즘 혹은 현상을 가리키는 표현이다. a time warp는 공상 과학 소설, 판타지 소설, 사변 소설 speculative fiction 에 주로 등장하는 개념이기도 하다.

warp someone's mind
누군가의 인식을 크게 왜곡하다

Conspiracy theory videos on the internet can warp people's minds, leading them to believe in extreme ideas.
인터넷에 떠도는 음모론 동영상은 사람들의 생각을 크게 왜곡해서 극단적인 의견을 믿게 만들 수 있다.

'누군가의 인식, 믿음, 생각을 크게 색다른 방향으로 왜곡하다'라는 뜻이다.

wrap 싸다

무언가를 다른 무엇으로 감거나 둘러싸다. '부리토를 감싸는' to wrap burritos 데 사용하는 크고 납작한 빵을 가리키는 명사 wrap과 함께 기억하면 쉽다.

동사 wrap은 '포장지'wrapping paper로 선물을 준비하는 행위와 함께 주로 쓰인다. 《Home Alone 나 홀로 집에》(1990)과 《Love Actually 러브 액츄얼리》(2003)에서는 '포장된'wrapped 크리스마스 선물들이 자주 눈에 띈다.

wrap은 '무언가를 끝내다/종결짓다'를 뜻하기도 한다. The wrap of a movie는 '촬영 완료'를 뜻하며, 이때 감독은 That's a wrap! 끝났다! 이라고 외친다.

wrap
감싸다

I like to wrap myself in a blanket when it's raining outside.
밖에 비가 오는 날이면 나는 담요로 몸을 감싸는 걸 좋아한다.

wrap up
무언가를 끝내다/종결짓다

Let's wrap up this meeting and go for lunch.
회의를 끝내고 점심을 먹으러 나가자.

keep under wraps
숨기다, 비밀로 하다

I don't want everyone to know, so keep it under wraps for now.
나는 모두가 아는 걸 원하지 않는다. 따라서 우선은 비밀로 해 두자.

'비밀로 간직하며 공개하지 않다'라는 뜻이다.

that's a wrap
끝났다

After hours of shooting the final scenes, the director shouted, 'That's a wrap, everyone!'
마지막 장면을 몇 시간 동안 촬영한 후 감독이 소리쳤다. "다 끝났습니다, 여러분!"

영화와 텔레비전 산업에서 '한 장면, 그날의 촬영, 혹은 프로젝트 전체'의 완료를 의미할 때 사용하는 일상적인 구어적 표현이다. 감독이나 촬영 팀원이 작업이 끝났음을 알릴 때 흔히 사용하는 표현이다.

spin
돌다, 회전하다

축을 중심으로 빠르게 회전하다, 혹은 무언가를 회전하게 만들다. 어린아이들은 a spinning top 팽이을 갖고 논다. 옷감은 yarn 반제품 실과 thread 완제품 실를 '뽑아내는' spin 방식으로 만들어진다. 갑자기 일어설 때, 혹은 막걸리를 너무 많이 마신 뒤의 '어지러운 느낌' the dizzy feeling을 head spin 머리가 빙빙 돌다 이라 표현한다.

비유적으로 쓰여 spin은 '일반적으로 정치에서 여론에 영향을 주려는 목적에서 정보가 제시되는 방법'을 가리킬 수 있다. 《The West Wing 웨스트 윙》(1999-2006)과 《House of Cards 하우스 오브 카드》(2013-2018)는 정치계의 spin 정보 조작을 폭로해 인기를 끈 텔레비전 시리즈이다.

spin
회전하다

The Earth takes approximately 24 hours to spin on its axis.
지구는 축을 중심으로 한 번 회전하는 데 대략 24시간이 걸린다.

put a spin on
특정한 방향으로 인식하도록 정보를 제공하다

The public relations team tried to put a spin on the report despite the bad news.
나쁜 소식에도 불구하고 홍보팀은 보고서를 그럴듯하게 꾸미려고 애썼다.

'편견을 낳거나 특정한 방법으로 정보를 제공하다'라는 뜻이며, 주로 정치와 홍보에 사용된다.

(a) spin doctor
대변인, 공보 비서관

The spin doctors worked hard to improve public perception during the scandal.
그 추문이 퍼지는 동안 언론 담당자들은 대중의 인식을 개선하려고 열심히 일했다.

공적인 정보가 유리한 방향으로 해석되도록 발표하는 사람을 가리키며, 홍보 분야와 정치계에서 주로 사용되는 표현이다.

spin the bottle
병돌리기 게임

We played spin the bottle at the party.
우리는 파티에서 병돌리기 게임을 했다.

일반적으로 파티에서 젊은이들이 즐기는 게임을 가리킨다. 병을 돌려서 병이 가리키는 사람이 어떤 과제를 해 내야 하는 게임이다.

go for a spin/take (it) out for a spin 드라이브하러 가다	I'm eager to take my new bike out for a spin later. 나중에 나는 새 자전거를 타고 한 바퀴 돌고 싶다.

'자동차나 자전거를 잠깐 동안 즐겁게 타다'를 뜻하지만 주로 시험 삼아 처음 타는 경우에 쓰인다.

(a) spin off 파생 작품	Better Call Saul is a spin off of the popular TV show Break Bad. 《베터 콜 사울》은 인기가 높던 텔레비전 드라마《브레이킹 배드》의 파생 작품이다.

기존 등장인물이나 스토리를 기반으로 새롭게 제작된 텔레비전 프로그램이나 영화를 가리킨다. 기업에서도 모회사의 지적 재산, 전문 역량, 테크놀로지를 사용하는 새로운 회사를 설립한 경우에 이 표현이 사용될 수 있다.

swivel 돌다

중심점이나 축을 중심으로 돌다, 회전하다. spin과 유사하지만, swivel은 완전히 회전하지 않는 것에 더 자주 사용되는 듯하다. 따라서 swivel은 사무실 의자, 눈알과 머리에 주로 사용된다. swivel one's head는 머리를 옆으로 돌린다는 뜻이지, spin처럼 현기증 dizziness을 유발할 정도로 빙빙 돌린다는 뜻이 아니다. 《The Exorcist 엑소시스트》(1973)에는 악령에 사로잡힌 소녀의 머리가 '빙글 돌아가는' swivel around 충격적인 장면이 나온다.

swivel 회전하다, 돌다	As I entered the office, she swiveled around on her chair to face me. 내가 사무실에 들어가자 그녀가 의자에 앉은 채 빙글 돌아 나를 마주보았다.
swivel on a dime 급회전하다	The top ice hockey players can swivel on a dime and very quickly move direction. 최상급 아이스하키 선수들은 급회전하며 무척 빨리 방향을 전환할 수 있다.

'민첩하고 갑작스레 방향을 전환하다'라는 뜻이다. 문자 그대로의 뜻으로는 무용수나 운동 선수에게 사용되고, 비유적으로는 사업 계획, 리더의 결정, 비상 계획에 사용될 수 있다.

revolve
돌다, 선회하다

중심점의 둘레를 공전하다. **The Earth revolves around the Sun** 지구는 태양의 주위를 공전한다. **The Moon revolves around the Earth** 달은 지구의 주위를 운행한다. 일상의 삶에서 우리는 백화점과 쇼핑몰에서 revolving doors 회전문를 가장 자주 마주친다.

rotate와 비슷하게, revolve도 '어떤 직책의 담당자가 간헐적으로 바뀌는 경우'를 뜻할 수 있다. 예컨대 닥터 후와 제임스 본드를 연기하는 배우는 '주기적으로 바뀐다' revolve.

revolve
회전하다, 공전하다

The Earth takes approximately 365 days to revolve around the sun.
지구가 태양 주위를 공전하는 데 대략 365일이 걸린다.

revolve around
...을 중심으로 돌다, 다루다

The main plot of the story revolves around the relationship between the main character and his friend.
이야기의 주된 줄거리는 주인공과 그 친구 사이의 관계를 중심으로 전개된다.

비유적으로는 무언가(주제, 사람이나 사물)가 다른 무언가(다른 주제, 사람이나 사물)를 중심에 두고 의존한다는 걸 뜻하는 데 주로 쓰인다. rotate round와 유사하지만, 중심에 있는 것이 더 강조되는 표현이다.

(a) revolving door
회전문

The office building had a large revolving door at the entrance.
사무용 건물의 정문에는 커다란 회전문이 있었다.

고정된 중심점을 두고 회전하며 사람들을 들어오게 하는 출입문의 일종이다. 난방이나 냉방의 손실을 줄이기 위해 쇼핑몰, 공항, 사무실에 주로 설치한다.

(a) revolving door
회전문

There's a revolving door between the environmental department and the oil companies they regulate.
환경부와, 환경부가 규제하는 석유 회사 사이에는 회전문이 있다.

공공 기관과 기업 사이에, 주로 공공 부문에서 민간 부문으로 직원들이 이직하고 입사하는 정책을 뜻하는 은유적 표현이다. 이런 의심쩍은 관행 덕분에 입법자들은 과거에 자신들이 법을 제정해 규제하던 산업계의 민간 기업들을 위한 로비스트와 컨설턴트가 되어 축재할 수 있다.

rotate
회전하다, 자전하다

중심으로 돌다/돌리다('교체되다' change), 혹은 무언가를 회전시키다. revolve와 무척 유사하며, 360도 회전하는 동작을 주로 가리킨다. 드라이버 screwdriver로 나사 screw를 풀거나 조일 때 we rotate a screw라고 말한다.

rotate는 계획된 순서에 따라 '교대하다' take turns, '교체하다' replace, '교대시키다' alternate를 뜻할 수 있다. 예컨대 한 부서의 책임자는 수년을 주기로 rotate=(change)될 수 있다('교체되다'). 또 주말에 더 많은 휴식을 허용하는 일정표에 따라 직원들이 rotate할 수 있다('순환 근무를 하다'). 이 경우 rotate는 임무가 같은 사람에게로 돌아가는 걸 뜻하는 반면, revolve는 어떤 사람이 떠나서 다시 돌아오지 않는 경우를 뜻한다. 예컨대 a theater production may rotate to different leads on different nights는 연극에서 여러 배우가 교대로 주인공을 맡아 공연한다는 뜻이지만, rotate 대신 revolve가 쓰이면 배우가 완전히 교체된다는 뜻이다.

rotate
돌리다

The cooking instructions say to rotate the chicken every 20 minutes so that it is cooked evenly on both sides.
조리 설명서에 따르면, 닭의 양쪽이 고르게 익도록 닭을 20분마다 돌려놓아야 한다.

rotate around
...을 중심으로 회전하다/돌아가다

This team project rotates around the theme of innovation and creativity.
그 팀 프로젝트는 혁신과 창의성이란 핵심 개념을 중심으로 돌아간다.

어떤 프로젝트나 토론에 중심이 되는 핵심 개념이 있을 때 사용되는 표현이다. 핵심 개념이 주변 요소들에 영향을 미치고 방향을 인도한다는 뜻이 함축된 표현이기도 하다. revolve around와 유사하지만, 중심점이 단일한 중심보다 일종의 지표로 여겨진다.

twirl
빙글빙글 돌다

빠른 속도로 돌다/회전하다, 혹은 무언가를 빙글 돌리다. twirl은 재밌고 흥겹다는 의미를 풍기기 때문인지 춤과 머리칼, 리본 등과 주로 함께 쓰인다.

흥겹게 twirling빙글빙글 돌기하는 모습을 보여주는 영화가 많다. 《The Sound of Music사운드 오브 뮤직》(1965)은 줄리 앤드루스 Julie Andrews가 언덕에서 twirling하며 The Hills Are Alive를 노래하는 장면으로 시작된다. 《La La Land라라랜드》(2016)에서는 배우들이 Someone in the Crowd를 부르는 동안 twirl빙그르르 돌기 동작을 곁들이며 역동적인 춤들을 연속적으로 보여준다.

twirl
빙그르르 돌기

The figure skater's twirl captivated the audience.
그 피겨 스케이팅 선수의 빙그르르 도는 동작에 관객들이 매료되었다.

give it a twirl
새로운 것을 시도하다

We haven't tried this before, let's give it a twirl.
전에는 이것을 시도한 적이 없었다. 처음으로 시도해 보자.

주로 처음으로 시도하는 경우에 사용되는 표현이다. 전체적인 소리도 흥겹게 들리는 까닭에 새로운 것을 시도할 때 사용하기 적합하다.

twirl around one's finger
누군가를 마음대로 조종하다

She's so charming; she can twirl anyone around her finger.
그녀는 무척 매력적이다. 누구든 마음대로 조종할 수 있다.

개인적인 매력이나 교활한 술책을 사용해서 누군가를 완전히 지배한다는 뜻으로 사용된다. 이 표현은 딸이 아버지를 조종하듯이, 상대적으로 힘이 약한 사람이 더 강한 힘을 지닌 사람을 조종하는 경우를 표현할 때 주로 사용된다.

pivot
회전하다, 돌다

중심점을 축으로 돌다/회전하다. pivot은 명사로서 농기구나 자전거 부품 같은 기계 장치에 사용되기 때문에 기계와 관련된 단어라는 냄새를 짙게 풍긴다. 하지만 pivot은 기업과 정부의 정책에서 전략과 방향의 전환을 표현하는 데도 사용된다. 운동선수와 무용수의 움직임을 표현할 때도 사용된다.
이야기와 줄거리에서 중대한 변화나 결정 혹은 폭로가 pivotal moment중추적인 순간를 이룬다는 것은 '이야기가 새로운 방향으로 전개된다'라는 뜻이다. 이런 점에서 Stories and plots can pivot이라 말할 수 있다('방향을 바꾸다').
《The Matrix매트릭스》(1999)에서는 네오가 빨간 약을 삼키는 순간이 pivotal moment로, 그때 네오는 매트릭스에 대한 진실을 알게 되는 길로 들어선다.

pivot
바꾸다, 전환하다

The politician had to pivot his campaign strategy after the unexpected scandal.
예기치 않은 추문이 폭로된 뒤 그 정치인은 선거 전략을 바꾸어야 했다.

pivot on the spot
제자리에서 회전하다

The basketball player was able to quickly pivot on the spot without losing balance.
그 농구 선수는 균형을 잃지 않고 제자리에서 빠르게 회전할 수 있었다.

'현재의 위치에서 발을 떼지 않고 빠르게 회전하며 방향을 전환하는 능력'과 관련된 표현이다.

roll 구르다, 뒹굴다

연속해서 둥그렇게 움직이다, 혹은 움직이게 하다, 구르다 혹은 굴리다. roll은 무척 다양한 용례로 쓰인다. sushi roll과 bread roll은 먹을 것에 명사로 쓰인 예이고, 주사위가 던져졌을 때의 움직임으로 표현하거나 영화가 끝날 때 영화 제작에 참가한 사람들의 이름 ending credit 이 스크린에서 올라가는 모습을 표현할 때도 사용된다

《Indiana Jones and the Raiders of the Lost Ark 레이더스》(1981)는 온갖 부비 트랩이 설치된 사원에서 인디아나 존스를 향해 바윗덩이들이 '굴러가는' rolling 유명한 장면으로 시작된다. 《Jiro Dreams of Sushi 스시 장인: 지로의 꿈》(2011)는 동경의 스시 장인인 85세 오노 지로에 대한 다큐멘터리 영화로, sushi rolls를 만드는 기술을 소개한다.

roll
구르다

The ball started to roll down the hill.
공이 언덕 아래로 구르기 시작했다.

be on a roll
순조롭다, 승승장구하다

The company has been on a roll with its innovative product releases, gaining significant market share.
그 회사는 혁신적인 제품을 출시해 승승장구하며 상당한 시장 점유율을 확보했다.

'연속적인 성공, 긍정적인 결과, 유리한 환경을 경험하다'라는 뜻이다.

be ready to roll
시작할 준비가 되다

As soon as everyone is here, we'll be ready to roll with the meeting.
모두가 모이면 우리는 즉시 회의를 시작할 예정이다.

'어떤 과제나 계획을 진행하고 시작할 준비가 되다'라는 뜻이다. 군대와 기업에서는 진지하게 사용되지만, 무언가를 할 준비가 되었다고 친구들에게 사용할 때는 장난스레 쓰일 수도 있다.

be rolling in it 굉장한 부자이다	She started a new business that was very successful so now she's rolling in it. 그녀는 새로운 사업을 시작해 큰 성공을 거두었다. 그래서 지금은 굉장한 부자가 되었다.

많은 돈을 가진 사람을 가리키는 데 사용되는 관용적 표현이다. 문자 그대로는 진창 같은 곳에서 '구르는' rolling 의미로도 사용되기 때문에, 그 뜻을 정확히 파악하려면 전체적인 맥락에 주의를 기울여야 한다.

roll back the clock 시곗바늘을 되돌리다	I wish I could roll back the clock to a time when life was less complicated. 나는 삶이 덜 복잡했던 때로 시곗바늘을 되돌리고 싶다.

비유적으로 과거의 어느 때로 돌아간다는 뜻이다. 향수와 회고에 관한 토론에서 주로 사용된다.

roll up one's sleeves/ **roll one's sleeves up** 팔을 걷어붙이다, 준비하다	We have a lot of work to do, so let's roll up our sleeves and get started. 할 일이 많다. 그러니까 팔을 걷어붙이고 시작하자.

'까다로운 일을 준비하다' 혹은 '노동집약적인 일에 적극적으로 참여하다'라는 뜻이다. 주도적이고 긍정적인 근면한 마음가짐이 함축된 표현이다. 문자 그대로는 '셔츠 소매를 말아올리다'를 뜻할 수도 있다.

roll the dice
주사위를 던지다, 운에 맡기다

Starting a business is like rolling the dice; success is not guaranteed.
사업을 시작하는 것은 주사위를 굴리는 것과 같다. 성공이 보장되지는 않는다.

보드 게임을 할 때도 주사위를 던진다. 그러나 roll the dice라는 표현은 비유적으로 '운에 맡기다, 위험을 무릅쓰다'를 뜻할 수 있다. 결과를 예측할 수 없다는 뜻이 함축된 표현이다.

roll off the tongue
말하기 쉽다/발음하기 쉽다

The English teacher encouraged us to practice until the new words rolled off the tongue effortlessly.
영어 교사는 우리에게 새로운 단어를 쉽게 발음할 수 있을 때까지 연습하라고 독려했다.

어떤 단어나 구절이 쉽게 발음되거나 구사되는 경우를 가리킨다. 듣기 좋고 유창하게 말하는 수준이 강조되는 표현이다. 새로운 언어, 이름, 인용구, 구호를 배울 때 주로 사용되는 표현이기도 하다.

roll out the red carpet
환대하다

My mother-in-law is visiting this weekend so we plan to roll out the red carpet for her.
장모님이 이번 주말에 방문할 예정이다. 그래서 우리는 장모님을 극진히 환대할 계획을 세운다.

여기에서 red carpet은 유명인과 VIP를 맞이하는 공식 행사에 설치되는 '붉은 바닥재' the red flooring 를 가리킨다. 비유적으로는 '특별한 대우나 관심 혹은 축하가 더해지는 정중하고 정성스런 환영'을 뜻한다. 문자 그대로의 '레드 카펫'이 없더라도 정성을 다한 환영에 이 표현이 사용될 수 있다.

(a) rolling stone
자주 직업이나 주소를 바꾸는 사람, 방랑자

He's always on the move, like a rolling stone.
그는 구르는 돌처럼 항상 옮겨다닌다.

영국 록밴드 '롤링 스톤스' The Rolling Stones 덕분에 유명해진 표현이다. 이 표현은 원래 '끊임없이 옮겨다니며 의무나 책임에 얽매이지 않는 사람'을 가리키는 데 사용되었다. 여행하며 떠돌아다니는 유목민적 생활 방식을 뜻하기도 한다.

(a) roll in the hay
성교, 성관계

After the party, they went back to his apartment for a roll in the hay.
파티가 끝난 뒤, 그들은 아파트로 돌아가 섹스를 했다.

roll을 사용한 많은 표현이 그렇듯이, a roll in the hay도 문자 그대로는 예컨대 농장에서 '건초에 뒹굴며 즐겁게 놀다'를 뜻할 수 있다. 하지만 이 표현에는 관용구적 의미, 즉 '성적 접촉' sexual encounter 이란 뜻이 있다. 이 표현은 시골 지역에서 두 연인이 건초에 '뒹굴던' to roll 시대로부터 유래한 듯하다. 이것은 Netflix and chill 넷플릭스를 함께 보면서 쉴래? 성관계를 갖자는 완곡한 표현 과 비슷하다. 한국에서는 '라면 먹고 갈래?'와 비슷하다고 생각하면 된다.

curl 동그랗게 감다

나선형이나 동그란 모양을 만들다. 곱슬거리는 모양이나 나선형으로 돌리다/감다. 우리가 담요를 덮고 팔다리를 모아 편한 자세를 취하면 '몸을 웅크린 게 된다'our body can curl up. curling컬링이란 스포츠도 있다. curly hair곱슬머리라는 표현에서 보듯이, curl은 머리칼을 표현하는 데도 자주 쓰인다('곱슬곱슬하다'). 픽사에서 제작한 애니메이션 영화 《Brave 메리다와 마법의 숲》(2012)에서는 주인공 메리다의 다듬지 않고 curly한 빨간 머리칼에서 그녀의 모험적이고 독립적인 성격이 읽혀진다.

curl
돌돌 말다

She curls her hair with a curling iron every morning.
그녀는 매일 아침 고데기로 머리칼을 동그랗게 만다.

curl up with a book
편한 자세로 앉거나 누워 책을 읽다

I like to curl up with a good book on a rainy day.
비가 내리는 날에는 웅크리고 앉아 좋은 책을 읽는 걸 좋아한다.

아늑함과 책을 읽는 즐거움을 동시에 뜻하는 표현이다.

make one's hair curl
머리칼을 곱슬거리게 만들다

This horror movie made my hair curl.
이 공포 영화를 보다가 머리칼이 동그랗게 말렸다.

무언가로 인해 공포에 질리고 충격을 받았다는 걸 유머러스하게 표현하는 방법이다.

make one's toes curl
...를 불편하게/당혹스럽게 만들다

The breathtaking view from the mountaintop made my toes curl.
산꼭대기에서 내려다보는 숨막히는 경치에 발가락이 오그라들 지경이었다.

긍정적으로든 부정적으로든 무언가로부터 정서적으로 강렬한 느낌을 받은 걸 유머러스하게 표현하는 방법이다.

curl up and die
기력을 잃고 죽다

When my father started dancing at the wedding disco, I wanted to curl up and die.
아버지가 피로연이 열린 디스코텍에서 춤을 추기 시작했을 때 나는 그 자리에서 쓰러져 죽고 싶었다.

어떤 상황에 대한 극단적인 당혹스러움을 유머러스하고 과장되게 표현하는 방법이다. 당혹스런 상황에서 벗어나고자 죽고 싶은 마음을 표현하고 싶을 때 want to curl up and die라고 말할 수 있다.

wind
감다, 구불거리다

날씨와 관련된 wind(tinned와 운이 맞는 [wɪnd], 바람)와 혼동해서는 안 된다. 동사 wind는 find와 운이 맞는 [waɪnd]로 발음되며, '원형으로 돌다/구부리다'를 뜻한다. 시계와 줄 및 spring스프링/용수철이란 기계 장치를 지닌 장난감 등 특정한 것과 함께 쓰인다. 마틴 스코세이지 Martin Scorsese가 감독한 《Hugo 휴고》(2011)는 파리의 한 기차역에서 촬영되었다. 주인공 위고는 그곳의 시계들을 관리하는 역무원이다. 시계의 '태엽을 감고' winding, 시계를 점검하고 보수하는 작업이 이야기의 중심축을 이룬다.
wind는 길이나 강의 구불구불한 상태를 표현하는 데도 사용된다. 《The Lord of the Rings 반지의 제왕》(2001-2003) 3부작은 절대 반지를 파괴하려고 '구불거리는' winding 길과 풍경을 가로지르는 등장인물의 장대한 여정을 그린 작품이다.

wind
구불거리다

The river winds its way through the valley.
그 강은 계곡을 따라 구불구불 흐른다.

wind up
태엽을 감다

This watch is so old, I need to regularly wind it up to keep it working.
이 시계는 아주 오래된 것이다. 그래서 계속 작동하게 하려면 규칙적으로 태엽을 감아 줘야 한다.

태엽이란 일종의 기계 장치로, 사용자가 '용두' crown 를 돌려 작동할 에너지를 줘야 하는 시계에 사용되는 표현이다.

wind up
화나게 하다

Our children are so noisy at bed time, they wind up my wife.
아이들이 잠잘 시간에 너무 떠들어 아내를 화나게 했다.

'의도적으로나 우연히 누군가를 화나게 하다, 짜증나게 하다'라는 뜻이다.

wind up
마무리하다, 끝내다

Let's wind up the meeting and go for lunch.
이만 회의를 마무리하고 점심 식사를 하러 가자.

무언가를 끝낼 시간이 다가오면 '끝내자' let's finish 라는 뜻으로 let's wind up 이라 표현할 수 있다.

wind up (a state of uncertainty)
불확실한 상태로 남겨두다

I don't want to wind up without a job.
나는 직업이 없는 불확실한 상황에 있고 싶지는 않다.

wind up은 일반적으로 '무언가를 결론짓다, 문제를 해결하다'라는 뜻으로 사용된다. 하지만 경우에 따라서는 '불확실하거나 아직 결정되지 않는 상황 또는 결과'를 가리키는 일상적인 표현으로도 사용될 수 있다. 이 용례의 wind up에는 최종적인 상태나 결과가 불명확하거나 결정되지 않았다는 뜻이 함축되어 있다. 따라서 어떤 과정이나 사건 혹은 결정 사항의 잠재적 결과를 논의할 때 주로 사용되는 표현이다.

wind down
긴장을 풀다

After a long day at work, she likes to wind down with a cup of tea.
직장에서 긴 하루를 보낸 뒤 그녀는 차 한 잔을 마시며 긴장을 푸는 걸 좋아한다.

'화나게 하다'를 뜻하는 wind up의 반대말로 we wind down이라 말하면 '긴장을 풀고 있다'라는 뜻이 된다.

spiral
나선형으로 움직이다

a spiral shape나선형는 seashell조개 껍데기, tornado토네이도, galaxy은하 등에서 나타난다. 이와 비슷하게 동사 spiral도 '원형으로 바깥쪽이나 안쪽으로 움직이다'라는 뜻이다.
a spiral나선이란 모양은 transformation변동, infinity무한, mystery신비로움, spirituality영성를 상징할 수 있다. 텔레비전 시리즈 《The Twilight Zone트와잇라잇 존: 환상특급》(1959-1964)은 도입부에서 a spiral pattern을 상징적으로 사용하며, 각 에피소드에서 신비롭고 초자연적인 이야기가 전개될 거라는 분위기를 조성한다. 《The Hypnotist최면 전문의》(2012)는 형사가 최면술을 사용해 범죄를 해결한다는 스웨덴의 범죄 스릴러 영화로, 여기에서도 spiral이 최면 상태와 관련된 상징으로 반복해 사용된다.
a spiral movement나선의 움직임는 바깥쪽이나 위쪽 혹은 아래쪽일 수 있다. 하지만 spiral이란 단어가 포함된 표현에서는 그 움직임이 주로 아래쪽을 뜻하며 부정적인 뜻을 갖는다.

spiral
나선형을 그리다, 소용돌이 꼴로 나아가다

As the storm approached, the wind began to spiral.
폭풍우가 다가오자 바람이 나선형을 그리기 시작했다.

(a) downward spiral
점차 악화되거나 더 나빠지는 상황

His financial troubles led him into a downward spiral of debt.
재정적인 문제로 그의 빚은 늘어만 갔다.

(a) vicious spiral
악순환

Not doing exercise can create a vicious spiral of declining health.
운동을 하지 않으면 건강이 악화되는 악순환에 빠질 수 있다.

부정적인 사건이 상황을 더욱 악화시키는 연쇄 반응을 일으키는 상황과 관련된 표현이다.

spiral out of control
통제할 수 없는 상태가 되다

I'm worried that this situation will spiral out of control.
이 상황이 통제할 수 없는 상태로 악화될까 걱정이다.

통제할 수 없을 정도로 급속히 악화되는 경우에 사용되는 표현이다.

turn 돌다, 돌리다

축을 중심으로 움직이다/움직이게 하다, 혹은 '방향'direction/orientation을 바꾸다.
turn은 두 발로 걸을 때, 자동차를 운전하거나 자전거를 탈 때 주로 사용된다(take a left turn 왼쪽으로 돌다). 《Turning Point 터닝 포인트》(2012)는 기후 변화와 관련해 중대한 변화의 순간을 다룬 다큐멘터리이다.

turn
돌리다

She turned the key in the lock to open the door.
그녀는 자물쇠에 열쇠를 넣고 돌려 문을 열었다.

turn out (transpire)
결국 ...이 되다, 알고 보니 ...이다

I'm glad we came to this party because it turned out to be fun.
우리가 이 파티에 참석해서 좋았다. 그 파티가 재밌었으니까.

turn out (attend)
참석하다, 모습을 드러내다

All of the fans turned out for the final game.
모든 팬이 결승전을 보려고 나왔다.

turn out (produce)
만들다, 제작하다

The factory turns out several different car models.
그 공장에서는 여러 모델의 자동차가 생산된다.

turn away
거부하다

We tried to get in the nightclub but they turned us away because we weren't dressed correctly.
우리는 나이트클럽에 들어가려고 했지만 복장이 어울리지 않는다는 이유로 입장을 거절 당했다.

'입장을 거절하다' 혹은 '다른 방향으로 돌리다'라는 뜻이다.

turn on/off
켜다/끄다

It's really dark. Please turn on the light.
정말 어둡습니다. 불을 켜십시오.

'어떤 장치를 작동시키다/작동을 중지시키다' activate/deactivate 라는 뜻이다.

turn on/off (sexual arousal)
성적으로 흥분시키다/성적인 흥미를 잃게 하다

I'm turned off by his voice, it just doesn't sound good.
그의 목소리에 흥분감이 가라앉았다.
목소리가 좋지 않게 들렸다.

'성욕이나 성적 매력을 자극하다'라는 뜻이다.

turn a blind eye
보고도 모른 체하다

The teacher decided to turn a blind eye when the students didn't complete homework assignments.
학생들이 숙제를 끝내지 못하자 그 선생은 모른 체하기로 결정했다.

무언가를 무시하거나 눈치채지 못한 척하기로 할 때 사용되는 표현이다.

turn the tables
형세를 역전시키다

Despite the difficult market conditions, the company managed to turn the tables and make a profit.
어려운 시장 조건에도 불구하고, 그 회사는 형세를 뒤집고 이익을 냈다.

'상황을 불리한 상태에서 유리하게 뒤바꾸다'라는 뜻으로 사용된다.

turn around
호전되다, 호전시키다

The new CEO helped to turn around the prospects of the company.
새로 부임한 최고경영자는 기업 전망을 호전시키는 데 도움을 주었다.

방향이나 상황을 특히 긍정적인 쪽으로 바꾼다는 뜻으로 사용된다.

turn over a new leaf
새 사람이 되다, 새 출발하다

After a period of unhealthy habits, she decided to turn over a new leaf and adopt a healthier lifestyle.
건강에 해로운 습관에 길들여진 시기를 보낸 뒤 그녀는 새 사람이 되어 건강에 좋은 생활 방식을 받아들이기로 결심했다.

'새롭게 출발하다, 행동을 더 나은 쪽으로 바꾸다'라는 뜻이다. 삶의 여러 측면에서 새롭게 출발하거나 다른 방향을 모색하는 경우에도 사용되는 표현이다.

loop
고리 모양으로 움직이다

원형으로 움직이다, 둥글게 둘러싸다, 한곳에 감다. 암벽 등반과 항해에서는 밧줄이 a loop 고리 모양으로 묶인다. '롤러코스터 기구' a roller coaster ride 에서는 상당 부분이 '고리 모양으로 구부러져서' loop 짜릿하게 원형으로 움직인다. loops는 음악에서도 사용되어 '끊김이 없는 연속적인 효과를 만들기 위해 처음부터 반복해 연주되고 또 연주되는 드럼 소리'를 가리킨다. 피겨 스케이팅, 아이스 스케이팅, 체조에도 다양한 형태의 loop가 사용된다.

등장인물이 어떤 시기를 반복해 경험하는 a time loop 타임 루프 를 이야기 장치로 사용하며, 그 loop를 깨뜨릴 가능성을 제시하는 영화가 많다. 《Groundhog Day 사랑의 블랙홀》(1993), 《Edge of Tomorrow 엣지 오브 투모로우》(2014)와 《Source Code 소스 코드》(2011)는 시간이 반복해 '되돌아가는' loop back 영화이다.

loop
둥그렇게 둘러싸다

The road loops around the city.
도로가 도시를 둥그렇게 둘러싸고 있다.

loop back
되돌아가다

I lost my keys so I'm going to loop back and see if I can find them.
나는 열쇠를 잃어버려서 되돌아가 열쇠가 있는지 찾아보려 한다.

(be) in the loop
핵심적인 일원이 되다

She was excited to be in the loop about the upcoming project.
그녀는 곧 있을 프로젝트의 핵심 멤버가 된 것을 무척 좋아했다.

'비밀 정보에 접근할 수 있는 집단에 포함되다'를 뜻한다.

out of the loop
핵심적인 일원이 아닌, 잘 모르는

I haven't listened to any pop music for years, I'm so out of the loop.
나는 오래전부터 유행가를 듣지 않았다. 그래서 잘 모른다.

잘 모르는 사람이나, 비밀 정보에 접근할 수 있는 집단에 포함되지 않은 사람을 가리킬 때 사용되는 표현이다.

throw for a loop
…에게 충격을 주다, …을 깜짝 놀라게 하다

The sudden change in plans threw me for a loop, and I had to quickly adjust my schedule.
계획의 갑작스런 변경에 나는 깜짝 놀랐다. 그래서 나는 일정표를 긴급히 조정해야만 했다.

'예정에 없이 누군가를 놀라게 하다, 혼란에 빠뜨리다'라는 뜻이다.

screw
돌려서 조이다

a screw는 가구 같은 물건을 제자리에 고정하는 데 사용하는 작은 금속 기구의 일종이다. 동사 screw의 의미는 screwdriver나사돌리개 혹은 드라이버를 사용해 a metal screw 금속 나사못를 돌리는 동작과 비슷하다.
속어에서 동사 screw는 to f**k과 유사한 뜻을 지니고 있어 screw you(=f**k you)로 쓰일 수 있고, '섹스하다'to sex의 완곡한 표현으로도 사용된다(I could hear my neighbors screwing all night이웃들이 밤새 섹스하는 소리가 들렸다).
screw를 사용한 많은 구동사와 표현이 일상적인 언어에서 편안하게 사용된다. 달리 말하면, 격식을 지켜야 하는 공간보다 친구들 사이에 주로 사용되는 생생한 표현이라 할 수 있다.

screw
나사로 고정시키다

Let's finish screwing this Ikea table together then we can have lunch.
이케아에서 구입한 이 탁자를 나사로 조립하는 걸 끝낸 뒤 점심 식사를 하도록 하자.

screw up
망치다

Lifting those heavy boxes screwed up my back.
저 무거운 상자들을 들어올리다가 내 허리가 망가졌다.

'무언가에 손상을 주다', 혹은 '누군가에게 부상을 입히다'를 뜻한다.

screw around
우유부단하게 혹은 잘못 행동함으로써 문제를 야기하다

He screwed around with the air conditioner settings.
그는 에어컨 시설을 망가뜨렸다.

screw over
배신하다, 골탕을 먹이다

Her friend borrowed money and then screwed her over.
그녀의 친구는 돈을 빌려간 뒤 그녀를 속였다.

'누군가를 배반하다, 부당하게 대하다'라는 뜻이다.

veer
방향을 바꾸다

갑자기 방향을 바꾸다, 혹은 평소의 경로에서 벗어나다. veer는 계획에 없었던 것처럼 급격한 방향 전환을 가리킨다. 자동차, 선박 등 교통 수단에 주로 사용되지만 사람의 경우에도 사용될 수 있다. 《Titanic 타이타닉》(1997)은 veer to the side 옆으로 갑자기 방향을 바꾸다 하면서 빙산에 부딪힌 뒤 침몰한 유람선을 다룬 영화이다.

veer
방향을 홱 바꾸다

The cars in front suddenly stopped and so we had to quickly veer to the side.
앞에 가던 자동차들이 갑자기 멈추었다. 그래서 우리는 급히 옆으로 방향을 틀어야 했다.

veer off the beaten path
일상적인 경로에서 벗어나다

They decided to veer off the beaten path and visit some of the lesser known villages.
그들은 평범한 길에서 벗어나, 덜 알려진 마을들을 방문하기로 결정했다.

'흔하지 않은 경로를 취하다'라는 뜻이다.

swing 빙 돌다

a swing은 명사로 쓰일 때 놀이터에 있는 시설 중 하나로, 어린아이가 앉으면 주로 어른이 밀어 앞뒤로 흔들리는 놀이 기구를 가리킨다('그네'). 동사로 쓰인 to swing은 '앞뒤로 흔들리거나 곡선으로 움직이는 동작'을 가리킨다. swing은 방문이나 대문처럼 '고정된 중심축'a mechanical pivot을 중심으로 움직이고 회전하는 동작일 수 있고, swing a baseball bat 야구 방망이를 휘두르다에서 보듯이 공기를 가르는 곡선을 뜻할 수도 있다('스윙/곡선 운동'). 물론 golf swing골프 스윙이란 표현도 가능하다.

swing은 '방향, 의견, 마음가짐을 바꾸다'라는 뜻으로도 사용된다. swing이 가능한 무형의 것으로는 mood기분, opinion의견, emotion감정, temperature온도, financial market temperament금융 시장 기질 등이 있다. a swing vote는 박빙의 경합에서 선거의 당락을 결정할 수 있는 표, 즉 부동표를 뜻한다.

swing은 1920-1940년대에 유행한 재즈 댄스의 한 유형이다. 프레드 아스테어Fred Astaire가 출연한 《Swing Time스윙 타임》(1936)은 스윙 음악을 중심으로 현란한 춤을 연속으로 보여주는 고전적인 뮤지컬 영화이다.

swing
그네를 타다, 흔들리다

The kids like to swing at the playground.
아이들은 운동장에서 그네를 타는 걸 좋아한다.

swing by
잠깐 들르다

I was near so I decided to swing by that cafe you told me about.
내가 있는 곳이 그 근처라 네가 전에 말했던 그 카페에 잠깐 들르기로 했다.

'어딘가를 잠깐 방문하다, 들르다'를 뜻한다. 격식에 얽매이지 않는 친근한 느낌을 주는 표현이다.

swing around
방향을 전환하다, 뒤돌아보다

After we get to the top of the mountain, let's swing around and take this path back down.
산꼭대기에 도착하면 방향을 바꿔서 이 길로 다시 내려가도록 하자.

get into the swing of things
...에 익숙해지다

I've just started working there but I'm getting into the swing of things slowly.
나는 여기에서 막 일하기 시작했지만 일에 서서히 익숙해지고 있다.

'어딘가에 편안해지다, 무언가에 익숙해지기 시작하다'를 뜻한다.

swing

**swing into action/
swing into high gear**
빠른 속도로 혹은 열정적으로 무언가를
하기 시작하다

We need to swing into high gear if we want to get this project finished by the deadline.
이 프로젝트를 마감 시간까지 끝내고 싶다면 전력을 다해야 한다.

take a swing
휘두르다, 무언가를 시도하다

I think we should take a swing at cooking Thai food tonight and see how it turns out.
오늘 밤에는 우리가 태국 요리를 시도해 보고 어떤 결과가 나올지 봐야 한다고 생각한다.

문자 그대로의 뜻으로는 '골프공을 맞추는 골프채', '누군가에게 날리는 주먹'에 사용된다. 비유적으로는 '무언가를 시도하다'라는 뜻으로 사용될 수 있다.

go full swing
본격적으로 시작하다

We need to get this work done so let's go full swing today.
우리는 이 일을 끝내야 해. 그러니까 오늘 본격적으로 일하자.

'높은 수준으로 혹은 빠른 속도로 어떤 행동을 시작하다'라는 뜻이다.

(be) at full swing
한창이다

He's at full swing at the moment doing the best he can.
지금 그는 최선을 다해 한창 일하고 있다.

'높은 수준으로 혹은 빠른 속도로 움직이는 중'이라는 뜻이다.

rock
고리 모양으로 움직이다

a rocking chair 흔들의자처럼 앞뒤로 움직이다 혹은 흔들리다. rock은 boat배, earthquake지진, baby아기 등 상당히 다양한 명사와 함께 쓰이는 동사이다. rock은 명사로도 쓰여 '돌'stone을 뜻하고 많은 표현에 사용되지만, 여기에서는 동사로 쓰이는 경우만 다루기로 한다.

rock은 rock music록 음악이란 맥락에서 '잘 연주하다'perform well를 뜻할 수 있다. 공연장에서 You rock!당신 최고!이라 외치는 소리를 듣는 건 그다지 어렵지 않다. rock music은 20세기 초 미국 흑인 음악에 뿌리를 두고 있으며, 원래는 '리드미컬한 움직임'을 뜻하는 두 동사가 결합된 rock&roll로큰롤이라 불렸다. rock은 twist와 swing 같은 동사로부터 파생된 명칭을 지닌 다른 형태의 초기 미국 흑인 음악이나 춤과도 결합되어 쓰인다.

rock 흔들다	I will rock the baby until he falls asleep. 아기가 잠들 때까지 내가 흔들어 줄게.
rock the boat 평지풍파를 일으키다	I don't want to rock the boat, but I think we need to talk about this. 나는 평지풍파를 일으키고 싶지 않지만 우리가 이 문제에 대해 언급해야 한다고 생각한다.

'분란을 일으키다, 안정된 상황을 방해하다'라는 뜻이다. 주로 경고로 사용된다(Don't rock the boat 문제를 일으키지 마라).

rock your socks off 인상적인 것을 보여줌으로써 누군가를 놀라게 하다	I promise this movie will rock your socks off. 이 영화를 보면 정말 놀랄 거라고 장담한다.

'무척 흥미진진하고 인상적이며 재밌는 것'을 언급할 때 사용되는 구어적 표현이다.

rock the house 관중들로부터 열광적인 반응을 끌어내다	I think the DJ will definitely rock the house tonight. 오늘 밤, 디제이가 분명히 열광적인 반응을 끌어낼 거라 생각한다.

'음악회나 파티장에서 재밌는 공연이나 행사, 혹은 축하연에 대해 열광적인 반응을 끌어내다'라는 뜻이다.

rock the foundations of something
무언가의 기초를 흔들다

This scandal may rock the foundations of the organization.
이 추문은 조직의 근간을 흔들 수 있다.

'시스템이나 조직, 믿음이나 제도의 안정성이나 구조 혹은 핵심 원칙을 중대하게 교란하고 훼손하는 행동이나 사건'을 가리킬 때 비유적으로 사용하는 표현이다.

the hand that rocks the cradle (rules the world)
요람을 흔드는 손(이 세계를 지배한다)

She understood the profound impact she could have on her children's lives, fully embracing the belief that the hand that rocks the cradle rules the world.
그녀는 자신이 자식들의 삶에 중대한 영향을 미칠 수 있다는 걸 깨닫고, 요람을 흔드는 손이 세계를 지배한다는 믿음을 완전히 받아들였다.

어머니가 자식을 양육하며 다음 세대가 성장해 가는 방향에 강력한 영향을 미친다는 걸 뜻하는 속담이다.

reel 비틀거리다

흔들리다, 비틀거리다, 걷잡을 수 없이 빙글빙글 돌다. 현기증이나 충격, 방향 감각 상실이 주된 이유로 여겨진다. reel은 '낚시줄 같은 것을 빠른 속도로 감거나 당기는 동작'을 가리키는 데도 사용된다. 예컨대 낚시 바늘에 물고기가 잡히면 reel in a fish 물고기를 릴로 끌어올리다 라 표현할 수 있다.

명사로 쓰인 reel '릴'은 낚시줄이 연결된 a fishing reel 낚시 릴, 영화용 필름이 감긴 채 보관된 a film reel 영화용 릴 처럼 '감긴' reeled 것을 가리키는 데 사용된다. 요즘에는 영화가 거의 디지털로 상영되지만 a reel of film은 아직도 '영화' cinema 를 뜻하는 데 사용된다.

reel
빙글빙글 돌다

When I got off the roller coaster, my head was still reeling.
롤러코스터에서 내렸지만 머리는 여전히 빙글빙글 도는 것 같았다.

reel off
술술 말하다

She started to reel off a list of things to buy for the party, so I quickly wrote them down.
그녀는 파티를 위해 구입할 물건 목록을 술술 풀어놓기 시작했고, 나는 재빨리 받아 적었다.

'품목을 빠른 속도로 막히는 데 없이 말하다'라는 뜻이다.

reel from something
...의 영향으로 휘청거리다

The global economy is still reeling from the effects of the financial crisis.
세계 경제가 금융 위기의 여파로 아직도 휘청거린다.

'충격적이고 고통스런 사건으로 정서적 혹은 신체적으로 영향을 받다'라는 뜻이다.

circle 빙빙 돌다

'둥근 모양', 즉 원형을 뜻하는 명사로 가장 자주 사용된다. 동사로 쓰인 circle은 '중심점을 두고 원형으로 움직이거나 회전하다'를 뜻한다. '무언가를 에워싸다'라는 뜻으로도 사용된다(hunting animals surrounding prey 먹잇감을 에워싼 포식 동물들). 또 비행기는 착륙을 기다리며 circle over an airport 공항 위를 선회하다 한다. circle around a race track 경주로를 돌다 이라는 표현에서 보듯이 스포츠에서 circle이 적잖게 사용된다. children circle around with their friends 아이들이 친구들과 함께 빙글빙글 돌다 라는 표현은 학교 교실에서 행해지는 놀이나 활동을 가리킨다. circle은 '표식할 목적에서 동그라미를 그리다'를 뜻할 수도 있다(we draw a circle around words on a list 목록에 쓰인 단어들을 동그라미로 표시하다).

비유적으로는 '어떤 주제, 생각, 쟁점으로 되돌아가다'라는 뜻으로도 circle을 사용할 수 있다. 《Edge of Tomorrow 엣지 오브 투모로우》(2014)에서는 주인공이 a time loop 타임 루프 에 갇혀 똑같은 날로 반복해 '되돌아간다' circle back.

circle
빙빙 돌다

The children circled around the teacher to hear the story.
아이들은 선생님을 가운데에 두고 빙빙 돌며 이야기를 들었다.

circle back
되돌아가다

Let's circle back to that question later.
그 문제는 나중에 다시 다루도록 하자.

대화나 토론에서 앞의 주제나 논점으로 되돌아갈 때 사용하는 표현이다.

circle the drain
종말에 이르다

The company has been losing money and circling the drain for years.
그 회사는 수년 전부터 적자의 늪에 빠져 종말을 향해 다가갔다.

누군가 혹은 무언가가 쇠락하고 악화되는 상태, 혹은 파산을 앞둔 상태에 있는 상황을 묘사할 때 사용되는 생생하면서도 음울한 은유적 표현이다. water circles as it drains away 물이 빙빙 돌며 배수구를 빠져나가다 처럼, 사람이나 조직 혹은 상황이 파국을 향해 다가가고 있다는 뜻이 함축된 표현이다. 건강이나 중독, 재정 등이 악화되는 상황, 즉 누군가의 조건이 점차 나빠지며 a critical point 임계점 나 a terminal point 종착역 를 향해 다가가는 상황에도 적용될 수 있는 표현이다.

stir 젓다

도구로 휘젓거나 흔들어서 어떤 물질이나 유체를 섞다, 혼합하다. 예컨대 We stir tea and coffee to mix the milk and sugar 우유와 설탕을 섞으려고 차와 커피를 젓는다와 같이 쓰일 수 있다. a stir fry는 frying 기름에 볶기과 stirring 젓기을 동시에 진행하며 조리한 '볶음 요리'를 뜻한다. 《Ratatouille 라따뚜이》(2007)는 파리의 한 식당 주방에서 생쥐 셰프가 온갖 재료를 stirring하며 복잡한 요리를 준비하는 모습을 보여주는 애니메이션 영화이다.

골칫거리, 감정, 상상, 관심 등 무형의 것도 stirred 휘저어진의 대상이 될 수 있다. 이 경우 stir는 '전에는 차분하고 활발하지 않던 상황이나 사람들이 흥분하거나 관심을 드러내 보이다'란 의미를 갖는다. 《Mary Poppins 메리 포핀스》(1964)는 노래와 모험으로 많은 아이들의 '상상력을 자극한' stir the imagination 고전적인 영화의 표본이다.

stir
젓다

Keep stirring the soup until it starts boiling.
수프가 끓을 때까지 계속 저어라.

go stir-crazy
오래 갇혀 있어 미쳐 버릴 것 같은 상황을 표현

After 3 days of rain, I'm starting to go stir-crazy at home.
사흘 동안 줄곧 비가 내려, 나는 집에서 꼼짝하지 못해 미쳐 버릴 것 같다.

좁은 공간에 오랫동안 갇혀 있어 불안하고 초조해진 상태를 가리키는 표현이다.

mix
뒤섞다, 혼합하다

결합하다, 젓다, 혼합하다, 통합하다. We mix ingredients in cooking 요리할 때 재료들을 섞다, We mix drinks to make cocktails 음료를 혼합해 칵테일을 만든다.
a mixer는 용기 안에 날카로운 날이 들어 있는 조리 기구로 smoothie 스무디, batter 반죽, sauce 소스를 만드는 데 쓰인다('혼합기/믹서'). 《Gremlins 그렘린》(1984)에서는 말썽꾸러기 작은 생명체 하나가 부엌의 '믹서기' a kitchen mixer 에서 혼합되어 걸쭉한 액체로 변한다.
디제이는 두 개의 턴테이블과 하나의 audio mixer 음성 신호를 혼합하는 전자 장치, 오디오 믹서를 사용해 노래들을 mix 혼합하다 한다. 《Human Traffic 휴먼 트래픽》(1999)은 한 무리의 친구가 주말 동안 클럽과 마약, 디제이가 혼합하는('믹싱' mixing) 음악을 전전하는 모습을 통해 1990년대 레이브 문화(rave culture 빠른 전자 음악에 맞춰 춤을 추며 마약도 흡입하는 광란의 파티)의 속살을 보여주는 영국 영화이다. 디제이들이 오디오 장비로 음악을 '믹싱' mixing 하는 기억할 만한 장면들이 많이 등장한다.
mix는 사람이 사회적 모임이나 행사에서 '사교적으로 섞이고 상호작용하다'라는 뜻으로도 쓰인다('어울리다'). We mix with guests at a party 파티장에서 손님들과 어울리다, We mix with colleagues during lunch in a work cafeteria 회사 구내 식당에서 점심을 먹는 동안 동료들과 어울리다.

어떤 상황에서 mix는 '혼란스럽고 당혹스런 기분'을 전달하는 데도 사용된다. 이때 mix는 물건들이 두서없이 뒤죽박죽되어 질서와 체계가 없는 상태를 가리킨다. 이런 뜻으로는 주로 mix up이란 구동사가 사용된다.

mix
뒤섞다, 혼합하다

She mixed flour, sugar, and eggs to make a cake.
그녀는 케이크를 만들려고 밀가루와 설탕, 달걀을 혼합했다.

mix up
...을 뒤죽박죽으로 만들다, 혼동하다

He mixed up the files and couldn't find the one he needed.
그는 여러 파일을 뒤죽박죽으로 섞어놓아 정작 필요한 파일을 찾을 수 없었다.

mix and match
짜맞추다

I like to mix and match colors and textures in my outfits.
나는 옷을 입을 때 다양한 색과 직물을 짜맞추는 걸 좋아한다.

'여러 요소를 다양한 방법으로 결합하다'라는 뜻이다.

(a) pick 'n' mix
다양한 것을 선별해 혼합한 것

We stopped by the candy store to get some pick 'n' mix.
우리는 사탕 가게에 들러 여러 종류의 사탕을 골라 섞었다.

과자점, 슈퍼마켓, 영화관 등에 사탕이 흔히 진열된 방식을 가리킨다. 고객은 각자의 기호에 따라 다양한 사탕이나 단것을 골라 섞을 수 있다. pick 'n' mix는 사탕 진열대만이 아니라 실재하는 사탕 봉지를 가리킬 수도 있다.

mix business with pleasure
일과 놀이를 겸하다

I'm planning to mix business with pleasure this weekend at the golf tournament with clients and business partners.
이번 주말, 고객과 사업 동업자와 함께 골프를 하면서 일과 여가를 동시에 즐겨볼 생각이다.

'일과 여가 활동을 결합하다'라는 뜻이다. 이 표현은 일과 놀이를 함께하지 말라는 경고로 주로 사용된다.

구부리기
BEND

bend	flinch
flex	buckle
bow	distort
lean	crumple
fold	slouch
hunch	sink
tilt	hinge
slump	nod
crouch	pinch
sag	stoop
dip	duck
sway	skew
curve	squash
slope	kneel
shrink	

bend 구부리다

bend 구부리다, 압력이나 힘을 가해 무언가를, 일반적으로 물체를 구부리다, 굽히다. bend는 '방향을 바꾸다, 힘에 굴복하다, 상황에 적응하다'를 뜻할 수도 있다. 《Bend it like Beckham 슈팅 라이크 베컴》(2002)은 공을 공중에서 '감아'bend 차는 데이비드 베컴David Beckham의 기막힌 능력을 본따 제목이 붙여진 영화이다.

《The Matrix 매트릭스》(1999)에는 네오가 중력을 거스르며 몸을 뒤로 '제껴'bend 총알을 피하는 유명한 장면이 있다. 애니메이션 영화 《The Incredibles 인크레더블》(2004)에 등장하는 엘라스티걸은 뛰어난 탄성으로 몸을 늘리고 '굽힐'bend 수 있다.

bend
구부리다

The yoga instructor demonstrated how to bend into a deep stretch.
요가 선생은 어떻게 몸을 구부려 깊게 스트레칭하는가를 보여주었다.

around the bend (proximity)
코앞에 있는

We're almost there, it's just around the bend.
거의 다 왔어. 모퉁이를 돌기 직전이야.

다음 모퉁이 주변에 있는 것처럼, 무척 가까이에 있는 것을 가리킬 때 사용하는 표현이다.

around the bend (crazy)
미친

I'm starting to go around the bend with all this extra work they're giving me.
그들이 나한테 맡기려는 추가적인 일 때문에 미치기 직전이다.

누군가 정신적으로 불안정하거나 정상에서 벗어난 상태를 가리킬 때 일상적으로 사용되는 속어적 표현이다. 농담과 우스갯소리에도 사용될 수 있다.

bend over backwards
안간힘을 쓰다

My mother-in-law is visiting tonight so I'll bend over backwards to make sure she's happy.
우리 장모님이 오늘 밤에 우리집을 방문할 예정이야. 나는 최선을 다해 장모님을 즐겁게 해 드리려고 해.

'누군가에게 편의를 제공하고 도움을 주고자 최선의 노력을 다하다'라는 뜻이다.

bend the truth
진실을 왜곡하다

During the job interview, she decided to bend the truth a little about her previous work experience.
취업을 위한 면접에서 그녀는 과거의 업무 경험에 대해 약간 거짓말을 보태기로 결심했다.

완전히 정직하지는 않게, 하지만 눈치채지 못하게 진실을 왜곡하거나 조작한다는 뜻이다.

bend someone's mind
누군가의 관점을 바꾸다

The politician may be able to bend my mind during this debate.
이번 토론에서 그 정치인이 내 생각을 바꿔놓을 수 있을지 모르겠다.

bend the rules
규칙을 위반하다

Some drivers may bend the rules by going faster than the speed limit if they are running late.
몇몇 운전자는 밤늦게 운전하는 경우 제한 속도보다 빨리 달리며 규칙을 위반한다.

특정한 목적이나 이점을 누릴 목적으로 정해진 규칙이나 규범을 위반하거나 벗어나는 경우를 뜻하는 표현이다. 부정적인 뜻만 아니라 긍정적인 뜻으로도 사용된다.

flex
굽히다, 구부리다

일반적으로 근육이나 팔다리를 굽히다, 쭉 뻗다. flex는 '어떤 재주나 능력을 보여주다'라는 뜻으로도 사용된다. we flex muscles는 '물리적인 힘이나 신체적 능력을 보여주다'라는 뜻이다. 따라서 이 두 정의는 서로 관계가 있다. 그러나 flex는 비유적으로 '과시하다, 자랑하다, 뽐내다'를 뜻하기도 한다(flexing knowledge 지식을 과시하다, flexing a new car 새 자동차를 자랑하다). to be flexible은 '무언가 혹은 누군가가 변화에 개방적이고 융통성 있다'라는 뜻이다. 기업과 업무 현장에서 flexibility 변하고 적응하는 능력, 융통성를 긍정적인 능력으로 평가하는 건 당연하다.

아놀드 슈워제네거 Arnold Schwarzenegger 는 《Conan the Barbarian 코난-바바리안》(1982), 《The Terminator 터미네이터》(1984), 《Predator 프레데터》(1987) 같은 영화들에서 flexing his muscles 근육을 과시하다로 유명한 오스트리아계 미국 배우이다. 무술 영화에 등장하는 액션 배우들은 flexible 유연한 한 몸을 지닌 까닭에 곡예에 가까운 위험천만한 묘기와 경이로운 싸움 실력을 보여준다.

flex
구부리다

She flexed her fingers to warm up before starting to play the piano.
그녀는 피아노 연주를 시작하기 전에 손가락들을 구부리며 긴장을 풀었다.

flex one's muscles
힘을 과시하다

The military parade was a chance for the nation to flex its military muscles and demonstrate its strength to the world.
군대 열병식은 그 국가가 군사력을 과시하며 그 강력함을 세상에 증명할 기회였다.

문자 그대로는 '근육을 구부리다'를 뜻할 수 있지만, 비유적으로는 '힘이나 영향력을 보여주다'를 의미할 수 있다.

flex on someone
누군가에게 과시하다, 자랑하다

On social media, influencers often flex on their followers by sharing glamorous photos of their travels and luxurious lifestyle.
소셜 미디어에서 인플루언서들은 여행을 하고 호화로운 생활을 즐기는 멋진 사진들을 공유함으로써 팔로워들에게 자랑한다.

'다른 사람이 열등감을 느끼게 할 의도로 과시하거나 자랑하다'를 뜻한다. 재물과 지식, 능력과 지위, 몸매와 힘, 성공 등이 자랑거리가 된다.

bow 절하다

영어에서 now, cow와 운이 맞는 bow는 '존경의 인사와 감사의 표시로 몸의 상반신을 앞으로 구부리다'라는 뜻이다. 서구 국가들에서는 shake hands 악수하다가 공통된 인사법이듯이, bow는 아시아에서 공통된 형태의 인사법이다. 어떤 상황에서 bow는 '압력, 권위, 영향력에 따르거나 굴복하는 행위'로 행해지고, 어떤 상황에서는 감사와 공감의 표시로 행해진다. 예컨대 배우들이 연극이나 뮤지컬 공연을 끝낸 뒤 박수를 보내는 관객들에게 감사하는 뜻으로 bow 허리를 굽혀 절하다 하는 경우를 생각해 보면 된다.
《Ode to My Father 국제 시장》(2014)에서는 존경의 표시로 bow하는 장면이 자주 눈에 띈다. 《The Last Samurai 라스트 사무라이》(2003) 같은 영화에서는 무술로 맞서는 두 사람이 서로 bowing을 주고받는다. 한편 명사 bow는 중간이 굽은 형태로 화살 arrow과 짝을 이루는 a bow와, 바이올린을 연주할 때 사용하는 a bow가 있다(둘 모두 우리말로는 '활'로 번역된다).

bow
절하다

The junior executive bowed respectfully to the company's CEO during a meeting.
회의하는 동안 그 하급 임원은 회사의 최고경영자에서 공손히 절했다.

bow out
퇴장하다, 사직하다

After a long and successful career, the athlete decided to bow out gracefully.
오랫동안 성공적인 경력을 쌓은 뒤, 그 선수는 우아하게 은퇴하기로 결정했다.

'경쟁, 공연, 활동 등에서 물러나다, 은퇴하다'를 뜻한다.

take a bow
갈채를 받다

The actor took a bow after a successful stage performance.
그 배우는 무대 공연을 성공적으로 끝낸 뒤 갈채를 받았다.

'업적이나 공연에 대해 인정이나 박수를 받다'를 뜻한다.

lean
기울이다, 기대다

특정한 방향으로 기울이다, 굽히다. 주로 사람의 몸이나 물리적 물체를 묘사할 때 사용된다. to lean은 '무언가를 지지대로 삼아 기대다'라는 뜻으로도 사용된다.

가장 유명한 a lean기울어짐, 경사짐의 예는 이탈리아 피사의 사탑 Leaning Tower of Pisa이다. 옆으로 '기울어진'leaning 건물이기 때문에 '사탑'Leaning Tower이라 불린다. 비유적으로 to lean은 '누군가 혹은 무언가에 의지하다, 의존하다'를 뜻할 수 있다. 나이가 꽤 있는 독자라면, 힙합 그룹 테러 스쿼드Terror Squad의 팻 조Fat Joe와 레미 마Remy Ma가 녹음해 2004년에 발표한 히트곡 'Lean Back'을 기억할지 모르겠다. 기억하기 쉬운 후렴구 lean back이 반복되는 게 인상적이다.

lean
기울이다

She leaned forward to get a better view of the stage.
그녀는 무대를 더 잘 보려고 상체를 앞으로 기울였다.

lean on someone
누군가에게 의지하다, 기대다

In challenging times, it's essential to have friends you can lean on.
힘든 시기에는 당신이 의지할 수 있는 친구들이 있는 게 무엇보다 중요하다.

lean and mean
효율적인, 성공지향적인

The new business model is lean and mean, focusing on core activities.
새로운 비즈니스 모델은 효율성을 추구하고 핵심적인 활동에 초점을 맞춘다.

특히 기업 활동에서 비용을 절약하기 위한 간결하고 효율적인 접근법이나 운영 방식을 가리키는 표현이다.

fold 접다

무언가 일반적으로 납작한 것의 일부를 꺾어서 다른 부분 위로 겹치다. fold라는 동사는 fold paper to make 종이를 접어 딱지를 만들다와 같이, 대체로 종이에 대해 쓰인다. 또는 fold clothes when we put them away in a drawer 옷을 접어 서랍에 넣는다처럼 옷에도 쓸 수 있다. We fold our arms in front of us on our chest 우리는 팔짱을 끼고 가슴 위에 둔다. fold는 '접다' to collapse, '구부려 모으다' to bring together by bending 라는 뜻으로도 사용된다(fold a tent down into a small package as we put it away 텐트를 치울 때는 작은 꾸러미로 접는다).
기업 활동이나 벤처 세계에서 fold는 '사업을 접거나 중단하다'를 뜻할 수 있다. 게임과 경쟁에서 fold는 '패배를 인정하다, 압력에 굴복하다'를 뜻하는 표현으로 쓰인다.

fold 접다	She carefully folded the map to put it in her bag safely. 그녀는 지도를 조심스레 접어 가방에 안전하게 넣었다.
return to the fold 옛 둥지로 돌아가다	After taking a break from sports, the athlete decided to return to the fold and join his team for their upcoming season. 그 선수는 운동을 잠시 쉬었지만 다가오는 시즌에 복귀해서 원래의 팀에 합류하기로 했다.

과거에 어떤 모임이나 활동 혹은 분야에서 잠시 떠났다가 다시 돌아오는 경우에 사용되는 표현이다.

hunch
둥글게 구부리다

이 단어를 보면 대부분이 빅토르 위고 Victor Hugo가 쓰고 1831년에 발표한 《노트르담의 꼽추》를 떠올릴 것이다(이 소설의 영어 제목은 The Hunchback of Notre-Dame이지만, 프랑스어 원제는 Notre-Dame de Paris 파리의 노트르담/옮긴이 이다). 디즈니는 이 소설을 각색해 애니메이션 영화로 제작해 1996년에 발표했다. 이 소설에서 hunchback꼽추은 등이 기형적으로 굽은 외모를 지닌 노트르담 성당의 종지기, 콰지모도 Quasimodo 이다.

hunch는 '둥근 형태로 구부리다'를 뜻한다. 요즘 흔히 사용되는 표현으로 hunch over a computer or smartphone 컴퓨터나 스마트폰을 보느라 등을 구부리다, 구부정한 자세를 취하다 을 들 수 있고, 이 동작을 오랫동안 취하면 척추에 좋지 않다. 한편 누군가를 향해 hunching over하는 동작은 위협적인 몸짓 언어로 여겨질 수 있다.

hunch
둥근 모양으로 구부리다

After hours of typing on the computer, she began to hunch over her desk, feeling the strain in her back and shoulders.
몇 시간 동안 컴퓨터 자판을 두드린 뒤 책상 위로 등을 구부려 구부정한 자세를 취하기 시작하고, 등과 어깨가 뭉치는 걸 느꼈다.

have a hunch
예감하다, 직감하다

She had a hunch that her friends were planning a surprise party for her birthday.
그녀는 친구들이 자신의 생일을 위해 깜짝 파티를 계획하고 있다는 걸 직감했다.

hunch가 명사로 쓰일 때는 '추측' a conjecture, '짐작' a guess 이라는 뜻을 지닌다. to have a hunch는 누군가 혹은 무언가에 대해 강렬한 직관적 느낌을 갖는다는 뜻이다. 형사들은 추적하는 사건에 대해 have a hunch하는 능력을 발휘한다. 《L.A. Confidential LA 컨피덴셜》(1997)과 《Sherlock Holmes 셜록 홈즈》(2009) 에서 탐정들은 직감 instinct 을 사용해 미스터리를 해결한다.

tilt
기울다, 갸우뚱하다

무언가를 기울어지게 혹은 비스듬하게 움직이다. 피사의 사탑 The Leaning Tower of Pisa은 tilt to the side옆으로 기울어지다 한 건물의 대표적인 예이다. 요즘의 게임 조종기에서는 사용자가 '장치를 기울여서'tilt the device 조준하고 움직일 수 있다. 비유적인 뜻으로는 특정한 팀이나 편, 정당을 편들기 위해 tilt the odds or bias확률이나 편향적 상황을 조작하다로 쓰인다. 한쪽이 승리할 목적에서 tilt the odds상황을 유리하게 끌어가다 전술을 사용하는 영화가 많다. 예컨대 《Braveheart브레이브하트》(1995)에서 윌리엄 윌리스William Wallace는 잉글랜드에 저항하는 반란을 주도함으로써 tilt the odds in their favor상황을 자신에게 유리한 쪽으로 돌리려 하다 한다.

tilt
기울이다

She tilted her head to get a better view of the painting.
그녀는 그림을 더 잘 보려고 고개를 옆으로 기울였다.

at full tilt
전속력으로

The athletes were running at full tilt to reach the finish line.
운동 선수들은 전속력으로 달려 결승선에 도달했다.

'전속력으로'의 뜻만 아니라 '최대의 노력이나 역량을 다하여'라는 뜻으로도 쓰인다.

**tilt the odds/tilt the balance/
tilt the scales**
균형이 무너지다

A surge in public support could tilt the balance and lead to a change in government policy.
대중의 지지가 급등하며 균형이 무너지자 정부 정책이 달라졌다.

세 표현 모두 기본적으로는 같은 뜻—상황이 크게 달라지며 한쪽이 유리해지다—이다. 갈등, 정치, 비즈니스에 주로 사용되는 표현이다.

slump 급감하다

동사 slump는 일반적으로 '가치, 질, 양에서 급격하고 상당한 하락이나 감소'를 가리킨다. slump는 그 밖에도 다양한 맥락에서 현저한 하락 a noticeable decrease 이나 폭락 a collapse 을 묘사하는 데 사용된다. slump에는 일반적으로 매우 부정적인 뜻이나 함의가 있다. 매출, 주가, 이익, 운동의 경기력에 주로 사용된다.

slump는 몸 상태와 자세를 표현하는 데도 사용된다. 구체적으로, 몸의 상태에 있어서는 '원기 부족과 피로감에 이완된 상태'를 주로 뜻하고, 몸의 자세에 있어서는 '구부정하고 축 늘어진 자세'를 가리킨다.

등장인물이 '슬럼프' a slump 에 빠지지만 어려움을 극복하고 다시 일어서는 모습을 보여주는 영화가 많다. 《Encanto 엔칸토: 마법의 세계》(2021)는 마법을 잃고 '기운을 잃기 시작하는' start to slump 가족의 이야기를 그린 뮤지컬 판타지 애니메이션 영화이다. 주인공 미라벨은 가족에게 새로운 힘을 불어넣으며 '침체 상태' a slump 를 극복하는 걸 돕는다.

slump
급감하다

Sales started to slump after Christmas.
크리스마스 이후로 매출이 급락하기 시작했다.

in a slump
침체 상태에 빠진, 부진한

The team's performance was in a slump during the second half of the game.
후반전 동안 팀의 경기력이 침체 상태에 빠졌다.

slump over
어깨를 앞으로 내밀며 고개를 떨구다

The office worker was so tired he started to slump over his desk.
그 사무 직원은 몹시 피곤했던지 책상 위에 고개를 떨어뜨리기 시작했다.

'탈진이나 허약한 체력으로 몸을 앞으로 굽히거나 구부리다'라는 뜻으로 쓰인다.

crouch
쭈그리다

동사 crouch는 무릎을 구부리고 상체를 바닥에 가깝게 낮추는 행동을 가리키며('웅크리다/쭈그리다'), 주로 방어적이고 자신을 보호하려는 자세로 취해진다. crouch는 어딘가에 숨거나 도약bounce할 준비를 하는 자세를 뜻하기도 한다. Animals may crouch in order to hunt or hide동물들이 사냥하거나 몸을 감추려고 몸을 웅크릴 수도 있다. Children crouch when they are scared어린아이들은 무서울 때 몸을 움츠린다.
제목에 crouch가 쓰인 유명한 영화로는 《Crouching Tiger, Hidden Dragon와호장룡》(2000)이 있다. 여기에서 은유적으로 쓰인 호랑이Tiger는 공격하려고 crouching하고 있는 것으로 추정된다('몸을 웅크린 호랑이'). 많은 액션 영화에서 액션 배우들은 적에게 발각되는 걸 모면하거나 날아드는 총알을 피하려고 은폐물 뒤에 crouching한다. 《John Wick존 윅》(2014)과 《The Bourne Identity본 아이덴티티》(2002)가 대표적인 예이다.

crouch
웅크리다, 쭈그리다

The cat crouched in the bushes, waiting for the perfect moment to catch its prey.
그 고양잇과 동물은 덤불 안에 몸을 웅크린 채 먹잇감을 사로잡을 완벽한 순간을 기다렸다.

crouch down
몸을 웅크리다

I crouched down under my desk to look for the pen I had dropped.
나는 방금 떨어뜨린 펜을 찾으려고 책상 아래로 몸을 구부려 낮추었다.

'무릎을 구부려 몸을 낮추다'라는 뜻이고, 때로는 어떤 위협에 반응하거나 몸을 감추려는 의도로 행해진다.

sag
늘어지다, 처지다

무게나 압력 혹은 지원의 부족으로 가라앉다, 아래로 구부러지다. 나이가 들면 as our skin droops and loosens, it starts to sag 우리 피부는 힘이 없어지고 느슨해져서 '처지기' 시작하다 한다. 다른 예를 들면 After a hard or arduous task, our shoulders start to sag due to exhaustion 힘들고 고된 과제를 끝낸 뒤 우리 어깨는 탈진해서 축 늘어지기 시작한다 과 같이 쓸 수 있다. sag는 문자적인 맥락과 비유적인 맥락 모두에서 사용된다. 문자 그대로의 뜻으로는 우리 몸, 천장이나 바닥, 건물, 바지 같은 옷에 사용된다.

비유적인 뜻의 sag는 자신감과 열정, 평판과 생산성, 수요와 지원에 주로 사용된다. 가령 주요 등장인물들이 sag 의기소침해지다 하기 시작해서 자신감을 잃는 시기가 있다. 예컨대 영화 《Lord of the Rings 반지의 제왕》(2001-2003) 3부작에는 주인공들이 실패하고 있다는 생각에 사기와 낙관이 sag 약해지다 하기 시작하는 장면들이 많다.

sag
약해지다

The morale of the team began to sag after a series of defeats.
계속 패하게 되자 팀 사기가 떨어지기 시작했다.

sag under the weight
무게로 휘다

The company was sagging under the weight of financial difficulties.
그 회사는 재정적 어려움이란 무게에 휘청거리고 있었다.

'누군가 혹은 무언가가 부담이나 압력으로 현저히 하락하는 현상'을 표현할 때 사용된다.

dip 담그다

동사 dip에는 여러 의미가 있고 맥락에 따라 그 해석이 달라진다. dip은 가격이나 인기 등이 '일시적으로 떨어지다, 내려가다'를 뜻할 수 있다. 또한 '무언가를 액체에 해당하는 물질에 잠깐 내리다'를 뜻할 수도 있다. 예컨대 음식과 함께 사용되는 dipping sauce는 '찍어먹는 소스'를 가리킨다. 한편 풍경이나 도로 혹은 산길이 dip으로 표현되면 '아래로 움직이다, 내려가다'를 뜻한다. 끝으로, dip은 '수영장이나 강에 뛰어들다, 잠깐 수영하다'를 뜻하기도 한다.

buy the dip
주식을 떨어진 가격에 매수하다

The stock prices dropped today so I decided to buy the dip while stocks were cheap.
주가가 오늘 떨어졌다. 그래서 주식이 싼값일 때 주식을 매수하기로 결정했다.

주식이나 자산의 가격이 일시적으로 떨어질 때 매수하는 전략을 가리키는 금융 용어에 속한다.

skinny-dipping
알몸으로 수영하기

While we were on holiday, we went skinny dipping in the ocean.
우리는 휴가를 즐기는 동안, 바다에서 알몸으로 수영했다.

호수와 강, 연못, 바다 같은 자연의 수역에서 옷을 전혀 걸치지 않은 채 수영하거나 멱감는 관행을 가리키는 표현이다. 여기에서 skinny는 '벌거벗다, 알몸을 드러내다'를 뜻한다. skinny dipping은 '자발적이고 자유로우며 오락적인 활동'의 한 형태로 여겨지며, 프라이버시를 유지하기 위해 상대적으로 사적이고 한적한 곳에서 주로 이루어진다. 한국에서는 거의 전례가 없는 행위이지만 유럽을 비롯한 일부 지역에서는 한적한 해변과 섬에서 행해진다.

sway
흔들리다, 흔들다

앞뒤로 움직이다, 흔들리다. 특히 외적인 힘에 의해 리드미컬하게 움직이는 경우를 가리킨다. A palm tree gently sways in the wind 종려나무가 바람에 천천히 흔들린다. A drunk person might sway while they are trying to stand upright 술에 취한 사람은 똑바로 서려고 하지만 비틀거릴 수 있다.
sway는 swing과 비슷하지만 더 부드럽고, 외적인 힘에 의해 흔들리는 경우를 주로 가리킨다. swaying ships 흔들리는 배와 swaying waves 출렁이는 파도가 눈을 즐겁게 해 주는 영화가 많다. 예컨대 《Cast Away 캐스트 어웨이》(2000)에서 톰 행크스가 연기한 주인공은 비행기 추락에도 살아남은 후 망망대해에서 표류하는 동안 임시변통으로 만든 뗏목 위에서 swaying 흔들거리다 한다.
비유적으로 쓰일 때 sway는 '누군가의 의견이나 결정에 영향을 주다, 설득하다'를 뜻할 수 있다(Powerful opinions or arguments can influence or sway public opinion 강력한 의견이나 주장은 여론에 영향을 주거나 여론을 설득할 수 있다).
F. 스콧 피츠제럴드 F. Scott Fitzgerald의 동명 소설을 기반으로 제작된 《The Great Gatsby 위대한 개츠비》(2013)에서 등장인물들은 개츠비의 설득과 부, 사랑, 아메리칸 드림의 유혹에 '흔들린다' be swayed.

sway
흔들리다

The trees swayed in the breeze as the wind gently blew through the forest.
바람이 숲 사이를 부드럽게 스치고 지나가자 나무들이 산들바람에 흔들렸다.

sway from side to side
좌우로 흔들리다

After the earthquake, the building swayed dangerously from side to side.
지진이 있은 뒤에 건물이 좌우로 위험하게 흔들렸다.

'천천히 한쪽으로, 다시 반대 방향으로 계속해서 흔들리다, 구부러지다, 기울다'를 뜻한다. side to side는 수평적인 움직임을 강조하는 부사구이다.

hold sway
지배하다, 마음대로 하다

A lot of people think that the president's wife holds sway over policy decisions.
대통령의 부인이 정책 결정을 마음대로 한다고 생각하는 사람이 많다.

'사람, 집단, 상황에 대해 강력한 영향력이나 지배력을 갖다'라는 뜻으로 쓰인다. the person who has power over the swaying opinion 흔들리는 의견을 좌우지하는 사람 이 곧 the person who holds sway 실권을 가진 사람 이다.

curve
곡선을 이루다

동사 curve는 일차적으로 '곡선 형태로 구부러지다, 움직이다'를 뜻한다. 명사 curve는 '모서리가 부드럽게 굽은 선이나 길' (곡선, 만곡부)을 가리킨다. 무지개와 바나나가 a curve shape의 전형적인 예이다. 체형이 curvy라고 표현되는 경우는 특히 hips엉덩이, waist허리, bust가슴를 중심으로 윤곽이 부드럽고 둥그렇게 굽은 curve가 많기 때문이다. 《Who Framed Roger Rabbit누가 로저 래빗을 모함했나》(1988)에서 제시카 래빗은 accentuated curves굴곡진 곡선들로 그려진 대표적인 애니메이션 캐릭터이다.
curve는 곧은 길이나 정상적인 경로에서 일탈된 행위를 가리킬 수도 있다. 이때는 맥락에 따라 그 뜻이 긍정적이거나 부정적이 된다. curve는 묘사와 설계, 스포츠와 비즈니스 등에서 주로 사용된다.

curve 굽다, 구부러지다	The road curved sharply around the mountain, providing breathtaking views. 길은 산을 돌아 급격히 구부러지며, 숨막히는 풍경이 펼쳐졌다.
ahead of the curve/ behind the curve 시대에 앞서/ 시대에 뒤처진	The company is behind the curve in adopting new technologies, and now they're struggling to catch up with the competition. 그 회사는 신기술을 도입하는 데 뒤처져서, 이제 경쟁자들을 따라잡는 데도 허덕거린다.

ahead of the curve는 '특정한 분야에서 다른 사람보다 앞서거나 혁신적이다'라는 뜻이고, behind the curve는 '최근의 발전과 추세 및 정보를 따라잡지 못하다'라는 뜻으로 쓰인다. 두 표현은 과학과 테크놀로지, 패션, 마케팅처럼 급속히 변하는 산업을 묘사하는 데 주로 사용된다.

above the curve 평균 이상의, 혁신적인	This new smartphone is above the curve, setting a new standard for performance and user experience. 이 신형 스마트폰은 혁신적이어서, 성능과 사용자 경험에서 새로운 기준을 제시하고 있다.

'기준을 앞서다, 기대치를 훌쩍 넘어서다'를 뜻하는 표현이다. 여기에서 curve는 '규준' norm 이나 '기준' standard 을 가리킨다. 이 수준을 넘어서는 것은 주어진 맥락상 다른 것들에 비해 우수성, 혁신성, 우월한 성능을 지닌다.

throw a curveball
까다롭고 불쾌한 것으로 놀라게 하다

During the meeting, the boss threw a curveball by announcing an unexpected deadline for the project.
회의하는 동안, 상관은 그 프로젝트에 대해 뜻밖의 마감 시한을 발표해 모두를 놀라게 했다.

이 표현은 야구에서 기원한 것이다. 투수가 던진 공이 느닷없이 방향을 홱 틀며 타자를 놀라게 하는 경우를 빗댄 표현이다('커브공을 던지다'). 이 표현은 이제 '예기치 못한 행동으로 누군가를 놀라게 하다'라는 뜻으로 쓰인다.

(a) learning curve
학습 곡선

When learning a new language, we often experience a steep learning curve as we quickly improve with vocabulary and pronunciation.
새로운 언어를 공부할 때 우리는 어휘와 발음이 빠르게 향상되며 가파른 학습 곡선을 경험하는 때가 많다.

누군가 새로운 기술을 학습하거나 새로운 상황에 적응하는 속도가 처음에는 느릿하다가 나중에는 눈에 띄게 빨라지는 현상을 가리킨다.

curves in all the right places
몸매가 매력적인 곡선미를 갖추다

The actress wore a dress that flaunts her curves in all the right places.
그 여배우는 관능적인 몸매를 그대로 드러내는 드레스를 입었다.

누군가의 신체적인 외모, 특히 균형이 잘 잡히고 아름다운 곡선미를 갖춘 몸을 칭찬하는 뜻으로 주로 사용된다. 하지만 남자가 대화하는 상대인 여자를 묘사할 때는 이 표현을 직접적으로 사용하지 않는 게 좋다. 몸매를 두고 직설적으로 왈가왈부하는 것은 불편하고 무례한 행동일 수 있기 때문이다. 이 표현은 유명인과 모델을 묘사할 때 주로 사용된다.

slope
경사지다, 기울어지다

위쪽이나 아래쪽, 특정한 방향으로 경사지거나 기울어지는 행위를 가리킨다. 표면의 점진적인 상승이나 하강을 묘사하는 데도 사용된다('경사면'). slope는 언덕이나 길 등의 지형 geographical feature 을 표현하는 데 주로 사용된다. 대중에게 널리 알려진 유형의 slope로는 a ski slope가 있고, 스키를 타는 사람들이 내려오는 '내리막 언덕' the declining hill 이 주로 a ski slope로 사용된다. 007 제임스 본드가 등장하는 영화들에서 제임스 본드가 ski slope에서 스키나 스노모빌을 탄 사람들에게 쫓기는 장면이 많다.
slope를 사용한 표현은 물리적이나 비유적인 의미로 사용되며 주로 부정적인 방향으로의 '변화'를 뜻하는 경우가 적지 않다.

slope
기울어지다

The hill sloped down towards the river in the valley.
그 언덕은 계곡 아래의 강으로 경사져 내려갔다.

on a slippery slope
미끄러운 비탈길 혹은 파멸에 이르는 길에 있는

Borrowing more money will mean I'm on a slippery slope towards declaring bankruptcy.
돈을 더 빌린다는 건 내가 파산을 선언할 수밖에 없는 위험한 지경에 있음을 의미하는 것이다.

특정한 행동이나 결정, 특히 도덕적으로나 윤리적으로 의심스러운 행동은 일련의 부정적인 결과나 하락세로 이어질 수 있다. Being on a slippery slope는 '어떤 행동에 개입하거나 특정한 선택을 하면 일련의 사건이 시작되며 점점 통제하기 힘들어지거나 멈추는 게 불가능해지는 경우'를 가리킨다.

slope off
조용히 떠나다

I was angry at my son, so he decided to slope off and meet his friends.
나는 아들에게 화를 냈다. 그러자 아들은 조용히 집을 나가 친구들을 만났다.

'조용히 떠나다', '눈에 띄지 않게 조용히 나가다'를 뜻한다.

shrink 줄어들다

크기, 부피, 규모에서 더 작아지다. shrink는 물리적 차원의 축소, 양의 감소를 가리킬 수 있다. 괴짜 가족이 등장하는 고전적인 영화 《Honey I Shrunk the Kids 애들이 줄었어요》(1989)에서 우연한 사고로 '몸집이 줄어든' shrunk 아이들이 정원을 돌아다니며 개미와 빗물, 잔디 깎는 기계 등을 만나며 위험천만한 사건을 겪는다. 《Ant-Man 앤트맨》(2015)은 등장인물의 몸 크기가 shrink 줄어들다 되면서, 마이크로 세계를 탐험하는 또 다른 영화이다. 현실 세계에서 shrink는 비즈니스에서 예산 같은 재정 문제나 품목과 관련해 주로 쓰인다. 동사 shrink는 비유적으로 '가치, 의미, 중요성의 감소'를 뜻하는 데 쓰인다. 경제 규모, 기회, 자신감, 열정, 주의력 집중 시간은 shrink될 수 있는 범주에 속한다.

shrink
줄어들다

The hot wash caused my wool sweater to shrink and now it doesn't fit me.
온수로 세탁해서 내 모직 스웨터가 줄어들었다. 그래서 이젠 내게 맞지 않는다.

shrink down
크기나 규모가 줄어들다, 축소되다

I use this app to shrink down large files for easier storage.
나는 이 애플리케이션을 사용해 큰 파일을 축소해서 더 쉽게 저장한다.

shrink away
오므라들다

He's very introverted, so he tends to shrink away from large public events.
그는 무척 내성적이다. 그래서 규모가 큰 대중 행사에서 위축되는 경향이 있다.

주로 두려움이나 거북함을 이유로 '무언가로부터 물러서다, 퇴각하다'라는 뜻으로 쓰인다.

(a) shrinking violet
수줍음이 많은 사람, 내성적인 사람

She may seem like a shrinking violet when you meet her, but she's actually very talkative when you get to know her.
그녀를 처음 만나면 수줍음이 몹시 많은 사람처럼 보일 수 있겠지만, 잘 아는 사람에게는 무척 수다스럽다.

shrink

수줍음이 많고 내성적이며, 특히 사회적 관계에서 소심한 사람을 가리킬 때 사용되는 표현이다. 누군가를 a shrinking violet이라 칭하면, 그 사람이 내향적이고 자신감이 부족한 경향을 띠며 다른 사람들과 상호작용하거나 관심을 받는 걸 꺼린다는 걸 암시한다.

flinch
움찔하다, 주춤하다

고통이나 두려움, 놀람, 불편함에 순간적으로 빠르게 움직이는 반응을 가리키고, 몸을 움찔하거나 움츠리는 움직임이 대체로 수반된다.
flinch는 몸 전체가 움찔하는 경우만 아니라 얼굴 표정이 움찔a facial recoil하는 경우까지 모두 가리킬 수 있다. 눈을 반쯤 깜박이며 wince움찔하다, 움찔하며 놀라다 하는 경우에 해당한다. 《Terminator터미네이터》(1984)의 사이보그는 감정이 없는 로봇 암살자이기 때문에 어떤 경우에도 flinch주춤하다 하지 않는다.

flinch 움찔하다	The sudden loud noise made him flinch involuntarily. 갑작스레 들린 큰 소음이 들리자 그는 자기도 모르게 움찔했다.
make someone flinch 누군가를 움찔하게 만들다	When I hear a strong swear word it makes me flinch. 심한 욕설에 나는 움찔하지 않을 수 없었다.

'주로 놀라거나 불쾌한 기분에 누군가 갑작스레 움직이거나 표정이 돌변하다' 라는 뜻이다.

without flinching 조금도 움츠러들지 않고	He jumped into the fight without flinching. 그는 조금도 망설이지 않고 싸움판에 뛰어들었다.

'두려워하거나 머뭇대는 모습을 보이지 않다'라는 뜻이다. 액션 영화에서 자제력이 강한 주인공은 '조금도 겁먹지 않는다' don't flinch at all. 예컨대 배트맨은 감정을 드러내는 법이 없다.

not flinch an inch 확고부동하여 두려워하거나 머뭇대는 모습을 전혀 보이지 않다	The reporters were asking many personal questions, but she didn't flinch an inch. 기자들은 개인적 질문을 연이어 쏟아냈지만 그녀는 조금도 흔들리지 않았다.

buckle
찌그러지다, 휘다

buckle은 청바지와 일반 바지를 고정하는 허리띠 belt나 자동차와 비행기의 안전 벨트 seat belt 등에 가장 자주 쓰인다(버클, 잠금 장치). 허리띠의 buckle은 앞쪽에서 허리띠를 닫아주는 '잠금 장치'이다. 카우보이들은 청바지 허리띠의 앞쪽에 커다란 금속 buckle을 번쩍거리는 경우가 많다.
동사로 buckle은 '허리띠나 안전 벨트를 채우다, 잠그다'를 뜻한다. 항공기 안에서도 buckle 혹은 유사한 표현을 들을 수 있다. 예컨대 항공기가 이륙 take off 하거나 착륙 landing 하는 동안 승무원들은 우리에게 sit down and buckle your seat belts 자리에 앉아 안전 벨트를 매다 라고 말한다.
하지만 buckle은 다른 의미와 표현으로도 쓰인다. 예컨대 '구부러지다' bend, '무너지다' collapse, '굴복하다' yield, '양보하다' surrender를 뜻할 수 있다. 이 뜻들은 주로 압력이나 무게로 인해 생겨난 것이다. 많은 재난 영화는 건물들이 지진과 쓰나미로 인해 buckle 무너지다 하는 걸 보여준다. 한편 《Yongary 대괴수 용가리》(1967)에서는 괴물 용가리라는 초자연적인 존재가 건물들을 무너뜨린다.

buckle
무너지다, 뒤틀리다

The roof buckled under the weight of the heavy snow.
지붕이 무거운 눈무게에 무너졌다.

buckle up
허리띠의 버클을 채우다

This is going to be a difficult period for our company, so buckle up and get ready.
곧 우리 회사에 어려운 시기가 닥칠 것이다. 따라서 허리띠를 졸라매고 만반의 준비를 하자.

문자 그대로는 '안전 벨트를 매다'를 뜻할 수 있지만, 일반적으로 '난관과 불확실성, 강력한 재난에 대비하다'라는 뜻으로 쓰이는 경우가 더 많다.

buckle down
본격적으로 착수하다, 온힘을 쏟다

We have exams next week so I need to buckle down and study every day.
다음 주에 시험이 있다. 따라서 매일 온힘을 쏟아 공부해야 한다.

'과제에 진지하게 혹은 근면하게 전념하다'가 기본적인 뜻이다. 학생 student 이나 종업원 employee 과 함께 쓰이는 경우가 많다.

buckle under the strain/ weight/pressure
부담/무게/압력에 무너지다

I feel like I'm going to buckle under the strain of all this homework I have to finish this week.
이번 주에 끝내야 하는 숙제의 부담감에 무너질 것 같다.

물리적인 압력(무너지는 다리), 정서적 스트레스, 긴장, 부담감, 요구, 노력 등의 압박감에 굴복하는 경우에 사용되는 표현이다.

distort
비틀다, 찌푸리다

뒤틀다, 구부리다, 비틀다, 무언가를 원래의 형태로부터 변형하다. distort는 물리적 형태, 형상과 소리, 정보, 사실 등 다양한 것에 사용된다. distort가 행해지는 물리적인 예로는 플라스틱 장난감, 눈사람, 양초 같이 녹는 것들이 있다. 파도wave와 잔물결ripples of water에도 우리의 비친 모습이 distort일그러지다 된다. 미술가는 예술적 효과를 노리며 조각상이나 사진의 비율을 distort왜곡하다 한다. 마블 코믹스의 《Doctor Strange닥터 스트레인지》(2016)에는 현실 세계와 사물, 공간이 distorted왜곡되다 되는 장면이 많다. 음악은 고음으로 연주되면 distort일그러지다 된다. 기타 연주자들은 소리를 더 생경하고 흥미롭게 만들려고 distortion일그러짐이라 불리는 '이펙트 페달'effect pedal을 사용한다. 블랙 사바스Black Sabbath, 레드 제플린Led Zeppelin, 메탈리카Metallica 같은 록 밴드와 지미 헨드릭스Jimi Hendrix 등은 연주음에 a distortion effect왜곡 효과를 더한 것으로 유명하다. 영국 록 밴드 크림Cream의 'Sunshine of Your Love그대 사랑의 햇살'(1967)와 지미 헨드릭스 익스피리언스The Jimi Hendrix Experience의 'Purple Haze보랏빛 안개'(1967)에서 '인상적으로 반복되는 기타 주법'guitar riffs을 들어보기 바란다. 프로파간다propaganda는 정부와 언론이 정보를 distort하는 방법이다. 따라서 프로파간다는 그들의 관점에서 비틀린 현실을 제공한다. 《Thank You for Smoking 땡큐 포 스모킹》(2005)은 담배 회사의 로비스트가 흡연과 건강에 대한 사실을 distorting 왜곡하는 걸 보여주는 풍자 영화이다.

distort 일그러뜨리다, 왜곡하다	I have a vintage camera lens that distorts the edge of image slightly. 나에게는 영상의 가장자리를 살짝 일그러뜨리는 오래된 카메라 렌즈가 있다.
distort reality 현실을 왜곡하다/비틀다	The film used special effects to distort reality and create a visually stunning experience. 그 영화는 현실을 왜곡해 시각적으로 깜짝 놀랄 경험을 만들어 내는 데 특수 효과를 사용했다.

'현실을 불완전하게 전달하다, 현실로부터 일탈하다'라는 뜻이다. 소주를 몇 병 마시면 모든 게 어떻게 보이는지 기억해 보라.

distort the facts/ **distort the truth** 진실하지 않은 방향으로 사실이나 정보를 전달하다	The journalist was accused of distorting the facts due to his bias. 그 기자는 개인적인 편견으로 사실을 왜곡해 비난을 받았다.

crumple
구기다

대체로 신축성 있고 부드러운 물질을 울퉁불퉁하게 혹은 주름지게 쭈그러뜨리거나 구기고, 접는 행위를 가리킨다. 종이와 편지, 사진, 옷 등과 함께 주로 쓰이는 동사이다.
발음이 비슷한 crumble은 '쿠키나 비스킷 같은 무언가를 작은 조각으로 바스러뜨리다'라는 뜻이다. 하지만 동사 crumple은 종이 전체에 주름이 생길 정도로 종이를 공 모양으로 찌부러뜨리는 행위 squash에 더 가깝다. 예컨대 세탁한 뒤 다림질을 해야 하는 면 셔츠를 상상하면 crumple의 의미를 짐작할 수 있을 것이다.
요즘 자동차에 의도적으로 설계된 crumple zone/crash zone은 '자동차가 충돌할 때 충돌 효과를 줄여 탑승자를 보호할 목적으로 쉽게 접히도록 설계된 부분'을 가리킨다.
동사 crumple은 비유적으로 '어떤 상황이나 사건 혹은 경험이 미치는 정서적이고 심리적인 영향'을 표현하는 데도 사용된다. 예컨대 crumple되는 것에는 enthusiasm 열정, support 지원, reputation 명성/평판, confidence 자신감, trust 신뢰, optimism 낙관이 있다('꺾다/허물어지다').

crumple 구기다, 쭈글쭈글해지다	The bag had been squashed under the seat, causing clothes inside to crumple and wrinkle. 가방이 의자 아래에서 짓눌려, 그 안의 옷들이 구겨지고 구김살이 생겼다.
crumple up 구겨지다	Don't put that certificate in your coat pocket, it'll crumple up and get damaged. 그 자격증을 코트 주머니에 넣지 마라. 자칫하면 구겨져서 훼손될 수 있다.

'무언가를 특히 공이나 압축된 형태로 접다/쭈그러뜨리다'를 뜻한다.

crumple someone's dreams 누군가의 꿈을 꺾다	The rejection letter crumpled her dreams of becoming a professional dancer. 그 거절 편지에 전문 무용수가 되려던 그녀의 꿈이 꺾였다.

'누군가의 열망이나 희망을 좌절시키다'를 뜻한다. 《The Pursuit of Happyness 행복을 찾아서》(2006)는 가족을 부양하려는 '꿈을 좌절시키는' crumple his dreams 많은 역경에 직면한 한 남자의 이야기를 담은 영화이다.

crumple under stress
스트레스에 짓눌리다

I forgot everything I had studied and began to crumple under stress during the final exam.
나는 내가 이미 공부한 모든 것을 잊은 채 기말 시험 기간 동안 스트레스에 허물어지기 시작했다.

은유적으로 '강력한 압박이나 까다로운 상황에 직면해 힘겨워하거나 흔들리는 사람'을 가리키는 데 사용하는 표현이다. 《The Machinist 머시니스트》(2004)는 크리스천 베일 Christian Bale 이 정신적이고 육체적인 쇠약으로 말미암아 crumple under stress 스트레스에 짓눌려 허덕이다 된 남자를 실감나게 연기한 영화이다.

slouch
구부정하게 움직이다

축 처지거나 구부정한 자세로 서다, 앉다, 움직이다. 이 동사로 표현되는 사람 a person who slouches 은 고개를 앞으로 내밀고 어깨가 구부정하며, 코어 근육 core muscles 에 힘이 부족한 특징을 띤다. 그 이유는 체형이 바르게 정렬되지 proper body alignment 않고 척추에 문제가 있기 때문으로 추정된다. 다른 관점에서 보면, 느긋하고 태평하며 여유로운 태도를 보이는 것으로 여겨질 수 있다.

사람들이 컴퓨터 앞에 '구부정한 자세로 앉아' slouch 있는 모습을 보여주는 영화가 많다. 일례로 《Her 그녀》(2013)에서 호아킨 피닉스 Joaquin Phoenix 가 연기한 등장인물은 컴퓨터 앞에서 무척 나쁜 자세로 '구부정하게 앉아' slouch, 스칼릿 조핸슨 Scarlett Johansson 이 연기한 AI 여자 친구와의 관계를 발전시켜 나간다. 한편 태평스럽고 여유롭기 때문에 느긋하게 뒤로 기댄 자세로 등장인물들이 slouch한 모습을 보여주는 영화도 많다. 《The Big Lebowski 위대한 레보스키》(1998)에서 레보스키는 직업도 없이 한가롭게 빈둥대는 게으름뱅이로 '구부정한' slouchy 자세로 느릿하게 움직인다. 《Clerks 점원들》(1994)에는 따분한 일에 체념한 채 slouch하는 두 점원이 등장한다. 이런 영화에는 태평하고 흥미로운 등장인물들이 있어 '열광적인 팬' cult following 이 있다.

slouch
구부정하게 앉다, 서다

Try not to slouch when you're sitting at the computer.
컴퓨터 앞에 앉을 때 구부정한 자세로 앉지 않도록 해라.

be no slouch
...에 아주 능하다

He's no slouch in the kitchen, he cooks great food.
그는 요리에 아주 능해서 맛있게 요리한다.

특정한 활동이나 분야에 능숙하고, 뛰어난 재능이나 경쟁력을 지닌 사람을 가리킬 때 사용되는 관용적 표현이다. 누군가 어떤 부분에서 no slouch하다고 표현되면, 그가 그다지 인상적이지 않고 unimpressive 보통밖에 되지 않는다 mediocre 는 게 아니라, 상당히 유능하고 capable 뛰어나다 adept 는 뜻이다.

slouch around
구부정한 자세로 어슬렁거리다

Today is Sunday so I'm going to slouch around at home and get some rest.
오늘은 일요일이다. 그래서 나는 집에서 느긋하게 빈둥거리며 휴식을 취할 예정이다.

영국 영어에서 더 흔히 사용되는 표현이지만, 영어권 원어민이면 누구나 이해할 수 있는 표현이다. 이 표현을 굳이 언급하는 이유는 대단히 멋진 표현이기 때문이다. 흔히 집에서 파자마를 입은 채 침대에서 뒹굴며 아무것도 하지 않거나, 책을 읽고 영화를 시청하는 것처럼 '한가한 활동' lazy activity 을 하며 '느긋하게 게으름을 피우다'를 뜻한다.

sink 가라앉다

줄어들다, 내려가다, 약해지다, 떨어지다. sink는 ship 배, the Sun 태양, temperature 기온, price 가격, the economy 경제 상황, feeling 느낌 등과 같은 명사와 흔히 사용된다. 특히 타이타닉호가 1912년 빙산과 충돌해 해저로 sink 침몰하다, 가라앉다 한 사건은 유명하다.

sink는 명사로 사용되어 '부엌이나 욕실의 waterbasin 세면기'을 뜻하기도 한다. sink와 washbasin은 국가와 지역에 따라 사용되는 용도가 다르지만, 기본적으로는 같은 역할을 한다.

sink
가라앉다

I watched the sun slowly sink below the horizon.
나는 해가 지평선 아래로 서서히 가라앉는 것을 지켜보았다.

sink in
충분히 이해되다

I didn't believe it at first, it took a moment for the news to sink in.
처음에 나는 그 소식을 믿지 않았다. 그 소식을 받아들이는 데는 시간이 좀 걸렸다.

'이해되다, 받아들여지다'라는 뜻이다. 깨달음이 지속적인 순간이나 기억으로 이어지는 바로 그때를 뜻한다.

sink into
… 빠져들다, 가라앉다

I like to sink into a good book when it's raining outside.
밖에 비가 오면 나는 좋은 책에 푹 빠지는 걸 좋아한다.

'특정한 상태나 조건에 점진적으로 들어가다, 몰두하다'를 뜻한다. 문자 그대로의 뜻으로는 sink into a sofa or mud 소파나 진창에 파묻히다 로 쓰이고, 비유적으로는 sink into a film or book 영화나 책에 빠지다, 몰두하다 으로 쓰일 수 있다.

sink money into
돈을 투자하다, 낭비하다

We decided to sink money into house renovations hoping that it would increase the value of the home.
나는 집의 가치가 올라가기를 바라며 집 개조에 돈을 투자하기로 결정했다.

결과를 철저히 따져보지 않고 특정한 프로젝트나 벤처 사업, 시도에 상당한 액수의 돈을 투자하거나 지출하는 행위를 가리킨다.

(a) sinking feeling
가슴이 철렁하는 느낌

I have a sinking feeling that I left my bank card in the taxi earlier.
전에 신용카드를 택시 안에 두고 내렸을 때처럼 가슴이 철렁 내려앉는 기분이다.

재난, 문제, 역행, 나쁜 소식 등으로 인한 불안과 걱정, 좌절을 가리킨다. 주로 부정적인 감정을 나타내며 무언가 잘못되었다는 걸 불현듯 깨닫는 경우에 쓰인다

(a) sinking ship
침몰하는 배

This company is a sinking ship now that we've lost half the workforce and the CEO.
지금 이 회사는 인력의 절반과 최고경영자를 잃은 상태로 침몰하고 있는 배와 다를 바 없다.

'중대한 어려움을 겪고 있거나, 실패 직전에 있는 상황이나 조직 혹은 프로젝트'를 은유적으로 가리키는 표현이다. 비즈니스 환경에서 주로 쓰인다.

sink or swim
죽이 되든 밥이 되든, 승패를 하늘에 맡기다

In this competitive industry, new start up businesses will either sink or swim.
경쟁이 심한 산업에서 신생 기업은 자력으로 살아남느냐 아니면 완전히 망하느냐, 둘 중 하나이다.

자신의 노력으로 성공해야 하거나, 그렇지 않으면 실패에 직면해야 하는 상황을 가리킬 때 사용되는 표현이다. 대안이나 중간 지점은 없다.

sink into oblivion
잊혀지다, 망각되다

With the rapid advancements in technology, traditional businesses may quickly sink into oblivion.
테크놀로지의 급속한 발전으로, 전통적인 기업체들이 빠른 속도로 잊힐 수 있다.

대중의 시야에 서서히 사라지거나 잊혀지는 현상을 뜻하는 비유적 표현이다.

hinge
경첩,
...에 의해 정해지다

명사로 쓰인 hinge는 방문이나 대문이 앞뒤로 움직이며 열리도록 해 주는 금속 중심축('경첩')을 가리킨다. 동사 hinge는 방향 전환을 가능하게 해 주는 중심점이나 다른 것들의 근거나 연결 고리가 되는 중요한 요인과 관련되어 쓰인다. 특히 후자의 정의는 토론, 정치, 결정과 전략 등에 대해 언급할 때 무척 유용하게 사용된다.

많은 이야기와 영화 줄거리가 특정한 과제나 선택 혹은 사건을 중심으로 전개된다 hinge upon a specific task, choice, or event. 《The Lord of the Rings 반지의 제왕》(2001-2003) 3부작은 절대 반지를 모르도르에 가져가 파괴하려는 무리가 이야기의 중심축을 이룬다 hinges upon the group. 《To Kill a Mockingbird 알라바마 이야기/앵무새 죽이기》(1962)와 《A Time to Kill 타임 투 킬》(1996)처럼 인종 문제가 얽힌 사건을 다룬 법정 영화들은 판사의 판결이 결정적 역할을 하는 경우가 많다 hinge upon the decision of a judge.

hinge 경첩을 달다	The heavy wooden shutters hinged outward, providing protection from the storm. 무거운 목재 덧문이 바깥쪽으로 열려, 폭풍을 막아준다.
hinge upon ...에 달려 있다	The success of the business hinges upon getting enough clients. 사업의 성공은 충분한 고객을 확보하느냐에 달려 있다.

'무언가에 달려 있다, 무언가에 의해 결정되다'라는 뜻이다.

hinge around 특정한 논점이나 쟁점을 중점적으로 다루다	The political debate hinged around the need for cost-cutting measures. 경비 절감 대책의 필요성을 중심으로 정치 토론이 벌어졌다.

nod 끄덕이다

머리를 위아래로 움직이다. 동의, 인정, 감사, 이해를 뜻하는 몸짓으로 사용되는 경우가 많다. 이 단어에 해당하는 비언어적 몸짓도 커뮤니케이션에서 흔히 사용된다. 이 항목에 제시된 많은 단어가 그렇듯이, nod도 명사와 동사로 사용될 수 있다.

nod
끄덕이다

He nodded politely as he passed his colleague in the hall.
그는 복도에서 동료를 지나치면서 공손히 고개를 끄덕였다.

nod off
깜빡 졸다

When I get home after work, I like to nod off in front of the TV before dinner time.
나는 퇴근해서 집에 도착하면, 저녁을 먹기 전 텔레비전 앞에 앉아 깜빡 조는 시간을 즐긴다.

'잠깐 동안 의도하지 않게 잠들다'를 뜻하는 표현이다. 상당히 자주 쓰이는 구동사로 일상의 대화에서 사용해도 괜찮다.

nod along
줄곧 고개를 끄덕이다

I'm not sure what my wife was talking about, but I just nodded along.
아내가 무엇에 대해 말했는지 명확히 기억나지는 않지만 난 그냥 계속 고개를 끄덕였다.

누군가 말하는 걸 귀담아듣는 동안 동의한다는 뜻으로 고개를 끄덕이는 행위를 가리킨다.

(a) nod and a wink
약간의 힌트

My manager gave me a nod and a wink, indicating that it was okay to take a longer lunch break today.
내 매니저가 고개를 끄덕이고 윙크하며, 오늘 점심 시간을 더 길게 가져도 괜찮다는 신호를 보냈다.

미묘하고 간접적인 커뮤니케이션 수법으로, 관련된 사람들끼리 주고받는 힌트를 가리킨다. 이 표현에는 명시적으로 언급되진 않지만 관련된 사람들 사이에 공유되어 서로 알아듣는 비밀이나 합의라는 뜻이 함축되어 있다. '고개를 끄덕임과 윙크' a nod or a wink 같은 단순한 몸짓으로도 공개적인 논의 없이 어떤 의도와 메시지를 전달하는 게 충분하다는 뜻이기도 하다. 만화와 책을 기반으로 각색한 영화들은 이른바 Easter eggs 부활절 달걀, 팬들에게 통용되는 농담이나 재미로 숨겨 놓은 메시지 등을 통해 팬들에게 a nod and a wink 약간의 힌트 를 제공한다. 마블 코믹스의 공동 창업자인 스탠 리 Stan Lee, 1922-2018 는 마블이 제작에 관여한 모든 영화에 다양한 캐릭터로 잠깐씩 등장하곤 했다.

pinch 꼬집다

인체는 엄지와 다른 손가락 사이에 물체를 끼워넣고 누름으로써 압박을 가할 수 있고, 무언가를 pinch 꼬집다/쥐어짜다 할 수 있다. 게다가 인체는 외부의 압력이나 압박이 유발하는 크고 작은 고통을 받을 때 pinched 꽉 죄다 된 느낌을 받을 수 있다.

pinch
꽉 죄어 아프게 하다

My new leather shoes are quite hard and they're pinching my feet.
새 가죽 구두가 상당히 딱딱해 발이 꽉 죄어 아프다.

pinch in
조이다, 여미다

She pinched in the waist of the dress to make it more form-fitting.
그녀는 드레스의 허리 부분을 단단히 여며 몸에 더 달라붙게 만들었다.

주로 의상과 관련해 쓰이며 '여러 부위를 모아 단단히 여미거나 조이다'라는 뜻이다.

pinch pennies
지출을 최대한 줄이다

She lost her job, so she's been pinching pennies to pay the rent.
그녀는 실직했다. 그래서 집세를 내려고 지출을 최대한으로 줄였다.

절약하고 아끼며, 신중하게 지출해야 하는 경우에 사용되는 표현이다.

take it with a pinch of salt
가감해서 듣다

I read some gossip online but I'll take it with a pinch of salt until I see it reported in the news.
나는 온라인에서 이런저런 소문을 읽지만, 뉴스로 보도되는 걸 확인할 때까지 완전히 진실로 받아들이지 않는다.

a pinch of salt는 조리법에서 주로 사용되는 표현으로 '소량의 소금을 음식에 더하는 행위'를 가리킨다('한 꼬집의 소금'). 하지만 take it with a pinch of salt는 '무언가를 의심하며 받아들이다, 완전히 믿지는 않는다'라는 뜻이다. 약속, 과장된 이야기, 소문, 검증되지 않은 정보 등에 사용된다.

in a pinch
궁지에 몰린, 유사시에

We forgot to bring the right documents so in a pinch I asked my brother to send photos of them.
우리는 적절한 자료를 가져오는 걸 잊었다. 그래서 궁여지책으로 나는 동생에게 그 자료를 사진으로 찍어 보내달라고 부탁했다.

곤경에 빠지거나 어려운 국면을 맞아, 당장 이용할 수 있는 걸로 때워야 하는 상황을 가리킨다. 이 표현은 다양한 맥락에서 '어려운 상황에서 지략을 발휘해 그럭저럭 헤쳐나가는 경우'를 표현할 때 사용된다. 《Ocean's Eleven 오션스 일레븐》(2001)에서, 의기투합한 사기꾼 con artist 들은 종종 곤경에 빠지지만 그때마다 기민하게 생각하고 지략을 짜내 빠져나온다.

stoop
구부정하게 걷다, 서다

몸을 앞쪽과 아래로 구부리다, 혹은 무언가의 높이를 낮추거나 줄이다. 바닥에 닿으려고 허리를 굽혀 몸을 낮추는 행위도 stoop이다. 무릎을 바닥 높이까지 구부리는 a squat쪼그려 앉은 자세와는 다르다. 연령이 높은 노인이나 신체에 문제를 지닌 사람의 자세를 흔히 stoop down허리가 굽다이라 표현한다. 예컨대 《Batman Returns 배트맨 2》(1992)에서 대니 드비토 Danny Devito가 연기한 펭귄은 a hunched posture등이 굽은 자세를 취하고 있다.

비유적으로 쓰일 때 stoop은 '정신적으로 자신을 낮추다, 비하하다'를 뜻할 수 있다. stoop to the level of another person은 '도덕성과 행동을 그(사람)의 수준으로 낮추다'라는 뜻이다. 우리가 다른 사람의 수준에 맞지 않다는 걸 말하려 할 때 주로 이 단어가 쓰인다. 고등학생들의 생활을 묘사한 많은 영화에는 저급하게도 약한 학생을 괴롭히거나 험담하는 행위에 가담하지 않으며 다른 학생들의 수준까지 stoop떨어지다 하는 걸 거부하는 등장인물들이 있다. 《Mean Girls 퀸카로 살아남는 법》(2004)에서 이른바 '일진'popular clique의 못된 행동을 거부하며 그들의 압박에 굴복하지 않는 쪽을 선택한 전학생이 대표적인 예이다.

stoop
허리를 구부리다

She had to stoop to pick up the fallen papers.
그녀는 허리를 굽혀 떨어진 종이를 주웠다.

stoop to someone's level
비열해지다, ...의 수준으로 비열하게 행동하다

He insulted me during the meeting but I'm not going to stoop to his level.
그는 회의하는 동안 나를 모욕했지만 나까지 그의 수준에 맞추어 비열해지지 않으려 한다.

'누군가처럼 천박하고 비윤리적으로 행동하다'라는 뜻이다.

duck 수그리다

꽥꽥quack 소리를 내는 조류를 가리키는 단어가 아니다. 동사 duck은 '무언가를 피하려고 머리나 몸을 재빨리 낮추다'라는 뜻이다. 영화에는 등장인물들이 위험한 물건, 주먹, 탄환 등을 피하려고 duck몸을 수그리다하는 장면이 무수히 많다. 《Die Hard다이 하드》(1988)의 주인공은 무기도 없이 테러리스트들의 위협에 맞선다. 그래서 시시때때로 그는 은폐물 뒤로 duck해야 한다. 《Kill Bill: Volume 1킬 빌 1부》(2003)에 자주 등장하는 칼 싸움 장면에서, 등장인물은 '몸을 재빨리 낮추며'duck 칼이나 다른 무기를 슬쩍 피한다parry with swords and other weapons.

duck
수그리다

She had to duck to avoid hitting her head on the low doorway.
그녀는 낮은 출입구에 머리가 부딪히는 걸 피하기 위해 머리를 수그려야만 했다.

duck into
재빨리 들어가다

Wait here for a moment, I'm going to duck into the bakery to get some bread.
여기에서 잠깐만 기다려 줘. 얼른 빵집에 들어가서 빵을 좀 사 올게.

'재빨리 잠깐 동안 들어가다, 입장하다'라는 뜻이다. 심부름 등 일상적인 상황에서 주로 쓰이는 표현이다.

duck out (of something)
...을 빨리 떠나다

I need to duck out of the meeting to see a client as soon as it's finished.
회의가 끝나자마자 고객을 만나야 해서 회의장을 급히 떠나야 한다.

'신속하게 혹은 눈에 띄지 않게 어떤 장소를 떠나다, 빠져 나오다'라는 뜻이다.

duck and cover
표면 아래로 몸을 숙이고 두 손으로 얼굴을 가리다

During the earthquake, the teacher told us to duck and cover under our desks.
지진이 일어나는 동안, 선생님은 우리에게 책상 아래에 들어가 몸을 웅크리고 두 손으로 얼굴을 보호하라고 말했다.

duck and cover라는 표현은 냉전 시대, 특히 미국의 공공 안전 캠페인에서 주로 사용되었다. 핵폭발이나 핵공격이 있을 경우 자신을 지키는 방법으로 국민들에게 교육됐다. 지금은 안전이나 비상 사태와 관련된 다양한 상황에서 사용된다.

skew
비뚤어지게 하다

무언가 변하고 휘어지고 비틀리게 하다. 일반적으로 skew는 어떤 형태로든 부적절하게 정렬되거나 비스듬히 기울어진 현상을 가리키는 데 사용된다. 형용사 skewed로 사용되면 '왜곡되거나 부정확한' distorted or incorrect 것을 뜻한다. a skewed sense of reality 왜곡된 현실 감각를 지닌 사람을 그린 영화가 많다. 《Donnie Darko 도니 다코》(2001)와 《The Machinist 머시니스트》(2004)가 대표적인 예로, 이런 영화 속 주인공들은 사실과 허구를 구분하는 데 어려움을 겪는다.

skew
비스듬해지다, 비뚤어지다

The camera tripod is a little skewed to the left side.
카메라 삼각대가 왼쪽으로 살짝 비뚤어졌다.

skew the odds
결과의 확률을 조작하다, 바꾸다

I think the new player will help to skew the odds of the team winning.
새로 영입한 선수가 팀의 승률을 바꾸는 데 도움이 될 거라 생각한다.

skew the results
결과를 왜곡하다

If there are any biased questions in the survey, it could skew the results of the research.
조사에 편향된 질문이 들어 있다면 연구 결과가 왜곡될 수 있다.

연구, 실험, 평가의 결과에 영향을 미치며, 그 결과를 왜곡할 가능성이 있을 때 사용되는 표현이다.

squash
으깨다, 짓누르다

무언가를 힘으로 으스러뜨리다, 깨부수다. 무언가를 작은 공간에 밀어넣다. squash는 주로 과일과 채소, 벌레, 꽃 같은 유기물과 함께 사용된다. squash는 요리하는 경우처럼 의도적으로 행해지기도 하지만 우발적으로 행해질 수도 있다. squash pillow/soft toy납작하게 만들다도 가능하다. squash는 idea아이디어, rumor소문, political movement정치 운동, rebellion반란을 '묵살하다, 진압하다' 라는 뜻으로도 사용된다. 《Les Misérables레 미제라블》(2012) 은 19세기 프랑스를 무대로 한 영화로, 군주가 1832년 6월의 봉기를 '진압하려는'squash 모습이 그려진다.
squash는 테니스와 약간 비슷하지만, 라켓으로 공을 벽에 때리는 운동의 명칭('스쿼시')이기도 하다. 이 운동에 squash라는 이름이 붙여진 이유는 라켓으로 공을 때릴 때 공이 벽에 부딪힌 튀어나오면서 squashed찌그러지다 되기 때문인 듯하다.

squash
짓눌러 뭉그러뜨리다

I accidentally squashed the tomatoes while packing them into the bag.
나는 토마토를 가방에 넣다가 실수로 으깨버렸다.

squash one's hopes
누군가의 열망이나 꿈을 좌절시키다, 으스러뜨리다

The rejection letter from the university seemed to squash her hopes of pursuing her dream career.
대학에서 온 탈락 통지서에 그녀는 꿈꾸던 직업을 쫓던 희망이 사라진 듯했다.

squashed in like sardines
빽빽히 들어찬, 꽉 채워진

On the crowded subway during rush hour, commuters were squashed in like sardines.
러시아워에 붐비는 지하철에는 통근자들도 발디딜 틈이 없을 정도였다.

정어리가 통조림에 꽉 들어찬 것처럼 사람이나 물건이 한정된 공간에 빽빽이 들어찬 상황을 묘사하는 데 사용되는 관용구이다.

kneel
무릎을 꿇다

존경이나 공경, 복종, 탄원의 표시로 한쪽 혹은 양쪽 무릎을 꿇는 자세를 취하다. 일반적으로 우리는 종교적 예배, 청혼, 스포츠 행사에서 kneel 무릎을 꿇다 한다. 무릎을 꿇고 바닥을 청소할 때도 kneel이란 동사가 사용된다(We kneel for cleaning the floor).
kneel이란 행위는 역사극과 중세 판타지 영화에 무척 흔히 등장한다. 《Excalibur 엑스칼리버》(1981)의 등장인물은 아서왕 앞에서 '무릎을 꿇고' kneel 충성 loyalty과 견마지로 fealty를 맹세한다. 《Gladiator 글래디에이터》(2000)에서는 등장인물들이 콤모두스 황제 앞에 무릎을 꿇고 kneel 로마의 지배자에게 복종과 공경의 마음을 나타낸다.

kneel
무릎을 꿇다

She knelt down to tie her shoelaces.
그녀는 무릎을 꿇고 신발끈을 묶었다.

kneel before
누군가, 무언가의 앞에 무릎을 꿇다

Kneel before your leader.
너의 지도자 앞에 무릎을 꿇어라.

'존경과 복종의 표시로 누군가의 앞에 무릎을 꿇다'라는 뜻이다. kneel before는 영화에서 흔히 사용되는 비유적 표현이다. 예컨대 강력하고 사악한 존재가 사람들에게 복종의 표시로 자기 앞에 kneel before하라고 요구한다. 《Thor: Ragnarok 토르: 라그나로크》(2017)에서 케이트 블란쳇 Cate Blanchett 이 연기한 헬라가 아스가르드 백성에게 순종을 요구하며 Kneel before your queen 너희 여왕 앞에 무릎을 꿇어라 하라고 명령하는 장면이 대표적인 예이다.

kneel in prayer
무릎을 꿇고 기도하다

The congregation knelt in prayer during the church service.
회중은 교회 예배 시간에 무릎을 꿇고 기도했다.

'기도하고 예배하는 자세로서 무릎을 꿇다'라는 뜻이다.

바깥쪽으로 뻗기와 밀기
STRETCH/ PUSH

stretch	unfurl
open	elongate
extend	widen
reach	strain
expand	enlarge
span	amplify
spread	exaggerate
lengthen	protract
inflate	accentuate
grow	tremble
prolong	shake
broaden	squirm
swell	wiggle/wriggle
unfold	bump
flare	

stretch
늘이다, 펴다

stretch는 문자 그대로의 뜻으로 팔다리를 펴며 근육을 '늘이다'stretch muscles라는 표현으로 사용된다. 슈퍼히어로 애니메이션 영화 《The Incredibles 인크레더블》(2004)에서 엘라스티걸은 몸을 stretch하는 놀라운 탄력성을 보여준다. 동사 stretch는 비유적으로 확대하고 확장하며 한계를 밀어붙인다는 뜻의 다양한 맥락에서도 쓰인다.
이 같은 예로는 stretch limits 한계를 늘이다, stretch the truth 진실을 왜곡하다/사실을 과장하다, stretch resources 자원을 확충하다, stretch a budget 예산을 늘리다 등이 있다. '인간의 한계를 넘어서다'stretch the limits of humanity를 주제로 다룬 영화가 많다. 봉준호 감독의 《Snowpiercer 설국열차》(2013)는 하층 계급의 승객들이 계급 불평등에 도전하는 이야기를 담았다.

stretch 펴다, 뻗다	After the long flight, passengers were encouraged to stand up and stretch their legs. 오랜 비행을 끝낸 뒤 승객들은 일어서서 다리를 쭉 펴라는 권고를 받았다.
stretch out 몸을 뻗고 눕다	After the long hike, they decided to stretch out on the grass. 오랫동안 하이킹한 뒤 그들은 풀밭에 누워 팔다리를 쭉 뻗기로 했다.

'큰 대자로 누워 몸을 쭉 뻗다'라는 뜻이다.

stretch along …을 따라 쭉 늘어서다	The beautiful beach stretches along the coastline. 아름다운 해변이 해안선을 따라 쭉 뻗어 있다.

'일렬로 혹은 한 방향으로 늘어서다'라는 뜻이다. 주로 지형과 풍경에 쓰인다.

stretch your wings 날개를 펴다, 새로운 것을 시도하다	I've decided I want to stretch my wings and try something new. 나는 날개를 펴고 새로운 것을 시도하기로 결정했다.

'새로운 것을 도모하다, 시도하다' 혹은 '경험을 확장하다'라는 뜻이다. 많은 영화에서 개인의 성장과 해방, 난관의 극복 등을 상징하는 모습으로 비행하는 장면을 사용한다. 예컨대 스튜디오 지브리가 제작한 《Spirited Away 센과 치히로의 행방불명》(2001)에서는 어린 여주인공 치히로가 백룡의 모습으로 나타

난 강江의 신, 하쿠의 등에 올라타고 하늘로 치솟아 오른다. 그 장면은 정령들의 환상적인 세계를 향한 치히로의 여정만이 아니라 용기와 회복 탄력성에 대해 이해하는 치히로의 개인적인 성장을 상징한다.

(a) bit of a stretch
약간의 과장

The unbelievable ending of the movie was a bit of a stretch.
그 영화의 믿기지 않는 결말은 약간 과장된 것이었다.

무언가가 부자연스럽고 믿기 힘들어, 이해하려면 상당한 상상이 필요하다는 걸 뜻하는 데 사용되는 표현이다. 과장되고 그럴듯하지 않은 것은 a bit of a stretch이다.

stretched too thin
무리하다, 과도하게 시도하다

Since the new project started, the team has been stretched too thin.
새 프로젝트가 시작된 이후 팀이 과도한 부담을 짊어지게 되었다.

누군가 혹은 무언가가 한계와 역량 너머까지 끌려가고 확대되는 상황을 뜻하는 데 사용되는 표현이다. 개인이나 개체가 과중한 부담을 짊어지고, 지나친 요구로 인해 어려움에 직면했다는 뜻이 함축된 표현이기도 하다. 업무량, 자원과 예산, 재정 및 기반 시설과 관련해 비즈니스 분야에서 자주 쓰인다.

open 열다

입구를 개봉하다, 밀폐 용기로부터 뚜껑을 제거하다. open되는 대상으로는 door방문, window창문, box상자, bag가방, wallet납작한 지갑, coin purse동전 지갑 등이 있다. 《Willy Wonka & the Chocolate Factory초콜릿 천국》(1971)와 《Wonka윙카》(2023)는 환상적인 초콜릿 공장의 정문을 open하는 기이한 공장 주인에 대한 영화이다.
open은 '시작하다, 개시하다, 사용할 수 있게 하다, 참가할 수 있게 하다'를 뜻할 수도 있다. 이런 뜻의 open이 쓰이는 대상으로는 shop상점과 software소프트웨어가 있다. 예컨대 사용하기 위해서 우리가 open하는 것이고, 사용이 끝나면 close하는 것이다. 구체적으로 말하면, a shop opens는 '문이 열리고 손님을 받을 준비를 끝내다'라는 뜻이다. open은 새로운 사업이 착수된 때를 가리키는 데도 사용된다. 톰 행크스와 멕 라이언이 주연한 로맨틱 코미디 영화 《You've Got Mail유브 갓 메일》(1998)에서, 여자는 아주 작은 독립 서점을 open한다. 이때의 opne은 '개업하다'라는 뜻이다.

open 열다	Leave the door open, I'm expecting someone. 문이 열린 채 두어라. 누군가를 기다리고 있으니까.
(an) open invitation 언제 방문해도 좋다는 초대, 항시적인 초대	Our weekly book club meeting is an open invitation, so feel free to join us anytime. 우리 주말 북클럽 모임은 문이 항상 열려 있으니, 언제든 자유롭게 함께하세요.

행사나 모임에 참여하거나 참석하기를 원하는 사람에게 항상 열려 있는 초대를 뜻한다. 그 초대를 받을 수 있는 사람에 대해 어떤 제한이나 제약이 없다는 뜻이 함축된 표현이다.

(an) open secret 공공연한 비밀	The affair between the two celebrities was an open secret in Hollywood for years before it became public knowledge. 두 유명인의 불륜 관계는 대중에게 알려지기 수년 전부터 할리우드에선 공공연한 비밀이었다.

정식으로 인정되거나 공개적으로 논의되지는 않았지만 널리 알려지거나 양해되었던 정보나 소식을 뜻한다. an open secret는 많은 사람이 알지만 관련된 사람들이 아직 명시적으로 확인해 주거나 인정하지 않은 것을 가리킨다.

open to criticism
비판을 기꺼이 받아들이다

A good leader should be open to criticism and willing to listen to the concerns.
좋은 리더라면 비판을 기꺼이 받아들이고 우려에 귀를 기울여야 한다.

'행동과 결정, 업무와 관련하여 다른 사람의 판단과 평가 및 피드백을 기꺼이 받아들이다, 수용하다'를 뜻한다. 부정적이고 도발적인 비판이라도 건설적인 비판을 적극적으로 고려하며 무언가를 배우려는 의지가 함축된 표현이기도 하다.

break open
부수고 열다

I need to pay for this holiday, so let's break open the piggy bank.
이번 휴가에 돈이 필요해. 돼지 저금통이라도 깨서 열어야겠어.

'무언가를 강제로 열다'라는 뜻이며, 이 표현에는 급작스럽게 폭력적인 행동이 수반되는 경우가 많다.

keep an open mind
보류하다, 열린 마음을 갖다

It's important to keep an open mind and listen to all sides of the argument before forming an opinion.
의견을 결정하기 전에 열린 마음을 갖고 양측의 주장을 모두 경청하는 게 중요하다.

누군가에게 새로운 아이디어, 의견이나 관점을 서둘러 부정하지 말고 적극적으로 수용하라고 조언하는 관용적 표현이다.

welcome someone with open arms
두 팔을 벌려 환영하다

Let's welcome our new team members with open arms.
새로운 팀원을 따뜻한 마음으로 뜨겁게 환영하자.

'누군가를 따뜻하고 열정적으로 환영하다'라는 뜻이다. 진심과 진의 및 친근감이 담긴 표현이기도 하다.

open Pandora's box
판도라의 상자를 열다, 사태를 더욱 악화시키다

The release of these leaked documents have really opened Pandora's box and let the world know about this corruption.
누출된 문서가 공개되면서 실제로 판도라의 상자가 열렸고, 온 세상이 그 부패에 대해 알게 되었다.

판도라에 대한 그리스 신화에서 기원한 관용구이다. 인류 최초의 여성, 판도라에게 상자(실제로는 항아리)가 주어지며 절대 열지 말라는 당부가 있었다. 하지만 판도라는 궁금증을 이기지 못하고 상자를 열었고, 그로 인해 온갖 악과 불행이 세상에 퍼지게 되었다.

extend
확대하다, 연장하다

무언가를 더 길게, 더 넓게, 더 크게 만들다. 문자 그대로의 뜻으로 extend는 누군가를 악수로 맞이할 때 extend your hand 손을 내밀다, 뻗다와 같이 쓰인다.
extend는 deadline 마감 시한, event 행사 등 주로 시간과 관련된 명사와 함께 쓰인다. 예컨대 students ask the teacher for an extension 학생들이 선생에게 마감 시한 연장을 요구하다 하는 경우는 무척 흔하다. 이때 extension은 '숙제를 끝내기 위한 추가 시간'을 뜻한다. 영화가 극장에서 상영된 뒤 극장판에서 삭제된 장면을 추가한 Extended Edition 확장판으로 출시되기도 한다.
extend는 '대상, 영향력, 범위를 확대하다'라는 뜻으로도 사용된다. 이런 뜻의 extend와 함께 쓰이는 명사로는 Internet coverage 인터넷 서비스 범위, marketing 마케팅, product availability 제품 이용 가능성, road networks 도로망, provision of healthcare 의료 혜택 제공, community services 지역 사회 봉사, humanitarian aid 인도적 지원 등이 있다. 모두 정부와 기업, 조직이 extend 확대하다 하기를 바라는 항목들이다.

extend
뻗다, 확대하다

Reach up and extend your arms towards the ceiling as part of the stretching routine.
스트레칭 방법의 하나로 두 팔을 천장으로 쭉 뻗어 올려라.

extend credit
외상을 주다, 신용을 확대하다

A car dealership may extend credit to a customer, allowing them to pay through monthly installments.
자동차 대리점은 고객에게 외상을 주며, 매월 분할해 납부하도록 해 줄 수 있다.

고객이나 기업이 재화나 용역을 구입하면서 관련 금액을 나중에 지급하는 걸 허용하는 행위를 가리킨다.

extend (deepest) sympathy to
…에 깊은 동정심을 표현하다, 전하다

I wanted to extend my deepest sympathy for the loss of your father.
네 아버지가 돌아가신 데 대해 깊은 애도의 마음을 전하고 싶어.

슬픔과 상실 등 어려운 상황에 처한 사람에게 연민과 이해, 지원의 뜻을 전달하는 의례적이고 정중한 표현이다. 영어에는 어려운 상황을 에둘러서 간접적으로 정중하게 말하는 표현 방법이 많다. '죽다'를 die 대신 pass away로 말하는 것도 한 예이다.

extend an olive's branch
화해를 청하다

After a period of conflict, the two nations agreed to extend an olive branch and initiate talks for a peaceful resolution.
오랜 기간 갈등이 있은 후, 두 국가는 화해와 평화적 해결을 위한 회담을 시작하기로 합의했다.

고대 그리스 신화에서 올리브 나무는 평화와 번영, 승리를 뜻하는 신성한 상징물이 되었다. extend an olive branch는 평화나 화해를 제안하는 몸짓과 관련이 있다. 올리브 가지를 내미는 행동은 갈등 해결과 화합에 대한 열망을 드러내는 상징적 행위이다.

extend one's hand
손을 내밀다, 도움을 주다

Despite our differences, we promise to extend our hands in support during this difficult time.
우리는 서로 간의 차이에도 불구하고, 어려운 기간 동안 서로 돕기로 약속했다.

문자 그대로는 인사를 하려고 extend your hand 손을 내밀다 하는 것이다. 그러나 관용적 표현으로는 '도움, 지원을 주다'라는 뜻으로 사용된다. Extending one's hand는 우애, 지원, 인사 등을 뜻하는 상징적 동작이다.

reach
닿다, 내밀다

reach에는 확장이나 도달과 관련된 여러 의미가 있다. reach는 '물리적으로 무언가를 만지거나 잡기 위해 팔이나 몸을 뻗다, 내밀다'를 뜻할 수 있고, '누군가와 연락을 취하다'를 뜻할 수도 있다.

스티븐 스필버그의 영화 《E.T. the Extra-Terrestrial E.T.》 (1982)에는 외계인이 어린 소년의 손에 닿으려고 반짝이는 손가락을 reach out 내밀다 하는 상징적인 장면이 있다. 이 장면은 reach에 담긴 문자 그대로의 뜻, '내뻗기, 내밀기'를 보여줄 뿐만 아니라 소년과 외계인이 서로 접촉하고 교감한다는 은유로도 사용된다.

reach는 '특정한 지점, 수준, 목표에 도달하는 데 성공하다'를 뜻하기도 한다. 《Rocky 록키》(1976)와 《The Karate Kid 베스트 키드》(1984) 같은 영화는 목표를 달성하겠다고 reach 또는 attain 굳게 다짐한 등장인물의 성공 과정을 보여준다.

끝으로, reach는 '어떤 거리까지 뻗다, 특정한 지역까지 퍼지다'를 뜻한다. 해변, 도시, 숲, 공원, 산 같은 지형은 '어떤 거리까지 뻗어가며' reach over 그 규모와 범위를 보여준다.

reach
뻗다

She reached for the book on the top shelf.
그는 꼭대기 선반에 있는 책을 잡으려고 손을 뻗었다.

within arm's reach
손이 닿는 곳에

Many people believe that space travel is within arm's reach.
우주 여행이 이제 손 닿는 곳에 있다고 믿는 사람이 많다.

문자 그대로는 팔을 뻗으면 쉽게 도달하고 접속할 수 있을 정도로 가까이 있는 것을 가리키는 데 사용되는 표현이다. 예컨대 당신이 소파에 있는 동안 텔레비전 리모컨을 가리킨다고 생각해 보면 된다. 비유적으로는 '추상적인 의미에서 도달할 수 있는 목표'를 가리킬 때 사용된다. 예컨대 fitness 신체 단련, academic performance 학업 성적, science research 과학 연구, technological development 테크놀로지 발달 등과 관련해 쓰인다.

beyond reach
손이 닿지 않는 곳에, 힘이 닿지 않는 곳에

Climbing Mount Everest is a dream that is beyond reach for most people.
에베레스트산 등정은 대부분의 사람에게 능력 밖의 꿈이다.

beyond reach도 문자 그대로의 뜻과 비유적인 뜻으로 사용된다. 텔레비전 리모컨이 '손이 닿지 않는 곳' beyond reach 에 있을 수 있고, 도달할 수 없는 목표도 beyond reach라 표현된다.

reach a boiling point
최고조에 이르다, 극에 달하다

With all the exams coming up, I feel like I've reached a boiling point with stress.
모든 시험이 코앞에 다가왔다. 나는 스트레스가 최고조에 달한 기분이다.

극단적으로 긴장되고 감성적이 되는 상황이나 환경을 가리키는 관용적 표현이다. 감정이나 좌절감이 극단적인 수준까지 치달은 상황을 묘사하는 데도 종종 사용된다.

reach a compromise/
a decision/an understanding/
an agreement
타협/결정/양해/합의에 도달하다

After weeks of negotiations, the labor union and management were able to reach a compromise on wages and working conditions.
수주 간의 협상이 있은 뒤에야 노동조합과 경영진은 임금과 노동 조건에 대한 타협에 이를 수 있었다.

갈등이 해결되면 우리는 we have reached an agreement라 표현하거나, agreement 대신 위에 나열한 단어를 사용해 표현할 수 있다.

reach a milestone
중대 시점에 이르다

I feel like we have reached a milestone when we celebrate our 10th anniversary next year.
내년에 10주년 기념식을 할 때 상당한 성취를 이루어낸 것 같은 기분일 듯하다.

milestone이정표은 중요한 의미가 있는 성취를 가리킨다. 예컨대 개인에게는 '결혼', 기업체에게는 '신상품 출시' 같은 것이다. milestone은 성공의 표지로 쓰이고, 때로는 '노력과 헌신, 인내의 정점'을 상징하기도 한다. reach a milestone은 '성취의 순간' moment of accomplishment 을 가리키는 표현이다.

reach a turning point
전환점에 이르다

The world has reached a turning point in its commitment to environmental sustainability by implementing recycling programs and reducing carbon footprints.
세계가 재활용 프로그램을 시행하고 탄소 발자국을 줄임으로써 환경의 지속 가능성을 위한 노력에서 전환점에 이르렀다.

'삶의 다양한 측면에서 중대한 변화가 일어나는 순간'과 관련하여 사용되는 표현이다. 개인의 경력과 성장, 건강, 교육, 환경, 범세계적인 사건 등과 관련해 쓰일 수도 있다.

reach a conclusion
결론에 이르다

The Board of Directors has reached a conclusion that this project is not viable.
이사회는 이 프로젝트가 실행 가능하지 않다는 결론을 내렸다.

증거와 추론 및 심사숙고에 근거해 결정하거나 판단을 내리는 경우에 사용되는 표현이다.

expand
팽창시키다, 펼치다

크기, 부피, 양, 범위, 폭을 늘리는 행위를 가리킨다. 성장과 확장 및 팽창과 관련된 뜻이 함축되어 있다. 《Ant-Man 앤트맨》(2015)은 슈트에 맞게 shrink and expand 수축하고 팽창하다 할 수 있는 등장인물이다.

expand는 사업, 성장, 신체의 변화와 관련해서도 자주 사용된다. 《The Social Network 소셜 네트워크》(2010)는 페이스북의 창립 과정 및 마크 저커버그 Mark Zuckerberg가 그 소셜 미디어 플랫폼을 expand 확장하다 하는 과정에서 부딪힌 난관과 법적 싸움을 다룬 영화이다.

expand
팽창하다, 커지다

After the holiday season, my belly always seems to expand.
휴가 기간이 끝나면, 내 배가 항상 부풀어오른 것처럼 보인다.

expand on
...에 대해 부연하다, 자세히 설명하다

I was asked by the teacher to expand on my answer to the question.
선생님이 나에게 그 질문에 대한 내 답을 자세히 설명해 보라고 요구했다.

'무언가에 대한 정보를 추가적으로 자세히 제공하다'라는 뜻으로 쓰인다.

expand into
...로 확대하다

The retail chain is looking to expand into online sales to reach a broader customer base.
이 소매 연쇄점은 고객 기반을 넓히기 위한 방법으로 온라인 판매로 확대하는 데 기대를 걸고 있다.

'새로운 분야나 시장에 진출해 성장과 확장을 꾀하다'라는 뜻이다.

expand one's horizons
시야를 넓히다

Traveling to different countries can help you expand your horizons and gain a new perspective on life.
외국 여행은 우리가 시야를 넓히고 삶을 새로운 관점에서 생각하는 데 도움을 줄 수 있다.

여행과 교육을 통해 경험과 지식을 넓힐 때 주로 사용하는 표현이다. 애니메이션 영화 《Up 업》(2009) 에서는 수천 개의 풍선에 매달린 집을 타고 남아메리카를 방문해 '시야를 넓히는' expands his horizons 노인이 주인공이다.

expand one's vocabulary
어휘력을 늘리다

Reading a lot can help to expand your vocabulary.
책을 많이 읽으면 어휘력을 향상하는 데 도움이 될 수 있다.

'폭넓은 단어와 표현을 익히고 사용하다'라는 뜻이다. 이 책은 '당신의 어휘력을 늘리는' expand your vocabulary 데 좋은 길잡이이다.

span 가로지르다

새의 wingspan날개폭은 새가 양 날개를 활짝 펼쳤을 때 한쪽 날개 끝에서 다른 쪽 날개 끝까지의 길이를 뜻한다. 무언가는 topics여러 주제, genres여러 장르, business markets여러 기업 시장, ages여러 연령, styles여러 양식에 '걸친다'span. 하나의 기업, 하나의 네트워크가 span across the world 세계를 망라하다 할 수 있다. 마블 영화의 히드라, 《Resident Evil레지던트 이블》 영화 시리즈의 엄브렐라 코퍼레이션 같은 악의적인 조직은 span the globe세계 전역에 뻗치다 해 있다. 한편 《Shaun of the Dead새벽의 황당한 저주》(2004)는 span across several genres여러 장르를 가로지르다 한 영화로 코미디와 공포가 뒤섞여 있다. 게다가 영화가 span over 7 releases 7편에 걸쳐 출시하다 된 까닭에 span across many age groups많은 연령대를 가로지르다 한 관객층을 지닌 《Harry Potter해리 포터》 시리즈처럼 매력을 지닌 영화도 있다. 프로젝트나 경력처럼 긴 호흡으로 존재하는 것은 수주 혹은 수십 년이란 시간을 span over가로지르다 한다. 당연히 등장인물의 며칠 혹은 평생을 span over하는 영화들이 있다. 예컨대 《Gandhi간디》(1982)는 인도가 독립을 위해 투쟁하는 동안 간디가 비폭력 시민 불복종으로 역할한 span기간 을 다룬다. 《Bohemian Rhapsody보헤미안 랩소디》(2018)는 라미 말렉Rami Malek이 연기한 프레디 머큐리Freddie Mercury 의 삶과 경력을 다룬 것으로, 힘겹게 발버둥치던 초창기부터 퀸 Queen의 리드 보컬로서 1985년 라이브 에이드 Live Aid 공연에서 펼친 역사적인 공연까지를 span한 영화이다.

span
가로지르다

The bridge spanned the river, connecting the two sides of the city.
그 다리는 강을 가로지르며 도시의 양안을 연결했다.

attention span
집중력 유지 시간

My attention span has gotten shorter after using TikTok and Youtube so much.
틱톡과 유튜브를 많이 사용한 이후로 집중력 유지 시간이 줄어들었다.

우리가 다른 곳에 신경을 팔거나 관심을 잃지 않고 어떤 과제나 활동에 집중할 수 있는 시간의 폭을 가리키는 표현이다.

span the globe
세계 전역으로 뻗어가다, 세계 전역을 포괄하다

Due to its delivery network, Amazon has the ability to span the globe, reaching customers in every continent.
아마존은 유통망 덕분에 모든 대륙의 고객을 찾아갈 수 있어, 세계 전역을 연결하는 역량을 지녔다.

spread
펴다, 펼치다

무언가를 어떤 영역이나 표면 위에 펼치고 늘리고 퍼뜨리는 행위를 가리킨다. spread는 무언가를 펼치는 행위 the act of expansion of something를 표현하는 다양한 맥락에 사용된다. 가장 흔히 사용되는 예는 버터와 잼처럼 토스트 위에 '바르는' spread 토핑이다. 이런 토핑은 흔히 명사 '스프레드' spread 라 불린다. 한편 news뉴스, information정보, fire불, virus바이러스는 동사 spread와 함께 주로 사용된다. spread는 비즈니스 환경에서도 사용된다(the spread of risk위험의 확산, the spread of market reach시장 규모의 확대). 《Outbreak아웃브레이크》(1995)와 《Contagion컨테이젼》(2011) 은 둘 모두 치명적인 바이러스의 spread확산를 다룬 영화이다. 《The Fifth Estate제5계급》(2013)는 줄리언 어산지Julian Assange가 어떻게 위키리크스WikiLeaks를 설립하고 기밀 정보를 퍼뜨렸는지spread를 다룬 영화이다. 《Social Network소셜 네트워크》(2010)는 페이스북의 탄생과 spread확산를 시간순으로 다루었다.

spread
바르다, 얇게 펴다

Do you want me to spread some butter on your toast?
내가 당신 토스트에 버터를 발라주길 바라나요?

spread like wildfire
삽시간에 퍼지다, 들불처럼 번지다

News of the celebrity scandal spread like wildfire across social media platforms.
유명인의 추문 소식이 소셜 미디어 플랫폼에 들불처럼 퍼졌다.

들불이 건조한 초원에 확산되는 것 spread over dry grassland 처럼 '통제할 수 없을 만큼 빠른 속도로 퍼지다'라는 뜻이다.

spread the word
말을 퍼뜨리다

Let's spread the word about the charity event happening next week.
다음 주에 열릴 자선 행사 소식을 널리 퍼뜨리자.

'다른 사람들에게 정보를 전달하다'라는 뜻이다.

spread yourself too thinly
한 번에 여러 가지 일을 하려다가 어느 하나도 제대로 못하다

Between my full-time job and part-time studies, I think I might have spread myself too thinly.
정규직으로 일하며 틈틈이 시간에 맞추어 공부하기 때문에 어느 하나도 제대로 해내지 못할 것 같다는 생각이 든다.

지나치게 많은 활동에 참여하거나 너무 많은 책임을 떠맡아, 그 모든 걸 다 룰 능력이나 효율성이 위험한 지경에 처한 경우를 가리킬 때 사용되는 표현이다.

lengthen
길게 하다, 늘이다

무언가를 더 길게 하거나 길이를 늘이는 행위를 가리킨다. lengthen은 물리적 물체 혹은 기간을 연장하거나 enxtend 길게 늘이는 elongate 경우를 표현하는 데 주로 사용된다. 여름 동안 햇살이 지속되는 기간 duration of daylight, 즉 낮의 길이는 lengthen 길어지다 된다. 비즈니스와 교육에서는 lengthen the timeline of projects or deadlines 프로젝트나 마감 시한 시간표를 연장하다 한다. 공상 과학 영화 《Interstellar 인터스텔라》(2014)에서는 상대성 이론의 영향으로 시간 팽창 time dilation 이 중요한 역할을 하며, 일부 등장인물의 경우에는 시간이 주관적으로 lengthening 늘이기 되는 결과를 낳는다.

lengthen
연장하다, 늘이다

The construction project aims to lengthen the bridge by several meters.
이 건설 프로젝트의 목표는 다리를 몇 미터 더 연장하는 것이다.

lengthen one's lead
리드를 이어가다

The golfer managed to lengthen his lead with a series of impressive shots.
그 골퍼는 일련의 인상적인 샷으로 앞선 상황을 놓치지 않았다.

스포츠나 경쟁적인 상황에 주로 사용되는 표현으로 경쟁자나 팀이 상대보다 우세한 상황을 계속 이어가는 경우를 가리킨다.

inflate 부풀리다

무언가의 크기, 부피, 양, 가치를 인위적으로 혹은 정상적이거나 자연스러운 수준 이상으로 끌어올리는 행위를 가리킨다. 또는, 무언가를 실제보다 더 중요하고 인상적으로 보이게 만들거나 과장하는 행위를 가리킬 수도 있다.
inflate는 balloon풍선, tire타이어, ball공, 항공기에서 제공되는 life jacket구명 조끼처럼 inflate공기로 부풀리는한 물체와 함께 주로 사용된다. 픽사가 제작한 애니메이션 영화 《Up업》(2009)에서 주인공 칼 프레드릭슨은 헬륨 풍선을 부풀려 집 전체를 공중에 띄우고는 남아메리카로 모험 여행을 시작한다.
비유적인 뜻으로 inflate는 인위적으로 부풀려지는 것, 예컨대 price가격, grade등급, stock value주가, currency통화등과 함께 사용된다. 역대 최고의 영화 중 하나로 손꼽히는 《Citizen Kane시민 케인》(1941)은 성공하면서 자존심과 권력이 inflated부풀린된 부유한 신문왕의 삶을 다룬 영화이다.

inflate
공기로 부풀리다

To inflate the life jacket, pull firmly on the red tabs located on the front of the vest.
공기를 넣어 구명 조끼를 부풀린 뒤 앞쪽에 달린 빨간 줄을 힘껏 당겨라.

inflate a bubble
거품을 키우다

The rapid increase in housing prices threatened to inflate a housing bubble that could lead to an economic downturn.
주택 가격이 급격히 상승함으로써 부풀려진 주택 거품이 경제 침체로 이어질 위험이 있다.

자산의 가치를 인위적으로 끌어올려 경제와 금융에 거품을 야기하는 현상을 가리키는 표현이다.

inflate one's own importance
중요성을 부풀리다, 과장하다

She likes to inflate her own importance on social media by showcasing a curated version of her life.
그녀는 자신의 삶을 멋지게 각색해 과시함으로써 소셜 미디어에 자신의 중요성을 과장해 드러내는 걸 좋아한다.

'중요성이나 기여분을 과장하다'라는 뜻이다.

inflate someone's ego
누군가의 자존심을 부풀리다

All the compliments he gets from admirers have inflated his ego.
찬양자들로부터 받은 찬사에 그의 자존심이 한껏 부풀려졌다.

지나치게 칭찬하거나 아첨해서 누군가의 자존심이 크게 부풀려진 경우를 가리키는 표현이다. 《The Great Dictator 위대한 독재자》(1940)에서 찰리 채플린 Charlie Chaplin 은 제2차 세계대전 동안 독재자들의 '부풀려진 자존심' the inflated ego 과 권력을 풍자한다.

grow
커지다, 자라다

크기, 양, 정도가 증가하는 과정을 가리키는 동사이다. grow는 생명체, 기업, 아이디어, 관계가 발전하고 성숙해 가는 과정과 관련지어 쓰기도 한다. growth성장, maturation성숙, personal development개인적인 발전란 주제로 관객에게 영감을 주며 통찰력 있게 탐구한 영화가 적지 않다.
《Boyhood보이후드》(2014)는 12년 동안 촬영된 영화로, 한 소년이 성인으로 자라기까지 그 growth성장 과정을 담아냈다. 시간의 흐름과 개인의 발전에 대한 독특한 관점을 보여준 영화이기도 하다.

grow
자라다, 커지다

Over time, friendships can grow stronger.
시간이 흐름에 따라, 우정은 더 돈독해질 수 있다.

grow up
성장하다, 장성하다

She wants to be a doctor when she grows up.
그녀는 어른이 되면 의사가 되고 싶어한다.

'어른스러워지다, 성년이 되다'라는 뜻이다. 누군가 유치하고 순진하게 행동할 때 그를 폄하하는 의도로 간혹 사용되는 표현이다.

grow cold
냉담해지다, 추워지다

Over time, our relationship began to grow cold and we drifted apart.
시간이 지나면서 우리 관계는 냉각되기 시작했고 결국 사이가 멀어졌다.

'열정이나 관심을 잃다'라는 뜻이다. 이 표현은 relationship 인간관계, friendship 우정, interest 관심, excitement 흥분, ambition 야망 에 주로 사용된다.

grow on trees
쉽게 손에 들어오다

Money doesn't grow on trees; you have to work hard to earn it.
돈은 쉽게 벌리는 게 아니다. 돈을 벌려면 열심히 일해야 한다.

과일이 나무에서 자라면 풍성해져서 쉽게 구해진다. 위의 예에서 보듯이 grow on trees라는 표현은 돈에 대한 부정적인 진술에서 비유적인 뜻으로 흔히 사용된다.

prolong
연장하다, 길게 하다

무언가의 기간이나 길이를 늘리는 행위를 가리키며, 이때 행사나 과정 혹은 종료점을 미루려는 의도가 개입되는 경우가 많다. prolong은 종결점이 달갑지 않거나 과제를 완결하는 데 더 많은 시간이 필요한 경우 사용되는 회피 기법 avoidance technique일 수 있다. 많은 학생이 숙제를 끝내지 못했을 때 prolong the deadline 마감 시간을 연장하다을 요청한다. 제작 지연 production delay과 예측하지 못한 상황 unforeseen circumstance으로 영화 개봉일을 prolong 연기하다수 있다. 제임스 캐머런 James Cameron 감독의 《Avatar 아바타》(2009)는 원래 2008년에 개봉할 예정이었지만, 제작 지연으로 말미암아 결국 2009년 12월 개봉되었다. 이렇게 지연된 덕분에 새롭고 획기적인 시각 효과를 개발해 낼 수 있었다.

prolong
연장하다

The doctors decided to prolong the patient's treatment to ensure a full recovery.
의사들은 환자가 완전히 회복될 때까지 치료를 연장하기로 결정했다.

prolong one's stay
체류 기간을 연장하다

Due to unexpected circumstances, she had to prolong her stay in the city.
예기치 못한 상황 때문에 그녀는 이 도시에 체류하는 기간을 연장해야 했다.

'방문해 머무는 기간을 늘리다'라는 뜻이다. 누가 와서 방문하고 있느냐에 따라, 그 연장이 좋을 수도 있고 나쁠 수도 있다.

prolong the inevitable
피할 수 없는 것을 지연시키다

Attempting to avoid the issue will only prolong the inevitable.
그 쟁점을 피하려는 시도는 피할 수 없는 것을 지연시키는 것에 불과하다.

여기에서 '피할 수 없는 것' the inevitable 은 바람직하지 않은 결과인 경우가 많다.

prolong the suspense
긴장감을 이어가다

The plot manages to prolong the suspense, keeping readers guessing the mystery until the end.
줄거리가 긴장감을 어떻게든 이어갈 때 독자는 끝까지 미스터리를 알아맞히려고 노력하게 된다.

'불확실한 기간이나 추정하는 기간을 의도적으로 연장하다'라는 뜻이다. 이 기법은 약간의 정보만을 제공하며 독자나 관객이 궁금증의 끈을 놓지 못하게 하는 방식으로 영화와 소설에서 주로 쓰인다. 기업계 리더들도 이 기법을 사용한다. 예컨대 스티브 잡스 Steve Jobs 는 프레젠테이션을 끝낼 때쯤 one last thing 마지막으로 하나 더 이라 말하며 긴장감을 조성한 뒤 신제품을 소개하는 방법을 사용했다.

broaden
넓히다

무언가를 더 넓게, 더 포괄적으로 만들다. broaden은 문자 그대로의 뜻만 아니라 비유적으로도 사용된다. 문자 그대로는 '물리적인 차원을 확대하다'라는 뜻이고, 비유적으로는 '무언가의 범위와 다양성 및 이해의 폭을 넓히다'라는 뜻이다. 언론인이자 작가인 엘리자베스 길버트 Elizabeth Gilbert의 회고록을 기반으로 제작된 《Eat Pray Love 먹고 기도하고 사랑하라》(2010)에서 줄리아 로버츠 Julia Roberts가 연기한 주인공은 이탈리아, 인도, 인도네시아를 여행하며 개인적이고 영적인 성장을 꾀하며 broaden her horizons 시야를 넓히다 한다.

broaden
넓히다

Due to increased foot traffic, the city decided to broaden the bridge to allow for more pedestrians.
유동 인구가 증가하자, 그 도시는 더 늘어난 보행자를 고려해 다리의 폭을 넓히기로 결정했다.

broaden one's horizons/ outlook/mind
시야/세계관/마음을 넓히다

Studying abroad can really help to broaden your horizons.
해외에서 공부하면 시야를 넓히는 데 정말 도움이 될 수 있다.

세계를 여행하고 다른 문화를 이해함으로써 지식이나 경험이 확대되고 열린 마음을 갖게 된다는 뜻으로 사용되는 표현이다. broaden one's horizons는 주로 여행과 함께 쓰이는 반면 broaden one's mind와 broaden one's outlook에는 독서와 학습이 언급된다.

broaden one's understanding
이해력을 넓히다

Taking courses in different subjects can broaden your understanding of various academic disciplines.
다양한 과목을 수강하면 여러 학문에 대한 이해의 폭을 넓힐 수 있다.

'이해력이나 지식을 늘리다'라는 뜻이다.

broaden the appeal
무언가 혹은 누군가를 더 많은
사람에게 매력적으로 보이게 만들다

The marketing team worked to broaden the appeal of the product by highlighting its diverse features.
마케팅 팀은 신제품의 다양한 특징을 강조함으로써 그 제품의 매력을 많은 소비자에게 알리려고 애썼다.

broaden the scope
범위를 넓히다

The marketing team proposed to broaden the scope of the campaign by incorporating various social media platforms.
마케팅 팀은 여러 소셜 미디어 플랫폼을 동원해서라도 캠페인의 범위를 넓히자고 제안했다.

'무언가의 범위와 규모를 늘리다'라는 뜻이다. project 프로젝트, investigation 조사, research 연구, campaign 캠페인, policies 정책 같은 명사와 함께 주로 쓰인다.

swell
붓다, 부풀다

swell은 압력, 유동체의 축적, 성장 등을 이유로 무언가의 크기와 부피 및 강도가 증가하는 현상을 주로 가리킨다. 상처를 입거나 알레르기 반응이 있으면 신체의 어떤 부위나 관절이 bulge and swell 볼록해지고 부풀다 한다. 물이 담긴 것, 예컨대 강, 물풍선, 비가 내리는 동안 텐트의 옆면 등이 가득 차서 넘치면 bulge and overflow swell 부풀어오르다 할 수 있다.

swell
붓다

His injured ankle started to swell.
그의 다친 발목이 붓기 시작했다.

heart swell (with pride)
(자부심으로) 마음이 웅장해지다

Watching my daughter graduate made my heart swell with pride.
딸이 졸업하는 걸 보니 내 마음이 자부심으로 뿌듯해졌다.

'자부심이나 만족감을 강렬하게 느끼다'라는 뜻이다. heart swelling과 swell with pride 등 다양한 형식으로 표현될 수 있으며, heart swell은 이 둘이 하나로 합해진 표현이다.

head swell
오만해지다

After winning the championship, his head began to swell.
선수권 대회에서 승리한 뒤 그는 오만해지기 시작했다.

'성공을 거두거나 찬사를 받은 뒤 도도하고 오만해지다'를 뜻한다. 이 표현은 대체로 부정적인 뜻으로 사용되며 Don't let your head swell 건방을 떨지 마라 처럼 일종의 경고로도 사용될 수 있다.

get swole
근육을 키우다

No pain, no gain. Time to get swole!
고통 없이는 얻는 것도 없다. 더 강해져야 할 때다!

체력 단련과 보디 빌딩의 세계에서, 훈련받는 사람에게 근육량을 늘리고 힘을 키우라고 독려할 때 주로 사용하는 재밌는 일상적 표현이다. 더 가볍게는 get stronger 더 강해지다, build muscle 근육을 키우다 이라 말해도 된다. 체육관에서 사용되는 물품과 관련된 광고와 포스터 및 티셔츠에서 흔히 볼 수 있는 표현이기도 하다.

unfold
접힌 것을 펴다

전에 접혔던 것이나 감추어졌던 것을 드러내거나 폭로하려고 펼치다, 열다. folding은 origami 종이접기, map 지도, letter 편지, envelope 봉투 등에서 보듯이 주로 종이에 사용된다. 물론 티셔츠와 스웨터 같은 의류를 깔끔하게 정리할 때도 folding이 이용된다. unfolding은 undo the fold 접힌 곳을 펴다 하는 행위로 그 물건을 원래 상태로 되돌리지만, 때때로 접힌 곳을 따라 주름이 남는 경우가 있다.
unfold 전개되다 는 시간이 지남에 따라 사건이 전개되고 드러나는 과정을 가리킬 수도 있다. Events can unfold는 시간이 지남에 따라 사건이 순차적으로 혹은 시간순으로 일어나고 전개된다는 뜻이다. 결국 the unfolding events는 상황이 전개됨에 따라 사건이 하나씩 차례로 드러나고 알려지게 된다는 뜻이 함축된 표현이다. 그 과정에서 새로운 정보가 밝혀지고, 다른 이야기가 펼쳐지고, 일련의 행동이나 사건이 일어날 수도 있다. 따라서 어떤 이야기를 구성하는 사건들이 밝혀진다는 것은 그 이야기 속의 작은 이야기들과 줄거리들이 unfold된다는 것이다. 정보가 관객이나 독자에게 느릿하게 밝혀지는 미스터리의 경우가 특히 여기에 해당한다. 《Memento 메멘토》(2000)처럼 줄거리의 반전이 영화 전체에서 반복해서 unfold 펼쳐지다/전개되다 되는 영화도 있다.

unfold
펴다

She carefully unfolded the letter and read its contents.
그녀는 조심스레 편지를 펴서 내용을 읽었다.

unfold the truth
진실을 밝히다, 털어놓다

The investigation slowly unfolded the truth behind the mysterious disappearance.
그 조사로 미스터리한 실종 뒤에 감추어진 진실이 서서히 드러났다.

'상황의 진정한 면모를 밝히다, 숨겨진 사실을 알아내다'라는 뜻으로 사용된 표현이다.

flare
터지다, 확 타오르다

물리적인 움직임과 관련해 사용된 flare는 '일반적으로 끝부분에서 모양이 바깥쪽으로 넓어지고 열리다'를 뜻한다. 이 뜻으로 사용된 최상의 예로는 1970년에 바지가 무릎에서부터 아랫단까지 폭이 넓어지던 트렌드를 보여주던 '나팔바지' flares가 있다. 존 트라볼타 John Travolta가 주연한 《Saturday Night Fever 토요일 밤의 열기》(1977)를 비롯해 1970년대, 이른바 디스코 시대에 제작된 고전적 영화들에서 등장인물들은 디스코 시대에 유행한 나팔바지와 옷깃이 널찍한 상의를 입은 모습을 보여준다.

그 밖에도 flare에는 '갑자기 밝아지다, 뜨거워지다,' '분노를 터뜨리다, 폭력적으로 변하다,' '질병이나 징후가 갑자기 심해지다' 등 다양한 뜻이 있다. 예컨대 a sun flare는 '태양이 카메라 렌즈에 곧장 들어와 밝은 빛을 터뜨릴 때'를 가리킨다. 《E.T. the Extra-Terrestrial E.T.》(1982)는 이런 효과를 사용해 마법적이고 불가사의한 느낌을 자아낸 전형적인 예이다. 한편 상실과 회복 탄력성을 주제로 삼아 변덕스런 경제 상황에서도 의미를 추구하는 등장인물들을 그려낸 《Nomadland 노매드랜드》(2020)처럼, 온갖 감정이 flared 불꽃처럼 타오르다 된 장면들을 그려낸 영화도 많다. 끝으로 알레르기와 염증처럼 의학적인 문제는 flare up 갑자기 심해지다,

재발하다 으로 표현된다. 《Philadelphia 필라델피아》(1993)는 에이즈에 걸린 변호사의 법적 투쟁을 그려낸 영화로, 톰 행크스가 연기한 주인공은 차별과 질병의 flare ups 갑작스런 악화 에 맞서 싸운다.

flare
아랫부분에서 폭이 넓어지다

Her skirt flares out at the bottom.
그녀의 치마는 아랫부분에서 폭이 넓어졌다.

flare one's nostrils
콧구멍을 벌름거리다

She flared her nostrils in annoyance when he made the insensitive comment.
그녀는 그의 무분별한 지적에 화가 나 콧구멍을 벌름거렸다.

'콧구멍을 넓히다, 벌름거리다'라는 뜻이다. 분노 등 강렬한 감정의 징후로 주로 사용된다.

unfurl
펼치다, 전개하다

동그랗게 말리거나 접힌 상태의 것을 펴다, 펼치다. 일반적으로 flag깃발, sail돛, banner현수막 등 이와 유사한 물건과 관련해 주로 쓰인다.
unfurl에는 '확장'expansion과 '풀기'unwrapping라는 개념도 있다. unfurl은 앞서 다룬 unfold와 유사하면서도 다르다. unfurl은 동그랗게 말린 것을 풀어내는 행위인 반면, unfold는 특정한 선을 따라 접힌 것을 푸는 행위를 뜻한다. 하지만 unfurl이 깃발 같은 물리적인 물체만이 아니라 아이디어나 진실 같은 추상적인 개념까지 밝혀내고 공개하며 드러낸다는 점에서 unfold와 비슷하다.

unfurl 펴다	The gymnast gracefully unfurled the ribbon during her gymnastics routine. 그 체조 선수는 준비하는 동안 동그랗게 말린 리본을 우아하게 폈다.
unfurl the truth 진실을 밝히다	The investigation slowly unfurled the truth behind the mysterious disappearance. 그 조사로 미스터리한 실종 뒤에 감추어진 진실이 서서히 드러났다.

'진정한 사실과 세부 사항을 밝히다, 폭로하다'라는 뜻이다. 《The X-Files 엑스파일》(1993-2018)는 초자연적인 현상, 정부의 음모, 외계인의 활동에 대한 '진실을 밝히고자' unfurl the truth 분투하는 수사관들의 이야기를 그린 텔레비전 시리즈였다.

elongate
길게 늘이다

연장하다, 길게 늘이다, 무언가를 일반적인 크기에서 더 길게 만들다. elongate는 신체 기관에도 사용할 수 있다. 예컨대 요가로 elongate the spine척추를 늘어나게 하다, 운동하기 전 스트레칭으로 elongate our muscles근육을 늘어나게 하다하는 것 등이다. caterpillar애벌레, snake뱀, eel뱀장어같은 동물들은 움직이는 방법의 하나로 elongate their bodies몸을 늘이다하기도 한다.

디자이너들은 옷, 자동차, 건물, 도로 등 물리적 대상의 공간적 크기를 elongate or extend길게 늘이거나 확대하다 하여 전반적인 모양을 결정한다. 때때로 elongate의 효과는 외형의 확대에 불과할 수 있다. 예컨대 어떻게 긴 드레스가 몸을 '길게 늘려'elongate 착용자를 실제보다 더 크게 보이게 만드는지를 생각해 보면 된다.

추상적인 뜻으로 쓰일 때 elongate는 '시간의 의도적인 연장'을 가리킬 수 있다. elongate the battery life of a product제품에 내장된 배터리 수명을 늘이다, elongate the length of a song by adding new verses새로운 노랫말을 덧붙여 노래의 길이를 늘이다가 대표적인 예이다. 이른바 director's cut감독판은 대중에게 공개될 때 삭제됐던 장면들을 추가함으로써 영화의 상영 시간을 elongate한 것이다.

《300 300》(2006)과 《Justice League 저스티스 리그》(2017) 등 여러 흥행작을 연출한 감독 잭 스나이더 Zack Snyder는 감독판으로 알려진 확장판을 제작하는 것으로 유명하다. 이런 확장판은 영화관 상영이 끝난 뒤 대체로 DVD와 블루레이 Blu-Ray로 출시된다.

elongate 길게 늘이다	The snake elongates its body to slither across the ground. 뱀은 몸을 길게 늘여 땅 위를 미끄러지듯 가로지른다.
elongate the silhouette 윤곽을 길게 늘이다	Wearing vertical stripes can visually elongate the silhouette, creating a slimming effect. 세로 줄무늬 옷을 입으면 윤곽을 시각적으로 길게 늘여 날씬해 보이게 하는 효과를 자아낼 수 있다.

사람이나 물체의 윤곽을 시각적으로 더 크게, 더 길게 보이게 만드는 효과를 가리키는 표현이다. 이런 시각적 효과는 패션, 디자인, 자세 등에서 다양한 기법을 통해 구현된다. 목적은 세로선을 강조하고 비율을 조절함으로써 인물을 더 크고 더 날씬하게 보이게 만드는 착각을 불러일으키는 것이다.

widen
넓히다, 키우다

무언가를 더 넓게 광대하게 만들다, 폭을 넓히다, 무언가의 범위와 여지를 확대하다. widen은 주로 의도적으로 절제된 방식으로 이루어진다. 따라서 어떤 움직임 뒤에는 의도적이고 의식적인 선택이 있다는 뜻을 함축할 때 주로 사용된다. 등장인물들이 여행을 통해 widen their perspective 시야, 관점을 넓히다 하는 영화가 많다. widen their perspective는 '새로운 이념과 문화, 관점과 활동을 탐색함으로써 세상에 대해 더 넓고 더 다양한 생각을 구하다'를 뜻한다는 점에서 broaden your outlook, expand your horizons와 쓰임새가 똑같다. 《Eat Pray Love 먹고 기도하고 사랑하라》(2010)는 한 여성이 이탈리아, 인도, 인도네시아를 여행하며 삶과 행복에 대해 widen her perspective하면서 자신을 발견해 가는 여정을 그린 로맨틱 영화이다.

widen
넓히다

The construction project will widen the road to accommodate more traffic.
건설 계획은 더 많은 교통량을 소화하기 위해 도로를 넓히는 것이다.

widen the gap
사이를 벌리다

The new government policies are likely to widen the gap between rich and poor.
새 정부 정책으로 빈부 격차가 확대될 가능성이 높다.

둘 사이의 거리나 차이를 확대하거나, 격차를 더 넓히는 과정과 관련해 쓰이는 표현이다. 부와 재산, 세계적이고 사회적인 불공평한 차이를 언급할 때 주로 함께 사용되는 표현이다.

widen one's horizons
시야를 넓히다

Studying abroad can help students widen their horizons and gain a global perspective.
해외에서 공부하면 시야를 넓히고 범세계적인 관점을 얻는 데 도움이 될 수 있다.

우리에게 호기심을 갖고 마음을 열고, 기꺼이 현재의 경계를 넘어 탐구하라고 독려하는 은유적 표현으로 주로 사용된다.

widen the scope
범위를 넓히다

We have decided to widen the scope of the research and include more participants.
우리는 연구 범위를 넓혀 더 많은 참가자를 받아들이기로 결정했다.

무언가의 범위와 폭을 넓힌다는 뜻으로 사용되는 관용적 표현이다. 특정한 활동, 프로젝트, 연구의 경계와 고려 범위를 확대한다는 뜻이 함축된 표현이다. to widen the scope하기로 결정했다는 것은 일반적으로 연구나 프로젝트를 더 포괄적으로 진행할 목적으로 더 많은 요소를 고려하기로 했다는 뜻이다.

strain
세게 잡아당기다, 꽉 죄다

무언가를 정상적인 한계 너머까지 늘리다, 당기다. 힘이나 압력 혹은 압박을 가하다. 압박이나 압력이 과도한 경우에 흔히 사용된다. physical strain 육체적 긴장은 강렬한 운동을 하는 동안, 혹은 정신적인 스트레스나 압박 혹은 긴장에 시달리는 동안 근육에 생길 수 있다. 또 우리가 컴퓨터 모니터를 뚫어지게 응시하고 너무 오랫동안 글을 읽으며 strain our eyes 눈을 혹사하다, 무리하게 사용하다 하면 눈이 아프다. 물론 아득히 먼 곳이나 어두운 곳에 있는 것을 보려고 할 때도 우리는 strain our eyes 눈을 크게 뜨다 한다.

비유적인 뜻으로 strain은 finances 재원, personal relationships 인간관계, resources 자원와 관련된 단어들과 함께 주로 사용된다. 이런 경우 스트레스나 손해를 가하는 것은 외적인 압력이다. 등장인물들이 인간관계, 업무, 경제적 상황에서 a strain 심신의 긴장, 불안을 겪는 영화가 많다. 《Black Swan 블랙 스완》(2010)은 치열한 경쟁에 개인적인 문제까지 겹쳐 a strain on her mental health 정신 건강에 가해지는 압박감를 견뎌야 하는 발레리나의 이야기를 담은 심리 스릴러물이다.

strain
안간힘을 쓰다

The weightlifter strained to lift the heavy barbell.
역도 선수는 무거운 역기를 들어올리기 위해 온힘을 짜냈다.

(a) strain on finances
재정적 압박

Inflation and the cost of living has put a strain on our finances.
인플레이션과 생활비는 우리에게 금전적 부담을 주었다.

재원을 관리하는 데 어려움이 커진 상황에서 사용되는 표현이다.

strain every nerve
필사적으로 노력하다, 온갖 노력을 다하다

She strained every nerve to meet the tight deadline.
그녀는 빡빡한 마감 시간을 맞추려고 필사적으로 노력했다.

'최대한으로 노력하다, 목표를 달성하거나 난관을 극복하려고 가능한 모든 수단을 다하다'를 뜻하는 관용구이다.

enlarge
크게 하다, 확대하다

무언가의 크기를 더 크게 하다, 물리적인 규모를 확대하다, 무언가의 규모나 범위를 늘리다. 사진, 사업의 확장, 프로젝트 관리, 토론 등 다양한 맥락에서 '무언가를 더 크고 더 광범위하게 확대하다'라는 개념을 전달할 때 주로 사용되는 단어이다.
많은 동화에서 등장인물이나 물체의 크기가 변하며 초현실적이고 환상적인 효과를 자아낸다.
루이스 캐롤 Lewis Carroll, 1832-1898의 소설 《Alice's Adventures in Wonderland 이상한 나라의 앨리스》에서 앨리스는 '나를 먹어라'라는 딱지가 붙은 케이크를 먹고 몸이 엄청나게 enlarge 커지다 된다. 로알드 달 Roald Dahl, 1916-1990의 동명 소설을 바탕으로 제작된 영화 《The BFG 마이 리틀 자이언트》 (2016)에서는 다정한 거인이 물건의 크기를 자유자재로 늘렸다 줄이며 마법적이고 기발한 순간들을 빚어낸다.

enlarge
확대하다, 크게 하다

He used a magnifying glass to enlarge the small print in the book.
그는 돋보기를 사용해 책에 쓰인 작은 글자를 확대했다.

enlarge upon something
더 자세히 설명하다

The professor asked the students to enlarge upon their initial findings in the research papers.
교수는 학생들에게 연구 논문에서 각자의 초기 결과를 더 자세히 설명하라고 요구했다.

'이미 언급한 것을 더 자세히 말하다'라는 뜻으로, 특정 주제에 대해 더 깊이 설명하라고 요구할 때 주로 사용되는 표현이다.

enlarge the image
이미지를 확대하다

Click on the icon to enlarge the image and view it in more detail.
이미지를 확대하는 아이콘을 클릭해 더 자세히 보아라.

그림, 사진, 그래픽을 세심히 살펴보는 경우에 흔히 사용되는 표현이다. 위의 예문에서는 이미지의 크기와 치수를 늘려 더 가깝게, 더 자세히 관찰한다는 뜻이다.

enlarged edition
증보판, 부족한 내용을 보태서 다시 출판한 책

The author released an enlarged edition of the novel, featuring extra chapters that show more about the characters' backgrounds.
저자는 그 소설의 증보판을 발표하며 등장인물들의 배경에 대해 보충한 장들을 추가했다.

초고본에 새로운 내용을 덧붙이고 최신 정보를 추가해 다시 출판한 책이나 출판물 혹은 문서를 가리킨다.

amplify
증폭하다,
더 자세히 진술하다

크기와 부피, 정도, 효과를 키우다. 무언가를 더 자세하고 명확하며 정교하게 다듬는 행위를 가리키는 데도 쓰인다. amplify는 소리나 사람의 목소리와 함께 주로 사용된다. 고성능 오디오 장비와 전기 기타리스트에게는 음성 신호를 높이고 출력을 강화해 스피커를 구동하면서도 원래 음질을 그대로 유지하도록 설계된 별도의 장치가 필요하다. amplifier증폭기로 알려진 장치로, '앰프'amp라고 줄여 불린다. 《School of Rock스쿨 오브 락》(2003)에서는 학생들로 구성된 록밴드가 여러 악기와 amplifier를 사용해 록 음악의 힘과 창의성을 찬양한다.

amplify
증폭하다, 크게 하다

The singer used a microphone to amplify her voice.
그 가수는 마이크를 사용해 자신의 목소리를 크게 했다.

amplify the message
자세히 진술하다

Our company is using online advertising to amplify the message about our products.
우리 회사는 온라인 광고를 사용해 우리 제품들에 대해 자세히 설명한다.

특정한 메시지와 아이디어가 전달되는 범위와 영향 및 시각성을 향상하는 경우 사용되는 표현이다. 따라서 amplify a message하려는 사람이 있다면 그 메시지를 더 널리 알리거나, 더 많은 사람에게 전달해 그 메시지의 영향력을 확대하는 게 목적이라 말할 수 있다.

amplify the problem
문제를 키우다

If you worry too much, you will amplify the problem and make it worse.
지나치게 걱정하면 문제를 키워 더 악화시킬 수 있다.

어떤 쟁점을 해결할 의도에서 취해진 행동이나 토론이 오히려 문제를 더 악화시킬 가능성이 있는 경우 사용되는 표현이다.

exaggerate
과장하다

무언가를 실제보다 더 크게, 더 중요하게, 더 좋게 혹은 더 나쁘게 표현하다. 강조하거나 효과를 더하기 위해, 혹은 더 생생하고 극적인 묘사를 위해 진실과 현실의 경계를 넘어 진술하고 주장하는 행위도 exaggerate이다. 이런 점에서 exaggerate는 stretch the truth와 동의어로 쓰일 수 있다. to exaggerate는 대체로 부정적인 뜻으로 쓰인다. 예컨대 exaggerate하는 경향을 띤 사람은 진실이나 사실을 넘어서는 방식 a way that goes beyond the actual truth or reality으로 무언가를 표현한다. 또 exaggerate에는 '사실의 왜곡, 오해를 야기할 수 있는 미화'라는 뜻이 함축되어 있다. money돈, achievement성취, skills역량, status지위와 관련된 명사가 exaggerate와 흔히 함께 쓰인다.

많은 영화와 배우가 희극적 효과를 배가하고 이야기를 끌어가는 과정에서 강조의 목적으로 exaggerate하는 경향을 띤다. Young-gu영구/심형래는 exaggerating with his characters and facial expressions특이한 개성과 얼굴 표정으로 과장하는 것로 유명한 배우이다. 짐 캐리Jim Carrey도 《The Mask마스크》(1994)를 비롯해 여러 영화에서 격정적이고 광적인 연기를 보여준 것으로 유명한 배우이다.

exaggerate
과장하다

She always exaggerates about her life on social media.
그녀는 소셜 미디어에서 자신의 삶에 대해 항상 과장한다.

exaggerate claims
과장해서 주장하다

That company is probably exaggerating claims about the effectiveness of the product.
그 회사는 제품의 효과에 대해 과장해 주장하고 있는 듯하다.

무언가를 진실이나 사실을 넘어서는 방식으로 묘사하는 경우에 사용하는 표현이다. 이런 행위는 비윤리적이어서 법적 조치로 이어질 수 있다.

exaggerate gestures
몸짓을 과장하다

I couldn't explain properly in Spanish, so I used exaggerated gestures to communicate with the waiter.
나는 스페인어로 적절하게 설명할 수 없었다. 그래서 과장된 몸짓을 사용해 웨이터와 소통했다.

극적이고 단호한 몸짓과 표정을 사용해 논점을 강조하고 메시지를 전달하는 상황을 묘사하는 표현이다. 이탈리아, 그리스, 인도는 상대적으로 과장된 몸짓을 사용하는 것으로 알려진 문화권이다. 반면, 영국과 독일 및 일본은 절제된 방식으로 커뮤니케이션하는 국가에 속한다. 하지만 하나의 문화권에서도 개개인의 성향과 커뮤니케이션 방식은 다를 수 있다는 걸 기억해야 한다. 우리는 주변 환경과 상호작용하는 사람에 맞추어 각자의 행동을 조절할 수 있다.

protract
오래 끌다, 내밀다

시간을 오래 끌다, 연장하다. 대체로 기간, 과정, 상황을 늘리고 연장하는 경우를 가리키는 데 쓰인다. 과정이나 상황이 예상이나 기대보다 더 오래 걸린다는 뜻을 함축하는 경우도 있다. protract에 함축된 뜻은 일반적으로 부정적이고 바람직하지 않다는 의미를 내포하지만 항상 그런 것은 아니다. 따라서 protract는 postpone과 비슷하지만 똑같지는 않다. postpone은 delay미루다를 뜻하는 반면, protract는 extend연장하다를 뜻한다.

많은 영화에서 긴장감을 높이려 시간을 늘리거나protract 상황을 길게 늘리는lengthen 기법을 사용한다. 박찬욱 감독이 연출한 한국 영화 《Oldboy올드보이》(2003)는 protracted scenes길게 이어지는 장면들로 유명하다. 특히 3분 넘게 복도에서 벌어지는 격투 장면을 하나의 기법, 롱테이크로만 촬영한 걸로 유명하다. 연출과 촬영 기법은 관객에게 감정적으로 강렬한 느낌을 지속적으로 남긴다.

protract
연장하다

We have decided to protract the negotiation in order to explore all possible options.
우리는 협상 기간을 연장해서라도 모든 가능한 선택안을 살펴보기로 결정했다.

protract one's stay
체류 기간을 연장하다

Due to unexpected circumstances, she has protracted her stay in the foreign country.
예기치 못한 상황으로 인해 그녀는 해외에서 체류하는 기간을 늘렸다.

accentuate
강조하다, 두드러지게 하다

강조emphasis할 목적에서 어떤 특징, 즉 어떤 특정한 면에 관심을 갖는 것도 accentuate에 속한다. accentuate는 exaggerate와 비슷한 면이 많다. 그러나 accentuate는 진실을 강조하기 위해 중립적인 자세를 견지하는 반면, exaggerate는 실제 이상으로 강조되어 약간의 기만이 끼어든다.

많은 영화가 컴퓨터 생성 이미지를 사용하지 않고 환경을 실제로 제작한 '실질적 효과'practical effect와 인공물을 사용해 등장인물들의 특징을 accentuate부각하다한다. 《Sesame Street세서미 스트리트》와 《The Muppets머펫 쇼》로 유명한 짐 헨슨Jim Henson, 1936-1990은 꼭두각시 인형 제작자이자 효과 전문가로, 《The Dark Crystal다크 크리스탈》(1982) 과 《Labyrinth사라의 미로여행》(1986) 등과 같은 영화에서 accentuated feature두드러진 특징를 지닌 꼭두각시 인형과 인공물을 제작했다. 《The Dark Crystal다크 크리스탈》에 등장하는 스켁시스skeksis는 사악한 외계 독수리처럼 보이는 무시무시한 생명체이다.

accentuate 부각하다, 강조하다	He wore a smart suit that was cut to accentuate his shoulders and make him appear slimmer. 그는 어깨선을 강조해 실제보다 더 날씬하게 보이도록 재단된 깔끔한 양복을 입었다.
accentuate the positive, eliminate the negative 긍정적인 면을 부각하고 부정적인 면을 제거하다	I have written my resume to accentuate the positive and eliminate the negative aspects of my employment history. 나는 내 경력에서 긍정적인 면을 부각하고 부정적인 면은 언급하지 않는 식으로 이력서를 작성했다.

상황의 긍정적인 면에 초점을 맞추고, 부정적인 면을 피하거나 최소화하라고 권고하는 관용적 표현이다. 낙관적이고 건설적인 마음가짐을 가지라고 조언하는 표현이기도 하다.

tremble
떨다, 가볍게 흔들리다

무의식적으로 떨다. 무섭거나 추울 때, 흥분하거나 불안할 때 혹은 신체적으로 허약할 때 우리는 tremble 떨다 한다. 우리가 지독히 불안해서 두 손을 부들부들 떨 때 그런 모습을 trembling 전율이라 한다. 한겨울에 매섭게 추워 우리가 몸을 부들부들 떠는 경우도 trembling 떨기이라 한다. 공포 영화와 전쟁 영화에는 trembling이라 표현될 만한 장면이 많다. 《Saving Private Ryan 라이언 일병 구하기》(1998)에는 제2차 세계대전 동안 병사들이 전투의 혼란상과 폭력성을 직면하고 tremble in fear 두려움에 떨다 하는 장면이 많다. 《The Blair Witch Project 블레어 위치》(1999)에서는 등장인물들이 숲에서 무서운 초자연적 현상과 맞닥뜨리고는 tremble 벌벌 떨다 한다.

tremble
떨다

It was so cold last night I was trembling.
어젯밤에 너무 추워 나는 바들바들 떨었다.

tremble in fear
두려움에 떨다, 전율하다

She felt her entire body tremble in fear as she realized she was lost in the dark forest.
그녀는 어두컴컴한 숲에서 길을 잃었다는 걸 알고는 두려움에 온몸이 떨리는 걸 느꼈다.

'두려움이나 공포에 떨다'라는 뜻이다.

tremble with excitement
흥분해서 떨다

The children trembled with excitement as they waited to open their Christmas presents.
아이들은 흥분해서 온몸을 떨며 크리스마스 선물을 열기를 기다렸다.

shake
흔들다, 떨다

빠른 속도로 앞뒤 혹은 위아래로 움직이는 행위를 가리키며, 진동vibration이나 tremor떨림로 이어지는 경우가 많다. 우리는 육체 운동을 시작하기 전 몸을 풀기 위해서, 스트레스와 긴장을 떨쳐내기 위해서 shake our bodies몸을 흔들다 한다. 공식적인 공간이나 비즈니스 세계에서는 누군가를 만날 때 인사 방법으로 shake hands악수하다, 악수를 나누다를 한다. 사물도 shake할 수 있다. 바람에 나무들이, 지진에 건물들이 '흔들린다'shake.

shake는 비유적으로도 사용된다. 무언가가 shake our trust, faith, confidence신뢰, 믿음, 확신을 흔들다하는 것은 '우리가 그것에 대해 의심을 품게 된다'라는 뜻이다. 가령 정치적 추문은 shake our trust in politics정치에 대한 우리 신뢰가 흔들리다 하는 계기가 될 수 있다.

007 제임스 본드 영화에서 가장 상징적인 대사 중 하나는, 본드가 술집 카운터에 앉아 마티니 칵테일을 주문하며 "shaken, not stirred"젓지 말고 흔들어라라고 한 요청이다. 이 말은 마티니 칵테일이나 마가리타 칵테일을 만들면서 얼음과 내용물을 섞을 때 흔들어서shaken 음료를 시원하게 하라는 것이다. 이 표현은 이제 세련미와 시원함 및 본드의 정중한 모습을 상징하는 문구가 되었다.

shake
흔들다

Don't shake the soda before opening it.
소다수는 열기 전에 흔들지 마라.

shake hands
악수하다

They shook hands at the start of the meeting.
그들은 악수를 나누고는 회의를 시작했다.

서로 손을 맞잡음으로써 상대를 맞이하거나 합의를 재확인한다.

shake one's head
고개를 젓다

I offered him broccoli but he shook his head.
나는 그에게 브로콜리를 건넸지만 그는 고개를 저었다.

머리를 좌우로 움직여, 의견이 다르다거나 동의하지 않는다는 의사를 나타내는 행위를 가리키는 표현이다.

shake like a leaf
벌벌 떨다, 나뭇잎처럼 떨다

She was shaking like a leaf when she heard the news.
그녀는 그 소식을 듣고는 벌벌 떨었다.

'두려움이나 추위 혹은 불안감에 걷잡을 수 없이 떨다'라는 뜻이다.

squirm
꿈틀대다

어색하고 난처하고 불편한 느낌일 때 몸을 꿈틀거리거나 비트는 움직임을 가리키는 단어이다. squirm은 발음이 worm벌레처럼 들린다. 따라서 벌레가 움직이는 모습을 상상하면 squirm이란 단어가 사용되는 상황과 유사하다. 예컨대 우리는 치과 의자에서 squirm하고, 심문을 받거나 인터뷰할 때 까다로운 질문을 받으면 squirm한다. 무언가 놀라운 일이 일어나기를 기다리는 때의 흥분감에도 우리는 squirm할 수 있다.

강렬하고 생생한 공포 영화는 관객을 squirm하게 만든다. 기괴하고 충격적인 도입부로 널리 알려진 공포 영화 《The Human Centipede 휴먼 센터피드》(2009)는 관객에게서 squirming reaction 꿈틀거리는 반응을 끌어낸다. 아드레날린 분비를 유발하는 강렬한 스릴러 영화들은 관객들을 좌석 끝에 걸터앉게 만든다. 《Mad Max: Fury Road 매드 맥스: 분노의 도로》(2015)에서는 고속으로 질주하는 자동차들의 추격전, 격정적인 액션, 관객들을 squirm with excitement 흥분감에 꿈틀대다 하게 만드는 시각적인 충격적 장면들이 압권이다.

squirm
꿈틀대다

The child squirmed in his seat during the long lecture.
강의가 오래 진행되는 동안 그 아이는 자리에 앉아 꼼지락거렸다.

squirm out of
...에서 벗어나다

She always tries to squirm out of doing her share of the chores by making excuses.
그녀는 온갖 변명을 늘어놓으며 허드렛일을 하지 않으려 항상 바둥거렸다.

'어려운 상황이나 책임을 회피하다'라는 뜻이다.

make someone squirm
누군가를 불편하게 만들다

The comedian told some jokes that made the audience squirm.
그 코미디언은 관객을 불편하게 만드는 농담을 던지곤 했다.

상대에게 불편하거나 거북한 느낌, 혹은 당혹감을 유발하는 경우에 사용되는 표현이다.

wiggle/
wriggle
씰룩씰룩 움직이다

두 동사는 일반적으로 바꿔쓸 수 있으며, 정의가 거의 똑같다.
빠른 속도로 좌우나 앞뒤로 작게 움직이는 동작을 가리킨다.
wriggle은 상대적으로 약간이나마 목적 의식이 더 분명한 반면,
wiggle는 상대적으로 장난스럽고 흥겨운 느낌을 풍긴다. 이렇게
약간의 차이가 있지만 아래의 예에서는 두 동사가 자유롭게
사용될 수 있다.
우리는 발가락, 눈썹, 코 등 신체 부위를 wiggle할 수 있다.
군중의 틈새를 걷거나 춤을 출 때는 몸 전체를 wiggle하게 된다.
물고기, 애벌레, 해파리 같은 동물들은 모두 많이 wiggle한다.
《Toy Story토이 스토리》(1995)는 관절 부분이 유연하게
움직이는 장난감들이 등장하는 애니메이션 영화이다. 예컨대
미스터 포테이토 헤드의 신체 부위와 슬링키의 길쭉한 몸은
wiggle하면서, 그 장난감들에 재미를 더해준다.

wiggle
씰룩씰룩 움직이다

She tried to wiggle into her jeans, but they were too tight.
그녀는 씰룩씰룩 움직이며 청바지를 입어보려 했지만 바지가 너무 꽉 조였다.

wiggle out of
...로부터 탈출하다

She tried to wiggle out of attending the meeting by saying she was sick.
그녀는 아프다고 말하고는 회의에 참석하지 않았다.

'영리한 수법이나 얼버무리는 수법으로 어떤 상황이나 책임을 모면하다'라는 뜻이다.

wiggle room
재량권, 여지

We don't have much wiggle room in our budget this month.
이번 달 예산에는 여유가 많지 않다.

정해진 상황 내에서 탄력적이고 자유롭게 운영할 수 있는 권한을 가리킬 때 사용하는 표현이다.

wiggle your way out of
...에서 빠져나오다

He always manages to wiggle his way out of trouble by blaming his brother.
그는 항상 형을 탓하며 곤란한 상황에서 어떻게든 빠져나온다.

교활하고 기만적인 전술을 사용해 어떤 상황으로부터 벗어나는 경우를 가리킨다.

bump 부딪치다

무언가에 부딪치다, 충돌하다. 혹은 위쪽으로 덜컥거리며 움직이다. a speed bump는 지나가는 자동차의 속도를 줄이려는 의도로 도로에 불쑥 올라가게 설치된 부분으로 '과속 방지턱'이라 번역된다. 자동차가 speed bump 위를 지날 때는 위쪽으로 덜컥거리며 bump 덜거덕거리며 지나가다 한다. 《Mad Max: Fury Road 매드 맥스: 분노의 도로》(2015)에는 자동차들이 모래 언덕과 다른 자동차들, 길 위의 잔해에 부딪치며 bump하는 장면들이 많다.
a crash 충돌도 bump로 표현될 수 있다. 놀이 공원에는 bumper car 범퍼 카가 있다. bumper car는 전기를 움직이는 작은 자동차로, 안전한 환경에서 조심스레 통제된 충돌 controlled collision의 짜릿한 기분을 경험하게 해 준다. bumper car는 폐쇄된 공간 내에서 움직이며, 두꺼운 고무 bumper 범퍼, 완충 장치가 있어 다른 범퍼 카와 충돌할 수 있다.
bump는 숫자와 수치에 관련된 맥락에서 쓰이며 '약간의 상승, 증가'를 뜻할 수 있다. 예컨대 price 가격, profit 이윤, funding 기금, inflation 인플레이션, grade 등급를 '올릴' 때 bump up이라 표현한다. 상황의 변화를 반영하거나 정확성을 개선하고, 갱신된 최신 정보나 기대치에 맞추어 숫자를 조절하거나 수정하는 과정을 가리키는 표현이다.

bump
부딪치다

She accidentally bumped the table, causing the cup to fall over.
그녀는 우연히 식탁에 부딪히며 컵을 떨어뜨렸다.

bump into
...와 마주치다, 부딪치다

I bumped into an old friend at the grocery store yesterday.
어제 나는 식료품점에서 옛 친구를 우연히 마주쳤다.

예기치 않게, 주로 순전히 우연으로 누군가를 만나는 경우 사용되는 표현이다. 친근하고 여유로운 소리로 들리는 표현이다.

bump up
...을 올리다

The company bumped up the prices of their products due to increased production costs.
생산비 상승으로 말미암아 그 회사는 제품 가격을 올렸다.

'가격이나 수치 같은 것을 올리다, 인상하다'라는 뜻이다.

(a) bump in the road
도로의 요철 부분, 장애물

The rejection letter from the job interview was just a minor bump in the road.
취업 면접에서 받은 불합격 통지서는 작은 장애물에 불과했다.

어떤 과정이나 여정에서 맞닥뜨리는 어려움이나 물리적 장애물을 가리키는 표현이다.

당기다
잡다
쥐다
PULL/
GRAB/
HOLD

pull	clutch
keep	grip
tug	elicit
yank	fish
jerk	evoke
haul	guide
retrieve	squeeze
lure	retract
snatch	absorb
grasp	take
seize	carry
tow	cradle
lug	embrace
fetch	anchor
drag	tether
catch	fasten
rake	secure
winch	hold
nab	hug
gather	clench

pull 당기다

일반적으로 손과 팔 혹은 물리적인 힘을 사용해 무언가를 자신의 쪽으로 혹은 특정한 방향으로 움직이기 위해 힘을 가하다. 우리가 가장 흔히 보는 예는 출입문 한쪽에 PULL 당기시오, 반대편에는 PUSH 미시오라고 쓰인 경우이다. pull과 push는 서로 반대편으로 작용하는 힘이다.

등장인물이 절벽이나 산 혹은 난간에서 pull oneself up 혼자 힘으로 자신을 끌어올리다 하는 장면이 담긴 영화가 많다. 《Indiana Jones and the Last Crusade 인디아나 존스: 최후의 성전》 (1989)에는 아름다운 오스트리아 모험가가 자신을 안전한 곳에 pull해 줄 인디아나의 손을 잡지 않고 성배를 잡는 쪽을 택하는 유명한 장면이 있다. 이 장면은 성배라는 보물을 갖기 위해 어떤 위험도 기꺼이 감수하려는 그녀의 탐욕을 잘 보여준다.

pull
당기다, 끌어당기다

She pulled the door open.
그녀는 문을 자기 쪽으로 당겨 열었다.

pull off
힘든 것을 해내다, 성사시키다

The team were able to pull off a stunning victory in the final minutes of the game.
그 팀은 마지막 몇 분을 남겨두고 극적인 승리를 거둘 수 있었다.

문자 그대로는 재킷이나 옷을 몸 밖으로 잡아당겨 벗는다는 뜻이다. 관용적으로는 '어떤 과제, 특히 어렵고 위험한 과제를 성공적으로 완수하다'라는 뜻으로 쓰일 수 있다. 강도 영화, 예컨대 《The Italian Job 이탈리안 잡》(2003) 과 《Ocean's Eleven 오션스 일레븐》(2001) 에는 대담한 임무, 즉 강탈에 pull off 성공하다 를 시도하는 팀이 등장한다.

pull ahead
... 보다 앞으로 나아가다, ...을 앞서다

The company's strategies helped it to pull ahead of its competitors in the market.
그 회사의 전략은 시장에서 경쟁자들을 앞지르는 데 도움이 되었다.

'앞으로 움직이다, 우월한 위치를 차지하다'라는 뜻이며, 주로 기업과의 경쟁 및 경주에 사용된다. 애니메이션 영화 《Cars 카》(2006) 에 등장하는 카레이서 라이트닝 맥퀸은 자동차 경주에서 pull ahead 앞서 달리다 를 시도한다.

pull one's weight
자기 역할을 다하다

It's important that each member of the team pulls their weight during this project.
이 프로젝트를 진행하는 동안에는 팀원 하나하나가 각자의 임무를 다하는 게 중요하다.

'업무에서 자신의 정당한 몫을 해내다, 집단의 노력과 활동에 적정하게 기여하다'를 뜻한다. 어떤 과제를 완수하거나 어떤 목표를 달성하기 위해 팀이나 집단에 속한 각 개인이 각자에게 할당된 몫을 해내야 한다는 뜻이 함축된 표현이기도 하다.

pull strings
영향력을 행사하다, 연줄을 동원하다

The CEO pulled a few strings to secure the lucrative contract for the company.
최고경영자는 회사에 유리한 계약을 확보하기 위해 약간의 연줄을 동원했다.

상황을 통제하고 관리하기 위해 영향력이나 인맥을 사용하다는 뜻이며, 그 영향력은 주로 비밀스럽게 혹은 막후에서 이뤄진다. 중요한 거래를 성사시키는 것만 아니라 어떤 행사의 입장권을 구하고, 붐비는 식당을 예약하려는 일상적인 경우에도 이 표현이 사용될 수 있다.

pull an all-nighter
밤샘 공부를 하다

I have a major exam tomorrow, so I'm going to pull an all-nighter to study.
내일 중요한 시험이 있다. 그래서 밤샘 공부를 할 예정이다.

'잠을 포기하고 밤을 뜬눈으로 새우며 공부하다'라는 뜻이다. 과제를 완료하거나 마감 시간을 지켜야 할 때 혹은 행사를 황급히 준비해야 할 때 주로 사용되는 표현이다.

pull someone's leg 놀리다, 장난하다	Don't take him seriously; he's just pulling your leg. 그 사람 말을 진지하게 받아들이지 마라. 너를 놀리는 것뿐이다.

'장난스럽게 누군가를 놀리다, 농담하다'라는 뜻이며, 진실이 아닌 것을 말하고는 상대가 그 말을 진짜로 믿는지를 지켜보는 경우에 주로 사용되는 표현이다. 개인적으로 나는 다른 문화권에 속한 사람들이 서로 상대의 반응을 떠보려고 가볍게 농담하는 경우를 적잖이 보았다. 오스트레일리아에는 a drop bear에 대한 재밌는 도시 전설 urban legend 이 있다. a drop bear는 먹잇감을 공격하려고 나무에서 떨어져 내린다는 가공의 동물이다. 이 이야기는 오스트레일리아의 위험한 동물을 두고 관광객들에게 장난치며 pull their leg 놀리다 하는 데 사용된다. 영국, 오스트레일리아와 뉴질랜드 등 서구 국가에서 건너온 사람을 만날 때 그가 어느 순간 pull your leg 하려고 하더라도 놀라지 마시라.

pull out all the stops 온갖 노력을 다하다	We are pulling out all the stops to secure the deal with the new client. 우리는 그 새 고객과의 거래를 성사시키려고 온갖 노력을 다하고 있다.

'가능한 모든 노력을 다하다', '동원할 수 있는 모든 수단을 사용하다', '목표를 달성하거나 무언가를 성공시키기 위해 모든 자원을 활용하다'라는 뜻으로 쓰인다. 업무나 공부에 사용되면 '최대한의 노력을 기울이다'라는 뜻이 함축된 표현이다.

keep 유지하다

미래에 사용할 목적으로 무언가를 보유하다, 저장하다. 하지만 keep our phone and wallet in our pocket or bag 주머니나 가방에 휴대폰과 지갑을 넣다, keep documents safe in a folder 폴더에 서류를 안전하게 보관하다, keep food in the kitchen cupboards 부엌 찬장에 식품을 넣어두다 라고도 쓰인다. 《Indiana Jones and the Last Crusade 인디아나 존스: 최후의 성전》(1989)에서 나치가 성배의 힘을 자신들에게 유리하게 사용하려 하기 때문에 인디아나는 나치의 손에서 성배를 keep 지키다, 보호하다 해야 한다.

keep은 동사로 '특정한 방향의 행동이나 상태를 계속해 유지하다'를 뜻할 수 있다. 예컨대 keep a room neat and tidy 방을 깨끗하고 깔끔하게 유지하다와 같이 쓸 수 있다. 비밀을 폭로하지 않으면 keep secrets 비밀을 유지하다가 되고, 서약을 행동으로 끝까지 완수하면 keep promises 약속을 지키다가 된다. 로맨틱 영화 《The Notebook 노트북》(2004)은 노년이 될 때까지 서로에 대한 '약속을 지키는' keep a promise 두 연인에 대한 이야기이다.

keep
계속 유지하다

We decided to keep our old TV instead of buying a new one.
우리는 새 텔레비전을 사지 않고 오래 써 온 텔레비전을 계속 사용하기로 결정했다.

keep up
동일한 정도로 계속 유지하다

I'm trying to keep up with assignments.
나는 뒤처지지 않고 과제를 계속 쫓아가려 애쓴다.

'무언가를 계속 잘하다' 혹은 '특정한 수준이나 속도를 유지하다'라는 뜻이다.

keep on
...을 계속하다

The teacher encouraged her students to keep on practicing their writing skills to improve.
교사는 학생들에게 글쓰기 능력을 향상시키기 위해선 연습을 계속하라고 독려했다.

'무언가를 계속하다'라는 뜻이다. 시간이 지나더라도 행동이 지속되고 계속 반복된다는 의도를 전달하는 표현이다.

keep in touch
연락하다, 계속 접촉하다

It was great to see you today and please keep in touch.
오늘 당신을 만나 정말 기뻤습니다. 앞으로도 계속 연락하십시오.

누군가에게 커뮤니케이션이나 접촉을 유지하도록 권할 때 사용하는 표현이다. 누군가와 작별 인사를 나누며 다시 만나기를 바랄 때 사용하기 좋은 친근한 표현이다.

keep an eye out
지켜보다, 살펴보다

Keep an eye out for the delivery truck, I'm expecting a package to be delivered today.
배달 트럭이 오는지 잘 지켜봐. 오늘 소포를 받으면 좋겠는데.

무언가를 조심스레 관찰하거나 지켜본다는 뜻으로, 그것을 반드시 찾겠다는 의도가 함축된 표현이다. 경찰이 실종된 아이를 찾아 수색하는 경우처럼 심각한 상황만이 아니라, 슈퍼마켓에서 먹을 것을 찾는 경우처럼 가벼운 상황에도 사용될 수 있다.

keep something under wraps
숨기다, 비밀로 하다

The company is developing a new product, but they're keeping it under wraps until the official launch.
그 회사는 신제품을 개발 중이다. 그러나 공식 발매 때까지는 비밀로 하려고 한다.

'무언가를 비밀로 은밀하게 감추다, 정보가 다른 사람들에게 알려지는 걸 억제하다'라는 뜻이다.

an apple a day keeps the doctor away
하루에 사과 한 알이면 의사가 필요 없다

You should eat more healthily. Remember: an apple a day keeps the doctor away.
더 건강하게 먹어야 한다. 기억해야 할 것은 하루에 사과 한 알이면 의사가 필요 없다는 것이다.

사과처럼 영양분이 많은 음식을 먹으면 좋은 건강을 유지하고 질병을 예방할 수 있어 병원을 찾는 횟수가 줄어든다는 걸 뜻하는 널리 알려진 속담이다.

tug 세게 잡아당기다

빠르고 대체로 강하게 움직이며 무언가를 끌어당기다. tug는 항해 등 물과 관련된 활동에 주로 사용된다(tug a sail, a rope, a fishing net, a fishing rod돛, 밧줄, 어망, 낚싯대를 끌어당기다). 작지만 강력한 힘을 지녀 큰 선박을 예인하는 데 사용되는 tugboat예인선와도 어떻게든 관계가 있어 보인다. 하지만 tug는 가방, 줄에 매인 개 등 다른 물체를 당기는 데도 사용될 수 있다. 《A River Runs Through It흐르는 강물처럼》(1992)은 제물낚시를 하는 두 형제에 대한 이야기로, 물고기가 낚이면 '낚싯줄을 홱 잡아당기는' tug on a line 장면이 곧잘 나온다.

tug
잡아당기다

The fishermen tugged on the net, hauling in their catch.
어부들이 그물을 잡아당기며 어획물을 힘들여 끌어올렸다.

(a) tug of war
줄다리기

The two companies with competing products are engaged in a tug of war for market share.
경쟁 제품을 생산하는 두 회사가 시장 점유율을 두고 줄다리기를 하고 있다.

널리 알려진 놀이로, 두 팀이 줄의 양편에서 서로 상대를 중앙선 너머까지 잡아당겨 승패를 겨루는 스포츠이기도 하다. 이 표현은 비유적으로 '우리 삶의 여러 분야에서 다양한 형태로 벌어지는 갈등과 투쟁 및 경쟁적인 이해 관계'를 뜻하는 데도 사용된다. 위의 예문은 비유적인 뜻으로 사용된 것이다.

tug at the heartstrings
심금을 울리다

The end of this movie really tugs at the heartstrings.
이 영화의 결말은 정말 심금을 울린다.

강렬한 감정 특히 동정심과 연민, 슬픔 같은 감정을 유발하는 이야기나 노래, 행사 등을 묘사할 때 사용되는 표현이다.

yank
홱 잡아당기다

급작스레 무언가를 잡아당기다. yank는 tug와 pull보다 더 강력하게 잡아당기는 행위를 가리킨다. 예컨대 팔을 yank하면 아프지만 tug하면 아프지는 않다.
Yankee와 yank가 미국인, 특히 동북부 미국인을 가리키는 별칭이지만, 동사 yank와는 아무런 관계가 없다.

yank
별안간 잡아당기다

The boy yanked the toy out of his sister's hand.
그 소년은 누이의 손에서 장난감을 황급히 빼앗았다.

yank around
거칠게 대하다

Don't let your boss yank you around if he doesn't respect your time.
상관이 당신 시간을 존중하지 않는다면 그가 당신을 막 대하도록 내버려두지 마라.

'누군가를 거칠고 부당하게 대하다, 누군가를 통제하고 조종하다'라는 뜻이다.

yank someone's chain
누군가를 놀리다, 못 살게 굴다

I told him we won the lottery just to yank his chain, but he actually believed me!
나는 순전히 그를 놀릴 생각으로 우리가 복권에 당첨되었다고 말했지만 그는 정말 내 말을 믿었다!

'누군가를 놀리다, 누군가에게 농담하다'라는 뜻이다. pull someone's leg와 비슷한 뜻으로 쓰인다.

jerk
갑자기 움직이다

갑자기 날카롭고 급격하게 움직이는 행동을 가리킨다. 무언가를 잡아당기는 움직임일 수 있지만 bump 부딪침나 shake 흔들림 와 관련된 움직임일 수도 있다. 예컨대 한밤중에 악몽으로 잠을 깰 때 우리 몸은 격렬한 반응으로 jerk할 수 있다. 서스펜션(suspension 완충장치)이 나쁜 자동차는 a bump 도로의 요철 부분, 과속 방지턱 위를 지날 때 jerk 급격하게 덜컹거리다 한다. 출입문이나 병뚜껑을 열려고 하는 데 잘 열리지 않을 땐 '단번에 급격히 힘을 주면 열 수 있다' jerk something open.
《The Texas Chain Saw Massacre 텍사스 전기톱 학살》(1974) 와 《Get Out 겟 아웃》(2017)처럼 jump scares 예상하지 못한 것을 갑자기 등장시켜 관객을 놀라게 하는 기법를 사용하는 공포 영화들은 관객에게서 jerk하는 반응을 끌어내려 애쓴다.
jerk는 '무례하고 둔감하며 역겹게 행동하는 사람'을 가리키는 일상어로도 사용된다. 이 뜻은 아래에 인용된 구동사 jerk around와 관계가 있는 듯하며, 더 일반화하여 말하면 '불안정하고 갑작스레 움직이는 경향을 띤 사람'과 관련지어 쓰는 듯하다. 예컨대 《Back to the Future 백 투 더 퓨처》(1985) 의 블리프, 《The Karate Kid 베스트 키드》(1984)의 조니 같은 불한당이 jerk에 해당한다. 그들은 한결같이 무도하고 역겨운 등장인물들이다.

jerk
급격히 움직이다

She jerked her hand away from the hot stove.
그녀는 뜨거운 난로에서 손을 홱 들어올렸다.

jerk around
...을 골치아프게, 곤란하게 만들다

Stop jerking me around and tell me the truth.
나를 그만 괴롭히고 진실을 말해 줘.

'농담하다, 장난을 치다, 누군가를 부당하게 대하다, 누군가의 시간을 낭비하게 하다'라는 뜻으로 쓰인다. 악의적인 경우와 장난인 경우 모두를 가리킬 수 있다.

jerk the wheel
핸들을 급격하게 돌리다

He had to jerk the wheel to avoid hitting the pothole.
그는 움푹 패인 곳을 피하려고 핸들을 급히 돌렸다.

자동차의 핸들을 급히 힘있게 돌리는 경우를 묘사할 때 사용되는 표현이다.

(a) knee-jerk reaction
기계적인 반응

Investors panicked and sold off their shares in a knee-jerk reaction to avoid further losses.
투자자들은 공황 상태에 빠져, 더 큰 손실을 줄이려고 주식을 무작정 팔아치웠다.

깊이 생각하지 않고 어떤 상황에 즉각적이고 충동적으로 반응하는 경우를 가리키는 표현이다. 이런 반응은 격한 감정과 스트레스, 당면한 상황으로부터 유발되어 후회막심한 충동적 행동으로 이어지는 경우가 적지 않다. 의사가 반응 작용을 진단하려고 나무 망치로 무릎을 살짝 때리는 의료 행위와도 관계가 있는 표현이다.

haul 힘들여 끌다

힘을 주어 무언가를 당기다, 끌다. haul은 물건을 멀리 운반하거나 나르는 행위를 뜻할 수도 있다. 《Smokey and the Bandit 스모키 밴디트》(1977)는 맥주를 주 경계 너머로 haul 운반하다 하기로 동의하지만, 끈질긴 보안관에게 계속 추적을 당하는 트럭 운전자 밴디트가 주인공으로 나오는 코미디 액션 영화이다. 고속으로 질주하는 추격전과 재밌는 소동이 반복된다.

haul 힘들여 끌다	She hauled her luggage through the crowded airport. 그녀는 가방을 힘겹게 끌며 붐비는 공항을 빠져나왔다.
for the long haul 긴 안목으로 보면, 결국에는	Our company is planning for the long haul, investing in sustainable practices to ensure success for the future. 우리 회사는 장기적인 계획을 세우고, 미래의 성공을 위해 지속가능한 사업에 투자하려 한다.

무언가를 상당한 기간 동안 지속할 의도이거나, 누군가 현재의 어려움이나 난관에도 불구하고 예측할 수 있는 미래를 위해 노력하거나 어떤 상황에 헌신할 것이란 관점에서 쓰이는 표현이다. 이 표현은 사업 계획, 결혼이나 인간관계, 학업, 업무 등과 관련이 있을 수 있다. 이 표현을 확장한 것이 (Someone) (be) in it for the long term이다.

(a) shopping haul 쇼핑하기	I filmed a shopping haul video for my YouTube channel featuring my recent thrift store finds. 나는 최근 중고품 매장에서 구입한 물건들을 위주로 내 유튜브 채널에 올릴 쇼핑 동영상을 촬영했다.

특히 소셜 미디어에서 자주 사용되는 표현으로, a shopping spree 물건을 왕창 사들임 로 구입한 물건들을 보여주는 행위가 동반된다. shopping haul은 인플루언서, 블로거, 콘텐츠 크리에이터 등이 개인적인 성향과 취향 및 쇼핑 경험을 관객들과 공유하는 방법으로 흔히 사용된다. 현재 shopping haul은 상품을 추천하고 물건에 대한 영감을 주는 방법으로 소셜 미디어 플랫폼의 주된 흐름이 되었다.

retrieve
되찾아오다, 회수하다

다시 가져오다, 되돌리다, 되찾다. retrieve는 개인적인 작은 물건에도 사용된다. 예컨대 주인이 던진 막대기를 개가 가지고 와서 주인에게 돌려주는 행위도 retrieve로 표현된다retrieve it to the owner. retrieve는 컴퓨터에서 데이터나 파일을 찾고, 고고학적 유적지에서 역사적 유물을 발견하고, 우리 머릿속에서 기억을 되살리는 경우에도 사용될 수 있다.
retrieving treasure보물을 회수하다 혹은 retrieving memories기억을 되살려내다 를 다룬 모험 영화가 많다. 《The Goonies구니스》(1985)는 어린아이들이 지도를 들고 보물을 찾아나서는 이야기를 담은 고전적인 영화로, TV 시리즈물로 방영된《Stranger Things기묘한 이야기》에 큰 영향을 준 것으로 보인다. 《Total Recall토탈 리콜》(1990)은 아널드 슈워제네거가 연기한 더글러스 퀘이드라는 남자와 미스터리한 여자를 다룬 영화로, 여기에서 퀘이드는 화성에 대한 retrieved memories되살아난 기억들에 시달린다.

retrieve
되찾다, 발굴하다

The archaeologists used tools to carefully retrieve artifacts from the ancient burial site.
고고학자들은 연장을 사용해 고대 묘지터에서 유물들을 조심스레 발굴했다.

retrieve from
...로부터 회수하다

Did you manage to retrieve the photos from your broken camera?
깨진 카메라에 들어 있던 사진을 회수했느냐?

'정보, 데이터, 자료 등을 찾아내다, 접속하다'라는 뜻이다.

retrieve one's steps
온 길을 되돌아가다

I'm going to retrieve my steps to locate my phone.
휴대폰을 찾으러 내가 왔던 길을 되돌아가보려고 한다.

기억을 되살려 잃어버린 물건을 찾는 데 흔히 사용되는 기법이다. 구체적으로 말하면, 잃어버린 물건을 찾을 목적으로 자신의 행동이나 움직임을 되짚어 본다는 뜻이다.

lure
꾀다, 유혹하다

보상, 약속, 솔깃한 기회를 제공함으로써 누군가 혹은 무언가를 유혹하다. lure에는 돈, 음식, 섹스, 보상 등을 이용해 '유혹' temptation 한다는 뜻이 함축되어 있다(Hunters and fishermen lure animals with bait and food 사냥꾼과 어부는 미끼와 먹을 것으로 동물들을 유혹한다. Businesses lure customers and investors with promises 기업들은 온갖 약속으로 고객과 투자자를 유혹한다). 선원들을 바닷속으로 lure하는 인어들, 여행자들을 숲속으로 깊이 lure하는 픽시(pixie 귀가 뾰족한 작은 사람 모습의 요정)처럼, 주로 악의적인 목적에서 인간을 lure하는 동화적 존재에 대한 많은 전설이 있다. 디즈니가 동명 소설을 각색해 1951년 애니메이션으로 제작한 영화, 《Alice in Wonderland 이상한 나라의 앨리스》는 하얀 토끼에게 자신도 모르게 lure되어 환상의 세계로 들어간 소녀를 그린 유명한 작품이다.

lure
유혹하다, 불러들이다

The company lured top talent with lucrative job offers and benefits.
그 회사는 높은 연봉과 혜택을 제시하며 최고의 인재를 끌어들였다.

the lure of the unknown
미지의 것이 지닌 매력

Despite the risks, adventurers are drawn to the lure of the unknown, seeking new discoveries and experiences.
위험에도 불구하고 모험가들은 미지의 세계를 향한 유혹을 뿌리치지 못하고 새로운 것을 발견하고 경험하러 나선다.

신비롭고 익숙하지 않은 것이 지닌 매력이나 호소력을 뜻하는 표현이다.

the lure of fame/money/power
명성/돈/권력의 유혹

The lure of fame drew him into the world of entertainment.
명성을 얻고 싶은 마음에 그는 연예계에 들어갔다.

인정을 받고 부를 축적하고 권위를 누리고 싶은 마음과 관련된 강렬한 유혹을 뜻한다. 연예 사업, 유명인이라는 지위, 물질적 재산, 리더십 등과 관련하여 주로 사용된다. 마릴린 먼로 Marilyn Monroe 는 lure of fame 명성의 유혹 에 사로잡혔던 스타의 표본이다.

snatch
와락 붙잡다, 움켜잡다, 잡아채다

무언가를 빠르게 강압적으로 붙잡다, 획득하다. snatch는 대체로 느닷없이 행해지는 행위를 가리킨다. 도둑이 지갑을 낚아채고, 악어가 강력한 이로 피해물을 와락 붙잡는 모습을 상상해 보라. 그런 행동이 snatch에 해당한다. 영화 《Snatch 스내치》(2000)에서는 도둑들과 범죄자들이 런던의 지하 세계에서 목표를 추구하며 귀중품과 돈만 아니라 기회까지 snatch하는 모습이 그려진다.

snatch는 장난스럽게 쓰인다. snatch the last bit of food from a plate before your friends 접시에 남은 음식의 마지막 조각을 친구들보다 먼저 얼른 잡아채다가 좋은 예이다. 이 예에서 보듯이 snatch는 갑작스레 빠르게 취하는 행동을 뜻한다. 비즈니스 세계에서는 snatch a deal or opportunity로 쓰이며, 이때 snatch는 '무언가를 서둘러 혹은 기회를 틈타 확보하다'를 뜻한다.

snatch
잡아채다

The child snatched the toy from his brother's hands.
그 아이는 동생의 손에서 장난감을 와락 빼앗았다.

snatch the opportunity
기회를 서둘러 붙잡다

She snatched the opportunity to study abroad when she was offered a place on the course.
그녀는 그 강의에 참석할 자리를 제안받았을 때 해외에서 공부할 기회를 얼른 붙잡았다.

기회가 사라지기 전에 기회를 신속하고 단호하게 붙잡거나 이용하는 경우에 사용되는 표현이다.

(a) snatch and grab
어리숙한 도둑질

The security camera footage captured the snatch and grab robbery, showing the thief grabbing the money from the till and running away.
보안 카메라 영상에 어리숙한 절도 장면이 고스란히 담겼다. 도둑이 계산대에서 돈을 꺼내 달아나는 장면이 그대로 보였다.

물건을 재빨리 낚아채고는 현장에서 달아나는 행위로, 도둑질이나 강도질의 일종이다.

grasp 꽉 잡다

무언가를 손으로 단단히 물리적으로 쥐다, 잡다. A child will grasp a parent's hand 어린아이는 부모의 손을 꼭 쥔다. We can grasp nearby objects such as a rope, a handle, a tool, or a chair for support as we stand 우리는 서 있을 때 밧줄, 손잡이, 도구, 의자 등 가까이 있는 물체를 지지용으로 붙잡고 있을 수 있다. 물리적인 환경에서 유형의 것을 손으로 쥔 예를 나열한 것이다. 영화 《Star Wars 스타 워즈》 시리즈에는 선한 주인공들과 악당들이 grasp lightsabers 광선검을 쥐다 한 채로, 때로는 마법의 포스를 보조로 사용하며 싸우는 장면이 많다. 비유적으로 grasp은 concept 개념, idea 의견, situation 상황 등과 함께 사용되면 '무언가를 지적으로 이해하다, 파악하다'를 뜻한다. 누군가 무언가를 제대로 '이해' understand 하고 있는지 아닌지를 표현할 때 grasp가 유용하게 사용될 수 있다. 가령 어린아이가 《WALL-E 월-E》 (2008) 같은 가족 영화를 보더라도 그 줄거리에 담긴 개념과 사상을 완전히 grasp하지 못할 수 있다. 반면, 우리는 어떤 학문을 공부할 때 새로운 정보로 grasp하려 노력한다.

grasp
꽉 잡다

My baby likes to grasp my fingers tightly.
내 아기는 내 손가락들을 꽉 잡는 걸 좋아한다.

have a good grasp of something
무언가를 잘 파악하다

He has a good grasp of English after reading this book and memorizing the examples.
그는 이 책을 읽고 예문들을 암기한 뒤에 영어를 잘 이해한다.

누군가 어떤 개념이나 이론을 잘 이해할 때 he has a good grasp of something 이라 표현한다.

within grasp
이해할 수 있는, 손이 미치는 곳에

The new position I want at the company is within grasp.
내가 그 회사에서 원하는 새로운 자리가 사정권 안에 있다.

거의 도달할 수 있거나 성취할 수 있는 상태에 있는 것을 가리킬 때 사용하는 표현이다. 조금만 더 노력하거나 어려움을 이겨내면 달성할 수 있을 정도로 가깝게 있다는 뜻이 함축된 표현이기도 하다. 소파 옆에 있는 텔레비전 리모컨처럼 구체적이고 물리적인 사물은 물론이고, 기회와 성취처럼 추상적인 것에도 사용될 수 있다.

seize
움켜잡다, 장악하다

장악하다, 체포하다, 이용하다. 물리력을 동원해 급작스레 행해지는 행위에 대해 주로 사용된다. seize되는 대상은 물리적인 물체만이 아니라 기회, 적정한 순간이 될 수 있다 (police can seize property 경찰이 재산을 압수하다, invaders can seize land 침략자들이 땅을 점령하다, a dictator can seize power 독재자가 권력을 장악하다). 《Game of Thrones 왕좌의 게임》(2011-2019)는 귀족 가문들이 seize control 권력을 장악하다 하는 등 왕좌를 탈취하기 위한 권력 투쟁을 그린 텔레비전 드라마이다.

sezie는 긍정적이고 낙관적인 뜻으로도 사용된다(seize a chance, an opportunity, a dream 행운, 기회, 꿈을 붙잡다). 《Slumdog Millionaire 슬럼독 밀리어네어》(2008)는 뭄바이 빈민가 출신의 고아가 인도판 Who Wants to Be a Millionaire? 누가 백만장자가 되기를 원하는가 에 출연해 '기회를 붙잡는' seize the opportunity 이야기이다.

seize
꽉 잡다

I had to seize the steering wheel tightly over those bumps in the road.
도로의 요철 부분을 넘을 때는 핸들을 꽉 붙잡아야 했다.

seize up
멈추다, 잘 움직이지 않다

His joints seized up from sitting in the cold for too long.
추운 곳에 너무 오래 앉아 있었던 까닭에 관절이 잘 움직이지 않았다.

'기계적인 문제나 경직으로 인해 제대로 움직이거나 기능하지 못하게 되다'라는 뜻이다.

seize the moment
기회를 포착하다

She decided to seize the moment and travel the world while she was still young and free.
그녀는 자신이 아직 젊고 자유로운 동안에 그 기회를 붙잡아 세계를 여행하기로 결정했다.

현재의 순간에 주어진 기회를 지체 없이 망설이지 않고 이용하는 경우 사용되는 표현이다. 더 좋은 때를 기다리지 말고 현재 상황이나 조건을 최대한 활용하라고 독려하는 표현이기도 하다.

seize the day
오늘을 즐기다, 기회를 활용하다

My mother always said that life is short, so seize the day and pursue your dreams with passion.
어머니는 인생이란 짧은 것이니 오늘을 즐기고 열정적으로 꿈을 추구하라고 항상 말씀하셨다.

충만한 삶을 살기 위해서는 현재의 순간을 최대한 활용하고 기회가 있을 때 적극적으로 이용하라고 독려할 때 흔히 사용되는 표현이다. 라틴어로는 '카르페 디엠' carpe diem 으로 표현된다. 미래를 기다리거나 과거에 안주하지 말고 '지금 여기' here and now 를 포용하라는 뜻이 함축된 표현이기도 하다.

tow 끌다, 견인하다

일반적으로 밧줄이나 사슬 등 견인 장비를 이용해 자동차나 선박 등 어떤 물체의 뒤에서 무언가를 끌어당기는 행위를 가리킨다. 애니메이션 영화 《Cars카》(2006)에서 메이터는 고장난 자동차를 걸쇠로 걸기 위해 뒤쪽에 갈고리 같은 게 설치된 a tow truck 견인차이다. tow는 장비나 다른 자동차를 견인하는 자동차에 가장 흔히 사용되며, 아래에 인용된 in tow를 제외하면 사람에게는 거의 사용되지 않는다.

tow
견인하다

We called a truck to tow the car after we broke down on the highway.
고속도로에서 자동차가 고장나 우리는 자동차를 견인할 트럭을 불렀다.

tow away
견인하다

The city tows away cars parked in no-parking zones.
시 당국은 주차 금지 구역에 주차된 자동차들을 강제로 견인한다.

'견인 도구를 사용해 자동차를 치우거나 다른 곳으로 옮기다'라는 뜻이며, 불법으로 주차된 자동차에 주로 사용되는 표현이다.

in tow
뒤에 데리고

The businessman entered the meeting room with his assistants in tow.
기업인들이 비서들을 데리고 회의실에 들어왔다.

'누군가 혹은 무언가를 동반하거나 가까이에서 뒤따르는 경우'를 가리키는 표현이다. 누군가를 보좌관이나 비서 혹은 감독자로 데리고 온다는 뜻이 함축된 표현이기도 하다. 때로는 후회스럽거나 불필요하다는 뜻이 담기기도 한다. 애니메이션 영화《Finding Nemo 니모를 찾아서》(2003)에서 흰동가리 마틴은 다른 물고기 도리를 in tow 데리고 하며 아들 니모를 찾아나선다.

lug 나르다

무겁거나 부피가 큰 물건을 힘들게 나르다, 끌다. 까다롭고 부담스런 짐이란 뜻이 함축된 동사이다. We lug boxes, furniture, luggage, and heavy shopping bags 상자, 가구, 수하물, 무거운 쇼핑백을 나르다. lug의 대상이 비실용적이고 운반하기 쉽지 않은 것인 경우도 많다. 《The Grand Budapest Hotel 그랜드 부다페스트 호텔》(2014)에서 호텔 직원들은 귀중한 유품과 중요한 서류로 가득 채워진 '무거운 여행 가방을 힘들게 운반' lug heavy suitcases 해야 한다.

lug
나르다, 질질 끌다

She lugged her suitcase up the stairs.
그녀는 여행 가방을 질질 끌며 위층으로 올라갔다.

lug around
여기저기로 옮기다

He's been lugging around his textbooks all day.
그는 하루 종일 교과서들을 이리저리 옮기고 다녔다.

'무겁고 다루기 힘든 것을 다른 곳으로 나르다'라는 뜻으로, 대체로 오랜 시간이 걸렸다는 의미가 포함된다. 많은 영화 속 등장인물들은 무기와 장비를 lug around한다. 《Gravity 그래비티》(2013) 에서 우주 왕복선이 파괴된 뒤 우주 비행사들은 우주복, 산소 탱크 등 장비들을 lug around해야 했다.

lug it out
어려운 상황이나 과제를 견디다, 헤치고 나아가다

It's been a difficult year, but I'm determined to lug it out and finish this course.
힘든 한 해였다. 그러나 나는 그 상황을 견디며 이 과정을 끝내기로 결심했다.

상황이 개선되거나 해결될 때까지 불편을 견디고 온갖 노력을 다함으로써 역경과 고난을 인내하며 이겨낸다는 뜻이 함축된 표현이다. 등장인물들이 lug it out하며 역경을 이겨내는 영화가 많다. 예컨대 《Cast Away 캐스트 어웨이》(2000) 에서 톰 행크스는 비행기 추락 사고로 무인도에 고립되어 생존을 위해 악전고투하는 페덱스 임원 역할을 연기한다.

fetch 가지고 오다

대체로 다른 장소에 가서 무언가를 가지고 오다. fetch는 누군가에게 무언가를 구해 가져와 달라고 요청할 때 주로 쓰인다. 가령 막대기를 멀리 던진 뒤 개에게 그 막대기를 가져오라고 명령할 때 쓰인다.
영화, 텔레비전 프로그램, 컴퓨터 게임에서는 주인공이 어딘가에 가서 무언가, 대체로 강력한 힘을 지닌 유물을 획득해야 하는 a fetch quest라는 임무를 완수해야 이야기를 계속 끌어갈 수 있다. 마블 영화에서 등장인물들이 은하계 곳곳을 떠돌며 찾아내는 인피니티 스톤 Infinity Stone이 그런 예에 속한다.
일상의 삶에도 우리가 흔히 fetch하는 것들이 있다. 가령 개는 막대기를 fetch해 그 막대기를 던진 사람에게 되돌려준다. 또 우리는 외출하기 전 코트를 fetch하고, 상점에서 신문과 식료품을 fetch하며, 주방에서 물 한 잔을 fetch한다.

fetch
가지고 오다

Please fetch me a glass of water from the kitchen.
미안하지만 주방에서 물 한 잔만 가져다 다오.

fetch a price
...한 값으로 팔리다

The antique clock fetched a high price at the auction.
그 골동품 시계가 경매에서 높은 가격으로 팔렸다.

'특정한 가격에 팔리다'를 뜻하고, 특히 경매를 통해 팔리는 경우에 사용된다.

drag
끌다, 힘들게 움직이다

누군가 혹은 무언가를 대체로 천천히 힘들여 끌어당기다. 이때 움직여지는 것은 다루기 불편하고 거추장스러워 끌어당기기가 어렵다. 부피가 큰 물건은 바닥과의 마찰로 인해 drag하는 게 어려울 수 있다. 한편 어린아이가 부모에게 끌려 치과에 갈 때처럼 자진해서 함께 가고 싶지 않을 때 People can be dragged라 표현된다.
때로는 drag가 '물리적인 당김'physical pulling이 없을 때도 사용된다. 이때 drag는 '누군가를 말다툼 같은 불쾌하고 난처한 상황이나 경험에 끌어들이다'를 뜻한다. 명사로 쓰인 a drag는 '따분하고 지루한 과제'를 뜻한다.
그 밖에도 drag를 사용한 흥미로운 용례가 적지 않다.
a drag race는 '두 자동차가 짧은 직선 거리를 달리는 경주'를 가리키고, 이 경주에서는 높은 가속력이 주된 요소가 된다.
drag culture와 being dressed in drag는 LGBTQ+ 성소수자/옮긴이 공동체에 속한 사람들의 행위 미술로, 공연자는 반대되는 성과 관련된 전형적인 옷을 입고, 성을 구분하는 고정관념을 과장하고 풍자한다. 이 행위 미술에서 drag queen남성 동성애자, 여장 남자은 drag show를 입는다.
《Priscilla, Queen of the Desert프리실라》(1994), 《Paris is Burning파리 이즈 버닝》(1990), 《Hedwig and

the Angry Inch헤드윅》(2001)는 drag queens와 drag culture가 등장하는 영화들이다.

drag
끌다

He dragged the heavy box across the floor.
그는 무거운 상자를 끌고 마루를 지나갔다.

a drag
따분한 것, 지루한 것

This party is a drag, let's go somewhere more fun.
이 파티는 지루하다. 더 재밌는 데로 가자.

따분하고 지루한 것, 재미없고 불쾌한 것을 가리키는 표현이다. 어떤 상황이나 활동 혹은 경험에 대한 실망감이나 좌절감을 드러낼 때 주로 함께 사용되는 명사이다.

drag one's feet
발을 질질 끌다, 열심히 일하지 않다

Don't drag your feet. Finish your homework now!
꾸물거리지 마라. 당장 숙제를 끝내라!

행동을 취하거나 무언가를 진행하는 걸 지연하거나 주저하는 경우 사용되는 표현이다. 어떤 과제나 결정 혹은 의무를 진척시키는 걸 마뜩잖게 생각한다는 뜻이 함축된 표현이기도 하다. 꾸물거리며 뒤로 미루는 습관을 지닌 사람을 꾸짖는 데 주로 사용된다.

catch 잡다

움직이는 것을 가로채 꽉 잡다, 무언가 혹은 누군가를 붙잡다. 이 뜻으로 가장 흔히 사용되는 표현은 catch a ball과 catch a fish이다. 《Catch Me If You Can캐치 미 이프 유 캔》(2002)이라는 영화 제목은 어린아이들이 운동장에서 서로 쫓아다니며 뛰어노는 놀이의 이름이기도 하다. 이 영화에서는 사기를 밥 먹듯 하는 사기꾼이 FBI 요원에게 쫓긴다.

catch는 질병이나 질환에 감염되는 경우를 뜻하기도 한다 (catch a cold감기에 걸리다, catch the flu독감에 걸리다). 어떤 이유인지는 몰라도, flu에는 일반적으로 정관사 the가 사용된다.

catch는 '누군가의 관심을 얻다'를 뜻하는 데도 사용된다. 예컨대 식당에서 우리는 계산서를 부탁하려고 catch the waiter하고, 광고가 catch our attention하기도 한다. 《Schindler's List쉰들러 리스트》(1993)는 catch our attention할 목적에서 붉은색 드레스를 비롯해 소수의 요소에만 색을 입히는 시각적 기법을 사용한다.

catch
붙잡다, 잡다

She caught the ball before it hit the ground.
그녀는 공이 바닥에 떨어지기 전에 잡았다.

catch up (with someone/something)
누군가/무언가를 따라잡다

I need to catch up with my emails; I've been away for a week.
전자 메일부터 우선 처리해야겠다. 일주일 동안 자리를 비웠으니까.

'일 등을 끝내다, 다른 것의 수준이나 지위에 도달하다'를 뜻한다. 예컨대 옛 친구를 만나면 그가 지금까지 어떻게 지냈는지 알아보려고 we catch up한다. 또 수면, 공부, 업무 등에서 뒤처졌을 때 적정한 수준까지 올라가기 위해 we catch up한다.

catch on
유행하다, 인기를 얻다

It took a while for baggy pants to catch on.
헐렁한 바지가 유행하는 데는 상당한 시간이 걸렸다.

'유행하다, 폭넓게 받아들여지다'를 뜻한다. quickly catch on, takes a while to catch on, starting to catch on 등에서 보듯이 시간과 관련된 표현과 함께 주로 쓰인다.

catch someone's eye
눈에 띄다, 눈이 마주치다

The jewelry in the shop window caught her eye.
진열창의 보석들이 그녀의 시선을 사로잡았다.

'누군가의 주의를 끌다'라는 뜻이다. 사람의 외모나 개성 등이 우리 관심을 끌 수 있고, 반지나 목걸이 같은 것도 우리 주의를 끌 수 있다. 무언가가 '주목할' noticeable 만할 때 it catches the eye라 표현한다.

catch somebody off guard | That question caught me off guard, let me think for a moment.
...의 의표를 찌르다 | 그 질문이 내 의표를 찔렀다. 잠시 생각할 시간을 다오.

예상하지 못한 행동으로, 준비가 되지 않은 상황에서 누군가를 급습함으로써 그를 놀라게 하는 행위를 가리키는 표현이다. 반대말은 we are on guard로 '우리가 보초처럼 준비가 되다'라는 뜻이다. 《James Bond 007 시리즈/제임스 본드 시리즈》와 《The Bourne Identity 본 아이덴티티》 같은 영화는 '악당들의 의표를 찌르고' catching the villains off guard, 악당들을 제압하는 데 성공하는 주인공에게 주로 의존한다.

rake 훑다

a rake갈퀴라 불리는 원예용 기구로 모으다. a rake는 낙엽과 쓰레기 등 땅에 흩어진 것들을 긁어 모으는 데 사용되는 도구로, 손잡이가 길고 앞쪽에는 갈고리 모양으로 굽어진 철사 등이 듬성듬성 엮여 있다. 한편 동사로서의 rake는 땅바닥에 떨어진 낙엽과 함께 가장 흔히 쓰인다.

하지만 rake에는 다른 여러 뜻과 용례도 있다. 특히 '샅샅이 뒤지다' to search 혹은 '긁어모으다, 벌다' to earn 라는 뜻으로 쓰인다. '샅샅이 뒤지다'라는 뜻으로는 rake through the files에서 보듯이 서류나 문서와 함께 주로 쓰인다. '벌다'라는 뜻으로는 a corporation raked in massive profits에서 보듯이 돈이나 수입과 함께 주로 사용된다.

rake
긁어모으다

He raked the leaves around the building so the paths were clear.
그가 건물 주변의 낙엽을 긁어모아 길들이 깨끗해졌다.

rake in
긁어 들이다, 벌다

The company raked in huge profits this year.
올해 그 회사는 엄청난 수익을 거두어 들였다.

특히 돈과 관련해 '많은 양을 벌다, 축적하다'라는 뜻으로 쓰인다. 《The Wolf of Wall Street 더 울프 오브 월 스트리트》(2013)는 증권 중개인과 그의 동료들이 비윤리적인 관행을 통해 엄청난 수익을 벌어 들이는 과정을 그려낸 영화이다.

rake up the past
과거를 되살려내다

I saw my ex-girlfriend in the bar, but I knew if I talked to her it would rake up the past.
나는 술집에서 옛 여자친구를 보았다. 그러나 내가 그녀에게 말을 걸면 과거가 다시 살아날 게 분명했다.

'과거의 불쾌한 기억이나 사건이 떠올려지다'를 뜻한다. 팀 버튼 Tim Burton 감독이 연출한 《Big Fish 빅 피쉬》(2003)는 아버지의 이야기를 더 깊이 파고들어 **rake up the past** 과거를 캐내다 하고, 가족의 역사에 대해 숨겨진 진실을 알아내려는 아들을 추적한 판타지 영화이다.

winch
감아 올리다

명사로 쓰인 a winch는 무거운 물체를 들어올리거나 당길 때 사용하는 기계 장치(윈치)이다. 동사로 쓰인 to winch는 '기계 장치로 감다, 끌어당기다'라는 뜻이며, 이때 주로 사용되는 기계 장치는 둥근 얼레와 비슷한 회전통 a rotating drum 이다.
a winch는 선박, 고장난 자동차를 견인하는 차량, 헬리콥터 같은 긴급 대응 차량, 농기구 등에서 주로 볼 수 있다. 건설 현장과 정유 공장에서도 볼 수 있다.
바다를 배경으로 선박과 해상 설비에서 '윈치로 무언가를 끌어당기는' winching 장면을 담은 영화는 많다. 예컨대 《The Perfect Storm 퍼펙트 스톰》(2000)은 위험천만한 조건에서 항해하며 어구 fishing gear 를 안전하게 지키려 악전고투하는 선원들의 모습을 잘 보여준다. 어부가 아닌 사람들은 일상의 삶에서 견인차가 고장난 자동차를 winch하는 걸 본 것이 거의 전부일 것이다.

winch
윈치로 들어올리다

The workers winched the heavy machinery onto the truck.
일꾼들은 윈치를 사용해 무거운 기계를 트럭에 실었다.

winch up
윈치를 사용해 무언가를 들어올리다

They winched up the anchor from the ocean floor.
그들은 윈치를 사용해 닻을 해저에서부터 끌어올렸다.

nab
거머잡다, 체포하다

특히 빠르고 영리한 방법으로 무언가를 잡다, 움켜잡다, 획득하다. nab은 편의주의나 효율성을 우선시하는 단어라는 느낌을 자아내며 흥겨운 기분을 전달하므로, 격식을 따지지 않는 일상의 대화에 자연스레 사용하기에 좋다. 따라서 이 단어를 사용하면 원어민에 한층 가까워진 듯한 느낌을 만끽할 수 있으므로 어휘 목록에 추가해 두고 사용해 보기를 강력히 추천하는 바이다. 게다가 사용하기에도 재밌는 단어이다!

nab에 재밌는 느낌이 함축되었다는 걸 고려해 《Hot Fuzz 뜨거운 녀석들》(2007)에서 예를 들어보자. 사이먼 페그 Simon Pegg가 주인공 역할을 맡은 이 액션 코미디 영화에서 nab은 '체포하다' seize를 뜻한다. 이 영화 속 경찰관인 주인공은 잉글랜드의 한 조용한 마을에서 뜻밖의 용의자들을 nab 체포하다 한다.

nab
잡다, 쥐다

I'm going to nab the last piece of cake before it's gone.
나는 케이크가 몽땅 사라지기 전 마지막 조각이라도 움켜잡을 생각이다.

nab a ticket
티켓을 구하다

I was lucky enough to nab a ticket for the concert before it sold out.
표가 매진되기 전에 나는 운좋게도 그 콘서트 입장권을 구할 수 있었다.

'어떤 행사, 교통 수단 등 입장권이 필요한 경우 그 입장권을 성공적으로 획득하다, 구하다'라는 뜻이다.

nab a seat
자리를 확보하다

During rush hour, it can be a challenge to nab a seat on the subway.
러시아워에 지하철에서 자리에 앉는 건 어려울 수 있다.

붐비거나 좌석이 제한된 상황에서 자리를 확보하거나 구하는 경우 사용되는 표현이다. 공연장, 대중 교통, 스포츠 경기, 카페 등에서 격식을 차리지 않고 편하게 사용하기 좋은 표현이다. 어렵사리 자리를 구한 경우 I managed to nab a seat라 말할 수 있다.

nab a bargain
유리하게 거래하다

She always knows where to look to nab a bargain on home decor.
그녀는 집안을 꾸밀 물건을 어디에서 싼값에 구할 수 있는지 항상 알고 있다.

'가성비가 좋은 거래를 성공적으로 마무리하다, 어떤 물건을 괜찮은 가격에 구입하다'라는 뜻이며, 주로 세일이나 할인 기간을 이용해 조심스레 상황에서 사용되는 표현이다. 돈의 가치를 제대로 활용했다는 만족감이나 성취감이 함축된 표현이기도 하다.

nab the suspect
용의자를 체포하다

The police managed to nab the suspect after a high-speed chase through the city streets.
경찰은 시내 거리를 고속으로 질주하는 추격전 끝에 용의자를 체포했다.

nab이 사용된 표현에는 대체로 편하고 흥겨운 느낌이 있지만, 이 표현은 조금이나마 진지하다. '범죄나 비행을 저지른 것으로 의심되는 사람을 체포하다, 붙잡다'라는 뜻이다.

gather 모으다

모으다, 수확하다, 합치다. 전통적으로 gather는 fruits열매, vegetables푸성귀, plants식물, flowers꽃 등과 함께 가장 자주 쓰였다(gather the crops작물을 수확하다). gather는 땅이나 자연과의 관련성을 암시하며 시골의 소박한 느낌을 자아내기 때문에 그와 관련된 모습이 영화에서도 자주 인용된다. 《Little Forest리틀 포레스트》(2018)는 동명의 일본 만화를 원작으로 제작된 한국 영화로, 시골 고향에 내려와 자연과 교감하며 단순한 삶을 지향하는 한 젊은 여인에 대한 이야기이다. 이 영화에도 채마밭에서 gathering food먹거리를 거두기하며 수확한 신선한 재료를 요리하는 장면이 자주 등장한다.
현대에는 evidence증거, files서류, examples사례, information정보이 gather의 대상이 된다(gather photos to create a photo album사진첩을 만들려고 사진들을 모으다). 《Se7en세븐》(1995)의 두 형사는 7대 죄악으로부터 영감을 받아 범한 섬뜩한 연쇄 살인을 수사하며 gather clues and evidence단서와 증거를 수집하다한다.
사람들은 행사, 축하연, 회의, 학회, 시위 등 특정 목적을 위해 a gathering모임, 집합한다. gather와 gathering은 정서적으로 '일체감'togetherness과 '친근감'homeliness만 아니라 움직임과 역동성까지 겸비한 단어여서 연설에 자주 사용된다. We are gathered here to...우리는 여기에 모였습니다...라는 말로 연설이 시작되는 이유가 바로 여기에 있다.

gather
모으다

We gathered firewood for the campfire.
우리는 캠프파이어를 하려고 땔나무를 모았다.

gather thoughts
생각을 정리하다

Before giving her speech, she took a moment to gather her thoughts and compose herself.
연설을 시작하기 전 그녀는 생각을 정리하고 마음을 가라앉히는 시간을 잠시 가졌다.

'연설을 시작하거나 결정을 내리기 전 모든 것을 멈추고 생각과 감정을 가다듬다'라는 뜻이다.

gather strength
기운을 내다, 힘을 모으다

After the loss of her loved one, she needed time to gather strength before facing the world again.
사랑하는 사람을 잃은 뒤여서 그녀는 세상에 다시 맞서기 전에 기력을 회복할 시간이 필요했다.

'난제와 역경에 맞서는 데 필요한 내적인 결의와 용기를 축적하다'라는 뜻이 함축된 표현이다.

gather momentum
기세가 커지다, 추진력을 모으다

The initiative to promote mental health awareness on campus is slowly gathering momentum.
대학에서 시작된 정신 건강 인식 증진 프로그램이 서서히 추진력을 얻고 있다.

시간이 지남에 따라 무언가가 지지와 응원, 영향력을 얻어 점차 성장하는 과정, 혹은 가속화되고 증폭되는 과정에 있을 때 사용되는 표현이다. 정치와 경제, 추세, 개인적인 성장, 스포츠에도 적용 가능한 표현이다.

gather dust
먼지를 뒤집어쓰다, 무시당하다

My old laptop is on the shelf gathering dust because I bought a new one.
내가 새 노트북을 사면서 낡은 노트북은 선반에서 먼지만 수집하는 신세가 돼 있다.

오랫동안 사용하지 않거나 방치되어, 그 결과로 먼지가 쌓인다는 뜻으로 사용되는 표현이다. 사용하지 않거나 관심 밖에 놓인 까닭에 방치된 채 먼지로 뒤덮인 물건을 표현할 때 흔히 사용된다.

clutch
단단히 쥐다

손으로 꽉 쥐다, 움켜잡다, 거머쥐다. 우리가 무언가를 clutch 하는 이유는 우리 안전을 위한 것이다. 예컨대 우리는 계단을 내려갈 때 넘어지지 않으려고 clutch a railing 난간을 꽉 잡다 한다. 또 우리가 무언가를 clutch하는 이유는 그 무언가를 안전하게 지키려는 것이다. 그래서 도심에서 걸을 때는 clutch a purse 지갑을 꽉 잡다 한다. 이처럼 손에 쥐는 작은 지갑은 clutch bag이라 부른다. 《Sex and the City 섹스 앤 더 시티》 (2008)는 인기리에 방영된 텔레비전 시리즈를 기반으로 제작된 영화로, 뉴욕에 거주하며 유행에 맞는 멋진 의상을 입고 clutch bag을 비롯해 액세서리로 치장한 네 여인의 화려한 삶을 그려냈다.

clutch
꽉 잡다

The child clutched his mother's hand as they crossed the busy street.
그 아이는 엄마의 손을 꽉 잡고 번잡한 길을 건넜다.

clutch at straws
지푸라기라도 잡다, 필사적으로 애쓰다

He's clutching at straws if he thinks he can finish the project in time.
그는 프로젝트를 제시간에 끝낼 수 있다고 생각하는지 안간힘을 다하고 있다.

'해결책을 찾아내려 필사적으로 시도하다'를 뜻한다. 선택의 여지가 거의 없는 절망적인 상황에서 희망을 품는다는 뜻이 함축된 표현이다.

fall into (someone's or something's) clutches/fall into the clutches of (someone or something)
...의 손아귀에 떨어지다

After losing his job, he fell into the clutches of debt.
직장을 잃은 뒤 그는 빚더미에 올라앉았다.

'누군가 혹은 무언가의 덫에 걸려들다'라는 뜻이며, 주로 부정적인 뜻으로 쓰인다. 대체로 탈출해서 자유를 되찾기 어려운 상황에서 다른 사람의 통제나 영향력을 받게 되는 걸 암시한다. 스티븐 킹 Stephen King 의 공포 소설을 바탕으로 제작된 《Misery 미저리》(1990) 에서, 작가가 fall into the clutches of an obsessed fan 광적인 팬의 손아귀에 사로잡히다 하면서 그 둘은 끔찍한 결말을 맞는다.

grip 움켜쥐다

꽉 잡다, 힘있게 움켜잡다. 무언가를 손으로 쥐는 힘이나 압력을
a grip 악력이라 한다. 테니스, 역기, 팔씨름 같은 스포츠에서는
a strong grip 강한 악력, 손아귀 힘을 갖는 게 중요하다. '단단히
잡기, 꽉 쥐기'라는 뜻으로 a tight grip 혹은 a firm grip이라
말하지만, 이 표현에는 문자 그대로의 의미만 아니라
control 제어력, strength 강인함, determination 결단력 이란
비유적인 뜻도 있다.
'무언가가 우리를 붙잡고 있는 상태'를 표현하려는 경우에도
grip 마음을 끌다, 빨아들이다 을 사용할 수 있다. 예컨대 어떤 책이나
영화가 우리를 집중하게 하며 즐거움을 줄 때 그 영화 혹은
책은 gripping 사로잡는, 눈을 떼지 못하게 하는 하다고 표현할 수 있다.
영화 제작에서 grip은 카메라와 조명 같은 장비를 설치하고
조절하는 역할을 맡은 촬영 기사를 가리킨다. grip은 카메라와
조명을 책임진 부서들과 긴밀히 협조해 일하며, 원하는
시각 효과를 얻을 수 있도록 장비들을 배치해 설치하고 조작한다.
장비를 이리저리 움직이며 안전하고 효과적으로 조작하려면
a good grip 강한 악력으로 장비를 단단히 움켜잡아야 하기
때문에 그들에게 grip이란 이름이 붙여진 게 아닌가 싶다.

grip
움켜잡다

The rock climber gripped onto the ledge.
그 암벽 등반가는 절벽에서 튀어나온 바위를 꽉 움켜잡았다.

a tight grip (on something/ someone)
무언가/누군가를 꽉 움켜잡기

The company's CEO had a tight grip on decision-making.
그 기업의 최고경영자는 의사결정권을 장악하고 있었다.

a tight grip은 '강하게 잡기'라는 뜻이다. 비유적으로는 '어떤 상황, 사람이나 조직에 대한 강력한 통제력이나 영향력'을 지닌 경우를 가리킬 수 있다. 무언가를 확고하고 권위 있게 관리하고 지휘한다는 뜻도 함축된 표현이다. 폴 토머스 앤더슨 Paul Thomas Anderson 이 감독한 《There Will Be Blood 데어 윌 비 블러드》(2007) 는 무자비하고 야심찬 석유 채굴자가 점점 성장해 가는 석유 제국을 has a tight grip 강력히 장악하다 하는 과정을 추적한 서사적 영화이다. 그는 석유가 매장된 지역을 장악하기 위해 동반자 관계를 맺고 거래를 체결하는 등 다양한 전술을 구사한다.

a firm grip (on something/ someone)
무언가/누군가를 단단히 움켜잡기

I'm trying to get a firm grip on my finances this year.
올해 나는 내 금전 문제를 확고하게 관리해 보려 한다.

무언가를 안정적으로 통제하기 위해 확실하고 확고하게 장악하는 경우 사용되는 표현이다. 문자 그대로의 뜻만 아니라 비유적으로도 사용된다. a tight grip은 고압적인 느낌을 풍기는 반면 a firm grip은 꾸준한 확신과 자신감이 함축된 표현이다.

get a grip (on oneself)
자제하다

He was extremely nervous before the presentation so I told him to get a grip on himself.
그가 프레젠테이션을 앞두고 무척 불안한 모습을 보여, 나는 그에게 정신을 바짝 차리라고 말했다.

감정을 조절하고 평정심을 되찾으라고 혹은 비이성적으로 행동하지 말라고 누군가에게 충고할 때 사용되는 표현이다.

lose one's grip (on something/someone)
…에 대한 통제력을 잃다

The teacher is starting to lose her grip on the students.
교사는 학생들을 통제하는 힘을 잃기 시작한다.

누군가 어떤 상황이나 과제 등 삶의 일면에 대한 통제력이나 영향력을 상실하는 상황을 묘사할 때 사용되는 표현이다.

keep a grip (on something)
무언가에 대한 통제력을 유지하다

The team captain reminded his players to keep a grip on the game.
팀장은 게임에 대한 통제력을 계속 유지하라고 팀원들을 다그쳤다.

'어떤 상황이나 과제 등 삶의 일면에 대한 통제력이나 영향력을 유지하다'라는 뜻이다.

elicit 끌어내다

누군가 혹은 무언가로부터 대답, 정보, 반응을 끌어내다, 불러내다, 얻다. elicit에는 의도적이든 아니든 어떤 수단을 통해 특정한 반응이나 정보를 얻어낸다는 뜻도 포함된다. elicit는 격식을 갖춘 정중한 뜻이 함축된 단어여서 연구 보고서, 법률 문서, 과학 보고서, 전문 서신 등 학술서와 전문서 같이 형식을 중요시하는 글에 흔히 사용된다. 일상 언어에서는 비슷한 뜻을 지니지만 더 단순한 구어적 표현인 get, draw out, bring out이 더 자주 사용된다.

eliciting은 언어 교육에서 교사가 일방적으로 답을 알려주지 않고 이런저런 형태로 질문을 던져 학생들로부터 답을 얻어내려 하는 과정이란 점에서 중요한 개념이다('유도해 내다'). 일례로 《Interrogation 인테로게이션》(2016)은 범죄 스릴러 영화로, 여기에서 CIA 요원은 테러 용의자로부터 elicit information 정보를 얻다 하려고 다양한 심문 기법을 사용한다.

elicit 끌어내다	I'm planning to elicit information using this survey. 나는 이번 설문 조사를 이용해 정보를 끌어낼 계획이다.
elicit something from someone 누군가로부터 무엇을 얻어내다	The teacher tried to elicit a response from the shy student by asking a direct question. 교사는 직접 질문을 하여 수줍어하는 학생으로부터 답을 끌어내려 애썼다.

커뮤니케이션이나 상호작용을 통해 누군가로부터 특정한 답이나 감정 혹은 정보를 끌어내려는 행위를 표현할 때 사용된다.

elicit a smile/laugh from …로부터 미소/웃음을 끌어내다	Her witty remarks always elicit a smile from her friends during conversations. 그녀의 재치 있는 말솜씨는 대화하는 동안 친구들로부터 항상 웃음을 이끌어낸다.

'누군가에게 미소나 웃음을 짓게 하다'라는 뜻이다. 영화《The Mask 마스크》(1994)에서 짐 캐리의 익살스런 행동은 항상 내 아이들로부터 웃음을 끌어낸다 elicit a laugh from my children.

fish 낚다

fish로 알려진 수생 동물(어류, 물고기)이나, fishing으로 알려진 취미 활동으로 fish를 잡는 행위('낚시')를 모르는 사람은 없을 것이다. 하지만 동사 fish는 약간 다른 맥락에서 사용되지만 관련된 의미를 넘어서지는 않는다. fish는 '정보나 칭찬 등 무언가를 잡거나 얻으려 하다'를 뜻할 수 있다. 《La La Land 라라랜드》(2016)에서 큰 꿈을 지닌 여배우 미아는 배역 담당 책임자로부터 자신의 연기에 대해 fish for compliments 칭찬을 끌어내다 함으로써, 배우로서 성공의 길을 만들어 가기 시작한다.

fish
건져내다

I managed to fish my phone out of the drain where I dropped it.
나는 휴대폰을 떨어뜨린 배수구에서 힘겹게 휴대폰을 건져냈다.

fish around
…을 찾아다니다

She fished around in her bag for her phone.
그녀는 휴대폰을 찾아 가방 속을 뒤적거렸다.

'무언가를 막무가내로/비효율적인 방법으로 찾다, 수색하다'를 뜻한다. 유형의 물체에 주로 쓰이지만 아이디어와 의견, 피드백과 기회 같은 추상적인 것에도 사용될 수 있다. 예컨대 a good deal 좋은 거래 을 구하는 경우에도 fish around를 사용해 I'm fishing around for cheaper car insurance 더 저렴한 자동차 보험을 찾고 있는 중이다 라 말할 수 있다.

fishing for compliments
칭찬을 구하다

She was fishing for compliments with her new hairstyle.
그녀는 새 머리 모양에 대해 칭찬을 받고 싶어했다.

'주변 사람들로부터 칭찬을 구하다'라는 뜻이다.

fishing for ideas
아이디어를 구하다

During the meeting, we spent hours fishing for ideas and brainstorming.
회의하는 동안 우리는 아이디어를 얻으려고 브레인스토밍하며 몇 시간을 보냈다.

'브레인스토밍 등으로 아이디어를 구하다'라는 뜻이다.

evoke
일깨우다, 떠올려주다

경험, 시각적 이미지나 언어적 표현을 통해 특정한 감정이나 기억 혹은 반응을 끌어내다, 불러내다. evoke에는 감정이나 생각이 크고 유의미하게 흔들리는 경우가 포함된다. evoke는 art예술, experience경험, emotion감정, memory기억, nostalgia향수, culture문화 등과 함께 다양한 분야에 사용되는 단어이다. 위대한 미술과 문학 및 음악의 목적은 evoke feelings and emotions감성과 감정을 일깨우다에 있다. evoke는 장엄한 느낌을 전달하며 묘사의 폭 전체를 아우르는 데 목적을 둔다.

《The Blair Witch Project블레어 위치》(1999)는 시대를 초월한 최고의 명작까지는 아니지만, found footage실제 기록으로 가장하는 가짜 다큐멘터리 영화를 모방하고, 사실적이고 몰입감을 주는 촬영 기법 덕분에 관객으로부터 강렬한 반응을 불러일으켰다 evoke a strong response.

《Begotten잉태》(1990)도 음침하고 불안감을 주는 전위적 촬영 기법으로 관객에게 충격을 주며 강렬한 감정을 evoke 불러일으키다 한 영화이다.

evoke
불러일으키다

His artwork often evokes strong reactions, challenging viewers to confront difficult truths about society.
그의 미술 작품은 종종 강렬한 반응을 불러일으키며, 관객들에게 사회에 대해 받아들이기 힘든 진실을 마주하도록 요구한다.

evoke memories of
... 에 대한 기억을 되살려주다

This old photograph evokes memories of my childhood.
이 옛 사진을 보자 어린 시절의 기억이 되살아난다.

'기억을 되살리다'라는 뜻이며, 특정한 시간이나 장소 혹은 경험을 다시 생각나게 해 주는 것에 대해 사용되는 표현이다.

evoke a sense of
... 에 대한 감각을 되살려주다

The writer's vivid descriptions of nature evoke a sense of wonder about the world around us.
자연에 대한 작가의 생생한 묘사는 우리 주변 세계에 대한 경이감을 일깨워준다.

예술과 자연, 음악과 기억 등이 자극제가 되어 다양한 감정과 감각 및 인식을 우리 안에 불러일으킬 수 있다.

guide 안내하다

누군가 혹은 무언가에게 목적지나 결정 사항 혹은 행동 방침을 보여주다, 알려주다. guide에는 경로를 지나고 목표를 달성하는 데 도움을 주는 정보, 지원과 조언을 제공한다는 뜻도 있다. 우리 삶에서는 tour guide관광 안내원, guide book안내서, guide dog맹도견으로 가장 자주 쓰이지만, guide는 동사로 사용된다. 문자 그대로는 자동차의 내비게이션 시스템처럼 '방향이나 경로를 보여주다'를 뜻하고, 비유적으로는 누군가의 행동 방향에 영향을 주며 방향을 인도하는 원칙들priciples을 가리킨다. 예컨대 리더의 원칙은 팀원들에게 팀의 운영 방식을 guide안내하다, 설명하다 할 수 있다.

《The Lord of the Rings: The Fellowship of the Ring반지의 제왕: 반지 원정대》(2001)에서 간달프는 프로도 배긴스의 '안내자'a guide 역할을 하며, 절대 반지를 파괴하고 어둠의 군주 사우론으로 파멸하려는 그의 여정으로 프로도를 안내한다to guide. 《Alice in Wonderland이상한 나라의 앨리스》(2010)에서 체셔 고양이는 문자 그대로의 의미와 비유적인 의미 모두에서 앨리스의 guide 역할을 하며, 앨리스가 이상하고 환상적인 세계를 여행하는 동안 아리송한 조언과 guidance안내를 마다하지 않는다. 《The Karate Kid베스트 키드》(1984)에서는 미야기 씨가 대니얼의 guide로서 대니얼에게 무술을 가르치는 동시에 절제와 안내, 내적인 강인함에 대한 소중한 교훈을 알려준다. 이런 예에서 보듯이 guide는 다양한 뜻으로 해석되며 다양한 부분에 사용된다.

guide
안내해 데려가다

Could you please guide me to the nearest subway station?
가장 가까운 지하철 역까지 나를 데려가 줄 수 있나요?

guide someone's hand
조언하다, 도움을 주다

The coach guided the player's hand, teaching him the proper technique.
코치는 그 선수에게 조언을 하며 적절한 기술을 가르쳤다.

'어떤 과제를 수행하는 데 도움을 주고 방향을 제시하다'라는 뜻으로, 무언가를 가르치는 방식으로 이루어지는 게 보통이다.

(a) guiding light
본보기, 모범

She was a guiding light in our community, always offering support and wisdom.
그녀는 우리 공동체의 본보기로, 지혜가 깃든 조언과 도움을 아끼지 않는다.

어려운 시기에 방향과 지침을 제시하고 영감을 떠올려주는 사람이나 사물을 가리킨다.

guide the way
길을 안내하다

His experience and expertise guided the way for the team to achieve success.
그의 경험과 전문 지식은 팀이 성공하는 데 필요한 길을 제시해 주었다.

문자 그대로나 비유적으로 '앞으로 나아갈 길을 유도하다, 보여주다'를 뜻한다.

squeeze
쥐어짜다

무언가를 꽉 누르거나 액체를 짜내기 위해 압력을 가하는 행위를 가리킨다. squeeze에는 '꽉 껴안는 포옹' a tight embrace, '무언가를 하라고 누군가에게 압력을 가하다'라는 뜻도 있다. 흔히 squeeze의 대상으로는 fruits 과일, soft toy 부드러운 장난감, sponge 스펀지, tubes of paint or toothpaste or lotion 물감이나 치약 혹은 로션이 담긴 용기, people into tight spaces such as elevator 엘리베이터 같이 비좁은 공간에 낀 사람들가 있다. 또 누군가의 손을 쥐고 잠시 동안 가벼운 압박을 가하면, 그 행동은 위안과 격려의 뜻은 지닌 a squeeze가 된다.

1990년대에 스트레스를 푸는 도구로 stress ball 스트레스 볼이란 것이 고안되었다. 부드러운 재질로 만들어져 '꽉꽉 누르며' squeezed 긴장된 기분을 해소하게 해 주는 도구였다. stress ball은 많은 영화에서 사무실 장면에 등장했지만, 가장 흥미로운 예는 《Jurassic Park 쥬라기 공원》(1993)에서 컴퓨터광 네드리가 사용한, 이상하게 생긴 stress ball이었다. 그 영화가 개봉된 후 팬들은 그 stress ball을 찾아내려고 백방으로 애썼다.

squeeze
압착하다

She squeezed the orange to make juice.
그녀는 오렌지를 압착해 쥬스를 만들었다.

squeeze out
...을 짜내다, 힘들여 얻다

She squeezed out the last bit of toothpaste from the tube.
그녀는 치약을 튜브에서 마지막 조각까지 짜냈다.

squeeze through
간신히 성공하다, 통과하다

He squeezed through the crowd to reach the exit.
그는 군중의 틈새를 헤치고 나가 출구에 도착했다.

'좁은 공간을 힘겹게 빠져나가다'라는 뜻이다.

(a) tight squeeze
꽉 짜냄

We managed to fit everyone into the car, but it was a tight squeeze.
우리는 어떻게든 모두를 자동차에 태웠지만, 자동차는 빈틈없이 꽉 찬 상태가 되었다.

공간이 제한되거나 자원이 부족한 상황에서 주로 쓰이는 표현이다. 교통 기관이나 엘리베이터 같은 좁은 공간에 사람들이 빼곡한 상태를 가리킬 때 흔히 사용된다.

squeeze the trigger
방아쇠를 당기다

He aimed carefully and squeezed the trigger.
그는 신중하게 겨냥한 뒤 방아쇠를 당겼다.

애인이나 중요한 사람을 가리키는 데 사용되는 일상적인 구어적 표현이다. 누군가의 낭만적인 삶에서 주된 위치를 차지하는 사람을 재밌고 감성적으로 표현한 용어라 할 수 있다.

one's main squeeze
누군가의 주요 인물, 진짜 애인

I'm planning a romantic getaway next weekend with my main squeeze.
나는 다음 주말에 진짜 애인과 함께 낭만적인 휴가를 즐길 예정이다.

retract
철회하다

이미 말한 것이나 글로 쓴 것, 약속이나 제안을 취소하다, 철회하다. retract는 언론, 법과 과학, 개인적인 상호작용 등 격식을 따지는 다양한 맥락에서 흔히 사용된다. 어떤 진술이나 행동을 공식적으로 철회하거나 취소하는 행위도 retract에 포함된다. 오류나 상황의 변화가 있을 때도 retract가 행해질 수 있다. retract되는 대상으로는 statement진술, offer제안, apology사과, report보고, theory이론 등이 있다. 사람의 손이나 동물의 발톱 같은 물리적인 것도 retract오므리다, 집어넣다 될 수 있다.

악수할 때 retracting a hand한다는 것은 악수가 완료되기 전에 손을 뒤로 빼는 행위를 가리킨다. 이 행위는 a change of mind심정의 변화, discomfort불편함, 악수를 피하고 싶은 마음 등 다양한 이유에서 나타날 수 있다.

코미디 영화 《Liar Liar라이어 라이어》(1997)는 생일을 맞은 아들의 소원을 들어주려고 24시간 동안 거짓말을 할 수 없게 된 변호사에 대한 이야기이다. 짐 캐리가 연기한 이 변호사는 무조건 정직해야 한다는 약속을 retract할 수 없어 많은 곤경에 처한다.

retract
오므리다, 뒤로 빼다

She retracted her hand from the flame to avoid getting burned.
그녀는 데지 않으려고 불길을 피해 손을 뒤로 오므렸다.

retract a report
보도를 철회하다, 취소하다

The newspaper was forced to retract its earlier report due to inaccuracies.
그 신문은 내용이 부정확하다는 이유로 초기 보도를 철회해야만 했다.

예전에 제출되거나 발표된 보도를 공식적으로 철회하거나 취소한다는 뜻이다. 이 표현에는 그 보도가 부정확하고 불완전해서 더는 유효하지 않다는 걸 공개적으로 인정하고 정정하는 조치를 취할 거라는 뜻이 포함된다.

retract an apology
사과를 철회하다

I want to retract the apology I made earlier because I now see that it was inappropriate given the circumstances.
나는 전에 했던 사과를 취소하고 싶다. 당시 상황을 고려할 때 그 사과가 부적절했다는 걸 이제야 알았기 때문이다.

이미 내놓은 사과를 공식적으로 철회하거나 취소한다는 뜻이다. 당사자가 그 사과를 타당하거나 적절하다고 더는 생각하지 않는 경우 취해지는 행동이다.

absorb
흡수하다

어떤 물질이나 에너지를 흡입하다, 빨아들이다. 이 정의로는 a sponge 스펀지, a plant 식물, towels 수건, cloth 직물 등과 함께 가장 자주 쓰인다(A paper towel will absorb spilled liquids 엎질러진 물을 종이 수건으로 빨아들이다. A diaper will absorb urine 기저귀가 소변을 흡수하다). 열이나 빛을 absorb하는 물질도 있다. 예컨대 컴퓨터에는 프로세서로부터 발생하는 열을 absorb하는 냉각 시스템이 있고, 태양광 패널은 햇빛을 absorb해 에너지를 만든다. 우리 인간은 음식으로부터 absorb nutrients 영양분을 흡수하다 한다. 비즈니스 세계에서는 기업이 고객에게 부담을 전가하지 않고 고급 자재 등 무언가에 대한 비용을 absorb할 수 있다.

absorb는 '정보, 개념, 경험 등을 받아들이다. 완전히 이해하다'라는 뜻으로도 사용된다. 예컨대 absorb information from a textbook 교과서로부터 정보를 받아들이다, absorb new perspectives by traveling and learning a new language 여행을 통해, 또 새로운 언어를 학습함으로써 새로운 관점을 받아들이다와 같이 쓰인다. 《The Matrix 매트릭스》(1999)에서 주인공 네오는 absorb new information and skills 새로운 정보와 역량을 받아들이다 함으로써 매트릭스라는 가상 현실에 대한 진실을 깨달아간다.

absorb
흡수하다, 빨아들이다

These tissues will absorb the spilled water.
이 화장지는 엎질러진 물을 빨아들인다.

absorb the shock
충격을 흡수하다

Wearing proper protective gear can help athletes absorb the shock of impact during high-impact sports like football or rugby.
적절한 보호 장비를 갖추면, 축구나 럭비처럼 충격이 큰 스포츠를 행하는 동안 운동 선수들이 충돌로 인한 충격을 흡수하는 데 도움을 줄 수 있다.

'예기치 못하게 닥친 무언가의 충격을 줄이다'라는 뜻이다. 이 표현은 자동차의 서스펜션에 악영향을 주는, 도로에서 움푹 패인 곳처럼 돌발적인 상황을 가리킬 때 사용된다. 하지만 적용의 폭을 넓혀, 충격을 효과적으로 관리하고 완화해야 할 필요가 있는 응급 상황이나 위기 같은 경우에도 사용된다.

absorb oneself in
… 에 몰두하다

After a long day at work, I like to absorb myself in a good book to unwind and relax.
오랜 일과가 끝난 뒤, 나는 휴식을 취하고 긴장을 풀며 좋은 책을 읽는 데 몰두하는 걸 좋아한다.

'무언가에 철저히 몰두하다, 몰입하다'라는 뜻이다.

take 가져가다

영어에서 동사 take는 다양한 의미와 용도로 쓰이는 단어이다. 예컨대 grasp잡다, acquire얻다, consume먹다, transport가져가다, accept받아들이다, capture포착하다, assume control장악하다 등의 의미로 쓰인다. take a walk 산책하다, take a shower샤워하다, take a photo사진을 찍다, take a break휴식을 취하다에서 보듯이 take를 사용해 형성된 '연어'collocation가 많다. medicine약, test시험, vacation휴가, note주석 등도 take의 목적어로 사용된다. 카페와 식당에서 사지만 다른 곳에서 먹는 음식이나 음료는 미국와 캐나다에서 takeout이라 불리는 반면, 영국과 오스트레일리아, 뉴질랜드에서는 takeaway라 한다. 예컨대 미국에서는 let's get takeout coffee테이크아웃으로 커피를 사자, 영국에서는 I'll get a takeaway curry on the way home집에 가는 길에 카레를 테이크아웃으로 사서 가야겠다이라 말한다. takeout과 takeaway, 둘 모두 어렵지 않게 이해되기 때문에 어느 쪽을 사용하느냐는 중요하지 않다. 지역마다 선호하는 표현이 다를 뿐이다.

take를 사용한 많은 구동사, 연어, 숙어가 있다. 따라서 여러 경우에 유용하고 실질적으로 사용되는 일부만을 여기에서 소개하려 한다. 게다가 많은 구동사가 맥락에 따라 다수의 의미를 갖지만, 여기에서는 일상의 대화에서 가장 유용하게 사용되는 경우만을 소개하기로 하자.

take
take
꺼내다

Can I take this book from the shelf?
책꽂이에서 이 책을 꺼내도 될까요?

take up
시작하다

I would like to take up fishing as a new hobby.
나는 새로운 취미로 낚시를 시작하고 싶다.

'취미, 경력, 대의적 활동이나 도전거리, 제안 등 무엇으로든 간에 새로운 것을 시작하다, 채택하다, 받아들이다'라는 뜻으로 사용되는 표현이다.

take after
닮다

I take after my father, we are very similar.
나는 아버지를 닮았다. 우리 둘은 무척 비슷하다.

누군가와 부모 혹은 친척 사이의 유사한 점, 특히 외모와 행동, 성격상 닮은 모습을 가리킬 때 주로 사용되는 표현이다.

take it easy
진정하다, 긴장을 풀다

I'm going to take it easy this weekend and relax.
나는 이번 주말에 마음을 편히 가라앉히고 휴식을 취할 예정이다.

take the plunge
과감히 단행하다

We have decided to take the plunge and move to London.
우리는 대담한 결정을 내리고 런던으로 이주하기로 결정했다.

'대담하거나 위험한 결정을 내리다'라는 뜻이다.

take with a grain of salt
가감하여 듣다

I read about it in a tabloid newspaper, so take it with a grain of salt.
타블로이드판 신문에서 그 기사를 읽었다. 그래서 가감해서 생각하기로 했다.

'어떤 정보에 대해 의심하다, 신중한 자세를 취하다'라는 뜻이다.

take something to heart
무언가를 마음에 새기다

She took her mother's advice to heart and decided to apply for the course.
그녀는 어머니의 조언을 마음에 새기고, 그 강좌에 지원하기로 결정했다.

'무언가에 깊이 영향을 받다'라는 뜻이다.

take the edge off
무디게 하다, 약화시키다

After a long day at work, he enjoys a glass of whiskey to take the edge off.
오랜 일과가 끝난 뒤 그는 위스키 한 잔을 마시며 긴장을 푼다.

'무언가의 강도나 엄격성을 완화하다'라는 뜻이다. 여기에서 **edge**는 스트레스, 추위, 허기, 피로 및 부정적인 감정을 가리킬 수 있다. 이런 것들을 완화하는 데 도움이 되는 것이면 **take the edge off**하는 것이다.

carry
나르다, 휴대하다

운반하다, 휴대하다, 짊어지다, 소유하다. 매일 우리는 휴대폰, 열쇠, 지갑 같은 것을 carry things휴대하다, 가지고 다니다 한다. 테크놀로지와 여행, 야외 활동에 관심이 많은 사람들 사이에 EDC라 불리는 유행이 있다. EDC는 Everyday Carry항상 갖고 다녀야 하는 것 를 뜻한다. 기본적으로 EDC는 이 유행을 따르는 사람들이 매일 carry하는 기능적이고 실용적인 물건들, 예컨대 공구, 손전등, 응급 처치함, 시계 등을 가리키는 동시에 이런 물품들이 어떻게 구성되어야 하는가를 말해 주는 명칭이다. 우리가 매일 carry하는 무형의 것으로 감정적이고 심리적이며 추상적인 부담과 믿음 및 경험도 우리 삶에 다양한 형태로 영향을 미친다. 이런 무형의 것으로는 guilt죄책감, trauma트라우마, regret후회, anxiety불안, fear두려움 같은 부정적인 것만 아니라 values가치, beliefs신념, memories기억, faith신앙 등 긍정적인 것도 있다. 픽사가 제작한 흥겨운 애니메이션 영화 《Coco코코》(2017)는 가족에 대한 기억과 전통을 carry하는 동시에 음악가가 되겠다며 carrying his dream하는 어린 소년을 그린 이야기이다.

carry
가지고 다니다

She carries her backpack to school every day.
그녀는 학교에 갈 때 매일 배낭을 메고 다닌다.

carry on
계속하다

I hope you carry on studying English, because you are definitely improving.
네가 분명히 나아지고 있기 때문에 앞으로도 영어 공부를 계속하면 좋겠다.

'계속하다, 끈질기게 지속하다'라는 뜻이다. 끊임없이 계속하라고 권하거나, 중단이 있은 뒤 다시 시작하라고 독려하는 경우 사용되는 표현이다.

carry out
수행하다, 완수하다

I'm planning to carry out this research next semester.
나는 다음 학기에 이 연구를 수행할 계획이다.

'수행하다, 완료하다, 시행하다'라는 뜻이다. carry out의 대상이 되는 것은 상당히 폭넓어 plan 계획, task 과제, experiment 실험, research 연구, training 훈련, strategy 전략, project 프로젝트, survey 설문 조사, assessment 평가, test 시험 등이 있다.

carry a secret
비밀을 지키다

I knew they were engaged, but I had to carry the secret until they announced it to everyone.
나는 그들이 약혼했다는 걸 알았다. 그러나 그들이 직접 모두에게 발표하기 전까지 비밀로 지켜야 했다.

'다른 사람들에게 알리지 않고 비밀로 지키다, 간직하다'라는 뜻이다.

get carried away
...에 흥분하다, 열중하다

She got carried away decorating the house and rearranged all the furniture.
그녀는 집을 꾸미는 데 열중해 모든 가구를 재배치했다.

'자제력이나 균형감을 상실할 정도로 크게 흥분하거나 열정적이 되다'라는 뜻이다. 이 표현은 파티, 쇼핑, 게임, 경쟁, 의사결정, 논쟁 등과 같은 상황을 묘사할 때 사용된다.

walk softly and carry a big stick
조용히 걷되 큰 지팡이를 갖고 다녀라

The teacher's strategy is to walk softly and carry a big stick, only using punishment when necessary.
그 교사의 전략은 '조용히 걷되 큰 지팡이를 갖고 다니는 것', 즉 필요한 경우에만 체벌을 사용하는 것이다.

필요한 때 힘과 영향력을 행사하는 능력을 유지하는 동시에 신중하고 외교적으로 행동하는 게 중요하다는 걸 강조하는 속담이다.

cradle
부드럽게 안다, 떠받치다

보호하듯이 부드럽게 떠받치고 안다. 일반적으로 우리는 cradle babies and pets 아기와 반려동물을 부드럽게 안다 한다. 요즘에는 많은 사람이 cradle their smartphones 휴대폰을 거치대에 올려놓다 한다. cradle에서 우리가 흔히 떠올리는 형태나 모양은 옆면을 부드럽게 곡선으로 감싼 모습이다. 명사로 쓰인 a cradle은 아기가 잠을 잘 때 보호하려고 사용하는 작은 침대('요람')를 가리키는 명칭이다. 우리가 꿈이나 소망, 기억 등 추상적인 것을 마음에 품고 키워갈 때도 cradle 기르다, 육성하다 이란 동사를 사용한다.

색다른 가족 영화 《Three Men and a Baby 뉴욕 세 남자와 아기》(1987)는 문앞에 남겨진 여자 아기를 돌보는 세 독신남을 중심으로 이야기가 전개된다. 세 독신남이 아버지가 되어 아기를 cradle하며 무엇을 어떻게 해야 하는지 고민하는 장면들이 펼쳐진다. 《Harry Potter 해리 포터》(2001-2011) 시리즈에서는 등장인물들이 호그와트의 비밀 지도, 딱총나무 지팡이, 골든 스니치 같은 마법의 물건들을 cradle 갖고 다니다 한다.

cradle
부드럽게 잡다, 안다

He cradled his injured arm close to his chest.
그는 다친 팔을 가슴 가까이에 살짝 올려두었다.

from the cradle to the grave
요람에서 무덤까지

Government-funded programs offer family support services from the cradle to the grave.
정부가 지원하는 프로그램들은 요람에서 무덤까지 가족을 지원하는 서비스를 제공한다.

한 사람이 태어나서 죽을 때까지 생애 전체를 뜻하는 관용적 표현이다. 이 표현은 건강 보험, 사회보장 프로그램, 교육, 가족 계획에 사용되고 전기물과 다큐멘터리에도 사용된다.

the cradle of civilization
문명의 요람

Mesopotamia, often referred to as the cradle of civilization, gave birth to some of the earliest known human societies.
흔히 문명의 요람이라 일컬어지는 메소포타미아에서 최초로 알려진 인간 사회가 탄생했다.

메소포타미아, 고대 이집트, 인더스 계곡을 비롯해 인류 최초의 문명이 나타나 번성했던 지역을 가리키는 데 사용되는 표현이다.

embrace
포옹하다, 받아들이다

누군가를 바싹 껴안다, 혹은 어떤 아이디어를 받아들이다, 채택하다. 사람끼리의 embrace는 hug 포옹이며, 주로 애정과 온정, 수용을 뜻하는 몸짓 언어이다. 일부 문화권에서는 a warm greeting 정다운 인사으로서 친구들끼리 embrace 하는 게 일반적이다.

등장인물들이 embrace하는 장면은 영화에서 어렵지 않게 볼 수 있다. 예컨대 디즈니의 애니메이션 영화 《Lilo & Stitch 릴로 & 스티치》(2002)에서, 하와이에 사는 어린 소녀 릴로가 외계 생명체 스티치를 처음 만났을 때 보여준 포옹 장면은 무척 유명하다. 이 장면은 그 둘의 끈끈한 유대감과 우정을 나타내기에 충분하다. 《Harry Potter and the Philosopher's Stone 해리 포터와 마법사의 돌》(2001)의 끝부분에서 헤르미온이 달려와 해리를 embrace하며 감사하는 마음과 안도감을 드러낸다. 1월 21일은 '허그 데이' National Hugging Day란 것을 기억하기 바란다. embrace하기에 좋은 날이다. 흥미롭게도 hug는 노르드어에서 파생된 반면, embrace는 라틴어에서 파생되었다(in + arm). 이런 이유에서 라틴어에 뿌리를 둔 영어 단어들은 학문과 과학, 법학, 종교 문헌에 주로 사용되는 반면, 노르드어와 게르만어에 기원을 둔 단어들은 일상 대화에서 주로 사용된다.

embrace

우리는 물리적인 embrace를 넘어 idea아이디어, change변화, diversity다양성, challenge도전, hope희망, forgiveness용서를 받아들일 수 있다. embrace는 새로운 생각을 열정적이고 개방적으로, 즉 적극적으로 수용한다는 뜻을 함축하는 까닭에 인용문과 연설, 구호에서 자주 사용된다.

embrace 껴안다	The mother embraced her child at the airport. 어머니는 공항에서 자식을 꼭 껴안았다.
embrace change 변화를 받아들이다	The company is ready to embrace change and invest in new technologies. 그 기업은 변화를 수용하고 신기술에 투자할 각오가 돼 있다.

적응성과 혁신의 중요성을 강조하는 구호에 흔히 사용된다.

embrace an opportunity 기회를 받아들이다	I am excited to embrace this opportunity and take on a new challenge. 나는 이 기회를 잡아 새로운 도전을 하게 되어 무척 흥분된다.

'개인적으로 성장하거나 직무에서 발전할 기회를 열렬히 받아들여 이용하다'라는 뜻이다. 비즈니스와 교육 분야에서 주로 사용된다.

embrace someone/something with open arms
누군가/무언가를 크게 환영하다

I would like to embrace our visiting scholars with open arms and welcome them to our university.
나는 우리 대학의 방문 연구자들을 대대적으로 환영하며 따뜻이 맞이하고 싶다.

'누군가 혹은 무언가를 열정적으로 주저 없이 환영하다'라는 뜻이다. 이 표현은 문자 그대로의 뜻만 아니라 비유적으로도 사용된다. 예컨대 사람들이 공식적으로 만나는 무대의 연설에서도 사용될 수 있다. embrace hope with open arms 두 팔을 벌려 희망을 품다 와 같이 무형의 것에도 이 표현을 사용할 수 있다.

share a warm embrace
따뜻하게 서로 포옹하다

Despite their political differences, the leaders of the two nations shared a warm embrace, signaling a renewed commitment to diplomacy.
정치적 견해의 차이에도 불구하고 두 국가의 지도자들은 서로 따뜻하게 포옹하며 외교적 관계의 복원을 위해 노력할 것이라는 신호를 보냈다.

누군가 혹은 무언가를 신체적으로나 정서적으로 따뜻하게 받아들인다는 뜻을 내포한 상징적 표현이기도 하다.

anchor
고정하다, 정박하다

명사로 사용된 an anchor는 금속으로 만들어져 갈고리가 달린 무거운 물체로, 해저에 붙여 선박을 제자리에 고정하는 데 사용하는 '닻'을 가리킨다. 선박은 항구에 도착하면 drop anchor닻을 내리다 한다. 《Pirates of the Caribbean: The Curse of the Black Pearl캐리비안의 해적: 블랙 펄의 저주》(2003)에서는 자메이카의 포트 로열이란 번잡한 항구에 anchor정박하다, 닻을 내리다한 선박들을 자주 보여준다.
텔레비전 프로그램, 특히 뉴스 프로그램의 진행자를 가리키는 명칭으로도 anchor('앵커')가 사용된다. 이 단어가 쓰이는 이유는 진행자가 중심 인물이 되어 방송을 끌어가며 새롭게 제시하는 기사들에 연속성과 안정성, 신뢰성을 부여하기 때문이다. 뉴스 프로그램의 진행자에게 붙여진 명칭 anchor앵커와 선박을 고정하는 anchor닻는 동사로 쓰인 anchor의 뜻과 밀접한 관계가 있다.
동사 anchor는 '안정되게 묶어두다, 제자리에 붙박아두다'를 뜻한다. ships anchor at a port배가 항구에 닻을 내리다는 문자 그대로의 뜻으로 사용된 예이고, anchor ourselves to a belief, idea, community, family, objective믿음, 의견, 공동체, 가족, 목표에 열중하다는 비유적인 뜻으로 사용된 예이다. 이때 우리가 anchor하는 것이 중심적이고 핵심적인 것이란 뜻이다. **An advertising campaign may anchor itself to a central theme** 광고 캠페인은 핵심 주제를 중심으로 이루어질 수 있다. **A shopping mall can anchor itself around** 쇼핑몰을 중심에 두고 주변에 유명한 대형 소매점들이 있으면 소비자를 끌어들이고 쇼핑몰에 안정성을 부여할 수 있다. anchor는 안정성과 튼튼한 기반을 제공하는 것이다.

anchor 정박하다, 닻을 내리다	We anchored the boat securely to the dock before heading ashore. 우리는 해안으로 향하기 전 배를 부두에 단단히 정박했다.
anchor down 단단히 고정하다	The construction crew will anchor down the scaffolding to ensure it remains stable during strong winds. 강풍에도 비계가 흔들리지 않도록 건설 현장의 인부들이 비계를 단단히 고정할 것이다.

무언가가 움직이거나 벗어나지 않도록 단단히 고정하는 행동을 가리킬 때 사용하는 표현이다.

tether 묶다

밧줄이나 사슬 등 이런저런 수단으로 무언가를 움직이지 않도록 묶다, 고정하다. 우리가 흔히 tether하는 대상으로는 balloon 풍선, dog 개, horse 말, tent 텐트, boat 보트가 있다. 이것들은 무언가를 이용해 묶어두거나 제자리에 고정해 두지 않으면 자연스레 움직여 제자리를 벗어난다. 영화에서는 두 명의 등장인물이 함께 수갑에 채워진 채 난관에 부딪히는 장면을 흔히 볼 수 있다. 일례로 《Mission: Impossible 7 미션 임파서블: 데드 레코닝》(2023)에서는 두 등장인물이 '함께 수갑으로 묶인 채' while tethered together with handcuffs 대담하게 탈출을 감행한다.

우리는 휴대폰이나 노트북을 다른 기기에 tether해서 인터넷에 연결하고 온라인에 접속한다. 이런 접속이 가능한 지역은 명사로 hotspot이라 불리고, 그 과정을 가리킬 때는 동사 tether가 사용된다.

비유적으로 tether는 '무언가를 일정한 범위나 경계 내에 제한하다, 구속하다'를 뜻한다. 중립적으로 쓰이지만 제약이란 개념 때문에 현실적으로는 부정적인 뜻으로 쓰이는 경우가 많다. Parents are tethered to their children 부모가 자식들에게 묶여 있다. Workers may feel tethered to their job 노동자들은 자신의 업무에 묶여 지내는 듯 느낄 수 있다. Students may feel tethered to expectations of their parents 학생들은 부모의 기대에 구속된 듯한 느낌을 받을 수 있다.

tether
묶다

Let's tether the tent well tonight, it's going to be windy.
오늘 밤에는 텐트를 잘 묶자. 바람이 불 예정이라니까.

come to the end of one's tether
막다르다, 진퇴유곡에 빠지다

My neighbors have been making too much noise recently and I'm coming to the end of my tether.
내 이웃들이 요즘 너무 시끄럽게 떠들어, 내 인내심이 마침내 바닥을 향해 치닫고 있는 중이다.

'인내, 능력, 의지의 한계에 이르다'라는 뜻이다. 더는 계속할 수 없는 탈진과 좌절의 상태에 도달했다는 뜻이 함축된 표현이다.

fasten
채우다, 매다, 고정시키다

단단히 닫다, 매다, 고정시키다. 움직이는 것은 제자리에 두기 위해, 다른 것에 '묶여 고정되어야 한다' be fastened to something else. 가장 흔히 사용되는 예가 fasten your seatbelt 안전벨트를 매다로, 움직이는 자동차 안에서 끈으로 자신을 고정시키라는 뜻이다. 우리가 무언가를 fasten할 때 사용하는 도구로는 buttons 단추, strap 끈, screw 나사못, nail 못, lock 잠금장치이 있다. fasten은 옷, 교통 기관, 건설 현장에서 사용된다. 또 도난 당하지 않기 위해 fasten a bike 자전거를 어딘가에 동여매다하거나 문이 열리지 않도록 fasten a gate 문을 잠그다하기도 한다.

영화에서 등장인물들이 가구와 설비, 창문 같은 건물의 일부를 fasten down 움직이지 않게 고정시키다하는 장면은 무척 흔한 편이다. 《Twister 트위스터》(1996)는 토네이도를 추적하는 연구자들을 그린 재난 영화이다. 이 영화의 등장인물들은 강력한 토네이도에 휩쓸려 사라지지 않도록 장비와 차량을 fasten down 단단히 고정시키다한다.

fasten
묶다

Please fasten your seatbelt before the plane takes off.
비행기가 이륙하기 전 안전벨트를 매어 주십시오.

fasten up
붙박다, 꼭 잠그다

He fastened up his coat before going out into the cold.
그는 추위를 뚫고 밖에 나가기 전에 코트를 단단히 여몄다.

'무언가, 대체로는 옷을 단단히 여미다, 잡아매다'를 뜻한다. 이 구동사는 단추에도 사용되지만 지퍼처럼 위쪽으로 향하는 움직임에 중점을 둔 표현일 수 있다.

fasten down
붙들어매다

The banner is flapping in the wind, so I'm going to fasten it down more tightly.
깃발이 바람에 펄럭이고 있다. 그래서 깃발을 더 단단히 붙들어 매야겠다.

이 구동사는 fasten과 같은 뜻이지만 강력한 바람이나 난기류 등 외적인 힘을 앞두고 무언가를 바닥에 고정시킨다는 뜻이 강조되는 표현이다.

secure
안전하게 지키다, 보안 장치를 하다

무언가를 안전하고 안정되게 하다, 위험이나 위협으로부터 보호하다. secure는 '믿을 만하고 확실한 방법으로 무언가를 얻다, 확보하다'를 뜻할 수도 있다. 이 동사의 명사형도 자주 사용된다(home security 가정용 방범, job security 고용 보장, financial security 유가 증권). 《Home Alone 나 홀로 집에》(1990)은 두 강도에 맞서 secure his home 집을 안전하게 지키다 하는 소년에 대한 이야기이다. 《Argo 아르고》(2012)는 이란에 인질로 잡힌 사람을 secure 보호하다 하는 임무를 다룬 정치 스릴러물이다.
job 일자리, contract 계약, business deal 상거래, scholarship 장학금, loan 대출 같은 무형의 것도 secure 확보하다 의 대상일 수 있다. 이런 경우 secure는 '보장된 획득' guaranteed acquisition 을 뜻한다. 금융과 범죄를 다룬 영화는 위험한 상거래와 투자를 묘사하는 경우가 많다. 《Margin Call 마진 콜: 24시간, 조작된 진실》(2011)은 2008년 금융 위기의 초기 단계에 초점을 맞추어 한 투자 은행의 직원들이 회사가 붕괴되는 동안에도 secure deals 거래를 성사시키다 하는 모습이 그려진다.

secure
잠그다, 보안 장치를 하다

I use a passcode lock to secure my door.
나는 비밀번호 잠금 장치를 사용해 내 문을 잠근다.

secure against
...에 대비해 지키다, 보호하다

Installing antivirus software helps secure against malware and cyberattacks.
바이러스 백신 소프트웨어를 설치하면 악성 소프트웨어와 사이버 공격을 대비하는 데 도움이 된다.

'특정한 위험이나 위협으로부터 무언가를 보호하다'라는 뜻이다.

secure one's future
누군가의 미래를 보장하다

We are investing in our daughter's education to secure her future.
우리는 딸의 미래를 위해 딸을 교육하는 데 투자하고 있다.

장기적으로 재정적인 안정과 성공을 확보하기 위해 계획을 세우거나 행동을 취할 때 사용하는 표현이다.

hold
잡다, 쥐다, 유지하다

움켜잡다, 가지고 다니다, 물리적으로 소유하다. 우리는 hold our phone in our hands휴대폰을 손안에 쥐다하며, 무언가를 고정할 때는 hold a screwdriver나사돌리개를 잡다 한다. 마블 시네마틱 유니버스Marvel Cinematic Universe, MCU에서 토르는 holds his hammer망치를 쥐다/갖고 다니다 한다.

hold는 행사, 파티, 모임을 '조직하다, 주최하다, 운영하다'를 뜻하는 데도 사용된다. 기업인은 hold a meeting회의를 열다 하고, 학교는 hold an event행사를 주최하다 한다. 제니퍼 로페즈 Jennifer Lopez와 매슈 매코너헤이Matthew McConaughey가 출연한 《The Wedding Planner웨딩 플래너》(2001)는 holding a wedding결혼식하기을 주제로 한 로맨틱 코미디이다. 동사 hold는 '특정한 자세, 마음가짐, 믿음을 유지하다'를 뜻하기도 한다. 이 뜻으로 쓰인 hold의 대상으로는 values가치관, trust신뢰, dreams꿈, ideals이상 등이 있다. 《Pay It Forward아름다운 세상을 위하여》(2000)는 선행을 베풀어 관용을 세상에 널리 퍼뜨리려는 운동에 대한 영화이다. 이 영화에서는 친절과 이타심이란 가치를 hold품다, 유지하다 하는 중요성이 역설된다.

hold
품다, 보듬어 안다

She held the baby in her arms.
그녀는 두 팔로 아기를 껴안았다.

hold on
기다리다, 멈추다

Hold on, I'll be there in a minute.
잠깐 기다려, 금방 도착할 거야.

명령문에 쓰이며 '기다리다, 멈추다'를 뜻한다. 집을 출발하기 전 무언가를 챙겨야 할 때, 혹은 전화로 대화하던 중 잠시 멈춰야 할 때 사용되는 표현이다.

hold up
지연시키다, 방해하다

Traffic was held up due to the accident.
사고 때문에 교통이 마비되었다.

주로 교통, 물류 문제, 규제, 기술적인 문제, 협상의 걸림돌 등과 함께 쓰인다.

hold off
연기하다, 뒤로 미루다

Let's hold off on making a decision until we have more information.
더 많은 정보를 구할 때까지 결정을 미루도록 하자.

hold water
물이 새지 않다, 이치에 맞다

We need to find out if the results of this research hold water.
이 연구 결과가 타당한지 알아낼 필요가 있다.

'논리적이다, 타당하다'라는 뜻이다. 철저한 검토에 들어간 논증이나 설명에 대해 묘사할 때 사용되는 표현이다. don't hold water 이치에 맞지 않다 와 같이 부정문으로 쓰이는 경우가 많다.

hold hands
손을 맞잡다

We walked along the beach holding hands.
우리는 손을 잡고 해변을 따라 걸었다.

애정과 응원의 신호로 서로 손을 맞잡는 경우 사용되는 표현이다.

hold responsible
책임을 묻다

Somebody needs to be held responsible for this failure.
이번 실패에 대해 누군가 당연히 책임져야 한다.

'특정한 행동이나 결정 혹은 결과에 대해 누군가에게 책임을 돌리다/누군가를 탓하다'라는 뜻으로, 기업 활동과 정치에 사용하기 적합한 상당히 정중한 표현이다.

hold your tongue
입을 다물다, 말하고 싶은 것을 참다

I didn't like the gift, but I held my tongue.
그 선물이 마음에 들지 않았지만, 입을 꼭 다물고 말하지 않았다.

자신의 생각을 말하거나 표현하기를 조심한다는 뜻으로, 그 생각이 무례하거나 부적절한 경우에 사용된다.

hold the fort
남을 대신해서 자리를 지키다

I'll be back soon. Can you hold the fort until I return?
곧 돌아올게. 그때까지 자리를 지켜줄 수 있겠니?

'누군가 잠시 자리를 비울 때 그 상황이나 자리를 책임지고 통제, 관리하다'라는 뜻이다. 이 표현은 군대에서 유래했지만 지금은 약간 유머스럽게 사용된다. 당신이 없는 동안 동료나 팀원에게 당신의 일을 처리해 달라고 부탁하거나, 아이나 반려동물을 지인에게 맡길 때 주로 사용된다.

hug
끌어안다,껴안다

두 팔로 누군가 혹은 무언가를 바싹 껴안다. 대체로 사랑, 위로, 응원의 뜻이 함축된 몸짓이다. hug는 상당수 문화권에서 친구들 사이에 통용되는 인사법이자 모든 문화권에서 가족이나 연인 사이에 주고받는 애정의 표시이기도 하다.

희비극을 불문하고 로맨틱 영화에서는 등장인물들이 hug하는 장면이 자주 눈에 띈다. 《Love Actually 러브 액츄얼리》(2003)에서는 빌리와 조 같은 오랜 친구들 사이의 hug만이 아니라, 영화가 끝나는 장면에서 휴 그랜트 Hugh Grant가 연기한 영국 총리와 내털리 사이의 낭만적인 hug까지 등장한다. hugging은 영국 문화에서 큰 부분을 차지한다!

hug
껴안다, 포옹하다

The couple hugged each other as they celebrated their anniversary.
그 부부는 결혼 기념일을 축하하며 서로 꽉 껴안았다.

(a) bear hug
힘찬 포옹, 따뜻한 포옹

My best friend gave me a bear hug on my birthday.
내 생일을 맞아 가장 친한 친구가 나를 힘껏 껴안아주었다.

힘있게 껴안는 행위를 뜻하고, 강력한 힘 great strength 을 뜻하기도 한다.

(a) group hug
단체 포옹

When it was announced that we had won, we all shared a group hug to celebrate.
우리가 승리했다는 발표가 나오자 우리는 모두 서로를 껴안으며 승리를 축하했다.

다수가 동시에 껴안는 행위를 뜻하며, 연대의식을 표현하고 응원하며 축하하는 마음을 표현할 때 주로 사용된다.

clench
꽉 쥐다, 악물다

꽉 잡다, 강력히 단단히 움켜쥐다. clench는 hug와 hold에 비해 애정이 결여된 뜻으로 쓰이는 동사이다. 우리는 분노하거나 단호히 결심할 때 clench hands or fist 주먹을 불끈 쥐다 하거나 clench jaw 이를 악물다 한다. 일반적으로 clench에는 긴장, 스트레스, 불안, 극단적인 집중이란 뜻이 함축되어 있다. 스포츠에 열중하는 동안에도 엿보이는 행동이고, 고통에 대한 반응으로도 나타난다. clench는 우리 몸에 스트레스를 주기 때문에 오랫동안 할 수 있는 움직임은 아니다.
아동용 만화 영화 《Arthur 내 친구 아서》(1996-2022)에는 '꽉 쥔' 주먹 a clenched fist 이 정지된 화면에서 자주 등장하고, 이 장면은 이제 유명한 밈 meme 이 되었다. '꽉 쥔 주먹'이란 이미지는 소셜 미디어 플랫폼을 통해 널리 확산되었고, 다양한 맥락에서 단호한 결심이나 좌절감을 표현하는 데 사용된다. 더 자세히 말하면, 일상의 짜증이 더해진 좌절감의 표현부터 개인적인 승리의 자축 혹은 대의를 중심으로 뭉친 연대의식의 표현까지 무척 다양한 맥락에서 사용된다.

clench
악물다

The dog clenched its jaws around the bone.
그 개는 뼈를 악물고 놓지 않았다.

clench onto
...을 꽉 쥐다

The boat was rocking so much, I had to clench onto the railing.
배가 무척 흔들거렸다. 그래서 나는 난간을 꽉 잡아야 했다.

긴장하거나 단호한 태도로 무언가를 단단히 움켜잡거나 무언가를 집요하게 고수하는 행위를 가리킨다. 문자 그대로의 뜻으로는 '어떤 물건을 단단히 움켜쥐다'를 뜻하고, 비유적으로는 '어떤 생각을 강력하게 고수하다'라는 뜻이다. 전치사 onto는 clench하는 행위의 방향이나 목표를 강조한다.

때리다
타격하다
HIT/
STRIKE

punch	confront
kick	struggle
strike	duel
beat	spar
slap	tussle
hit	scuffle
smack	brawl
whack	tap
thump	pat
sock	flick
belt	shove
slam	push
knock	poke
hammer	nudge
wrestle	prod
grapple	clap

punch
주먹으로 치다

주먹을 쥐고 때리다, 치다. boxing권투, fights싸움, martial arts무술, a punch bag펀치백/샌드백을 얼마나 강하게 치는가를 점수로 보여주는 오락용 펀치 기계boxing arcade machine에서 흔히 보는 동작이다. 《Rocky록키》(1976)는 세계 헤비급 챔피언이 되려고 동기를 부여하는 음악을 배경으로 punching을 훈련하는 아마추어 복서에 대한 영화이다. a punch는 장난스럽게도 사용된다. 예컨대 친구가 나를 놀리면 punch him lightly in the arm그의 팔을 가볍게 치다하기도 한다.

punch는 단추, 키보드의 자판, 기계로 만든 구멍과 함께 사용될 수 있다. 예컨대 punch a password on a computer 컴퓨터에 비밀번호를 입력하다, punch numbers into a calculator 계산기에 숫자를 치다와 같이 표현할 수 있다. 또는 검표원이 티켓을 살핀 뒤 punch a hole into a ticket티켓에 펀치로 구멍을 뚫다하고, 많은 공장과 사무실에서는 직원들이 출근할 땐 punch in을, 일을 끝내고 퇴근할 때는 punch out하기를 요구한다. 다시 말해, 직원들이 출근하고 퇴근하는 시간을 기록하기 위해 '출퇴근 기록 장치'timekeeping device를 사용한다. 시간 기록계time clock 혹은 출퇴근 관리 시스템timekeeping system이라고도 알려진 이 기계 장치를 통해 기업주는 직원들의 출근율, 근무 시간, 초과 근무 여부를 정확히 추적할 수 있다.

punch
입력하다

He punched the code into the keypad to unlock the door.
그는 키패드에 암호를 입력해 문을 열었다.

punch above one's weight
능력 이상의 성과를 내다

Despite being a small startup, the company is punching above its weight in the tech sector.
그 기업은 작은 신생 기업이었지만 테크놀로지 부문에서 예상외의 성과를 내고 있다.

누군가 혹은 무언가가 규모, 투입된 자원, 평가된 역량에 근거해 예측된 수준을 웃도는 성과를 보여주는 상황을 표현할 때 사용된다. 이 표현은 권투에서 기원한 것으로, 몸집이 작은 선수가 더 큰 선수와 성공적으로 경쟁하는 상황을 가리키는 데 쓰였다. 지금은 기업과 정치, 스포츠와 학문, 혁신과 개인적인 성장에 쓰일 수 있다.

kick 발로 차다

무언가 혹은 누군가를 발로 차다, 때리다. 이 동사는 운동을 목적으로 할 때 ball과 함께 가장 흔히 쓰인다. kick은 '킥복싱'kickboxing에서도 큰 부분을 차지한다. kickboxing은 주먹을 주고받는 복싱boxing과 kicking발차기으로 이루어지는 a combat sport투기 종목이다. 《Kickboxer킥 복서》(1989)는 잔혹한 파이터에게 복수하려는 무술가에 대한 액션 영화로, 다양한 kicking 기법을 보여준다. 우리는 무언가를 옮길 목적으로 혹은 좌절감에 사로잡혀 무언가를 kick할 수도 있다. 예컨대 문을 닫으려고 kick a door문을 발로 차다 한다거나 기계가 제대로 작동하지 않아 kick a machine기계를 발로 차다 하기도 한다.

kicking은 움직임이나 추진력을 얻기 위해 사용되기도 한다. 예컨대 수영선수들은 kick their legs다리를 차다 하여 앞으로 움직인다. 또 스케이트보드, 자전거, 스쿠터를 탈 때 추진력을 얻으려면 타는 사람이 kick their legs다리로 바닥을 때리다 해야 한다.

비유적으로 kick은 '무언가에 대한 저항, 항의, 불만을 표현하다'를 뜻한다. 예컨대 사람들은 긍정적인 변화, 평등과 정의가 사회에서 실현되기를 바라며 kick against injustice, inequalities, constraints불의, 불평등, 제약에 항의하다 한다. 어린아이들은 부모가 자신들에게 정해둔 규칙에 반대한다kick the rules.

kick
발로 차다,
발로 차서 ...한 상태가 되게 하다

I like to kick off my shoes and relax when I get home.
나는 집에 돌아오면 신발을 벗고 휴식을 취하는 걸 좋아한다.

kick off
시작하다

They will kick off the conference with a keynote speech.
기조 연설로 학회가 시작될 것이다.

'시작하다, 출발하다'라는 뜻이다. 게임, 행사, 회의 등에 사용된다.

kick back
긴장을 풀다

After a long day, I like to kick back and watch TV.
긴 일과가 끝난 뒤 나는 긴장을 풀고 텔레비전을 시청하는 걸 좋아한다.

'상당한 기간의 업무나 활동 이후에 휴식을 취하다, 긴장을 풀다'를 뜻한다.

kick the bucket
죽다

He kicked the bucket at the ripe old age of 95.
그는 95세라는 고령에 죽었다.

'죽다, 세상을 떠나다'를 뜻하는 관용적 표현이다. 격식에 얽매이지 않는 표현이므로, 점잖은 맥락에서 사용해서는 안 된다.

kick a habit
습관을 버리다

I've been smoking since I was a teen but I'm trying to kick the habit.
나는 열 살부터 담배를 피웠지만 이젠 그 습관을 버리려고 노력하고 있다.

'규칙적이고 강박적인 행동이 된 것을 중단하다'를 뜻한다.

kick up a fuss
소란을 피우다, 투덜거리다

The students kicked up a fuss when the teacher told them about the review quiz.
교사가 복습 시험에 대해 말하자 학생들은 투덜거렸다.

'무언가에 대해 크게 투덜거리다, 소란을 피우다'라는 뜻이다. 특히 불만을 표현하며 항의하고 불평하는 상황에서 사용되는 표현이다.

strike 때리다

strike는 '강하게 의도적으로 치다'를 뜻하는 다용도 동사이다. strike는 몸의 어떤 부위로 어떻게 때리는지에 대해 구체적으로 말하지 않는다. punch가 주먹으로 때리는 행위라면, a strike는 손바닥을 펴서 혹은 팔꿈치나 무릎 등으로 타격하는 행위이다. 일반적인 형태의 strike는 손바닥을 펴서 손 가장자리를 이용하는 것이다. 이런 형태의 strike는 무술 공개 행사장에서 벽돌과 송판을 깨는 데 사용된다. 《The Karate Kid 베스트 키드》(1984)에서 주인공은 스승인 미야기 씨에게서 다양한 방어법과 strikes 타격법를 배운다.

strike는 '싸움' fighting 외에 다양한 상황에서 사용된다. Lightning strikes during thunderstorms 뇌우가 계속되는 동안 번개가 발생한다, A clock strikes midnight when it chimes at 12 시계가 12시에 차임벨을 울리며 자정인 것을 알린다, We strike musical instruments to make a sound 우리는 악기를 두드려 소리를 낸다, We strike matches to light them 우리는 성냥을 그어 불을 붙인다, 예컨대 브레인스토밍하는 동안에 아이디어와 감성이 갑자기 머릿속에 떠오르다.

strike에는 그 밖에도 여러 의미와 용례가 있다. '조직화된 시위의 형태로 조업을 중단하다,' '누군가에게 깊은 인상을 주다,' '누군가에게 특별한 감정을 느끼게 하다'라는 뜻으로 쓰일 수 있다. 예컨대 누군가 괜찮아 보이면 그를 striking 인상적 하다고 평가하고, 누군가로부터 어떤 느낌을 받으면 they strike me as something 그가 나에게 어떤 인상을 주다 이라 표현한다.

strike
때리다, 치다

The drummer strikes the cymbals loudly.
고수는 심벌즈를 맞부딪쳐 큰 소리를 냈다.

strike a deal
거래하다

The two companies are planning to strike a deal.
두 회사는 거래할 계획이다.

'합의에 이르다, 계약을 맺다'라는 뜻이다.

strike a balance
균형을 유지하다

It's important to strike a balance between work and leisure time.
일하는 시간과 여가 시간 간의 균형을 유지하는 게 중요하다.

다른 요소들이나 요인들 사이에서 만족스런 타협점을 찾아낸다는 뜻이다.

strike one's fancy
환상을 자극하다

That new restaurant strikes my fancy, let's try it.
새로 개업한 식당에 관심이 끌린다. 한번 가 보자.

'누군가의 관심이나 취향에 호소하다, 끌어당기다'를 뜻한다. 무언가가 누군가의 관심을 끌며 긍정적인 방향으로 상상력을 자극한다는 뜻이 함축된 표현이다.

strike up a conversation
대화를 시작하다

I usually strike up a conversation at the bar while waiting for my drink.
나는 술집에서 음료를 기다리는 동안에 보통 대화를 시작한다.

'누군가와 대화를 시작하다, 개시하다'라는 뜻이고, 주로 친근한 사이에 격식 없이 사용되는 표현이다.

strike while the iron is hot
쇠가 달았을 때 두드려라

He decided to strike while the iron was hot and submit his application immediately.
그는 쇠뿔도 단김에 빼려고 지원서를 즉시 제출하기로 결정했다.

기회가 사라지기 전에 신속하게 행동하며 그 기회를 이용하겠다는 뜻이다.

beat
두드리다, 이기다

반복해 두드리다, 때리다. 예컨대 우리는 빵을 만들기 위해 beat dough 밀가루 반죽을 때리다 하고, 팬케이크를 만들기 위해 beat eggs 달걀을 휘젓다 한다. 또 beat pillows 베개를 두드리다 하여 충전재를 펴고 베개를 부풀린다. beat drums 북을 두드리다 로 소리를 내기도 한다. 물리적인 beating은 폭력과 공격을 수반하기 때문에 일반적으로 불쾌한 기분과 신체적 피해로 이어진다. 《American History X 아메리칸 히스토리 X》(1998)는 인종차별과 폭력이란 주제를 심도 있게 파헤치며 백인 우월주의자들이 자행하는 물리적 beating과 증오 범죄 사례들을 묘사한 영화이다.

비슷하게 '다툼과 전투, 경쟁 등에서 누군가를 이기다, 무언가를 극복하다'라는 뜻으로도 beat가 사용된다. 대회에서 우승하면 우리는 beat the other team 상대팀을 무찌르다 이라 말하며 최종 승자가 된 것을 자랑스레 여긴다. 《Cool Runnings 쿨 러닝》(1993)는 경쟁 팀들에 '번번이 패하지만'fail to beat 성공하겠다는 의지로 관중들의 마음을 사로잡은 자메이카 봅슬레이 팀에 대한 기념비적인 영화이다.

우리는 리듬과 진동을 가진 것을 beat라는 단어로 표현한다. 예컨대 our heart beating blood around the body 피를 몸의 곳곳에 보내는 심장 박동, heartbeat 심장 박동 에서 보는 것과 같다. 음악이 beat하면 시끄럽다. 음악의 리듬은 beat박자로 헤아려진다. 1960년대에 아프리카계 미국식 로큰롤에 영국식 노랫말을 융합한 beat music 비트 뮤직 이란 장르의 음악이 있었다. beat music과 관련된 가장 유명한 밴드는 비틀스 The Beatles로, 그 명칭은 장르의 이름에서 beat라는 단어를 따온 말장난에 가깝다.

beat
두드리다

I beat the pillow to make it soft.
나는 베개를 두드려 폭신하게 만든다.

beat the clock
약속 시간 전에 끝내다

We are trying to beat the clock and finish the project before the deadline.
우리는 시간과 싸우며 마감 시한 전에 그 프로젝트를 끝내려 애쓰고 있다.

'마감 시한이나 정해진 시간 전에 과제를 완료하다, 무언가를 끝내다'라는 뜻이다.

beat the odds
불리함을 극복하다

We managed to beat the odds and get our proposal accepted.
우리는 불리한 상황을 이겨내고 우리 제안의 승낙을 받아냈다.

'어렵고 불리한 상황에 직면해서도 성공하다'라는 뜻이다.

beat someone to the punch
선수를 치다

We plan to release the product next month and beat our competitors to the punch.
우리는 다음 달에 제품을 출시하여 경쟁 기업들을 앞지를 계획이다.

상대가 무언가를 시도할 기회를 갖기 전에 먼저 무언가를 할 때 사용되는 표현이다.

beat a dead horse
헛수고하다

Let's not beat a dead horse and discuss that any more.
헛수고하지 말고 다시는 그 문제를 거론하지 마라.

이미 결정되거나 해결된 것을 두고 계속 논쟁하며 시간과 에너지를 낭비하지 말라는 충고로 쓰이는 표현이다.

slap
손바닥으로 철썩 때리다

손바닥을 펴서 무언가를 때리다. 맞은 상대에게는 짜릿하고 따끔한 아픔을 주는 경우가 많다. hitting과 관련된 많은 동사가 그렇듯이 slap도 발음이 slap에 의한 소리와 비슷하기 때문에 '의성어'onomatopoeia로 여겨진다.
최근에 있었던 slapping의 유명한 예로는 2022년 제94회 아카데미상 시상식에서 윌 스미스Will Smith가 무대에 올라가 크리스 록Chris Rock이 자신의 아내 제이다 핑킷 스미스Jada Pinkett Smith을 두고 농담을 했다는 이유로 록의 뺨을 slap한 사례가 있다. 그 이후 누가 옳고 그르냐에 대한 상당한 논란과 논쟁이 뒤따랐다.
영화에는 slapping과 관련된 장면이 많다. 특히 과거의 고전적인 영화에서 여자가 모욕, 불륜, 배신을 이유로 말다툼하는 중에 남자를 slap하는 장면이 무척 흔했다. 《Gone with the Wind 바람과 함께 사라지다》(1939)에서는 스칼렛 오하라가 공개적으로 모욕하자 레트 버틀러가 스칼렛 오하라를 slap한다. 《Casablanca 카사블랑카》(1942)에서 일자 룬드는 릭 블레인이 불륜을 저지른 걸 알고는 그를 slap한다. 이런 장면들은 지금과는 사회적 규범이 다른 시대에 여자가 남자의 권위에 저항하는 모습을 보여주는 것이다.

slap
손바닥으로 때리다

He slapped the mosquito that landed on his arm.
그는 팔에 앉은 모기를 손바닥으로 때려잡았다.

(a) slap in the face
모욕, 뺨 때리기

Not getting the job promotion felt like a slap in the face.
승진하지 못한 게 모욕을 당한 것처럼 느껴졌다.

문자 그대로는 '뺨을 때리다'라는 뜻이지만, '충격적이고 무례한 행동이나 말'을 뜻할 수도 있다.

(a) slap on the wrist
경고, 가벼운 꾸지람

The student who was caught cheating on the exam only got a slap on the wrist from the teacher.
시험 시간에 부정행위를 하다가 걸린 학생은 선생으로부터 가벼운 경고를 받았을 뿐이다.

부정행위에 대해 가해지는 가볍고 관대한 처벌이나 질책을 뜻한다. 훈육, 법적 문제, 육아, 규제 위반 등과 관련해 사용되며 처벌이 크지 않다는 뜻이 함축된 표현이다.

(a) slap on the back
칭찬, 격려

After he scored a goal, all the team gave him a slap on the back.
그가 득점을 하자, 모든 팀원이 달려와 그의 등을 두드리며 칭찬했다.

축하의 몸짓이자 승인의 표현이다. 이때 slap은 문자 그대로의 뜻으로 번역될 수 있고, 물론 비유적으로도 사용된다. 축하, 격려, 동기 부여의 방편으로 혹은 우정의 표현으로도 행해진다.

hit 때리다

다양한 맥락에서 사용되는 동사로, 기본적으로 '무언가를 세게 타격하다, 접촉하다'를 뜻한다. 이 항목에 속한 다른 단어들과 달리 hit는 접촉과 관련된 신체 부위, 사용된 물체, 힘, 충격을 구체적으로 나타내지 않는다. 다수의 것이 무언가를 hit때리다 할 수 있고, 무언가에 의해 be hit맞다 될 수 있다. 여기에서 '무언가'에는 스포츠 장비, 차량, 도구, 무기, 자연 현상 등이 포함된다. 또한 a hammer hits a nail망치가 못을 때리다 에서 hit가 무척 구체적으로 사용된 예라면, a thunderstorm hits the coast뇌우가 해안을 때리다의 hit는 일반적인 의미로 사용된 예가 된다.

무척 인기를 얻고 널리 받아들여진 것은 a hit히트라 일컬어진다. 노래, 책, 패션 트렌드, 영화, 텔레비전 프로그램, 상품 등이 a hit의 대상이 된다. 최근 a hit한 것으로 여겨지는 영화로는 《Frozen겨울왕국》(2013)과 《Black Panther블랙 팬서》(2018) 가 있다. 두 영화는 흥행에도 성공을 거두었고, 평론가들로부터 격찬을 받았으며 문화적으로도 충격을 주었다.

hit
부딪치다, 들이받다

He hit his head as he got in the taxi.
그는 택시를 탈 때 머리를 부딪쳤다.

hit on
...을 생각해 내다

I think I've hit on a good idea for this project.
나는 이 프로젝트에 대해 좋은 아이디어를 떠올렸던 것 같다.

물리적으로 어떤 물체를 때린 게 아니라 '무언가를 생각해 내고 발견하고 제안하다'를 가리키는 표현이다. 예컨대 We hit on ideas, solutions, discoveries, and strategies 아이디어, 해결책, 발견물, 전략을 생각해 내다 와 같이 쓸 수 있다. 한편 to hit on a person은 '연인 관계나 성적인 관계를 시작할 의도로 누군가에게 추파를 던지며 접근하다, 수작을 걸다'를 뜻한다. 누가 그 행동을 하느냐에 따라 좋을 수도 있고 나쁠 수도 있다.

hit the target
과녁을 맞추다, 목표를 달성하다

The sales team has hit the target this month.
영업팀은 이달의 목표를 달성했다.

문자 그대로는 양궁 등에서 '표적을 맞추다'를 뜻하지만, 비유적으로는 '목표나 목적을 성공적으로 달성하다'를 뜻할 수 있다.

hit the brakes
브레이크를 밟다, 중단하다

I think we need to hit the brakes on the negotiations until a later date.
나는 협상을 나중으로 미뤄야 할 필요가 있다고 생각한다.

문자 그대로는 '자동차의 브레이크를 밟아 멈추거나 속도를 늦추다'를 뜻한다. 비유적으로 쓰이면 재평가하거나 재고하는 시간이 필요한 상황에서 진행을 중단하거나 진행 속도를 늦추는 행위를 가리킨다. 이 표현은 프로젝트, 결정, 재정 지출, 인간 관계, 개인적인 행동 등에 쓰인다.

hit the target
과녁을 맞추다, 목표를 달성하다

The sales team has hit the target this month.
영업팀은 이달의 목표를 달성했다.

hit the road
먼 길을 나서다, 여행길에 오르다

When the luggage is all packed in the car, it's time to hit the road.
짐을 모두 자동차에 실었다. 이제 출발할 시간이다.

'여행을 시작하다, 어떤 곳을 떠나다'라는 뜻이다. 1961년 레이 찰스 Ray Charles 가 녹음한 〈Hit the Road Jack〉은 생동감이 넘치는 역동적인 노래로 코러스가 일품이다. 이 노래에서 남자는 여자에게 떠나지 말라고 애원하지만 여자는 떠나겠다고 고집하며 남자에게도 hit the road하라 말한다.

hit the jackpot
대박을 터뜨리다, 돈벼락을 맞다

I bought ten lottery tickets today so let's hope we hit the jackpot.
나는 오늘 열 장의 복권을 샀다. 당첨되기를 함께 바라자.

'상당한 액수의 돈을 벌다, 큰 성공을 거두다'라는 뜻이다. 여기에서 jackpot 은 돈을 모아둔 항아리를 가리킨다.

(a) hit-and-run
뺑소니

> The celebrity was involved in a hit-and-run accident, but managed to escape jail time.
> 유명 인사가 뺑소니 사고에 연루되었지만, 징역형을 면했다.

한 자동차가 다른 자동차 혹은 어떤 물체나 사람과 충돌한 뒤 운전자가 법적 처벌을 피하기 위해 도움을 주거나 정보를 교환해야 하지만 그런 조치 없이 현장을 떠난 교통 사고를 가리킬 때 흔히 사용되는 표현이다.

hit the nail on the head
정확히 맞는 말을 하다, 정곡을 찌르다

> She hit the nail on the head when she guessed his age.
> 그녀는 그의 나이를 정확히 추측해 냈다.

'무언가를 정확히 말하다, 지적하다'를 뜻한다. 관찰, 분석, 평가, 진술이 정확하고 빈틈이 없을 때 주로 사용되는 표현이다. 무언가 명료해지고 정확히 파악되는 순간을 가리킨다.

smack
손바닥으로 때리다

손바닥을 펴서, 혹은 납작한 물체로 무언가를 세게 때리다. smack은 의성어에 속한다. 다시 말하면, smack으로 표현된 행위의 소리를 흉내낸 단어라는 뜻이다. smack에는 강한 충격에 따른 날카롭고 큰 소리라는 뜻이 함축되어 있다. 우리가 삶의 과정에서 처음 경험하는 smack은 분만 직후 아기를 울게 하려고 의사가 아기의 엉덩이에 가하는 행위이다. 《SmackDown스맥다운》(1999-현재)은 WWE World Wrestling Entertainment가 텔레비전 프로그램으로 제작하는 프로 레슬링 경기이다. 프로 레슬링 선수들이 출전해 극적인 경기를 흥미진진하게 펼친다. 이 명칭의 기원은 구동사 smack down이고, 그 뜻은 '무언가를 끝장내다'이다. smack은 중독성이 강한 마약, 헤로인을 가리키는 속어이기도 하다. 그 누구도 현실에서는 헤로인을 구경조차 않기를 개인적으로 바라지만, 헤로인 중독을 다룬 전설적인 영화가 있다. 《Trainspotting트레인스포팅》(1996)과 《Requiem for a Dream레퀴엠》(2000)이 대표적인 예이다. 안타깝게도 헤로인 중독은 리버 피닉스River Phoenix를 비롯해 많은 위대한 배우와 유명 인사의 삶에 부정적인 영향을 미쳤다. 로버트 다우닝 주니어Robert Downey Jr.도 한때 중독자였지만 치료를 받은 뒤 회복되었다.

smack
때리다

I smacked the door but he didn't hear me.
나는 문을 세게 두드렸지만 그는 듣지 못했다.

smack dab
정확히 그곳에

The restaurant was smack dab in the middle of town.
그 식당은 도심 한복판에 있었다.

(a) smack on the lips
키스, 입맞춤

They shared a quick smack on the lips before leaving.
그들은 헤어지기 전 살짝 입맞춤을 했다.

살짝 장난스럽게 입술을 맞추는 행위를 가리키는 구어적 표현.

whack 후려치다

무언가를 강하게 갑자기 때리다, 힘껏 갈기다. 우리가 흔히 whack하는 것으로는 ball공, punching bag샌드백, pinata피냐타, 아이들이 눈을 가리고 막대기로 쳐서 넘어뜨리는 장난감과 사탕으로 가득한 통, mosquito모기 등이 있다. 원예에서 whacking weeds는 '도구를 이용해 잡초를 제거하다'를 뜻한다. whack도 발음이 그 행위과 관련된 소리를 흉내낸 것이기 때문에 의성어로 여겨진다.

속어에서 whack은 '급작스럽고 폭력적인 방법으로 누군가를 살해하다, 죽이다'를 뜻할 수 있다. 갱 영화에서 a hitman암살자, 청부 살인자이 배신하거나 밀고한 사람을 찾아가 whack하는 장면은 무척 흔하다. 마틴 스코세이지Martin Scorsese가 감독한 《Goodfellas좋은 친구들》(1990)는 한 조직 폭력배의 흥망성쇠를 추적한 영화로, 마피아가 명령한 whack청부 살인이 여러 차례 그려진다.

whack
후려치다

The teacher used to whack the ruler on the table to get our attention.
교사는 우리를 집중하게 하려고 자로 교탁을 세게 때리곤 했다.

take a whack at
...을 시도하다

I'll take a whack at fixing the car myself before calling a mechanic.
나는 정비공을 부르기 전에 내가 직접 자동차를 고쳐보려 한다.

'무언가를 시도하다, 되든 안 되든 해 보다'를 뜻한다.

out of whack
제대로 안 돌아가는

Since I got back from Canada, my sleeping has been out of whack.
캐나다에서 돌아온 이후 잠을 제대로 자지 못했다.

'제대로 올바르게 기능하지 않다'를 뜻한다. 고장나거나 제대로 정비되지 않은 상태를 뜻한다.

ല്ല/타격하다

thump
쿵하고 떨어지다, 세게 치다

무언가를 힘껏 때리거나 타격하는 행위로 둔탁한 소리가 나는 경우가 많다. 예컨대 thump the ground 땅바닥을 크게 구르다, thump the side of a car 자동차의 옆면을 세게 치다와 같이 쓸 수 있다. 두꺼운 책을 떨어뜨리면 그 책은 thump on a table 탁자 위에 쿵 소리를 내며 떨어지다하게 된다. thump는 hitting 때리기/타격하는 방법보다, 우리가 때리는 큰 물체에서 나는 소리를 나타낸다.
디즈니에서 제작한 애니메이션 《Bambi 아기사슴 밤비》(1942)에서 덤퍼 Thumper는 남다른 개성과 thump his foot 발을 쿵쿵대다 하는 독특한 습관으로 유명한 어린 토끼의 이름이다. 한편 1984년과 2021년에 영화로 제작된 서사적인 공상 과학 소설 《Dune 듄》에서 a thumper는 아라키스라는 사막 행성에서 살아가는 거대한 괴물을 유인하려고 땅을 크게 내리치는 장치이다. 두 예에서 thump의 물리적 행위가 잘 나타난다.

thump
세게 치다

The boxer thumped his opponent with a powerful right hook.
그 권투 선수는 오른손의 강력한 훅으로 상대를 후려갈겼다.

thump one's chest
가슴을 치다

The politicians start to thump their chests during election time.
정치인들은 선거 기간 동안 자신의 능력을 자랑질하기 시작한다.

문자 그대로는 고릴라처럼 '가슴을 두드리다'라는 뜻이지만, 비유적으로는 '자신의 성취와 능력에 대해 자랑하다, 거만한 태도를 보이다'를 뜻한다.

sock 강타하다

발에 신는 의류 품목을 가리키는 sock양말을 모르는 사람은 없을 것이다. 하지만 sock은 '세게 때리다'라는 뜻의 동사이기도 하다. 이 동사에는 주먹이나 비슷한 물체를 사용해 신속하고 강력하게 타격을 준다는 뜻이 내포되어 있다. 여기에서 강조되는 것은 '신속히 가해지는 강한 힘'abrupt force이다.

sock
강타하다

He socked the ball out of the park with a powerful swing.
그는 강력하게 스윙해서 공을 공원 밖까지 날려보냈다.

sock away
모으다

I sock away a bit of my wages every month for vacation time.
나는 휴가에 쓰려고 매달 임금의 일부를 모은다.

일관되게 절제된 방식으로 '돈을 저축하다, 따로 떼어두다'를 뜻한다.

(a) sock in the face
얼굴을 때림

I didn't expect this movie to be a sock in the face.
나는 그 영화가 그렇게 큰 충격을 줄 거라고는 전혀 예상하지 못했다.

문자 그대로는 '얼굴을 주먹으로 때리는 행위'를 가리킨다. 하지만 얼굴에 물리적인 타격을 가하는 것처럼 누군가를 깜짝 놀라게 하는 급작스럽고 예기치 못한 충격적인 사건이나 상황을 가리키는 데도 쓰인다.
오랫동안 잊히지 않을 충격적인 사건과 깨달음, 실패, 배신을 뜻하는 데도 사용될 수 있다. 감정적으로 강렬한 충격을 주는 영화는 a sock in the face로 표현될 수 있다. 스튜디오 지브리 Studio Ghibli 가 제작한 애니메이션 영화《Grave of the Fireflies 반딧불이의 묘》(1988) 가 대표적인 예로, 제2차 세계대전 동안 일본에서 살아남으려 악전고투하는 두 남매의 가슴 뭉클한 이야기이다.

belt 찰싹 때리다

우리는 허리에 a leather belt가죽 벨트를 둘러매 바지가 흘러내리지 않게 한다. 하지만 belt는 '강하게 때리다'와 '신속하게 움직이다'를 뜻하는 동사로도 쓰인다. '때리다'라는 뜻은 분노한 아버지나 노예 소유주가 belt명사, 허리띠를 빼서 처벌의 한 형태로 자식이나 노예를 belt하던 시대와 관계가 있는 듯하다. 《12 Years a Slave 노예 12년》(2013)는 미국에서 남북전쟁이 일어나기 전 납치를 당해 노예로 팔린 아프리카계 미국인의 실화를 영화화한 것이다. 이 영화에는 노예를 whip채찍으로 때리다하거나 belt가죽 허리띠로 때리다하는 그 시대의 비인간적인 잔혹함을 여실히 보여주는 강렬한 장면들이 많다.

움직임과 관련한 뜻에서, belt는 '신속하게 움직이다'를 뜻한다. belt into...안으로 빠르게 파고들다와 belt across...을 가로질러 질주하다 같은 구동사로 주로 사용된다. 예컨대 도시 지역을 빠르게 질주하는 자동차는 belting through the city라 표현될 수 있다.

belt
세게 치다

He belted the ball into the net, scoring the winning goal for his team.
그는 공을 골망으로 세게 차 넣어 팀에 승리를 안기는 득점을 했다.

belt up
안전벨트를 매다

Belt up, it's time to go.
안전벨트를 매라. 출발할 시간이다.

belt out
큰 소리로 노래하다

I like to belt out some songs with friends in the singing room.
나는 노래방에서 친구들과 함께 목청껏 노래하는 걸 좋아한다.

'큰 소리로 노래하다, 큰 소리로 연주하다'를 뜻한다.

slam
쾅 닫다, 힘껏 놓다

일반적으로 '힘을 주어 닫다, 힘을 주어 때리다'라는 뜻으로 쓰인다. 예컨대 slam a car door shut 자동차 문을 쾅 닫다, slam the car brakes to make a sudden stop 브레이크를 힘껏 밟아 급히 자동차를 멈추다 과 같이 쓸 수 있다. 농구 선수가 둥근 농구 골대 hoop 에 slam a ball 공을 내리꽂는 행위 하는 것을 a slam dunk 슬램 덩크라 부른다. 애니메이션과 실연이 혼합된 《Space Jam 스페이스 잼》(1996)은 마이클 조던과 《Looney Tunes 루니 툰》의 등장인물들이 만들어가는 농구 영화이다. slam은 '혹독한 비판'과 '갑작스런 강력한 충격'을 뜻하는 데도 사용된다. slam a product, performance, or movie는 '어떤 제품이나 공연 혹은 영화를 혹평하다'라는 뜻이다. 《Batman & Robin 배트맨 4: 배트맨과 로빈》(1997)은 과장된 말투, 지나친 말장난, 전반적인 깊이의 부족으로 개봉되자마자 '혹평을 받았다' be slammed. 하지만 so bad it's good 너무 나빠서 좋다 영화의 대표적인 예로 '컬트 영화의 반열' cult status 에 올라 얄궂게도 많은 관객을 즐겁게 해 주었다.

slam
쾅 닫다

She slammed the door behind her as she left the room.
그녀는 방을 나가면서 문을 세게 닫았다.

slam the brakes
브레이크를 힘껏 밟다

I think the government should slam the brakes on these new reforms.
나는 정부가 이 새로운 계획을 중단해야만 한다고 생각한다.

비유적으로는 '어떤 과정이나 행동을 중단하다, 속도를 늦추다'를 뜻한다.

slam a shot
한 잔을 단숨에 마시다

The host of the party got everybody to slam a shot at midnight.
파티의 주최자는 참석자 모두에게 자정에 한 잔을 단숨에 마시게 했다.

작은 양의 알코올 음료를 일반적으로 단번에 빨리 마시는 동작을 가리키는 구어적 표현이다. 소주와 데킬라를 마실 때 흔히 취해지는 관습이지만 개인적으로는 권하고 싶지 않은 관습이다. 이 표현은 격식을 차릴 필요가 없는 축하연에서 주로 사용되며, 격식을 따지는 공식적인 분위기에서는 거의 사용되지 않는다.

knock
문을 두드리다, 노크하다

일반적으로 누군가의 관심을 끌거나 안쪽에 들어가려고 출입문이나 표면 등 무언가를 두드리는 행위를 뜻한다. '무언가를 두드림으로써 큰 소리를 내다'를 뜻하는 데도 사용된다. 주먹을 쥔 상태로 나타내는 행동이지만 a punch와는 쓰임새가 무척 다르다. 우리는 knock a door to gain entry 안에 들어가려고 문을 두드리다 하거나 또 knock a watermelon to check it is ripe 수박이 익었는지 보려고 수박을 살짝 두드리다 하기도 한다. 스탠리 큐브릭 Stanley Kubrick 이 감독한 《The Shining 샤이닝》(1980)은 잭 니콜슨이 연기한 주인공이 문을 knock하고는 도끼로 문을 부수며 "Here's Johnny!" 자니가 왔다! 라 말하는 장면이 유명한 고전적 공포 영화이다.

knock
두드리다

He knocked on the table to get everyone's attention.
그는 탁자를 두드리며 모두의 눈길을 모았다.

knock out
녹아웃시키다

The boxer knocked out his opponent before the bell rang.
벨이 울리기 전에 그 권투 선수는 상대를 케이오시켰다.

'누군가의 의식을 잃게 하다'라는 뜻이다. K.O. 케이오 라는 약어로도 쓰인다.

knock off
중단하다, 해치우다

Let's knock off early today and go for a drink.
오늘은 일찍 일을 끝내고 한 잔 하러 가자.

'일을 끝내다, 일을 중단하다'를 뜻하며, 주로 하루의 일과를 끝낼 때 사용한다.

knock down
때려 부수다, 철거하다

They plan to knock down the old building and construct a new one.
그들은 낡은 건물을 해체하고 새 건물을 지을 계획이다.

'무언가를 무너뜨리다, 철거하다'라는 뜻이다.

knock back
급히 마시다

He knocked back a beer and ordered another one.
그는 맥주 한 잔을 재빨리 마시고는 다시 한 잔을 주문했다.

knock it off
중단하다

He told his brother to knock it off and stop bothering him.
그는 동생에게 그만하고 자기를 더는 괴롭히지 말라고 말했다.

'짜증스럽고 용납할 수 없는 걸 하는 걸 멈추다'라는 뜻이다.

knock on wood
액운을 쫓아내다, 나무 막대기를 두드리며 주문을 외다

I've never been in a car accident, knock on wood.
나는 교통 사고를 당한 적이 없었다. 딱 딱.

여러 문화권에서 행해지는 미신 혹은 민중 신앙이다. 희망이나 소망 등 긍정적인 말을 언급한 뒤 나무판을 두드리면 악운을 물리치고 부정적인 결과를 예방할 수 있다고 믿는다. 소망을 말하는 동시에 나무판을 두드릴 수도 있다.

hammer
망치로 치다, 쿵쿵 치다

hammer망치로 무언가를 반복하여 힘껏 때리는 행동을 가리키는 동사이다. a hammer는 못을 박고, 금속의 모양을 빚고, 물체를 부수기 위해 사용하는 도구이다. 문자 그대로의 뜻으로는 nails못, stakes말뚝, metal금속, wood나무판, tiles타일와 함께 주로 사용된다. 예컨대 대장장이는 hammer horseshoes말굽을 두드려 만들다 하고, 자동차 정비공은 hammer metal panels to fix them금속판을 두드려 자동차를 수리하다 한다. 《Thor토르》(2011)에서는 슈퍼히어로가 묠니르라는 마법의 망치 magical hammer로 적들을 hammer두들겨 물리치다 한다.

hammer
망치로 치다

I need to hammer this nail in the wall so I can put up the painting.
이 그림을 걸려면 벽에 못을 두들겨 박아야 한다.

hammer out
머리를 짜내 생각하다

We are trying to hammer out a deal before the deadline.
마감 시간 전에 어떻게든 거래를 마무리지으려 노력 중이다.

'토론, 협상, 노력 등을 통해 무언가를 해결하다, 무언가에 대해 타결을 보다' 라는 뜻이다. 비즈니스 환경에서 주로 사용된다.

hammer home
강조하다

My teacher hammered home the importance of doing homework.
내 선생님은 숙제하는 것이 중요하다고 강조했다.

무언가가 확실히 이해하고 기억되도록 하려는 목적에서 그 무엇을 강력히 반복하여 강조하는 경우 사용되는 표현이다.

wrestle
몸싸움을 벌이다, 맞붙어 싸우다

이 동사는 '레슬링'wrestling이란 스포츠와 관련되어 가장 흔히 쓰인다. 하지만 다른 다양한 맥락에서도 사용되며 '몸싸움을 벌이다'를 뜻할 수 있다. 이때의 몸싸움에는 grappling 맞잡고 싸우기/드잡이, throwing던지기 등 상대를 제압하기 위한 maneuvering동작, 움직임이 포함된다. wrestle은 '레슬링'을 비롯해 유도와 스모 같은 grappling sports붙잡고 겨루는 스포츠의 일부일 수 있다.

wrestle은 '어려운 상황이나 문제를 처리하는 과정'을 가리킬 수도 있다. 따라서 외적인 난관이나 곤경 혹은 내적 갈등을 해결하려 애쓸 때 우리가 직면하는 정신적이고 정서적인 싸움을 표현할 때 사용된다. 예컨대 우리는 wrestle with emotions, decisions, addictions, habits, life challenges, drama감정, 결정, 중독, 습관, 삶에서 부딪치는 문제, 비극 등과 씨름하다 한다. wrestle with inner demons에서 inner demons는 '개인적인 불안정, 두려움이나 의혹 등 내적으로 드잡이질하는 과거의 트라우마'를 뜻한다. 《American Psycho아메리칸 사이코》(2000)는 wrestle with his inner demons and his own sanity내면을 괴롭히는 악마들과 자신의 온전한 정신이 싸우다 하는 사이코패스를 다룬 영화이다.

wrestle
씨름하다

The teams will wrestle for the trophy in the finals next month.
그 팀은 다음 달에 있을 결승전에서 트로피를 두고 싸울 예정이다.

wrestle something away from someone
누군가로부터 무언가를 탈취하다, 빼앗다

I tried to wrestle the TV remote away from my son.
아들에게서 텔레비전 리모컨을 빼앗으려 했다.

'갈등이나 분쟁이 있은 뒤 누군가로부터 무언가를 강제로 빼앗다, 강탈하다'라는 뜻이다. taking a gun from a robber라는 용례로 쓰이면 심각한 상황을 표현하는 게 되지만, 한결 가볍게 taking a toy from a baby라는 용례로도 사용될 수 있다. 비유적으로는 wrestle attention away from the TV 관심을 텔레비전에서 떼어놓다 로도 쓰일 수 있다.

grapple
붙잡고 싸우다

'신체를 동원해 몸싸움하다'라는 뜻이지만 비유적인 뜻으로 사용된다. 일반적으로 가까이 밀착해 힘을 겨루며 통제권을 쥐거나 장애를 극복하기 위한 시도가 grapple에 포함된다. physical grappling은 '레슬링'wrestling과 유사하다. 비유적으로 우리는 grapple with complex concepts, ideas, projects, the truth, beliefs, identity, emotions, and mental health issues복잡한 개념, 아이디어, 프로젝트, 진실, 믿음, 정체성, 감정, 정신 건강 문제와 씨름하다, 해결하려 노력하다 한다. 《American Beauty아메리칸 뷰티》(1999)는 grapple with the emptiness of his life삶의 공허함과 씨름하다 하며 의미와 해방을 얻으려 애쓰는 중년 남자의 존재론적 위기를 다룬 영화이다. 《Inside Out인사이드 아웃》(2015)은 성장통을 겪으며 복합적인 감정들과 grapple하는 어린 소녀가 주인공인 애니메이션 영화이다.

grapple
해결책을 찾아 고심하다, 씨름하다

The team had to grapple with the new software system before understanding it fully.
그 팀은 새로운 소프트웨어 시스템과 씨름한 뒤 그 시스템을 완전히 이해할 수 있었다.

grapple for
...을 차지하려고 씨름하다

The candidates grappled for the attention of voters.
후보자들은 유권자들의 마음을 잡으려고 씨름했다.

'무언가를 얻기 위해 투쟁하다, 노력하다'라는 뜻이고, 주로 타인과 경쟁하는 상황에서 쓰인다.

grapple in the dark
명확히 이해하지 못하거나 방향도 알지 못한 채 무언가와 씨름하다

We're grappling in the dark with this problem.
우리는 어둠 속에서 이 문제와 씨름하고 있다.

confront
맞서다, 정면으로 부딪치다

어려운 상황이나 문제에 직면하다, 직접적으로 처리하다. 대체로 대담하고 확신에 찬 태도로 맞서는 경우에 쓰이는 동사이다. 따라서 어려운 상황이나 문제 혹은 까다로운 사람을 대담하고 단호하게 다루고 처리한다는 뜻으로도 쓰인다. 예컨대 우리는 confront family members, friends, romantic partners, or colleagues 가족 구성원, 친구, 애인, 동료를 대면하다 할 뿐만 아니라 confront intangible things like challenges, financial troubles, health issues, and our own fears 난제, 재정 문제, 건강 문제, 두려움 같은 무형의 것을 처리하다 할 수 있다. 이처럼 confront는 다양한 맥락에서 골치 아픈 난제를 다루는, 확신에 찬 행동을 가리키는 데 사용된다.

두려움에 confront and overcome 맞서 극복하다 하는 많은 영화가 있다. 《The Wizard of Oz 오즈의 마법사》(1939)는 두려움에 confront하며 노란 벽돌길을 따라 집으로 찾아가는 여정을 시작하는 소녀에 대한 고전적인 판타지 영화이다. 《The Babadook 바바둑》(2014)은 최근에 개봉한 공포 영화로, 어머니와 아들이 그들의 집에 숨어 있는 음험한 존재에 대한 두려움에 confront하는 과정을 그렸다.

confront someone with something
누군가에게 무언가를 대면시키다

She decided to confront her coworker about the issue rather than avoiding it.
그녀는 피하지 않고 동료에게 그 문제를 들이대기로 결정했다.

confront something head on
정면으로 맞서다, 정면돌파하다

I have decided to confront my fear of public speaking head on and sign up for coaching.
나는 대중 앞에서 말하는 두려움에 정면으로 맞서기로 결심하고 코칭 강의를 받기로 했다.

confront와 같은 뜻이지만 head on이 더해지면서 난제와 문제를 직접적이고 단호하게 처리하려는 의지가 더해진 표현이다. 따라서 주도적인 행동과 긍정적인 결과로 귀결되기를 바라는 상황에서 주로 사용되는 표현이다.

struggle
투쟁하다, 몸부림치다

동사로 쓰인 struggle은 물리적인 어려움이나 감정적인 어려움, 더 나아가 상황적 어려움을 이겨내려고 노력하는 행동을 가리킨다. 난관과 역경, 복잡한 문제를 끈질긴 노력으로 극복하려는 시도를 뜻할 뿐이며, 그 장애물의 극복 여부와는 상관없이 쓰인다.

《127 Hours 127시간》(2010)는 외딴 협곡에서 커다란 바위와 절벽 사이에 팔이 끼어 버린 등산가가 struggle to survive 생존을 위해 힘겹게 싸우다 하는 과정을 담은 전기적 생존 드라마이다. 《Captain Phillips 캡틴 필립스》(2013)는 아프리카 앞바다에서 소말리아 해적들에게 납치당한 뒤 선원들과 선박을 지키기 위해 struggle 고군분투하다 하는 리처드 필립스 Richard Phillips 선장의 전기적 이야기를 담은 영화이다. 필립스 선장 역은 톰 행크스가 연기했다.

struggle
분투하다, 전력을 다하다

I'm struggling to find an answer to this question.
나는 이 질문의 답을 찾기 위해 전력을 다하고 있다.

(an) uphill struggle
매우 힘든 일, 힘든 투쟁

Learning a new language is an uphill struggle that requires daily practice and dedication.
새로운 언어를 배우기는 무척 힘들어서, 매일 열심히 연습해야 한다.

힘들고 어렵고 고된 상황이나 일을 가리킨다. 앞길이 가파르고 순탄하지 않아 힘든 싸움이 될 것이란 뜻이 함축된 표현이기도 하다.

struggle to make ends meet
아등바등 돈을 벌어 겨우 먹고 산다.

With the rise in living costs, many families are struggling to make ends meet.
생활비의 상승으로 많은 가정이 힘들게 돈을 벌어 겨우 먹고 살아간다.

'재정을 관리하고 기본적인 생필품을 구입하는 데도 어렵다'라는 뜻이다. 《Willy Wonka & the Chocolate Factory 초콜릿 천국》(1971)에서 어린 소년 찰리의 가족은 가난해서 struggle to make ends meet 생계를 위해 고군분투하다 한다.

duel 결투하다

일반적으로 분쟁을 해결하거나 명예를 지키기 위해 두 사람이 공식적으로 싸우다, 미리 계획된 싸움을 벌이다. duel은 라틴어로 '둘'two을 뜻하는 duo에서 파생된 동사인 까닭에, 두 대립된 존재와 항상 함께 쓰인다. 영어의 duo는 사람과 사물 모두에서 '쌍'pair을 뜻하는 데 사용된다. 예컨대 20세기 초 무성영화 시대에 큰 인기를 얻은 로럴과 하디Laurel & Hardy는 코미디 듀오a comedy duo, 배트맨과 로빈은 슈퍼히어로 듀오a superhero duo이다.
전통적으로 dueling결투에서는 두 사람이 칼을 사용한 싸움으로 분쟁을 해결했고, 그 싸움은 요즘에는 스포츠로 여겨지는 펜싱fencing과 무척 유사했다. 카우보이들은 먼거리에서 서로 마주보고 서서 권총을 빼 상대방에게 쏘는 방식으로 duel결투를 벌이다한다. 《The Good, the Bad and the Ugly석양에 돌아오다: 속 석양의 무법자》(1966) 같은 고전적인 카우보이 영화에 그런 장면이 자주 등장한다.
스티븐 스필버그가 감독으로 데뷔하며 처음 찍은 영화는 1974년의 《Duel결투》이었다. 이 영화에서 한 승용차 운전자가 뚜렷한 이유도 없이 트럭 운전자로부터 위협을 받으며 캘리포니아 사막에서 쫓긴다. 지극히 소박하게 시작된 자동차 여행이 무시무시한 추격전으로 확대되고 트럭 운전자는 끈질기게 추적하며 주인공의 승용차를 도로 밖으로 밀어내려 시도한다.

duel
결투하다

In the Old West, cowboys often dueled at high noon to settle disputes.
옛날 서부에서는 카우보이들이 다툼을 해결하려고 정오에 결투를 벌이곤 했다.

(a) duel of wits
재치 겨루기

The debate was a duel of wits as the candidates competed on policy issues.
후보자들이 정책 문제를 두고 경쟁을 벌였기 때문에 토론회는 말솜씨의 결투였다.

'참가가들이 말솜씨와 지적 능력을 과시하며 상대에게 자신이 앞선다는 걸 보여주려는 다툼'을 뜻한다.

spar
옥신각신하다, 스파링하다

일반적으로 훈련을 위해 연습 경기를 하다, 친근하고 장난스럽게 입씨름을 벌이다. spar는 sports스포츠, combat싸움, health건강, debates토론, interviews인터뷰, relationships인간관계, business사업 등과 관련해 사용된다. 예컨대 격투기 선수들은 spar during training훈련하는 동안 치고받다, 스파링하다 하고 형제자매들은 spar over who gets to choose the TV channel누가 텔레비전 채널을 선택하느냐를 두고 옥신각신하다 한다. 기업들은 spar over market share시장 점유율을 두고 경쟁하다 하며 직장 동료들은 spar during meetings회의하는 동안 입씨름을 벌이다 한다.

《A Few Good Men어 퓨 굿 맨》(1992)은 톰 크루즈와 잭 니컬슨이 주인공으로 출연한 법정 드라마로, 살인죄로 기소된 두 해병대원을 변호하는 젊은 군법무관에 대한 이야기이다. 이 영화에서 톰 크루즈가 연기한 젊은 법무관과 잭 니컬슨이 연기한 해병 대령 간의 뜨거운 courtroom sparring법정 공방은 무척 유명하다. 이때 증인석에서 니컬슨은 크루즈를 향해 "You can't handle the truth!"자네는 진실을 감당할 수 없어! 라고 말한다.

spar
입씨름을 벌이다

The managers of each department like to spar over the future direction of the company.
각 부서장들은 회사의 향후 방향을 두고 입씨름을 벌이는 걸 좋아한다.

(a) sparring partner
스파링 파트너, 연습 상대

He found a reliable sparring partner at the gym who pushed him to improve.
그는 기량을 향상하는 데 믿을 만한 연습 상대를 체육관에서 찾아냈다.

'연습 경기를 함께할 사람, 혹은 우호적으로 논쟁을 벌이는 사람'을 가리킨다.

tussle
격투하다, 드잡이하다

짧은 시간이지만 격렬히 맞붙다, 싸우다. 신체 접촉이나 레슬링이 포함되는 경우가 많다. 다양한 맥락에서 사용되며 몸싸움이나 말싸움 모두를 가리킬 수 있는 단어이다. 따라서 법정 다툼과 정치적 갈등을 표현하는 데도 사용될 수 있다.

리들리 스콧 Ridley Scott 감독이 연출한 《Gladiator 글래디에이터》(2000)는 노예 검투사들이 검투장에서 tussling하는 장면을 묘사한 서사적 역사극이다. 한편 폴 토머스 앤더슨 Paul Thomas Anderson이 감독한 《There Will Be Blood 데어 윌 비 블러드》(2007)는 20세기 초 석유 채굴이 시작된 캘리포니아에서 부와 권력을 무자비하게 추구하며 지역 공동체와 tussle 드잡이질하다 하는 한 석유 탐사자를 다룬 영화이다.

tussle
몸싸움하다

Protesters and police officers tussled in the streets during the demonstration.
시위자들은 데모하며 길거리 곳곳에서 경찰들과 몸싸움을 벌였다.

tussle for power
권력을 차지하려고 다투다

The top executives of the company tussle for power.
회사의 최고경영진이 권력을 차지하려고 다투었다.

집단이나 조직 혹은 어떤 상황에서 지배력이나 영향력을 차지하려고 경쟁하고 다투는 경우를 가리키는 표현이다. 지휘권이나 리더십을 차지하기 위한 다툼이란 뜻이 함축된 표현이다.

scuffle
난투하다

짧은 시간 동안 어수선하게 싸우다, 드잡이하다. 신체 접촉이나 무차별적인 주먹 교환이 주로 동반되는 싸움이다. 시위자들이나 축구팬이 양쪽으로 나뉘어 무질서하게 싸우는 모습을 상상해 보라. 그런 모습에 적절한 표현이 a scuffle이다. 그런 주먹질을 주고받는 경우가 아니더라도 scuffle이 사용될 수 있다. 예컨대 사진 작가들은 scuffle to get the best position 좋은 위치를 차지하려고 옥신각신하다 한다. 하지만 scuffle은 가벼운 주먹질, 밀치기, 몸싸움 등을 이용한 신체적 대치가 함축된 단어이다.

《West Side Story 웨스트사이드 스토리》(1961)는 셰익스피어의 《Romeo and Juliet 로미오와 줄리엣》을 각색한 뮤지컬로, 뉴욕시의 길거리에서 긴장이 고조되고 경쟁 관계에 있는 두 갱단, 제트파와 샤크파 사이의 scuffle 실랑이이 잦아지는 걸 보여준다.

scuffle
실랑이하다

The protesters and police officers scuffled during the demonstration.
시위하는 도중에 시위자들과 경찰들이 실랑이를 벌였다.

(a) scuffle breaks out
난투극이 벌어지다.

A scuffle broke out among the players during the game.
경기 중에 선수들 사이에서 난투극이 벌어졌다.

갑작스레 돌발적으로 발생한 물리적 충돌이나 몸싸움을 가리킨다.

brawl
소동을 벌이다, 말다툼하다

어린아이와 십대 초반을 요즘에 만난 적이 있다면 '브롤 스타즈' Brawl Stars라는 비디오 게임 이름을 들은 적이 있을지도 모르겠다. 모바일 게임으로 '멀티플레이어 온라인 배틀 아레나' Multiplayer online battle arena에서 여러 명의 플레이어가 경쟁을 벌이는 3인칭 슈팅 게임 third-person shooter game, 즉 게임에 등장하는 캐릭터의 관점이 아니라 캐릭터를 보는 사람의 시점 (3인칭 관찰자 시점)에서 행해지는 게임이다. 이 게임의 특징은 Brawler브롤러라 불리는 다양한 캐릭터가 있고, 캐릭터마다 고유한 능력 및 강점과 약점이 다르다는 것이다.

동사 brawl은 '시끄럽고 어수선하게 말다툼하다, 폭력적인 싸움을 벌이다'라는 뜻이고, 관련자가 다수인 경우가 많다. 강한 타격과 주먹질이 함축된 동사이기도 하다. 《Fight Club 파이트 클럽》(1999)은 남자들이 사회 규범에 대한 저항과 일종의 카타르시스로 무지막지하게 주먹질 brutal brawl을 주고받는 비밀 격투장을 다룬 영화이다.

brawl
소동을 벌이다

Fans from opposing teams brawled in the stadium.
상대팀의 팬들이 운동장에서 소동을 벌였다.

(a) bar brawl
술집에서의 싸움

The police were called to break up a bar brawl at the local pub.
동네 술집에서 벌어진 싸움을 진압하려고 경찰들이 출동했다.

술집에서 일어난 싸움이나 실랑이를 가리키는 표현이다. 카우보이 영화에서 흔히 사용된 기법이지만 이제는 다른 유형의 영화에도 자주 사용된다. 최근 개봉한 영화 《Sonic the Hedgehog 수퍼 소닉》(2020)에서는 소닉과 그의 친구들이 서부 스타일의 술집에서 a bar brawl에 휘말리고, 결국에는 술집 전체가 싸움판이 되는 장면이 기억에 남는다.

tap 톡톡 두드리다

동사 tap은 무언가를 가볍고 빠른 속도로 타격하는 행위를 가리킨다. 특히 손가락 끝을 부드럽게 움직이며 무언가를 두드리는 행위를 가리킨다. 예컨대 우리는 지루하거나 음악의 박자에 맞출 때 tap our fingers or feet손가락이나 발로 가볍게 무언가를 두드리다한다. 또 누군가의 주의를 끌려고 tap somebody on the shoulder어깨를 톡톡 치다하기도 하고, 애플리케이션과 문자 키를 선택하려고 tap the phone screen휴대폰 화면을 톡톡 두드리다하기도 한다. 바닥을 리드미컬하게 tapping하는 춤의 일종으로 tap dancing탭 댄스이라는 것도 있다. 《Happy Feet해피 피트》(2006)는 자기만의 독특한 재능을 사용해 자신을 표현하고 세상에서 자기만의 위치를 찾아가는 멈블이라는 tap dancing탭 댄스를 추다 펭귄에 대한 애니메이션 영화이다.

넓은 의미에서 tap은 '무언가를 얻는 방법'과 관련해 사용된다. 예컨대 a water tap수도꼭지은 우리가 물에 접근하게 해 준다. 우리는 단풍나무에서 달콤한 수액을 채취하기 위해 tap a maple tree with a small hole나무에 작은 구멍을 내다한다. 정보와 에너지 같은 자원, 경영에 필요한 자원을 tap into이용하다, 활용하다한다. 《Avatar아바타》(2009)는 가상의 달 판도라에서 귀중한 광석을 tap하고 채굴하려고 원주민 나비족과 갈등을 벌이는 탐욕스런 기업을 다룬 영화이다.

때리다/타격하다

tap
가볍게 두드리다

He tapped his friend on the shoulder to get his attention.
그는 친구의 눈길을 끌려고 그의 어깨를 살짝 건드렸다.

tap into
이용하다, 다가가다

The company aims to tap into new markets with its innovative products.
그 기업의 목표는 혁신적인 제품으로 새로운 시장에 파고드는 것이다.

'능수능란한 방법으로 혹은 유리한 방법으로 자원에 접근하다, 이용하다'라는 뜻이다.

tap out
포기하다, 항복하다

It's been a long night, but I think I'm going to tap out and go home soon.
긴 밤이었다. 그러나 곧 포기하고 집에 돌아갈 생각이다.

'탈진으로 포기하다, 패배로 항복하다'라는 뜻이다. 주로 격투기, 권투, 레슬링 등에서 선수가 바닥이나 로프를 때리며 패배를 인정하는 것을 **tap out**이라 표현한다.

pat
쓰다듬다, 가볍게 두드리다

누군가 혹은 무언가를 손이나 손가락으로 가볍게 만지다, 두드리다. pat은 애정, 위로, 인정의 뜻이 내포된 몸짓이다. 손바닥을 펴고 누군가의 등을 가볍게 두드리는 모습으로 주로 이루어진다. pat에 악의가 내재하는 경우는 거의 없다. a pat on the back 등을 토닥거림은 칭찬, 응원, 인정을 뜻하는 행위로 해석된다. 스포츠 영화에서 선수들이 서로 등을 토닥거리며 patting each other on the back 서로 칭찬하는 장면을 흔히 볼 수 있다. 예컨대 《Remember the Titans 리멤버 타이탄》(2000)에서는 선수들이 경기에 승리한 뒤 동료애를 다지기 위해 이런 행위를 해 보인다.
a pat on the head 머리를 쓰다듬기는 주로 어린아이와 반려동물에게 칭찬이나 격려의 뜻으로 행해진다. 《Babe 꼬마돼지 베이브》(1995)는 양치기 개가 되는 걸 꿈꾸는 베이브라는 돼지의 모험을 그린 영화이다. 영화 곳곳에서 베이브와 농장의 다른 동물들이 서로 주고받는 patting 쓰다듬기을 비롯해 여러 다정한 모습들, 또 농장주 하겟이 베이브를 patting하는 모습이 그려진다.

pat
가볍게 두드리다, 쓰다듬다

The teacher patted the student on the back to congratulate him for his hard work.
교사는 그 학생의 등을 가볍게 쓰다듬으며 열심히 공부한 걸 칭찬해 주었다.

pat down
가볍게 만지다

The security guard patted down each passenger before allowing them to go through the metal detector machine.
보안 요원은 승객의 몸을 가볍게 만져 검색한 뒤 금속 탐지기를 통과하게 했다.

'누군가의 몸이나 옷을 가볍게 만지다, 느끼다'라는 뜻이며, 숨긴 물건을 찾아내기 위한 보안 조치 수단으로 사용되는 보편적인 행위이다. 공항이나 대규모 행사장에서 주로 행해진다.

flick
튀기다, 잽싸게 움직이다

주로 손가락이나 손을 재빨리 급작스레 움직이다. 가운뎃손가락을 구부리고 엄지를 지렛대로 삼아 바깥쪽으로 튀기는 움직임이 가장 흔한 flick이다. 어린아이가 어떻게 구슬을 치는지, 우리가 몸에서 어떻게 벌레를 떨쳐내는지를 상상하면 된다. 그런 동작이 바로 우리가 flick하는 방법 중 하나이다. 우리가 flick switch스위치를 탁 누르다한다는 표현에서 flick the light switch on켜다/flick the light switch off 끄다와 같이 쓸 수 있다. 동물들은 flick their tails자기 꼬리를 휙 돌리다한다. a flick of the wrist는 손목을 갑자기 돌리는 움직임을 가리키며, 요리와 마술, 칼싸움, 캘리그래피에서 주로 사용된다. 모험과 전율 및 칼싸움이 난무하는 영화에서 주인공은 a flick of the wrist로 적의 칼을 날려버리며 적을 맨손으로 만들어버린다. 《The Princess Bride프린세스 브라이드》(1987)에는 유머와 극적인 사건으로 채워져 많은 관객으로부터 특별히 사랑을 받은 칼싸움 장면이 있다.

flick
튀기다

He flicked his cigarette butt onto the sidewalk.
그는 담배 꽁초를 튕겨 인도에 버렸다.

flick on/off
켜다/끄다

He flicked off the light as he left the room.
그는 전등불을 끄고 방에서 나갔다.

'빠른 동작으로 무언가를 활성화하다/정지시키다'라는 뜻이고, 일반적으로 개폐기 switch 가 달린 것에 적용되는 표현이다. 따라서 전등 스위치와 텔레비전에 주로 사용된다.

flick through
휙휙 넘기다

I like to flick through old photos when I visit my parents.
나는 부모님 집을 방문하면 옛날 사진들을 들춰보는 걸 좋아한다.

'책, 잡지, 서류, 사진첩, CD나 레코드판을 빠른 속도로 넘기며 훑어보다/대강 둘러보다'를 뜻한다. 철저하게 읽고 분석하는 게 아니라 편하게 살펴본다는 뜻이 함축된 표현이다.

shove 밀치다

누군가 혹은 무언가를 힘껏 거칠게 밀다. 이때 주로 손이나 몸이 사용된다. 가령 러시아워에 지하철을 타고 붐비는 열차를 경험해 본 사람이라면, 누군가 객차를 내리려고 할 때 주변 사람들을 shove하는 걸 보았을 것이다. 그 밖에도 shove의 대상으로는 chairs, tables, doors, luggage, trash 의자, 탁자, 출입문, 여행용 가방, 쓰레기 등이 있다. shove는 무언가를 방해되지 않도록 혹은 올바른 장소로 옮기려고 힘껏 밀어내는 행위를 가리킨다.

aggressive shoving공격적인 밀기은 때때로 심각한 언쟁의 불씨가 된다. 《Green Street Hooligans훌리건스》(2005)는 영국 축구팬들의 광적인 응원 문화British football hooliganism를 다룬 영화이다. 경쟁 관계에 있는 팀들의 응원단이 대치해 몸싸움과 입씨름하는 장면들이 소개된다. 여러 형태의 물리적 충돌에 shoving밀치기도 포함된다.

shove
밀치다

She shoved her way through the crowd to get to the front of the line.
그녀는 사람들을 밀치고 나가 줄 앞쪽에 섰다.

shove a sock in it
조용히 하다, 입을 다물다

Hey, could you please shove a sock in it? I'm trying to concentrate.
이봐, 그 입 좀 다물고 있을 수 없나? 내가 지금 집중하려고 하잖아.

비유적으로 양말을 입 안에 넣으라고 말하며 누군가에게 조용히 하라고 유머러스하게 부탁하는 표현이다. 누군가에게 입을 다물고 말하는 걸 멈추라고 편하게 격식을 따지지 않고 말하는 방법이며, 누군가 시끄럽게 계속 떠들며 짜증나게 할 때 사용되는 표현이다. 이 표현에는 조용한 분위기를 원하고, 대화를 끝내고 싶은 바람이 함축되어 있다.

when push comes to shove
다른 대안이 없을 때

The project deadline is approaching, and when push comes to shove, we'll need to work overtime to get it completed on time.
프로젝트의 마감 시한이 다가오고 있다. 다른 대안이 없을 경우 프로젝트를 제시간에 끝내려면 야근하는 수밖에 없다.

상황이 긴박하고 다급해져서 어떤 행동이나 결정을 내려야 하는 때를 표현할 때 사용된다.

shove something down someone's throat
무언가를 누군가에게 집요하게 제시하다, 강요하다

I can't stand it when people try to shove their political beliefs down my throat.
사람들이 자신들의 정치적 믿음을 나에게 강요하는 걸 견디기 힘들다.

누군가에게 무엇을 받아들이거나 다루라고 강요하는 행위를 가리킬 때 사용하는 표현이다. 어떤 이념이나 의견을 공격적으로 혹은 지나치게 집요하게 요구할 때 주로 사용된다.

push 밀다

무언가를 다른 곳으로 옮기려고 물리적인 힘을 가하는 행위를 뜻한다. 전투 장면에서 physical pushing 물리적인 밀어내기 이 등장하는 영화로는 《300 300》(2006), 《Gladiator 글래디에이터》 (2000) 등이 있다. 두 영화에서 병사들은 방패로 push each other 서로 밀어내다 하며 우위를 차지하려 한다. 공상 과학 영화 《Minority Report 마이너리티 리포트》(2002)에서 톰 크루즈가 연기한 경찰 팀장은 미래의 컴퓨터 인터페이스에 띄어진 가상의 물체와 이미지를 push around 이리저리 밀어내다 한다.
비유적인 의미에서 push는 '무언가를 의도적으로 유지하다/ 촉진하다/영향을 주다/고양하기 위한 비물리적인 행위'를 뜻할 수 있다. 《Selma 셀마》(2014)는 아프리카계 미국인의 시민권과 평등권을 위한 마틴 루서 킹 목사의 push 분투를 다룬 영화이다.

push
밀다

The door was so heavy, he had to push it with both hands to open.
그 문은 너무 무거워서 그는 두 손으로 밀어 열어야 했다.

**push the envelope/
push boundaries**
한계를 초월하다

This company is always trying to push the envelope with new and exciting products.
그 회사는 새롭고 흥미로운 제품으로 항상 한계를 넘어서려 노력한다.

'대담하고 혁신적인 방법으로 한계나 경계를 넘어서다'라는 뜻이다. 일반적으로 예술과 기업, 과학과 과학기술 등에서는 긍정적인 현상으로 여겨진다.

push one's luck
운을 과신하다

He decided to push his luck and gamble at the casino a little longer, despite already winning.
그는 이미 상당한 돈을 땄지만 운을 믿고 카지노에서 좀 더 도박을 하기로 결정했다.

이미 다행한 결과를 얻었는데도 위험을 더 감수하려고 할 때 사용되는 표현이다.

push comes to shove
최악의 상황이 닥치다

If push comes to shove, we will have to make a decision today.
다른 수가 없으면, 오늘 우리는 결정을 내려야 할 것이다.

상황이 긴박해 행동이 필요할 때 사용되는 표현이다. 물리적인 다툼까지 함축된 표현일 수 있지만, 긴급한 행동이 반드시 필요한 어떤 상황에나 사용될 수 있는 표현이다. 일반적으로 if push comes to shove와 when push comes to shove라는 형태로 사용된다.

push an agenda
의제를 강력히 밀어붙이다

The government is trying to push an agenda for educational reform.
정부는 교육 개혁을 위한 의제를 강요하다시피 밀어붙이려 한다.

'일련의 정책과 목표를 시행하려고 노력하다'라는 뜻이다. 여기에서 agenda는 시도하는 변화의 배경이 되는 일련의 신념을 가리키며 정치, 저항이나 지지와 관계가 있다. 부정적인 뜻으로 쓰이는 경우가 적지 않다.

poke 쿡 찌르다

누군가를 짜증나게 하거나 주의를 끌 목적으로 손가락이나 날카로운 물체로 찌르다, 쑤시다. 영화에서 poking은 재미와 호기심, 등장인물 간의 유대감을 더해주는 미묘한 행동으로 주로 사용된다. 등장인물들은 상대의 관심을 끌기 위해 혹은 《E.T. the Extra-Terrestrial E.T.》(1982)에서 매력적인 외계 생명체를 poke하는 소녀의 경우에서 보듯이 상대가 실재하는지 확인하려고 상대를 poke한다.

poke는 '무언가를 찾아 뒤지다'를 뜻하며, 꼬치꼬치 캐묻는 방식으로 흔히 이루어지는 경우를 가리킨다. 예컨대 우리가 골동품 상점을 뒤적일 때는 poke around라 하고, 책상 위에 쌓은 서류더미 같은 특정한 영역은 poke through라 표현할 수 있다. 셜록 홈스 같은 탐정들은 새로운 단서를 찾아내려고 poke around crime scenes and the personal lives of suspects 범죄 현장과 용의자의 사생활을 뒤진다 한다.

poke
쿡 찌르다

She poked me in the ribs to get my attention.
그녀는 내 주의를 끌려고 내 갈비뼈를 쿡 찔렀다.

poke around
무언가를 찾아 뒤지다

I need to poke around in my old room to see if I had left any photos there.
나는 남겨둔 사진이 있는지 확인하려면 내 옛날 방을 찾아봐야 한다.

'편안하게 혹은 약간의 호기심을 갖고 무언가를 찾아 뒤지다, 탐구하다, 조사하다'라는 뜻이다. 어떤 항목이나 정보를 빠르게 훑어보며 무언가에 대해 더 많은 것을 알아내려는 호기심이나 관심이 약간이나마 함축된 표현이다.

(don't) poke the bear
일부러 자극하다/
일부러 자극하지 마라

The boss is in a bad mood today so don't poke the bear.
상관이 오늘 기분이 나쁜 것 같으니 괜히 자극하지 마라.

잠재적으로 위험한 상황, 혹은 화난 사람을 자극하거나 짜증나게 하지 말라고 충고하는 관용적 표현이다. 위의 예문처럼 거의 언제나 부정문으로 사용된다.

poke one's nose into
…에 참견하다

My aunt tends to poke her nose into my personal relationships at family gatherings.
가족 모임이 있을 때마다 숙모는 내 개인적인 인간관계에 참견하는 경향이 있다.

'부탁하지도 않았는데 다른 사람의 일이나 문제에 참견하다/끼어들다'를 뜻한다.

nudge
살살 찌르다, 밀다

주로 팔꿈치나 팔로 살짝 밀다push, 쿡 찌르다prod를 뜻한다. 우리가 누군가를 nudge하는 이유는 그의 관심을 끌거나, 지하철 객차에서 내리려 할 때 그에게 특정한 방향으로 움직이라고(비켜달라고) 신호하는 것이다. 친구들이나 가까운 지인들끼리 주고받는 a nudge에는 눈짓을 나누며 주의를 환기하는 의도가 동반될 수 있다.

nudge는 '누군가에게 행동을 취하거나 태도에 변화를 주라고 간접적으로 독려하다, 구슬리다'를 뜻할 수 있다. 따라서 제안하거나 격려하는 말과 함께 쓰일 수 있다. 예컨대 우리는 긍정적인 행동과 의사결정 및 자각을 독려하는 방법으로 nudge people 사람들을 가볍게 자극하다 하고, 부모들은 nudge their child to eat healthily 건강식을 하도록 아이들을 설득하다 한다. 또한 교사들은 nudge their students to remember deadlines 마감 시한을 기억하라고 학생들의 주의를 환기하다 한다. 영화 《Good Will Hunting 굿 윌 헌팅》(1997)에서 수학 교수는 nudge a janitor 청소부를 격려하다 며 자신의 잠재력을 깨닫게 해 준다.

nudge
살살 찌르다

He gave her a nudge to indicate that it was time to leave the party.
그는 그녀의 팔꿈치를 살짝 찌르며 파티장을 떠나야 할 시간이란 걸 알렸다.

nudge in the right direction
올바른 방향으로 유도하다,
도움을 주다

She was having difficulty with the assignment, so I gave her a nudge in the right direction.
그녀는 숙제를 하는 데 어려움을 겪었다. 그래서 나는 그녀에게 약간의 도움을 주었다.

'누군가에게 앞으로 전진하거나 발전해 나아가도록 약간의 도움이나 격려를 주다'라는 뜻이다.

a nudge and a wink/nudge nudge, wink wink
은근슬쩍 밀고 당기며 눈짓을 주고받기

The manager gave a nudge and a wink while we were talking about performance targets.
우리가 성과 목표에 대해 이야기하는 동안, 관리자는 슬쩍 밀치며 눈짓을 보냈다.

장난스럽거나 외설적인 맥락에서 서로 공유하는 미묘한 암시, 함축된 뜻을 전달하는 데 주로 사용되는 구어적 표현이다. 간접적으로 혹은 어느 정도는 비밀스럽게 전달되는 감추어진 메시지가 있다는 뜻이 내포된 표현이기도 하다. 외설적이고 묵시적인 농담이 거침없이 사용되는 코미디 영화에서 흔한 장면이다. 《Austin Powers: International Man of Mystery 오스틴 파워: 제로》 (1997)에서는 근사한 주인공 오스틴 파워스가 보내는 **a nudge nudge, wink wink**만이 아니라 성관계를 빗댄 우스갯소리가 많이 들린다.

prod
찌르다, 재촉하다

손가락, 막대기, 뾰족한 물체로 누군가 혹은 무언가를 찌르다. 주로 행동이나 움직임을 독려할 목적으로 찌르는 행위를 가리키기 때문에 prod는 '재촉하다'라는 뜻을 갖는다. 우리는 prod food with a fork포크로 음식을 쿡 찌르다 하거나 prod a campfire to move the logs and keep it burning모닥불을 들쑤셔서 통나무를 옮겨 계속 불타게 하다 하며, 또 prod someone to wake them up누군가를 찔러서 잠을 깨우다 하기도 한다.

우리는 비물리적으로도 prod할 수 있다. 이때 prod는 '누군가에게 무언가를 하도록 자극하다, 독려하다'라는 뜻이며, 반복적이고 은밀하게 압력을 가한다는 뜻이 함축된다. 예컨대 we prod a friend to remember something은 '그 친구에게 무언가를 기억나게 해 주는 것을 지그시 알려주다'라는 뜻이다. 한편 We prod our memory는 '머릿속으로 우리 기억을 자극해 어떤 세부 사항을 떠올리려 애쓰다'라는 뜻이 된다. 마틴 스코세이지 감독의 《Shutter Island셔터 아일랜드》(2010)는 prod his memory자신의 기억을 자극하다하면서 자신의 과거를 추적해 밝혀내기 시작한 한 조사관에 대한 심리 스릴러이다.

prod
쿡 누르다, 찌르다

I was prodding the keyboard, waiting for the software to load.
나는 키보드를 쿡쿡 누르며, 소프트웨어가 로딩되기를 기다렸다.

on the prod
적의를 보이는

Some of the people in that bar are on the prod, so we went to another place.
그 술집에 있던 사람들 중 몇몇이 금방이라도 폭발할 것 같아 우리는 다른 술집을 찾아갔다.

누군가가 불안하고 흥분해서 금방이라도 행동할 듯한 상태에 있다는 걸 뜻하는 관용적 표현이다.

clap 박수를 치다

손바닥을 힘있게 마주쳐 날카로운 소리를 내다. 공연이나 발표가 끝난 뒤 청중에 의한 평가의 한 형태로 clapping박수치기이 이루어진다. 예컨대 《The King's Speech킹스 스피치》(2010)에서 조지 6세가 연설하는 동안 청중들은 중요한 순간마다 응원과 동의의 뜻으로 clap박수를 치다한다.
'손뼉' 이외에도 짧고 날카로운 소리를 띠는 몇몇은 clap으로 표현된다. 큰 천둥이나 두툼한 책을 덮을 때 나는 소리도 clap으로 표현된다(Loud thunder claps, A large book clapped shut). 스페인 민속 음악과 플라멩코 춤에서 흔히 사용되는 캐스터네츠도 a clapping sound박수 소리를 낸다.

clap
박수를 치다

The audience clapped loudly after the performance.
공연이 끝나자 청중들은 큰 박수를 보냈다.

clap eyes on someone/ something
누군가/무언가를 보다, 만나다

She couldn't believe her luck when she clapped eyes on her childhood friend at the airport.
그녀는 공항에서 어린 시절의 친구를 보자, 그런 행운이 믿기지 않았다.

무언가/누군가를 처음으로 혹은 오랜 시간이 지난 후 보거나 만나는 상황을 가리킬 때 사용되는 표현이다. 대상이 되는 사람이나 물건을 뜻하게 않게 갑자기 만난다는 뜻이 함축된 표현이기도 하다.

베다,
자르다
CUT

cut	snip
slice	clip
chop	hack
carve	slash
trim	dice
shear	split

cut 베다, 자르다

무언가를 날카로운 도구로 나누다, 날카로운 물체로 절개하다, 상처를 내다. 우리는 knife칼, saw톱, scissors가위 같은 도구를 이용해 음식물, 종이, 나무, 머리카락, 손톱 등을 cut한다. 영화를 촬영할 때, 감독은 한 장면의 촬영을 끝낼 때 cut!이라 소리치며 그 장면이 끝났다는 걸 알린다. 이 용어는 전통적인 영화 제작에서 편집을 하는 동안 필름을 cut하는 물리적인 행위에서 기원한 것이다. 편집자는 가위를 비롯한 '절삭 도구' cutting tool를 사용해 필름을 cut하고, 다른 장면들을 일관성 있게 짜맞추어 그럴듯한 이야기를 만들어낸다.

cut은 '한 부분이나 여러 부분을 잘라냄으로써 무언가의 크기, 길이, 양을 줄이다'라는 일반적인 뜻으로 사용된다. 예컨대 재정 예산을 줄이는 행위는 cut a financial budget이라 표현하고, 재활용함으로써 cut waste 쓰레기를 줄이다 할 수 있다. 흡연이나 패스트푸드를 먹는 잘못된 습관을 줄일 때도 cut down on bad habits라 말한다. 《Super Size Me 슈퍼 사이즈 미》(2004)는 패스트푸드만을 30일 동안 먹는 실험을 감행한 사람에 대한 다큐멘터리이다. 실험이 진행되는 동안에도 의사는 건강이 악화되고 있다고 경고하며 그런 고칼로리-고지방 식단의 섭취를 줄이라고 cut down on his intake of this high-calorie, high-fat diet 조언한다.

cut
자르다

I'm going to the barbers to cut my hair later.
나는 나중에 머리칼을 자르러 이발소에 갈 예정이다.

cut down
줄이다

They decided to cut down on their expenses to save money.
그들은 지출을 줄이고 돈을 저축하기로 결정했다.

'무언가의 크기와 양, 수치를 줄이다'라는 뜻이다.

cut off
자르다, 차단하다

The storm cut off power to the entire neighborhood.
폭풍으로 마을 전체에 전기가 끊어졌다.

잘라냄 cutting 으로 '무언가를 제거하다/끊다'라는 뜻이다.

cutting-edge
최첨단

The company is known for its cutting-edge research in artificial intelligence.
그 기업은 인공지능에 대한 최첨단 연구로 유명하다.

테크놀로지, 설계, 패션, 트렌드, 아이디어 등에서 가장 최신의 것, 즉 가장 앞선 것을 가리키는 표현이다.

cut ties with someone
누군가와 관계를 끊다

The company decided to cut ties with the supplier due to repeated delivery delays and quality issues.
반복되는 납기 지연과 품질 문제로 회사는 그 납품 회사와 관계를 끊기로 결정했다.

'관계나 인연 혹은 유대를 끊다, 끝내다'를 뜻한다. 향후에도 얽히는 관계를 단절하겠다는 신중하고 단호한 결정이란 뜻이 함축된 표현이다.

cut to the chase
바로 본론으로 들어가다

Let's cut to the chase and figure out how we can resolve this problem quickly.
바로 본론으로 들어가 이 문제를 신속하게 해결할 방법을 찾아냅시다.

'무언가의 요점이나 중요한 부분을 다루다'를 뜻한다. 이 표현의 기원은 할리우드에서 영화를 제작하던 초기, 특히 무성 영화 시대까지 거슬러 올라갈 수 있다. 당시 감독들은 필름 편집자들에게 관련성이 덜한 장면을 건너뛰고 흥미진진하고 액션으로 채워진 장면, 일반적으로 a chase scene 추격 장면 이 빠지지 않는 클라이맥스로 곧장 넘어가라는 지시로 cut to the chase라는 표현을 사용했다.

cut corners
절차를 무시하다

The contractor was fined for cutting corners on building regulations.
그 도급업자는 건축 법규에 대한 절차를 무시했다는 이유로 벌금을 물었다.

'시간과 노력을 절약하려 서두르거나 불완전하게 무언가를 하다'라는 뜻이다. 편의성이나 비용 절감을 위해 품질, 안전성, 완전함을 희생한다는 뜻이 함축된 표현이다. cutting corners는 기준 이하의 품질, 안전 미흡, 법적이고 윤리적인 문제 등 부정적인 결과로 이어질 수 있다.

cut one's losses
손실을 줄이다

After months of declining stock prices, he decided to cut his losses and sell off his shares before the value dropped any further.
몇 달 동안 주가가 떨어지자, 그는 손실을 줄이기 위해서라도 주가가 더 떨어지기 전 보유한 주식을 매도하기로 결정했다.

'성공적이지 못한 일에 시간과 돈, 노력을 투자하는 걸 중단하다'라는 뜻이다.

slice 썰다

slice에는 음식물 같은 것을 얇고 납작한 조각으로 자르는 행위 cutting가 포함된다. 이때 사용되는 도구는 날카로운 칼이나 a slicing tool얇게 써는 도구이다. 우리는 주로 slice bread, fruit, vegetables, cheese, meat빵, 과일, 채소, 치즈, 고기를 썰다한다. 피자의 작은 조각은 a slice of pizza라 표현한다. 빵가게에서 판매하는 이미 잘라진 빵bread that is already cut은 sliced bread라 부른다.

영화 《Jiro Dreams of Sushi스시 장인: 지로의 꿈》(2011)에서 늙은 스시 장인은 혼신의 능력을 다해 세심하게 slices fish 생선을 썰어내다한다. 팀 버튼이 감독한 《Sweeney Todd: The Demon Barber of Fleet Street스위니 토드: 어느 잔혹한 이발사 이야기》(2007)는 뮤지컬 공포 영화로, 여기에서 조니 뎁 Johnny Depp이 연기한 이발사는 slices the throats of his victims제물들의 목을 자르다한다.

slice
썰다, 자르다

The chef carefully sliced the sushi into bite-sized pieces.
셰프는 스시를 한 입 크기로 세심하게 잘랐다.

no matter how you slice it
어떻게 보더라도

No matter how you slice it, the company's sales figures for this quarter are disappointing.
어떻게 보아도, 그 기업의 이번 분기 매출액은 실망스럽다.

어떤 상황이나 결과를 어떻게 접근하고 어떻게 분석하더라도 똑같다는 걸 강조할 때 사용하는 표현이다. 이 표현에는 관점이나 해석을 달리하더라도 기본적인 사실이나 결론은 변하지 않는다는 뜻이 함축되어 있다.

the best thing since sliced bread
기막히게 좋은 것, 역대급

Have you tried the new smartphone? It's the best thing since sliced bread!
신형 스마트폰을 사용해 보았니? 더 이상 좋을 수가 없다!

무언가의 탁월함과 혁신성, 유용성을 칭찬하고 강조하는 데 사용되는 관용적 표현이다. sliced bread 잘라진 빵 라는 혁명적인 발명에 비견될 정도로, 언급된 것이 예외적으로 좋고 유용하다는 뜻이 함축된 표현이다. 빵은 영어 사용권에서 가장 보편적인 발명품이란 사실을 기억할 필요가 있다.

chop
토막으로 썰다

일반적으로 날카로운 도구나 물체를 아래쪽으로 빠르게 움직이며 무언가를 자르다. a chopping board 도마와 칼을 사용해 음식물을 chop 자르다/썰다 하다.
chop은 칼이 도마를 때리는 소리와 chopping하는 행위를 흉내내고 떠올려준다는 점에서 의성어로 분류된다.
chop은 무술에서 손의 옆면을 사용해 타격하는 행위를 가리킨다. 《Enter the Dragon 용쟁호투》(1973) 같은 영화는 격투 장면의 하나로 액션 스타가 상대를 chop하는 모습을 보여준다. chop은 chop someone's head off 기요틴 같은 참수 도구로 누군가의 목을 베다란 섬뜩한 표현에서도 사용된다.
프랑스 대혁명 기간 특히 1793년과 1794년을 무대로 한 영화, 예컨대 《Marie Antoinette 마리 앙투아네트》(2006)와 《Les Misérables 레 미제라블》(2012)에서는 귀족들을 처형하는 데 사용된 기요틴 guillotine 이 등장하거나 언급된다.
끝으로 '젓가락'은 영어로 chopsticks로 쓰인다. 여기에서 chop은 cutting 자르기보다 빠른 동작을 가리킨다.

chop
자르다, 썰다

He chopped up the onions and garlic to sauté for the pasta sauce.
그는 양파와 마늘을 잘게 썰어 기름에 볶아 파스타 소스를 만들었다.

chop and change
계속 이리저리 바꾸다

The boss's constant chopping and changing of the project's objectives is causing confusion among the team.
팀장이 프로젝트의 목표를 계속 변덕스레 바꾸는 까닭에 팀원들이 혼란스러워하고 있다.

'마음이나 결정을 빈번하게 바꾸다'라는 뜻이다.

carve
저미다, 조각하다

멋진 모양을 만들어내고, 음식물의 경우에는 먹기 좋은 크기로 무언가를 자르다. meat고깃덩이, ice얼음, wood나무, stone돌이 carve의 대상이 된다. 또 핼러윈Halloween에는 호박을 무서운 얼굴로 carve깎아내다 한다. 캐나다와 벨기에, 중국, 일본에는 ice carving festival얼음 조각 축제이 있다. 이때 사람들은 얼음으로 조각상과 구조물을 만든다.
로마인들은 유럽 전역에 우스갯소리와 상징, 경구가 담긴 graffiti carving그래피티 조각을 남긴 것으로 유명했다. 영국과 아일랜드에는 구운 고기를 채소와 감자, 요크셔 푸딩, 제철 채소, 그레이비, 각종 소스와 함께 제공하는 carvery 카버리 라는 전통 음식이 있다.
제목에 carve가 쓰인 영화 두 편이 있다. 《The Carver》(2008)는 친구들이 숲에서 사악한 힘을 지닌 고대의 carving조각품을 우연히 마주치며 겪는 사건을 추적한 공포 영화이다. 《The Carving》(2018)에서는 한 남자가 대대로 전해지는 가족집의 다락방에 감추어진 미스터리한 carving조각품을 찾아내고, 그 조각의 어둔 비밀들이 그의 온전한 정신을 위협한다.

carve
저미다

He carved the turkey at Thanksgiving dinner.
그는 추수감사절의 저녁 식사에서 칠면조를 저몄다.

carve out
개척하다, 자수성가하다

She carved out a successful career in finance.
그는 금융 분야에서 성공적인 경력을 쌓아갔다.

'노력과 진취력을 통해 무언가를 만들어내다, 구축하다'를 뜻한다.

carve (something) in stone
변경할 수 없는 것을 만들다

We've agreed on the terms of the contract, but remember, nothing is carved in stone until it's signed.
우리는 그 계약의 조항들에 동의했다. 그러나 기억할 것은, 서명할 때까지는 어떤 것도 절대적이지 않다는 것이다.

비유적으로 '항구적이거나 변할 수 없는 것을 만들다'라는 뜻이다.

trim
다듬다, 손질하다

길이를 줄일 목적에서 불필요한 부분을 잘라냄으로써 무언가를 깔끔하고 반듯하게 만들다. trim의 대상으로는 hair머리카락, beard수염, fingernails손톱, fabric직물, plants식물, trees나무, bush덤불, grass잔디 등이 있다. 비유적으로 쓰이면 trim budgets, spending, expenses예산, 지출, 경비를 손질하다가 가능하다. trim에는 '축소, 삭감'이란 뜻이 함축되어 있다. 《Edward Scissorhands가위손》(1990)에는 조니 뎁이 연기한 주인공이 가위손으로 동네의 생울타리를 trim하는 재밌는 장면이 있다. 그의 놀라운 솜씨가 알려지자, 그는 개의 털만이 아니라 심지어 동네 가정주부들의 머리카락까지 trim해 준다.

trim
다듬다

He trimmed his beard with scissors to keep it neat and well-groomed.
그는 가위로 수염을 깔끔하고 말쑥하게 다듬었다.

trim the fat
지방을 제거하다

As part of the restructuring plan, the company aims to trim the fat by eliminating redundant positions and streamlining operations.
재구조화 계획의 일환으로 그 회사는 중복되는 직책을 없애고 운영을 간소화함으로써 군더더기를 덜어내겠다는 목표를 세웠다.

'무언가를 더 효율적이고 능률적으로 바꾸어갈 목적에서 불필요하거나 과도한 부분을 제거하다'를 뜻한다. 이 표현은 정육점 주인이 고깃덩이에서 과도한 지방을 잘라내는 행위 cut excess fat from meat 에서 유래했다.

shear 털을 깎다

shearing은 두 물체가 서로 반대 방향으로 움직여 지나가며 잘리거나 깎이는 형태의 절단 행위 cutting action 를 가리킨다. 이렇게 절단하는 방법은 절단면 사이에 칼날을 미끄러지게 밀어넣어 도려냄으로써 깔끔하고 깨끗하게 잘라내는 게 특징이다. shear는 특히 양 sheep 과 함께 쓰인다. 예컨대 목축업자는 shear the wool from their coats 양의 털가죽에서 털을 깎다 하여 모직물을 만든다. 《Wallace & Gromit: A Close Shave 월리스와 그로밋: 양털 도둑》(1995)는 영국에서 제작한 애니메이션 영화로, 자동으로 양털을 깎아 shear sheep 모직 스웨터를 만드는 기계가 등장한다. 영국에는 양털과 목양 sheep farming 과 관련해 오랜 역사가 있다. 바버리 Burberry 와 바버 Barbour 처럼 유서 깊은 유명 브랜드가 사용하는 트위드와 타탄 무늬를 띤 전통적인 직물이 여기에서 탄생했다. 직물, 금속, 종이 등 다른 물체도 shear될 수 있다. shear는 절제되어 깔끔하고 균일하게 재단되었다는 뜻이 함축된 단어이다.

shear
깎다

The farmer shears the sheep annually to collect wool for textiles.
농부는 매년 양털을 깎아 모직물을 만들 양털을 수집한다.

shear off
잘려 나오다

Skier narrowly escaped injury when a slab of ice sheared off from the mountain slope.
얼음 조각이 산비탈에서 떨어져나왔을 때 스키를 타던 사람은 가까스로 부상을 피했다.

'갑자기 깔끔하게 깨지다, 잘려 나오다'를 뜻한다.

snip 싹둑 자르다

가위나 유사한 절삭 도구를 사용해 빠르고 작게 자르다, 깎다. snip은 작게 자르는 행위를 뜻하므로, 이 동사는 hair머리카락, leaf책의 낱장, wire철사/전선, thread실, labels in clothes옷의 상표, tape테이프 등 작은 물체와 함께 주로 사용된다. 가령 새 옷을 사면 상표나 느슨하게 늘어진 실을 snip off잘라내다할 수 있다.

폭탄이 폭발하기 직전 폭탄에 연결된 선을 snip하여 폭탄을 무용지물로 만드는 장면은 영화에서 무척 흔하다. 《Die Hard with a Vengeance다이하드 3》(1995)에서 브루스 윌리스가 연기한 존 맥클레인은 폭탄에 연결된 선을 snip해 폭발을 막는 임무를 맡았다.

snip
자르다, 끊어내다

She snipped the thread with her scissors.
그녀는 가위로 실을 잘랐다.

the snip
포경수술, 할례

My wife wants me to get the snip this weekend.
아내는 내가 이번 주말에 포경수술을 받기를 바란다.

포경수술로 알려진 외과 시술을 편하게 가리키는 구어적 표현이다. 포경수술은 남근의 포피를 제거하는 수술을 뜻한다. 포경수술에 관한 의학적 대화에서 the snip은 그 시술을 편하고 유머러스하게 표현하는 데 사용될 수 있다.

clip 오려내다

무언가를 빠르고 단호하게 자르다, 절단하다, 고정하다. 전기기사와 기술자는 전선을 설치하거나 보수하고 전기 작업을 하는 동안 clip and cut wires전선을 자르고 절단하다한다. 문방구에 있는 a clipboard클립보드와 a paper clip종이집게은 모두 무언가를 제자리에 고정해 두는 역할을 하는 것이다. 우리는 손톱과 발톱을 nail clippers손톱깎이로, 머리카락은 hair clippers이발기로 자른다.

《The Machinist머시니스트》(2004)는 크리스천 베일이 주연한 심리 스릴러로, 주인공이 욕실을 꼼꼼하게 소독하고 정리하는 장면이 나온다. 이 장면에는 주인공이 clip his nails자신의 손톱을 깎다하는 모습도 포함된다. 주인공의 강박적인 행동을 상징적으로 보여주는 동시에, 영화 전반에 흐르는 긴장감과 불안감을 더해주는 장면이기도 하다.

clip
오려내다

She clipped the coupon from the newspaper.
그녀는 신문에서 쿠폰을 오려냈다.

clip someone's wings
…을 속박하다, 말꼬리를 흐리다

The new law will clip the wings of the trade unions and reduce their bargaining power.
새로운 법은 노동조합을 속박하며 협상력을 떨어뜨릴 것이다.

'누군가의 자유와 독립성, 혹은 목적이나 욕망을 추구할 능력을 제한하다, 구속하다'라는 뜻이다. 이 표현은 새가 멀리 날아가 버리거나 자유롭게 돌아다니지 못하게 하려고 새의 날개를 잘라내던 행위 the act of "clipping" the wings of birds 에서 비롯된 것이다. someone's wings are clipped는 비유적으로 사용되어 '잠재력을 온전히 발휘하지 못하게 되다'라는 뜻이다.

hack 난도질하다

거칠게 자르다, 숙련되지 않은 방법으로 굵직하게 썰다. hack은 마체테(machete 날이 넓고 무거운 칼)를 휘두르며 밀림에서 길을 내는 경우와 관련해 주로 쓰인다. 이처럼 거칠게 반복해 자르는 행위가 hacking이다. 《Predator 프레데터》(1987)와 《Tropic Thunder 트로픽 썬더》(2008) 같이 울창한 정글이 무대인 영화에서는 등장인물들이 나뭇가지와 나뭇잎을 hack하며 길을 뚫는 장면이 자주 나온다. 사탕수수와 쌀 같은 농작품을 수확할 때도 hack과 관련된 행동이 필요하다.

이렇게 거칠게 접근하는 행위에서 hacking의 다른 의미, 즉 '필요하면 어떤 수단을 써서라도 무언가를 성취하다, 수행하다' 라는 뜻이 생겨났다. computer hacking 컴퓨터 해킹은 인가를 받지 않고 무단으로 컴퓨터 시스템, 네트워크, 데이터에 접근해 수정하거나 조작하는 행위를 가리킨다.

a hackathon은 여러 팀이 합심해 제한된 시간 내에 혁신적인 해결책을 만들어내거나 새로운 테크놀로지를 개발하거나 특정한 난제를 해결하는 행사를 뜻한다.

hack
자르다, 베다

I will hack some pieces of wood for the campfire.
야영장에 피울 모닥불에 사용할 나뭇조각을 좀 잘라야겠다.

(a) life hack
생활의 지혜

I learned a fantastic life hack for removing stubborn stains from clothes using baking soda and vinegar.
옷에 묻어 없애기 힘든 얼룩을 베이킹소다와 식초를 사용해 제거하는 기막힌 꿀팁을 배웠다.

일상생활의 여러 면에서 효율성과 생산성 및 삶의 질을 높여주는 영리하고 독특한 기법이나 방법 혹은 비결을 뜻한다. a life hack은 창의적인 해결책을 사용함으로써 일상적인 문제를 해결하고 시간을 절약하며 일을 단순화할 수 있는 실질적인 요령이나 전략을 가리킨다.

can't hack it
감당할 수 없다

He couldn't hack it as a chef in the demanding restaurant kitchen.
그처럼 요구가 많은 식당의 주방에서 그는 셰프 역할을 감당해 낼 수 없었다.

능력이나 재능, 회복력의 부족으로 특정한 상황이나 과제에 대처해 이겨낼 수 없다는 의견을 전달하는 데 사용되는 일상적인 표현이다. hack이 성공이면 not hack은 실패가 된다. 따라서 can't hack it은 부정적 의미를 갖는다.

slash 긋다, 베다

날카로운 도구로 빠르고 힘있게 자르다, 베다. 1970년대부터 1980년대까지 slasher('슬래셔')라 불린 공포 영화의 한 장르가 있었다. 특히 연쇄 살인범이나 사이코패스가 다수에게 몰래 접근해 칼이나 마체테 같은 날카로운 무기로 살해한다는 내용이었다. 《Halloween 할로윈》(1978)과 《Friday the 13th 13일의 금요일》(1980)는 슬래셔 장르에 속하는 유명한 영화이다.

slash는 가격, 예산, 기금, 숫자 등 '무언가를 크게 줄이다'를 뜻할 수도 있다. 블랙 프라이데이에는 크리스마스 전 고객을 끌어당기기 위해 prices are slashed 가격이 크게 낮추어지다 된다. 불경기로 인한 강제 해고 layoffs, 감축 경영 downsizing, 구조 조정 restructuring 이 있을 때는 workforce numbers can be slashed 직원 수가 줄어들 수 있다 된다. 예산 삭감이나 변화가 우선 순위에 있게 되면 새로운 프로젝트와 프로그램을 위한 기금이 '줄어들 수 있다' be slashed.

slash
칼로 베며 나아가다

We slashed through the dense jungle.
우리는 울창한 밀림을 칼로 베며 나아갔다.

slash prices
가격을 크게 낮추다

The company slashed its prices to attract more customers.
그 회사는 더 많은 손님을 끌어들이기 위해 가격을 크게 낮추었다.

'가격, 예산, 지출 등을 크게 줄이다'라는 뜻이다.

dice
깍둑썰기를 하다

동사 dice는 음식물을 작고 균일한 조각, 대체로 정육면체 형태로 자르는 행위를 일반적으로 가리킨다. 예컨대 우리는 dice onions, tomatoes, carrots, apples_{양파,} 토마토, 홍당무, 사과를 작은 입방체로 자르다 한다. 우리가 통조림으로 구입하는 diced tomatoes는 '통 토마토' whole tomatoes 나 '껍질을 벗긴 토마토' peeled tomatoes와 달리 이미 '주사위 모양으로 잘린 토마토'이다. 존 패브로 Jon Favreau가 감독하고 주인공으로도 출연한 《Chef 아메리칸 셰프》(2014)에서는 주인공이 푸드 트럭 메뉴에 포함할 요리를 고안하면서 chopping and dicing 토막 모양으로 썰고 주사위 모양으로 썰기하는 모습을 보여준다. dice 주사위는 도박과 보드 게임에 사용되는 '숫자가 쓰인 입방체'의 이름이다. dice가 동사로 쓰인 예는 '음식물을 주사위와 닮은꼴인 작은 입방체로 자르는 행위'에서 시작되었다. 이 단어의 요리와 관련된 의미는 작고 균일한 크기의 음식물 조각과 도박에 사용되는 입방체(주사위)가 유사한 모양을 띤 것에서 유래한 것으로 보인다.

dice
깍둑썰기를 하다

They diced the tomatoes for the salsa.
그들은 살사 소스를 만들려고 토마토를 작은 입방체 모양으로 썰었다.

slice and dice
쪼개어 생각하다, 분석하다

The project manager used a software tool to slice and dice the sales data, allowing the team to identify trends.
프로젝트 매니저는 소프트웨어 도구를 사용해 판매 자료를 쪼개어 분석함으로써 팀원들이 추세를 파악할 수 있게 해 주었다.

'무언가를 체계적이고 효율적으로 분석하거나 정리하고 처리하는 과정'을 비유적으로 표현할 때 사용된다. 이 구절은 무언가를 충분히 관리할 수 있을 정도로 작은 단위로 분해하는 행위를 뜻할 수도 있다.

split
분할하다, 쪼개다

부분이나 조각으로 나누다, 쪼개다, 분리하다. 우리는 split wood into smaller pieces 목재를 더 작은 조각으로 쪼개다 하고, split food to share it with someone 먹을 것을 쪼개서 누군가와 함께 공유하다 하기도 한다. 한편 식당에서 식사를 끝낸 뒤 받는 청구서 등 무형의 것을 split할 수도 있다. couples split up은 '부부 관계가 끝났다'라는 뜻이다. 선거에서 유권자들의 표는 여러 후보자에게로 split 나뉘다 된다. M. 나이트 샤말란 M. Night Shyamalan이 감독한 《Split 23 아이덴티티》(2016)은 해리성 정체성 장애 dissociative identity disorder로 다중 인격 split personality, 정확히는 23개의 인격을 지닌 남자를 추적한 심리 공포 스릴러 영화이다. 주인의 정신 내면에서 일어나는 '심리 분열' psychological split 을 탐구한 영화이다.

split
쪼개다

She split the apple in half with a knife and gave me a piece.
그녀는 칼로 사과를 절반으로 나누어 나에게 한 조각을 주었다.

(a) split second
몇 분의 1초, 눈 깜빡할 사이

In a split second, he realized he had left his phone on the train.
순간적으로 그는 기차에 휴대폰을 놓고 내린 걸 깨달았다.

'아주 짧은 순간'을 가리키는 표현이다.

split screen
분할 화면

I like to play two-player split screen video games with my son.
나는 아들과 함께 2인용 분할 화면 비디오 게임을 즐겨한다.

화면을 여러 부분으로 분할해 다양한 내용을 동시에 볼 수 있게 해 주는 디스플레이 기법이다.

split ends
끝이 갈라진 머리카락

My hairdresser is going to trim my split ends.
미용사가 내 갈라진 머리 끝을 다듬어줄 거다.

끝이 해지거나 손상된 머리카락을 가리키며 잦은 건조와 끊김이 주된 원인이다.

time to split
헤어질 시간

It's been a great night, but I think it's time to split.
굉장한 밤이었다. 하지만 이제 헤어질 시간이 된 것 같다.

어떤 장소를 떠나거나 그곳에서 벗어날 시간을 뜻하는 구어적 표현이다. 화자나 무리가 이동하거나 어떤 활동을 끝낼 때가 되었다는 뜻이 함축된 표현이다.

비이동 움직임 NON-MOVEMENT

stand	persist
remain	await
stay	persevere
stop	bear
pause	support
wait	last
halt	idle
freeze	lounge
linger	stagnate
hover	stall
suspend	sleep
loiter	rest
dwell	snooze
delay	nap
maintain	hibernate

stand
서다, 견디다

두 발을 바닥에 대고 똑바른 자세로 있다. 앉지 않고 똑바로 서 있는 게 우리 인간의 기본 자세이다. 달리기, 춤추기, 도약하기 등 온몸을 사용하는 행동은 a position of standing 서 있는 자세에서 시작된다.

많은 일반적인 일상의 상호작용에서 stand는 '무언가를 참다, 견디다'를 뜻할 수 있다. 예컨대 우리는 noise소음, spicy food 매운 음식, criticism비판, disrespectful behavior무례한 행동 같은 것을 can stand견딜 수 있다 혹은 can't stand견딜 수 없다 한다. 어떤 특정한 배우나 영화 장르를 can't stand하는 것은 '그 배우나 그 영화 장르를 좋아하지 않는다'라는 뜻이다. 극단적인 상황에서 당신이 정말 좋아하지 않는 사람을 I can't stand that person이라고 표현할 수 있다.

stand는 '어떤 태도를 취하다, 어떤 관점을 취하다'를 뜻할 수도 있다. 예컨대 take a stand어떤 태도를 취하다, stand up for your rights당신의 권리를 주장하다 라고 쓰인다. equality평등, justice정의, human rights인권 같은 대의와 저항에 주로 사용된다. 흥미롭게도 우리가 응원하는 것에 대해서 stand up for ...를 사용하고, 우리가 옹호하지 않고 저항하는 것에 대해서는 stand up to ...를 사용한다. 유명한 동명 소설 《To Kill a Mockingbird앵무새 죽이기》를 기반으로 제작되었지만 우리나라에서는 《알라바마 이야기》(1962)로 번역된 영화는 **stands up to racism**인종차별에 맞서다, 저항하다 하며, 억울한 죄를 뒤집어쓰고 잘못 기소된 흑인을 변호하는 한 변호사에 대한 이야기이다.

stand
서다

He stood in line for hours to get concert tickets.
그는 연주회 입장권을 구하려고 몇 시간 동안 줄을 섰다.

stand out
눈에 띄다, 빼어나다

Her unique sense of style always makes her stand out in a crowd.
독특한 스타일 감각에 그녀는 항상 군계일학으로 돋보인다.

이 표현은 사람 전반이나 가방, 신발 같은 품목과 관련해 쓰인다.

stand trial
재판을 받다

The black man in To Kill a Mockingbird (1962) has to stand trial for a crime he did not commit.
《To Kill a Mockingbird 알라바마 이야기》(1962)에서 흑인 남자는 자신이 저지르지 않는 범죄를 뒤집어쓰고 재판을 받아야 한다.

법적 소송에 직면한 경우에 사용되는 표현이다.

stand by
대기하다, 변함없이 지지하다

I'll stand by and support you through this difficult time.
나는 이 어려운 시기에 당신 곁을 지키며 응원하겠다.

'지지하다, 도울 준비를 하다'를 뜻한다. 《Stand by Me 스탠 바이 미》(1986)는 행방불명된 소년의 시체를 찾아나서는 네 소년의 이야기로, 우정과 성실 및 성인으로 성장해가는 여정을 주제로 다루었다. 군대와 관련해 쓰일 때 stand by 대기하다 는 '행동에 돌입할 준비를 끝낸 상태'를 흔히 가리킨다.

stand down
물러나다

In the wake of the scandal, the university president agreed to stand down.
추문이 폭로된 뒤에 대학 총장은 사퇴하는 데 동의했다.

'작업을 중단하다, 어떤 직책에서 물러나다'를 뜻한다. 위협적인 문제가 해결되면 경찰이나 군인은 stand down 철수하다 하라는 명령을 받는다. 최고경영자와 리더들이 사퇴할 때도 stand down이라 표현될 수 있다.

stand the test of time
세월의 시험을 견디다

Great literature, like 'Pride and Prejudice' by Jane Austen, can stand the test of time.
제인 오스틴의 《Pride and Prejudice 오만과 편견》 같은 위대한 문학 작품은 세월의 시험을 견뎌낼 수 있다.

'오랜 시간이 지난 뒤에도 여전히 유효하다, 건재하다'라는 뜻이다. 이 표현은 고전 건축물과 셰익스피어 등 시간의 장벽을 초월해 가치를 지니는 것에 쓰일 수 있다.

stand on one's own two feet
자립하다, 자주적으로 행동하다

He has decided to move into his own apartment and stand on his own two feet.
그는 자신의 집으로 이사해 자립하기로 결정했다.

'독립하다, 자급자족하다'라는 뜻이다.

remain
계속 ...이다

같은 장소에 머물다, 같은 상태를 유지하다. 사람이 주어로 쓰일 때 remain은 '같은 장소에 머물다, 계속 같은 상태에 있다'라는 뜻이다. 따라서 remain calm 여전히 차분하다, remain silent 여전히 말이 없다, remain seated 여전히 앉아 있다는 '한 상태가 변하지 않고 지속되다'라는 뜻이다.
사물에 쓰일 때 remain은 '계속 존재하다, 남아있다'를 뜻할 수 있다. 다른 부분들은 사라지거나 사용되고 파손되었다는 뜻이 함축되어 쓰이기도 한다. 따라서 건물이나 도시의 유적 혹은 폐허는 remains으로 불릴 수 있다. 청소가 효과적으로 행해지지 않으면 먼지가 can remain 남을 수 있다 한다. 또 과거의 문화와 믿음, 전통이 수세대 동안 끈질기게 계속되면 they can remain이라 표현할 수 있다. 그 밖에 remain될 수 있는 것으로는 memories 기억, feelings 감정, information 정보, the effects of actions 행동의 영향 등이 있다.

remain
계속 ... 하다

He remained in his seat until the end of the performance.
공연이 끝난 뒤에도 그는 여전히 자리에 앉아 있었다.

remain in touch
계속 접촉하다, 연락하다

I've enjoyed working with you, and I hope we can remain in touch after I leave the company.
나는 당신과 함께 즐겁게 일했다. 내가 이 회사를 떠난 뒤에도 우리가 계속 연락을 주고받을 수 있으면 좋겠다.

시간이 지난 뒤에도 연락이나 접촉을 유지하려는 의도를 표현할 때 흔히 사용되는 구절이다. 격식을 차려야 하는 경우나 그렇지 않은 경우에나 우호적인 감정을 전달하기에 안성맞춤인 표현이다.

remain to be seen
두고 보자

Whether the economy will recover quickly from the recession remains to be seen.
경제가 불경기로부터 신속히 회복될런지는 아직 미지수이다.

어떤 상황의 결과나 어떤 진술의 타당성에 대한 불확실성과 회의를 표현할 때 사용된다.

remain true to oneself
자신에게 진실하다

I promise to never change and be true to myself.
절대 변하지 않고 나 자신에게 진실할 것을 다짐한다.

'자신의 믿음과 가치관 혹은 성격에 계속 진실하고 충실하다'라는 뜻이다. 《Legally Blonde 금발이 너무해》(2001)는 사회의 기대와 고정 관념에 구애받지 않고 remaining true to yourself 자신에 진실하려는 마음 가 중요하다는 걸 역설한 코미디 영화이다.

who shall remain nameless
계속 익명으로 남게 되는

We received a generous donation from a benefactor who shall remain nameless.
앞으로도 이름이 밝혀지지 않을 후원자로부터 큰 기부를 받았다.

어떤 개인의 정체가 여러 이유에서 의도적으로 감추어지고 비밀에 붙여진다는 걸 뜻하는 표현이다. 여기에는 이타적이거나 법적 이유, 혹은 비도덕적인 이유가 있을 수 있다. 《Harry Potter 해리 포터》 시리즈에서 He-Who-Must-Not-Be-Named 이름을 말해서는 안 되는 사람, 볼드모트 와 비슷하다.

stay 머물다

한 장소에 일시적으로 혹은 장기간 동안 계속 있다. 예컨대 우리는 며칠 동안 stay in a hotel 호텔에 머물다 하거나 stay at home on Sunday to be lazy 일요일에는 집에서 지내며 빈둥거리다 한다. 최근 인기를 얻은 staycation은 stay 머물다 와 vacation 휴가 이 결합되어 만들어진 혼성어 portmanteau 로, 집에서 stay하며 넷플릭스를 시청하거나 밀린 잠을 자며 휴가를 보낸다는 뜻이다. 역시 흔히 사용되는 stay-at-home은 '다른 사람들은 일하러 나간 동안 가사를 돌보는 사람'을 가리킬 때 사용되는 형용사이다. 예컨대 stay-at-home mom, stay-at-home dad, stay-at-home parent 자녀 양육 등을 위해 직장에 다니지 않고 집에 있는 엄마, 아빠, 부모 가 있다.

stay는 '견디다' to endure, '지속하다' persist 를 뜻할 수도 있다. '곤경과 어려움, 시간의 흐름에도 불구하고 무언가가 변하지 않고 본래의 상태를 유지하다', '안정성과 존재 자체를 위협할 수 있는 외적인 힘에도 견뎌내다'라는 뜻으로 이해하면 된다. 《Stay Alive 스테이 얼라이브》(2006)는 제목 자체가 위험한 상황에서의 생존, 즉 살아남기를 뜻한다. 이 공포 영화는 플레이어가 게임에서 죽으면 현실에서도 어떻게든 죽는 치명적인 비디오 게임을 우연히 발견한 젊은이들에 대한 이야기이다. 비지스 Bee Gees 의 노래 <Stayin' Alive>는 제목만 비슷할 뿐 내용은 완전히 다르다. 《Saturday Night Fever 토요일 밤의 열기》(1977)의 사운드 트랙에 실린 이 노래는 역경과 곤경에도 불구하고 인내하며 계속한다는 내용이다.

stay
머물다

I will stay at home tonight.
오늘 밤에는 집에서 머물 거다.

stay up
평소보다 늦게까지 자지 않다,
깨어 있다

I stayed up late last night to finish my assignment.
나는 어젯밤 숙제를 끝내느라 늦게까지 깨어 있었다.

stay in
외출하지 않다, 나가지 않다

Let's stay in and watch a movie tonight.
오늘 밤에는 나가지 말고, 영화를 시청하기로 하자.

'집안에 머물다, 외출하지 않다'라는 뜻으로 staycation과 비슷하다.

stay out
집에 안 들어가다, 외박하다

I am going to stay out late tonight with friends
오늘 밤, 나는 친구들과 늦게까지 밖에서 지낼 거다.

'예측되거나 허락된 시간보다, 즉 평소보다 더 늦게까지 밖에서 머물다'라는 뜻이다.

stay together
함께 지내다

We plan to stay together until we get old.
우리는 늙을 때까지 함께 지낼 계획이다.

'인간관계를 충실히 지속하다'라는 뜻이며 일반적으로 연애 관계에서 주로 쓰인다.

stay on top of
...에 대해 잘 알다

I'm trying to stay on top of all my assignments, but it's hard!
내 임무를 전체적으로 정확히 파악하려고 노력하고 있지만 쉽지 않다!

'상황을 통제하다, 상황에 대해 정확히 파악하다'라는 뜻이다.

stay out of trouble
문제를 피하다, 관여하지 않다

Don't drink too much and stay out of trouble tonight.
오늘 밤에는 너무 많이 마시지 말고, 문젯거리에 끼어들지 마라.

누군가에게 곤란한 상황이나 문제에 말려드는 걸 피하라고 조언할 때 사용되는 표현이다. 부모가 자식에게, 교사가 학생에게 사용할 수 있는 표현이다. 성인들 사이에서는 '예절바르게 행동하라'라는 뜻으로 유머러스하게 사용될 수도 있다. 가령 친구가 나이트클럽이나 공연장에 가려고 외출하기 전에, 그 친구에게 미소를 짓고 윙크해 보이며 넌지시 건넬 수 있는 표현이다.

stay ahead of the curve
시대에 앞서가다

Our company is investing in new infrastructure to stay ahead of the curve to remain competitive.
우리 회사는 경쟁력을 유지하기 위해 시대에 앞서는 새로운 기반 시설에 투자하고 있다.

'특정한 분야에서 다른 경쟁자보다 앞서거나 더 많은 정보를 지닌 상태를 유지하다'라는 뜻이다. 경영과 마케팅, 과학기술과 과학 분야에 사용하기에 좋은 표현이다.

stay hungry
갈망하다

Work hard and don't forget to stay hungry.
열심히 일하고, 꿈을 잃지 마라.

누군가에게 목표와 열망을 추구하는 야망과 꿈을 지키라고 격려하며 동기를 부여하기에 좋은 표현이다. 애플의 공동 창업자 스티브 잡스 Steve Jobs 는 2005년 스탠퍼드대학교 졸업식 축사에서 Stay hungry, stay foolish 늘 갈망하고, 항상 우직하라 라는 유명한 말을 남겼다.

stop 멈추다

중지하다, 세우다, 그치다, 끝내다. stop은 도로 표지판의 지시, 혹은 stop smoking!담배를 피우지 마시오이나 stop talking!조용히 하시오 같은 명령에서 가장 흔히 사용된다. 텔레비전 리모컨에도 재생을 중지하거나 어떤 경우 메뉴 화면으로 돌아가게 하는 stop 버튼이 있다. 버스가 승객을 태우려고 잠시 정차하는 곳은 a bus stop이라 한다.
《Stop! Or My Mom Will Shoot엄마는 해결사》(1992)는 실베스터 스탤론Sylvester Stallone이 거친 경찰로 등장하는 코미디 영화이다. 제목에 사용된 stop!은 법 집행관이 사용하는 전형적인 명령어이다. 《Stop the Wedding》(2016)은 사사건건 간섭하는 엄마가 자신에게 마뜩잖은 남자와 딸이 결혼하려는 걸 막으려 하는 로맨틱 코미디 영화이다. 이 제목에 쓰인 stop은 명령법으로 쓰인 동사이다.
영국 영어에서 문장의 끝에 더해지는 구두점인 마침표(.)는 a full stop이라 불리고, 미국 영어에서는 a period라 불린다. 북아메리카의 미국식 영어, 영국을 비롯해 인도 같은 영연방국에서는 영국식 영어가 사용된다. 당신이 어느 쪽 영어를 사용하느냐에 따라 어떤 진술이 끝났다는 걸 강조할 때 구어spoken English에서 full stop이나 period라는 표현을 사용할 수 있다.

stop
멈추다, 정지하다

The car stopped at the red light.
붉은 신호등에서 자동차가 멈추었다.

stop by
들르다

I'll stop by your office later to discuss the project.
그 프로젝트에 대해 상의하려고 나중에 당신 사무실에 들르겠다.

'짧게 혹은 잠깐 동안 방문하다'라는 뜻이다.

stop over
잠시 머무르다, 들르다

Our flight to London stops over in Amsterdam.
우리가 탄 런던행 비행기는 암스테르담에서 잠시 머문다.

최종 목적지로 계속 가기 전에 잠깐 동안 어떤 곳을 방문하며, 여정을 일시적으로 멈추거나 중단하는 걸 의미한다.

stop at nothing
어떤 것도 서슴지 않다

He will stop at nothing to rescue the princess.
그는 공주를 구하기 위해서라면 어떤 것도 서슴지 않을 것이다.

'목표를 달성하기 위해서는 극단적인 방법으로라도 기꺼이 무언가를 하다'라는 뜻이다. 이 표현은 영화나 텔레비전의 예고편에서 어떤 대가를 치르더라도 목표를 달성하기 위해 단호하고 끈질기게 노력하는 등장인물을 가리킬 때 흔히 사용된다.

the buck stops here
모든 책임은 내가 진다

As president, the buck stops here. I take full responsibility for the actions of my administration.
대통령으로서 내가 모든 책임을 질 겁니다. 나는 행정부의 조치에 대해 전적으로 책임집니다.

미국 대통령 해리 S. 트루먼 Harry S. Truman 의 책상 위에 있던 명패로부터 기원한 관용적 표현이다. 자신의 행동과 결정에 대한 책임과 의무를 뜻하는 구문이다. 리더는 팀원들의 행동이나 결정에서 비롯된 결과에 대해 궁극적으로 책임져야 한다는 뜻이 함축된 표현이기도 하다. a buck은 일반적으로 미국 달러를 뜻하는 데 사용되지만, 여기에서는 책임의 비용을 다른 사람에게 떠넘기지 않을 것이란 뜻이다.

pause
잠시 멈추다

일시적으로 중단하다. 행동이나 움직임 등 활동이 나중에 다시 계속된다는 뜻이 함축된 단어이다. 연설하는 동안 화자가 a pause를 갖는다면 자신이 긴장한 탓이거나, 무언가를 강조하고, 혹은 청중의 집중을 유도하기 위한 것일 수 있다.
또 어린아이들이 게임을 하며 지나치게 흥분하면 우리는 pause a game or activity 게임이나 활동을 중단시키다 한다.
텔레비전 리모컨에서 pause 일시 중지 버튼은 팝콘을 준비하거나 화장실에 가는 등 급히 휴식을 취할 목적에서 재생을 잠시 멈추었다가 다시 시작하려고 할 때 사용된다. 영화 《Free Guy 프리 가이》(2021)에는 주인공 가이가 자신에게 주변 세계를 pause할 수 있는 능력이 있다는 걸 알게 되는 인상적인 장면이 있다. 그 장면에서 가이는 자신이 주변 환경을 통제할 수 있고, '자유 도시'라는 비디오 게임에서 자신이 논플레이어 캐릭터 non-player character, NPC라는 것도 깨닫는다.

pause
잠시 중단하다, 멈추다

Let's pause for a moment to think about our next steps.
잠시 멈추고, 다음에 취할 조치에 대해 생각해 보자.

pause for thought
잠시 생각하는 여유를 갖다

The proposal seems promising, but let's pause for thought and analyze the potential risks before making a decision.
그 제안은 유망하게 들린다. 그러나 결정하기 전에 잠시 생각하며 잠재적 위험을 분석해 보자.

결정을 내리거나 행동을 취하기 전에 깊이 숙고하고 고려하는 시간을 잠시 갖자고 제안할 때 쓰이는 표현이다. 잠시 중단하고 어떤 상황이나 아이디어 혹은 영향에 대해 깊이 생각하자는 뜻이 함축된 표현이다.

(an) awkward pause
어색한 정지, 멈춤

There was an awkward pause in the conversation after she asked about his ex-girlfriend.
그녀가 그에게 옛 여자친구에 대해 질문하는 바람에 대화가 끊어지며 잠시 어색한 침묵이 있었다.

대화가 중단되어 어색하게 느껴지는 짧은 침묵이나 망설임의 순간을 뜻한다. 누군가 금기시되는 말을 하거나, 사교적 실수를 범할 때 주로 일어나는 현상일 수 있다. 예컨대 누군가 부적절한 농담을 던지거나, 추석이나 설날에 오랜만에 만난 삼촌에게 왜 아직까지 결혼하지 않았느냐고 개인적인 문제에 대해 물을 때를 생각해 보면 된다. 별난 등장인물들이 사회적으로 교감하는 과정에 빈번하게 일어나는 awkward pause를 재밌게 표현한 《Napoleon Dynamite 나폴레옹 다이너마이트》(2004)에서 보듯이, 이 표현은 희극적 효과를 자아내기 위해 사용될 수도 있다.

wait 기다리다

예측된 무언가가 일어날 때까지 한 곳에 머물다, 행동을 미루다. 우리는 wait for appointments, deliveries, public transport 임명, 배달, 대중 교통을 기다리다 한다. 우리는 버스 정류장이나 인스타그램을 통해 알아낸 맛집 밖에서 wait in line 줄을 서서 기다리다 한다. 식당에서 우리에게서 주문을 받고 식사를 갖다주는 사람을 a waiter 혹은 a waitress라고 부른다. 그 이유는 그들이 wait your tables 식사 시중을 들다 하기 때문이다. 이 표현은 they serve you와 똑같은 뜻이다. 스티븐 스필버그가 감독한 《The Terminal 터미널》(2004) 은 자신의 조국에서 정치적 격변이 일어난 까닭에 뉴욕 공항 터미널에 갇혀 버린 한 동유럽인에 대한 이야기로, 톰 행크스가 그 역할을 맡았다. 그는 상황이 해결되기를 wait하며 터미널에서 수개월을 보낸다. 역시 톰 행크스가 주연한 영화 《Cast Away 캐스트 어웨이》(2000)는 무인도에 고립된 채 wait for a rescue 구조를 기다리다 하는 남자에 대한 이야기이다. 톰 행크스는 waiting을 좋아하는 걸까?

wait
기다리다

I'm still waiting for my package to be delivered.
나는 내 소포가 배달되기를 아직도 기다리고 있다.

wait patiently
끈기있게 기다리다

The children waited patiently to open their Christmas presents.
아이들은 크리스마스 선물을 개봉할 때를 인내하며 기다렸다.

'차분하게 불평없이 기다리다'라는 뜻이다.

wait with bated breath
숨을 죽이고 기다리다

The audience waited with bated breath for the winner to be announced.
관객들은 우승자가 발표되기를 숨을 죽이고 기다렸다.

크게 기대하거나 흥분해서 기다리는 경우에 사용되는 표현이다.

wait in turn
차례를 기다리다

The customers waited in turn to get their coffee.
손님들은 커피를 받아갈 순번을 기다렸다.

누군가에게 인내하며 무언가를 할 차례를 기다리라고 정중하게 요청하는 표현이다. 특히 줄을 서서 기다려야 하는 상황에서 쓰인다.

halt 서다, 멈추다

움직임을 멈추다, 중단하다. stop처럼 halt도 지시나 명령으로 쓰인다. 하지만 halt가 지휘권자에 의해서 혹은 공식적인 절차의 일환으로 명령되는 것처럼, 더 공식적으로 권위적이며 절차에 따른 것이라 느껴진다. 또한 stop보다 더 급작스럽고 예기치 못한 것으로도 느껴질 수 있다.

건설 현장의 노동자들은 작업하는 동안 halt traffic 교통을 막다 한다. 예상하지 못한 상황으로 인해 프로젝트와 사업의 진행이 suddenly halt 갑자기 중단하다 되기도 한다. halt는 기차, 대형 운송 기구 및 공장 기계 같은 제조 설비에도 종종 쓰인다. 봉준호 감독의 《Snowpiercer 설국열차》(2013)에는 기술적인 문제, 사보타주, 저항 세력과 보안군 간의 대치로 기차가 come to a halt 멈추다/정지하다 하는 장면들이 있다.

halt
중단되다, 멈추다

Due to the heavy snowfall, all flights at the airport will be halted until further notice.
폭설로 인해 공항에서 모든 항공편이 다음 통지가 있을 때까지 중단될 것이다.

bring something to a halt
무언가를 정지시키다

The strike brought production at the factory to a halt.
파업으로 공장에서 생산이 중단되었다.

'무언가의 진척, 움직임, 활동을 멈추다, 중단하다'라는 뜻이다. 중단을 야기하려고 어떤 행동이 의도적으로 행해졌다는 뜻이 함축된 표현이다.

come to a grinding halt
무언가를 서서히 세우다

The economic boom came to a grinding halt when the stock market crashed.
주식 시장이 붕괴되자 호황이던 경제도 서서히 멈추었다.

grinding은 기계류의 톱니바퀴나 부품들이 서로 닿아 비비며 일으키는 마찰이나 마모를 가리킨다. come to a grinding halt는 문자 그대로나 비유적으로나 '정상적인 진행이 불가능하도록 예기치 않게 완전히 멈추는 상태'를 가리킬 때 사용되는 표현이다. 녹이나 지속적인 마찰로 인해 시간을 두고 천천히 멈추는 상태를 표현할 수도 있지만, 기계의 움직이는 톱니바퀴 사이에 스패너를 밀어넣은 때처럼 갑작스럽고 극적으로 멈추는 상태를 표현할 수도 있다. come to a grinding halt라는 표현은 영업과 비즈니스, 프로젝트와 대화, 사건 등에서 비유적인 의미로 주로 사용된다.

freeze 얼다

freeze는 물과 함께 쓰이며, 물이 얼음으로 변하는 때를 가리킨다. 냉장고에서 freeze water 물을 얼리다 하면 물은 얼음이 된다. 그러나 우리는 냉장고에 freeze fruit and vegetables 과일과 채소를 냉동 보관하다 하기도 한다. 파이프 안의 물은 겨울 동안에 freeze 얼다 된다. 디즈니의 애니메이션 영화 《Frozen 겨울왕국》(2013)에서 엘사는 모든 것을 freeze할 수 있는 마법력을 지녔다. 《Ice Age 아이스 에이지》(2002-2016) 시리즈는 또 다른 애니메이션 영화로, 지구가 지금보다 추워 얼음과 눈으로 덮인 선사 시대가 배경이다.

하지만 freeze는 사람과 동물, 사물이 움직임을 멈추고 꼼짝하지 않는 경우에 사용될 수도 있다. freeze가 이런 용례로 쓰인 가장 흔한 예는 영화와 텔레비전 프로그램에서 경찰이 범인을 발견하고 총을 겨누며 Freeze! 꼼짝 마라! 라고 소리치는 경우이다. 이때 freeze는 범인에게 도망가는 걸 멈추고 그 자리에 서라는 뜻이다. 사람들은 두려움과 불안, 충격과 마비 등 많은 이유에서, 게다가 중요한 결정을 내려야 하는 때도 freeze 얼어붙다/몸이 굳어지다 할 수 있다.

freeze는 요즘에 컴퓨터나 스마트폰과 함께 쓰인다. 기기 자체나 애플리케이션이 반응하지 않아 입력이 불가능할 때 우리는 freeze라는 동사를 사용해서 그런 상태를 표현한다 (the computer has frozen 컴퓨터가 얼어붙었다/멈추었다).

freeze 얼어붙다	I was worried that I would freeze at the beginning of the speech due to nerves. 나는 긴장해서 연설 초반에 얼어붙을까 걱정했다.
(a) brain freeze 일시적인 두통	I got a brain freeze from drinking this smoothie too quickly. 이 스무디를 너무 빨리 마셔서 머리가 띵하니 아팠다.

잠깐 동안의 두통을 뜻한다. 차가운 음식이나 음료, 예컨대 아이스크림이나 슬러시, 얼린 음료 등을 급하게 먹을 때 주로 나타나는 두통을 가리킨다.

linger
남다, 오래 머물다

이 동사는 쓰임새가 독특하고 그 의미도 미묘하다. '예상보다 오랫동안 혹은 필요 이상으로 기다리다, 머물다, 존재하다'를 뜻한다. 그러나 기다리는 시간을 약간 마뜩잖게 생각하며 주저하는 느낌('망설이다/질질 끌다') 만이 아니라 거꾸로 그 시간을 즐긴다는 느낌('즐거움을 음미하다')도 함축된 단어이다. lingering에는 긍정적인 이유만이 아니라 부정적인 이유도 있는 듯하다. 우리는 계속 움직이고 싶지 않을 때 linger꾸물거리다 한다. 무언가를 잊지 못할 때는 Thoughts linger생각이 좀처럼 사라지지 않다 라고 한다. 또 어떤 느낌이 집요하게 계속되면 Feelings linger느낌이 좀처럼 사라지지 않다 라고 한다. 냄새가 사라지지 않는 경우에도 linger가 쓰일 수 있다Smells linger. 지속되는 것이 무엇이느냐에 따라 linger와 관련된 것이 좋을 수도 있고 나쁠 수도 있다. 예컨대 날씨가 좋으면 우리는 linger in a park공원에 더 오래 머물다 하고, 범인들은 은행을 털 기회를 노리며 linger around a bank 은행 주변을 서성이다 한다.

특히 사랑을 다룬 감상적인 영화를 중심으로 waiting과 lingering을 다룬 영화가 많다, 《Gone with the Wind 바람과 함께 사라지다》(1939)는 남북전쟁과 재건 시대에 사랑하는 남자가 돌아오기를 기다리는 한 여인에 대한 서사적 역사극이다.

지속적인 여운을 주는 영화는 linger on the mind라고 표현한다. 예컨대 《The Tree of Life트리 오브 라이프》(2011)는 시각적으로 아름답고 철학적으로 깊이 있는 영화로, 생명의 기원과 존재의 본질 및 의미의 탐구에 대해 찬찬히 짚어보며, 관객에게 생명의 아름다움과 깊이에 대한 경외감을 안겨준다.

linger
서성대다

He lingered near the airport arrivals gate, waiting for her to appear.
그는 그녀가 나타나기를 기다리며 공항 입국장 근처를 서성였다.

linger on
계속 남아 있다.

The image of the sunset lingered on in his mind for days.
석양의 모습이 며칠 동안 그의 마음에서 떠나지를 않았다.

'예정보다 더 오랫동안 생각이나 기억에서 사라지지 않다'를 뜻한다.

hover 맴돌다

어떤 장소나 그 근처에 남다, 기다리다. 예컨대 헬리콥터, 드론, 벌새 같은 기계 장치나 동물에 대해 쓰이면 '공중에서 맴돌다'를 뜻할 수 있다. a hovercraft호버크라프트는 공기층 a cushion of air 에 떠받쳐서 수면이나 지면 위를 이동하는 운송 기구의 일종이다. 공상 과학 영화나 소설에는 때때로 a hoverboard가 등장한다. 역시 공중에 뜨는 이동 수단으로 사용되며, 가장 널리 알려진 예라면 《Back to the Future Part II 백 투 더 퓨처 2》 (1989)에서 마티가 미래로 여행해서 악당 비프로부터 달아날 때 사용하는 것이다. 이때의 hoverboard는 지면 위를 떠서 이동하는, 바퀴가 없는 스케이트보드와 유사하다.

기계 장치나 동물을 제외하면, 일상 생활에서는 무언가를 점검하고 관찰하며 주변을 배회하며 빈둥거리는 사람을 표현할 때 hover 어슬렁거리다/배회하다가 사용된다. 예컨대 부모는 자식이 안전한지 살피려고 hover around their children하고, 관리자는 진전 과정을 확인하려고 hover around employees하며, 쇼핑객들은 상점에서 가격을 비교하며 구매할 것인지를 두고 논의하며 hover around merchandise할 수 있다.

hover
맴돌다

The drone hovered in the sky, taking photos and videos.
드론이 공중에서 맴돌며 사진과 영상을 찍었다.

hover around
주변을 맴돌다, 배회하다

The children hovered around the ice cream truck, waiting for their turn.
아이들이 아이스크림 트럭 주변을 서성대며 자기 차례를 기다렸다.

'완전히 몰입하지 않은 상태로 어떤 장소나 사람 주변에 머물다'라는 뜻이다.

suspend
유예하다, 매달다

일시적으로 중단하다, 취소하다, 끊다. suspend는 여전히 기대감이 있지만 불확실한 상태를 가리킬 때 쓰인다. 경영, 교육, 법, 규율 등과 같이 격식을 따지는 맥락에서 주로 쓰이는 동사이다. 예컨대 공장은 불량이 있을 때 suspend production생산을 중단하다 하고, 스포츠 단체는 선수가 부정 행위를 저지르면 suspend an athlete출전을 정지시키다 한다. 또한 정부는 보조금이 잘못 사용되면 suspend funding 기금 지급을 중지하다 하고, 날씨가 나쁘면 suspend an outdoor event야외 행사를 보류하다 하게 된다. 이 모든 예에서 suspend는 '중단'이나 '취소'라는 뜻으로 사용되지만 나중에 다시 복원되는 경우도 있다.

영화 제작사들은 재촬영, 예산, 마케팅을 이유로 혹은 다른 주력 영화와의 경쟁을 피할 목적에서 영화의 개봉일을 suspend or postpone유예하거나 연기하다 하기도 한다. 코로나 19 팬데믹 기간에 이런 현상이 특히 심했다. 예를 들면, 동명의 애니메이션을 실사로 리메이크한 《Mulan뮬란》(2020), 엑스맨의 파생작 《The New Mutants뉴 뮤턴트》(2020), 자동차 추적을 주제로 한 액션 영화 《Fast and Furious 9분노의 질주: 더 얼티메이트》(2021) 등이 있다.

suspend는 다른 맥락에서 다른 의미로도 사용된다. '무언가를 무언가에 매달다'라는 뜻으로 쓰일 수 있다. 예컨대 우리는

suspend a photo or painting on a hook 사진이나 그림을 고리에 매달다 하고, **suspend a banner from a railing** 난간에 깃발을 걸다 한다. **a suspension bridge** 현수교는 강력한 케이블로 고정한 다리로, suspend에 대한 이때의 정의와 맞아떨어진다.

suspend 유예하다, 연기하다	We are going to suspend class today because the building is being renovated. 건물이 개조 중에 있기 때문에 오늘 강의를 연기할 예정이다.
suspend disbelief 불신을 유예하다	The special effects in the movie were so realistic that I found it easy to suspend disbelief. 그 영화의 특수 효과는 너무도 사실적이어서 실제 현상으로 쉽게 받아들여졌다.

문학과 연구, 영화 등 허구적 이야기와 관련된 분야에서 주로 사용되는 용어이다. 픽션과 환상 세계를 묘사한 작품에서 비현실적이고 타당하지 않은 요소가 적잖게 있더라도 그 작품을 즐길 목적에서 의심이나 비판적 판단을 일시적으로 유보하는 자발적인 행위를 가리킨다. 《A Trip to the Moon 달세계 여행》(1902)은 초기에 제작된 공상 과학 영화 중 하나로, 달에 얼굴이 있는 유명한 장면이 등장한다. 천문학자들이 우주선을 타고 달에 가서 환상적인 존재들을 만나는 장면에서 관객들은 suspend disbelief해야만 했다.

suspend judgment
판단을 미루다

Let's suspend judgment until we have more facts and data.
더 많은 사실과 자료를 확보할 때까지 판단을 미루자.

'무언가에 대한 의견이나 평가를 굳히고 표명하는 것을 삼가다'라는 뜻이다. 더 많은 정보와 증거가 확보되어야 할 때, 혹은 그 문제에 대해 더 깊은 숙고가 필요할 경우 주로 사용되는 표현이다.

loiter 어정거리다

뚜렷한 목적도 없이 대체로 공공장소에서 서 있거나 빈둥거리다. 따라서 의심스럽거나 방향을 잃은 사람으로 인식될 수 있는 가능성이 있다. loiter는 공적인 공간, 예컨대 공원, 거리, 쇼핑센터 등과 관련되어 쓰인다. loitering 배회 은 의심스럽거나 목적이 없는 행위, 혹은 파괴적인 행위로 인식될 정도로 한 곳에서 머무는 행위를 가리키는 법적 용어이기도 하다. loitering의 적법성은 해당 지역의 법규와 규정만이 아니라 구체적인 상황에 따라 달라질 수 있다.

《Kids 키즈》(1995)는 십대 아이들이 뉴욕시에서 보내는 하루를 추적한 영화이다. 사춘기, 성적 관심, 약물 사용을 주제로 다루며, 등장인물들이 뉴욕시의 곳곳을 loitering하며 말썽을 일으키는 장면들을 담았다.

loiter
어슬렁거리다

The security guard warned the group of teenagers not to loiter in front of the store.
경비원은 십대 아이들에게 상점 앞에서 어슬렁거리지 말라고 경고했다.

no loitering
서성거리지 말 것

The sign outside the school states "No loitering" for the safety and security of students.
학생들을 안전하게 보호하기 위해서 학교 밖에는 '서성거리지 말 것'이란 표지판이 세워져 있다.

사람들이 특별한 목적 없이 서성대는 걸 막으려고 공공장소에 세운 표지판에서 흔히 볼 수 있는 문구이다.

dwell 거주하다

특정한 장소에 살다, 거주하다. 텐트, 선상 가옥(주거용 보트), 캠핑 카, 아파트 등 어떤 종류의 거주 시설이든 명사 형태의 dwelling으로 불릴 수 있다. 《The Hobbit: An Unexpected Journey 호빗: 뜻밖의 여정》(2012)에서 가상의 난쟁이 종족인 호빗들은 언덕 안쪽으로 지어진 집에서 dwell한다. 동화 속의 공주들은 dwell in palaces and castles 궁전과 성에서 살아가다 하고, 해리 포터와 그 친구들은 dwell in the Hogwarts School of Witchcraft and Wizardry 호그와트 마법학교에서 거주하다 한다.

dwell은 '무언가에 대해 길고 자세히 생각하고, 말하거나 글로 쓸 때 그것에 오랫동안 집중하고 주의를 기울이다'라는 뜻으로도 유용하게 쓰인다. 예컨대 우리는 dwell on past events, existential questions, financial matters, work stress 과거의 사건, 존재론적 문제, 금전 문제, 업무 스트레스에 대해 깊이 생각하다, 자세히 설명하다 한다. 작가나 화자가 한 주제에 오랫동안 집중하면 dwelling on that topic이라고 표현될 수 있다.

dwell
거주하다

She dwells in a small cottage in a village.
그녀는 마을에서 작은 오두막에 거주한다.

dwell on
오랫동안 생각하다, 말하다

Let's not dwell on this topic any longer, it's time to move on.
그 주제에 대해 더는 말하지 말자. 넘어가도록 하자.

'무언가에 대해 오랫동안 생각하다, 말하다'라는 뜻이다.

dwell on the past
과거에 연연하다

My mother tends to dwell on the past, always regretting past decisions.
어머니는 과거에 연연하며, 항상 과거의 결정을 아쉬워한다.

과거에 있었던 일이나 기억, 과거에 했던 표현에 집착하거나 매달리는 행동을 가리킬 때 흔히 사용하는 표현이다.

delay 미루다

연기하다, 서두르지 않다, 망설이다, 지연하다. delay는 우리를 기다리게 만드는 것, 예컨대 예정보다 늦어지는 항공편, 대중교통, 지불, 배달, 회의 시작 시간, 질문이나 이메일에 대한 답장을 가리킬 때 사용되는 동사이다. 엄격히 말하면 delay는 postpone과 다르다. postpone은 무언가를 늦추는 행동인 반면, delay는 예정보다 늦어지며 우리를 기다리게 만드는 것이 있을 때 사용된다.
《Avatar: The Way of Water 아바타: 물의 길》(2022)는 제임스 캐머런 감독의 《Avatar 아바타》(2009)의 속편으로 많은 기대를 모았지만 개봉일을 몇 번이나 delay해야 했다. 애초에는 2014년에 개봉할 예정이었지만 몇 번이고 뒤로 미루어졌다.

delay
지체하다

The flight was delayed due to bad weather conditions.
악천후로 항공편이 지체되었다.

(a) time delay
시간 지연

There was a time delay between loading the website and the images appearing.
웹사이트를 로딩하는 순간부터 첫 화면이 나타날 때까지는 시간 지연이 있다.

무언가가 일어나거나 효력을 나타내기 전까지 기다리는 시간을 뜻한다.

maintain
유지하다

정지된 상황과 관련되어 쓰일 때 maintain은 '어떤 상태나 조건 혹은 위치를 유지하다'를 의미한다. 반면에 움직임과 행위, 행동과 관련되어 쓰일 때는 '증가하거나 줄어드는 것이 없이 일정한 속도를 유지하다'라는 뜻이 된다. 어떤 경우에서든 기본적으로는 관련된 것이 동일하게 유지된다.
우리가 maintain하는 것으로는 focus, order, standards, cleanliness, relationships, healthy lifestyles 초점, 질서, 기준, 청결, 관계, 건강한 생활방식이 있다. 예컨대 관리자는 maintain control 통제력을 유지하다 하려고 애쓸 것이고, 요가 선생은 how to maintain balance 균형을 유지하는 법를 보여준다. 《Jiro Dreams of Sushi 스시 장인: 지로의 꿈》(2011)는 자신의 식당에서 maintain high standards 높은 기준을 유지하다 하려고 평생을 헌신한 스시 장인을 다룬 다큐멘터리 영화이다.

maintain
유지하다

I'm trying to maintain a healthy lifestyle through exercise and proper nutrition.
나는 운동과 적절한 영양 섭취로 건강한 생활방식을 유지하려고 노력하고 있다.

maintain a low profile
겸손함을 유지하다, 세간의 이목을 피하다

It's important to maintain a low profile when traveling to avoid unwanted attention.
여행 중에 원하지 않는 관심을 피하려면 조심스레 행동하는 게 중요하다.

'자신에게 관심이 쏠리는 걸 피하며 눈에 띄지 않게 행동하다, 눈에 띄거나 주목을 받지 않도록 행동하다'라는 뜻이다.

maintain the status quo
현상을 유지하다

The government's decision to maintain the status quo on tax policies disappointed many citizens hoping for reform.
세금 정책에서 현재 상태를 유지하겠다는 정부의 결정에 개혁을 기대하던 많은 시민이 실망했다.

'현재의 상태로 유지하다, 기존 상태를 보존하다'라는 뜻이다. 정치와 경제, 사회, 문화 등 다양한 영역에서 사용될 수 있는 표현이다. the status quo는 '힘과 이익에서 지배적인 질서나 기존의 균형'을 뜻한다.

persist
지속하다

시간이 지나도 계속 존재하며, 역경이나 반대를 견디다. persist 하는 것으로는 traditions, beliefs, habits, memories, moods, and attitudes 전통, 믿음, 습관, 기억, 풍조, 태도 등이 있다. persist with effort and enthusiasm 끈질기게 열정적으로 노력하다 은 긍정적으로 쓰인 예이지만 부정적으로 사용될 수도 있다. 예컨대 diseases persist despite medical measures 여러 의학적 조치에도 불구하고 질병들은 사라지지 않다 에서 persist는 persevere로 바꿔쓸 수 있다.
어려운 상황과 역경을 견뎌낸 사람 people who persist through difficult conditions and challenges 을 다룬 영화는 많다. 《Rocky 록키》(1976)는 헤비급 챔피언 타이틀전에서 이겨내기 힘들 것 같은 역경에 직면하지만 착실한 훈련과 자신에 대한 믿음으로 manage to persist 어떻게든 견뎌내다 하는 권투 선수를 다룬 영화이다. 《The Martian 마션》(2015)은 화성에 고립되지만 온갖 지략을 짜내어 manage to persist 끈질기게 버티다 하며 살아남은 우주 비행사에 대한 이야기이다.

persist

persist
집요하게 계속하다

Despite numerous setbacks, she persisted in her efforts to learn a new language.
많은 실패에도 불구하고, 그녀는 새로운 언어를 배우려고 끈질기게 노력했다.

keep persisting
끈질기게 계속하다

It's tough, but if you keep persisting, eventually you'll succeed.
힘들다. 그러나 네가 끈질기게 계속하면 결국 성공할 것이다.

누군가에게 계속 노력하라고 격려할 때 사용되는 표현으로, 특히 장애물을 만나거나 실패해 좌절에 빠진 사람에게 사용된다.

await 기다리다

wait와 비슷하지만 await는 더 형식적이고 문어적인 맥락에서 사용된다. 특히 '예측하고 기대하는 것을 기다리다'라는 뜻이 함축되어 있다. 구동사 wait for (something)은 await로 다시 쓰일 수 있다. 예를 들면, wait for a result 대신에 await a result라고 말할 수 있다. 그러나 대체로 구동사는 구어에서 흔히 사용되는 반면, 같은 의미를 지닌 한 단어는 문어적 맥락에서 더 흔히 사용되기 때문에 await가 wait for보다 더 정중하게 들린다. 《Waiting for Godot고도를 기다리며》(2001)는 사뮈엘 베케트Samuel Beckett, 1906-1989의 유명한 희곡을 영화화한 것으로, 고도라는 사람이 오기를 끝없이 기다리는await the arrival of someone named Godot 두 인물을 내세워 실존주의와 인간 조건이란 주제를 탐구한 영화이다.

await
기다리다

We await your response to our proposal.
우리 제안에 대한 당신의 답을 기다리고 있다.

await delivery
배달을 기다리다

The package is awaiting delivery at the post office.
소포가 우체국에서 배달되기를 기다리고 있다.

'무언가가 배달되기를 기다리다'라는 뜻이다.

your chariot awaits
마차가 준비되다

Your chariot awaits, ready to take you home.
너를 집에 모시고 갈 마차가 준비를 끝내고 대령하고 있다.

누군가를 목적지에 데려다줄 교통 수단(대체로 차량이나 운송 도구)이 준비되었다는 걸 재밌고 장난스럽게 알리는 표현이다. 마차가 주된 교통 수단으로 사용되던 과거의 이미지에 기원을 두고 있어, 차량을 준비하는 행위에 우아함이나 기발함을 더해주는 듯한 표현이다. 예컨대 당신이 누군가를 위해 자동차 문을 열어주거나, 누군가를 위해 준비한 택시나 리무진을 언급할 때 your chariot awaits라고 말할 수 있다. 누군가를 위해 탈것이 준비되었다는 걸 편하게 알리는 표현이다.

persevere
인내하며 계속하다

어려움, 장애물, 좌절에도 불구하고 어떤 행동과 믿음과 목적의식을 끈질지게 유지하다. persist와 무척 유사하다. 그러나 persevere는 외적인 환경에 더 초점을 맞추고, persist는 지속하는 데 필요한 에너지에 더 중점을 둔 동사이다. 그래도 많은 경우에 두 동사는 서로 교체되어 쓰일 수 있다.
《Taegukgi: The Brotherhood of War 태극기 휘날리며》(2004)는 6.25전쟁 기간에 군대에 징집되어 persevere하는 두 형제의 이야기를 그린 한국 영화이다.

persevere
인내하며 계속하다

Despite the harsh weather conditions, the hikers persevered and reached the summit.
지독한 악천후에도 불구하고 등반가들은 끝까지 인내하며 결국 정상에 도달했다.

persevere in the face of adversity
역경에도 끝까지 해내다

The students' willingness to persevere in the face of adversity and continue their education despite the challenges of the pandemic was commendable.
역경을 맞아서도 끝까지 인내하고, 팬데믹의 도전에도 공부를 계속하겠다는 학생들의 의지는 칭찬받을 만했다.

'어렵고 힘든 상황을 맞아서도 노력을 계속하다, 믿음을 지키다'라는 뜻이다. 어려운 장애물과 역경을 만나고 몇 번이고 실패해 좌절하더라도 다시 일어서서 원래의 결의와 투지를 유지한다는 뜻이 함축된 표현이다.

bear 참다, 견디다

이때의 bear는 똑같이 표기되는 동물('곰')과 아무런 관계가 없다. 동사 bear는 '지탱하다, 가지고 가다, 특정한 방향이나 위치 혹은 조건에 있다'라는 뜻이다. '불쾌하거나 힘든 것을 용납하다, 견디다'를 뜻할 수도 있고, 문자 그대로나 비유적으로 '무언가의 무게를 지탱하다, 감당하다'라는 뜻으로도 사용된다. 따라서 우리는 bear pain, heat, cold, burden and responsibilities 고통, 더위, 추위를 견디다/부담, 책임을 떠맡다 에서 bear는 endure로 바꿔 써도 괜찮다. 따라서 우리는 endure할 수 없는 것에 대해 I can't bear...라고 말하는 경우가 많다. 대부분의 관객이 두려움을 can't bear하는 영화를 예로 들면, 극단적이고 무지막지한 폭력 장면으로 악명 높은 세르비아 영화 《A Serbian Film 세르비안 필름》(2010)이 있다. 이 영화는 지금껏 제작된 가장 충격적인 영화 중 하나로 널리 여겨진다.

주로 여성과 관련해 쓰이는 뜻으로 bear children은 '자식을 낳다'라는 뜻이다. 이 표현에는 임신을 끝내고 아기를 분만하는 과정이란 뜻이 담겨 있다. 동명의 베스트셀러를 기반으로 제작된 《What to Expect When You're Expecting 임신한 당신이 알아야 할 모든 것》(2012)은 임신 기간과 bearing children 분만의 우여곡절을 경험하는 몇몇 부부의 삶을 추적한 로맨틱 코미디이다. trees and plants bear fruit 나무와 식물이 열매를 맺다 에서 bear도 '열매, 채소, 견과류 등 먹을 수 있는 유용한 것'을 만들어내는 걸 뜻하므로, 결국에는 bear children과 유사하게 쓰인 용례가 된다. bear fruit이 비유적으로 쓰인 예는 아래를 참조하기 바란다.

bear
견디다

I can't bear the thought of losing you.
너를 잃어버리는 생각은 견딜 수 없다.

bear fruit
열매, 결실을 맺다

The investment in education is expected to bear fruit in the form of higher earning potential and career opportunities.
교육에 투자하면 소득이 더 높아지고 취업 기회가 증가하는 형태로 결실을 맺게 될 것이라 기대된다.

비유적으로는 '어떤 행동이나 시도 및 노력으로 유리한 결과를 얻다'라는 뜻이 된다. 시간과 노력 및 자원을 무언가에 투자한 뒤에 성공을 거둔다는 뜻이 함축된 표현이기도 하다.

grin and bear it
쓴웃음을 지으며 참다

The long wait at the airport was frustrating, but we had to grin and bear it until their flight was ready.
공항에서 기다린 오랜 시간은 불만스럽기 그지없었지만, 비행기가 준비될 때까지 우리는 울며 겨자 먹기로 참아야 했다.

난감하고 불쾌한 상황을 어쩔 수 없이 웃으며 견뎌야 하는 경우에 사용되는 표현이다.

support
후원하다, 떠받치다

무언가의 무게를 견디다, 떠받치다, 응원하고 지지하다. '누군가 혹은 무언가를 후원하다, 뒷받침하다'라는 뜻으로도 쓰일 수 있다. support의 대상은 의자, 텐트, 벽, 다리 등 물리적인 것일 수 있다(the skeletal system that supports our body 우리 몸을 지탱해주는 골격계). 하지만 가족 간의 감정적이고 금전적인 지원, 대의를 위한 자선 행위에 기부하는 시간이나 돈처럼 추상적인 것에도 support가 쓰일 수 있다. 많은 사람이 중계 방송을 시청하거나 운동장에 직접 나가 경기를 관람으로써 support a sports team 스포츠팀을 응원하다 한다. 우리는 어떤 기업을 support할 것인지를 결정한 뒤에 돈을 지출한다. 《An Inconvenient Truth 불편한 진실》(2006)는 미국 부통령을 지낸 엘 고어 Al Gore가 우리에게 기후 변화를 척결하려는 노력들을 support하라고 독려하는 다큐멘터리이다.

support
지탱하다

I'm surprised that my bookshelf supports the weight of all my books.
내 책꽂이가 내 모든 책의 무게를 견딘다는 사실에 깜짝 놀랐다.

lend support to
...을 돕다, 후원하다

The community came together to lend support after the disaster.
재난이 있은 뒤에 공동체는 힘을 모아 도움을 주었다.

'도움, 후원, 지지를 제공하다'라는 뜻이다.

throw one's support behind
...을 지지하는 데 힘을 쓰다

He decided to throw his support behind the mayor's re-election campaign.
그는 시장의 재선 운동에 힘을 보태기로 결정했다.

'누군가 혹은 무언가를 전적으로 지지하다, 후원하다'를 뜻한다. 정치와 경영, 스포츠 분야에서 주로 사용된다.

last
계속되다, 버티다

특정한 기간 동안 계속되다, 존속하다, 충분하다. things that last 지속되는 것, 예컨대 생산물, 행사, 전통, 관계, 건강 및 건물 같은 물리적 기반 시설은 오랫동안 견딜 수 있다 endure. 좋은 생산물, 예컨대 잘 만든 가구는 last a long time 오랫동안 지속되다, 상하지 않다 한다.

형용사로 쓰인 last는 '지난' previous 혹은 '마지막' final 을 뜻한다. 일반적으로 last Monday는 '지난 월요일' the previous Monday 을 뜻하고, the last Monday of the month는 '마지막 월요일' the final Monday 을 뜻한다. 한편 the last slice of pizza는 '마지막 조각' the final slice 을 뜻한다. 결국 last의 정확한 의미를 판별하려면 문맥이란 단서를 사용해야 할 필요가 있다. 형용사 last를 이용한 관용적 표현이 많지만, 여기에서는 endurance와 관련된 동사로 사용된 last의 의미에 집중하려 한다.

last
계속되다

The party lasted until midnight.
파티는 자정까지 계속되었다.

long-lasting
오래 지속되는

They have a long-lasting friendship.
그들의 우정은 오래전부터 지속된 관계이다.

오랜 기간 동안 퇴색되지 않고 계속되는 것, 효력을 유지하는 것, 오래가는 것을 가리키는 표현이다.

last the test of time
시간의 시험을 견디다

Not many movies can last the test of time.
시간의 시험을 견뎌내는 영화는 많지 않다.

'오랫동안 좋은 상태에 있다, 적절성을 유지하다'라는 뜻이다. stand the test of time이라고도 말할 수 있다. Movies that last the test of time 시간의 시험을 견뎌낸 영화 은 개봉한 이후에도 오랫동안 인기를 누리고 적절성을 유지하며 높은 평가를 받는 영화를 가리킨다. 《Gone with the Wind 바람과 함께 사라지다》(1939), 《Citizen Kane 시민 케인》(1941), 《Casablanca 카사블랑카》(1942), 《The Sound of Music 사운드 오브 뮤직》(1965) 이 대표적인 예이다.

idle 빈둥거리다

아무것도 하지 않고, 일하지 않고, 활동하지 않으면서 시간을 보내다. '게으르고'lazy, '활동하지 않는'resting 사람을 표현하는 데도 사용된다. idle에는 '목적 없음'aimlessness이란 뜻이 함축되어 있다.

기계, 자동차, 기구와 관련해 쓰일 때 idle은 '저출력 상태에 머물다, 공회전하다'를 뜻한다. 예컨대 idling이라 표현된 자동차는 엔진이 켜져 있지만 움직이지 않는 상태이다.
being idle빈둥대다을 다룬 영화는 많지 않다. 그러나 《The Big Lebowski 위대한 레보스키》(1998)에서 제프리 '더 두드' 레보스키라는 등장인물은 볼링을 하고, 칵테일 화이트 러시안을 마시며 시간을 보내는 실업자인 동시에 '빈둥대는'to be idle 걸 좋아하는 태평스러운 게으름뱅이다.

idle
일하지 않는, 게으른

The factory workers were idle during the strike, unable to perform their usual tasks.
공장 노동자들은 파업 기간에 평소의 업무를 수행할 수 없어 일하지 않고 빈둥거렸다.

idle away
빈둥거리며 놀다, 시간을 허비하다

He idled away the afternoon playing video games.
그들은 비디오 게임을 하며 오후를 헛되게 보냈다.

'생산적이지 않은 일을 하며 시간을 보내다'라는 뜻이다. 일반적으로, 이 구동사 뒤에는 the day 혹은 the weekend 같은 시간 표현이 뒤따른다.

idle chatter
한가한 수다, 한담

There was some idle chatter among the guests as they waited for the bride and groom to arrive.
손님들은 신랑과 신부가 도착하기를 기다리며 한담을 나누었다.

유의미한 정보를 전달하거나 어떤 주제를 깊이 다루는 대화가 아니라, 그저 시간을 때우는 데 불과한 대화를 가리킨다. idle chatter는 사람들이 사교적 상황에서 관계를 맺고, 친밀감을 형성하며, 대화의 공백을 메울 수 있게 해 주는 가볍고 논란의 여지가 없는 주제를 중심으로 주로 이루어진다. 이런 점에서 small talk 한담, 잡담 와 유사하다. 버스 정류장, 동네 상점, 만찬장에서 흔히 나누는 대화이기도 하다.

idle threat
무의미한 협박

She told me that she will sue me, but my lawyer said it's an idle threat.
그녀는 나를 고소하겠다고 말했지만, 내 변호사는 무의미한 협박에 불과하다고 말했다.

실천되거나 실제로 일어나지 않을 협박을 뜻한다. 예컨대 언니와 오빠가 동생을, 관리자가 직원을 윽박지를 때 하는 말이라 생각하면 된다.

lounge
느긋하게 있다, 어슬렁거리다

lounge는 휴식을 취하며 교제하거나 무언가를 기다리도록 설계된 편안한 공간이나 방을 가리키는 명사로 가장 흔히 사용된다. 따라서 lounge에는 커피 테이블, 잡지 같은 편의 시설만이 아니라 sofa소파, armchair안락의자, lounge chair등받이가 있고 앉거나 누워서 몸을 쭉 뻗을 수 있는 긴 의자가 갖춰져 있고, 때로는 오락 기구도 설치된다. lounge는 호텔hotel lounge, 공항airport lounge, 혹은 술집이나 프라이빗 클럽a private club 같은 사교 장소에서 찾아볼 수 있다.
《Lost in Translation 사랑도 통역이 되나요?》(2003)에서 빌 머리 Bill Murray와 스칼릿 조핸슨Scarlett Johansson이 연기한 두 주인공이 주로 호텔에서 만나 아늑한 호텔 분위기에 lounge하며 유대감을 쌓아간다. 동사 lounge는 '편안하게 느긋한 자세로 기대다, 휴식을 취하다'라는 뜻으로 사용된다. 예컨대 소파에 앉아 책을 읽으며, 휴일에 수영장 옆에서, 긴 일과를 끝낸 뒤에 호텔 로비에서 칵테일을 기다리며 lounge한다. lounge에는 relaxation휴식/기분 전환이란 뜻이 크게 함축되어 있다. lounge는 형용사로도 사용된다. 예컨대 lounge chair, lounge area가 있고, lounge wear는 lounge하는 동안 입는 편안한 옷을 가리킨다.

lounge
느긋하게 있다

She likes to lounge on the couch and read a book on lazy Sunday afternoons.
한가한 일요일 오후, 그녀는 카우치에 비스듬히 기대어 책을 읽는 걸 좋아한다.

lounge around
빈둥거리다, 게으름을 피우다

They spent the entire weekend lounging around the house.
그들은 집안을 어슬렁거리며 주말을 통째로 보냈다.

'많은 것을 하지 않고 나태하고 한가하게 시간을 보내다'라는 뜻이다.

stagnate
고이다, 침체되다

발전을 멈추다, 활동하지 않게 되다, 오랜 기간 동안 정지되고 변하지 않아 성장이나 개선이 이루어지지 않다. stagnate는 형식적이고 과학적인 냄새를 풍기는 단어이다. 따라서 경제와 경영, 프로젝트와 혁신, 개념과 정치에 관련된 현상을 표현하는 데 사용된다. 물과 환경 같은 지질학적 조건의 악화를 표현하는 데도 stagnate가 사용된다. 인간과 관련해서는 인간관계와 개인적인 성장을 표현하는 데 사용될 수 있다. 이 모든 예에서 stagnation 침체은 일반적으로 부정적인 색채를 띤다. 요컨대 stagnation은 오랫동안 발전이 멈추고, 성장이 중단되고, 주변 조건이 변하지 않는 상황을 가리킨다.
우리는 stagnate 활기를 잃다 하면 삶에서 단조로움과 환멸을 느낀다. 이런 경우에는 의미와 성취감을 찾아나설 수 있다. 《Office Space 오피스 스페이스》(1999)는 장래성이 없는 직업에 stagnate해서 더 충만감을 주는 것을 열망하는 등장인물들을 앞세워 직장 생활의 단조로움과 기업 문화를 풍자한 코미디 영화이다.

stagnate
침체되다, 부진하다

Without new ideas or innovation, the company's products started to stagnate in the competitive market.
새로운 아이디어나 혁신이 없어, 그 회사의 제품들은 경쟁 시장에서 부진에 빠지기 시작했다.

stagnating economy
침체된 경제

Despite efforts to stimulate growth, the country's stagnating economy continues to have unemployment rates and low consumer spending.
성장을 촉진하려는 여러 노력에도 불구하고 그 나라의 경제는 침체된 상황을 벗어나지 못한 채 높은 실업률과 낮은 소비 지출이 계속되고 있다.

성장이나 발전이 중단되고, 높은 실업률과 낮은 생산성이 두드러지게 나타나는 경제를 가리키는 표현이다.

stall
멎다, 지연하다

명사로 사용된 stall가판대/좌판은 시장, 박람회, 집회장에 일시적으로 작게 설치된 소매 공간이나 점포를 뜻한다. 하지만 동사 stall은 '앞으로 전진하는 걸 멈추다'라는 뜻이며 대체로 그 중단이 급작스레 이루어질 때 사용된다. 중단의 이유는 '지연'delay이나 이런저런 종류의 실패일 수 있다.
자동차 엔진이나 항공기 엔진이 고장나 연료 부족으로 멈추는 것도 stall로 표현된다. aircraft stall은 액션 영화에서 관객에게 아슬아슬한 흥분감을 자아내려고 사용된다.
《Top Gun 탑건》(1986)에는 톰 크루즈가 연기한 매버릭이 F-14 톰캣을 시험 비행하는 동안 엔진이 멈추는 a stall을 경험하는 장면이 나온다.
교통 체증과 혼잡으로 교통의 흐름이 멈출 때도 Traffic stalls 교착 상태에 빠지다라고 표현할 수 있다. 블록버스터 영화에서 슈퍼빌런(supervillain 슈퍼 악당)이나 괴물, 외계 생명체로 인해 샌프란시스코의 금문교에서 교통이 정체되는 걸 흔히 볼 수 있다. 《Pacific Rim 퍼시픽 림》(2013)과 《Godzilla 고질라》(2014)가 대표적인 예이다.
stall은 기업 활동이나 자기 개발과 관련된 다양한 맥락에서도 사용된다. 협상, 프로젝트, 캠페인, 경제, 삶의 계획에서 진전이 없으면 모든 것이 stall 멈추다한다. 정치 캠페인이나 마케팅 캠페인도 더 이상의 진정이 없으면 stall할 수 있다.

stall
중단되다, 멎다

The construction project stalled due to funding issues.
건설 계획은 기금 문제로 인해 중단되었다.

stall for time
지연 전술을 쓰다

He decided to stall for time while he considered his options.
그는 자신의 의견을 정리하는 동안 지연 전술을 쓰기로 결정했다.

'이점을 확보하기 위해서 혹은 성급한 결정을 내리는 걸 피하기 위해 상황을 지연하다, 연장하다'라는 뜻이다. 주로 협상에 관련해 쓰이는 표현이다.

sleep 잠자다

주로 밤에 자연스런 무의식 상태에 있다. sleep은 주로 심신을 재충전할 목적에서 취해진다. 따라서 주로 인간과 동물에게 사용된다. 그러나 휴대폰이 작동하지 않을 때는 a sleep mode에 있는 것이고, 활동을 중단한 화산은 sleeping으로 표현된다.

《The Science of Sleep 수면의 과학》(2006)은 꿈과 깨어 있을 때의 삶을 제대로 구분하지 못하는 한 남자의 이야기를 하고 있어, 꿈과 현실 사이의 경계가 모호한 영화이다. 《Sleepwalker》(2017)는 누이의 의문스런 죽음을 조사하는 과정에서 가족의 과거에 대한 비밀을 알게 되며 혼란스러워하는 한 여인을 추적한 스릴러 영화이다. sleepwalking 몽유병이 미스터리를 풀어가는 데 중요한 역할을 한다.

sleep
잠자다

He usually sleeps for eight hours every night.
보통 그는 매일 밤 여덟 시간을 잠잔다.

sleep in
늦잠을 자다

It's the weekend, so I'm going to sleep in until noon.
주말이다. 그래서 정오까지 늦잠을 자려 한다.

'특히 아침에 평소보다 더 오랫동안 잠자다'라는 뜻이다.

beauty sleep
충분한 수면

She always makes sure to get her beauty sleep before important events.
그녀는 중요한 행사를 앞두고는 항상 충분한 수면을 취하려고 한다.

'외모가 더 나아진다고 믿어지는 수면'을 가리킨다.

sleepwalking
몽유병

He had a history of sleepwalking as a child.
그에게는 어렸을 때 몽유병 증세가 있었다.

잠을 자는 동안 걷거나 다른 행동을 하는 증상을 뜻한다.

sleep like a log/baby
숙면을 취하다, 세상 모르고 자다

After the long hike, I slept like a log.
오랜 하이킹을 끝낸 뒤, 나는 깊은 숙면을 취했다.

'무척 깊고 평화롭게 잠을 자다'라는 뜻이다.

rest
쉬다, 휴식을 취하다

잠시 휴식하다, 잠시 멈추다. 주된 목적이 기력을 회복하기 위한 것이며, 때로는 등을 기댄 자세를 취한다. 따라서 우리는 직장에 오랜 시간을 보낸 뒤에 퇴근해서 소파에 앉아 '휴식을 취한다'rest. 등산객들은 산정상에서 rest 휴식을 취하다 한다. rest 휴식는 신체 건강, 정신 건강, 전반적인 생산성 등 다양한 이유에서 필수적이다.

rest는 동사로 쓰일 때 rely와 유사한 의미를 갖는 경우가 있다. 무언가가 다른 것의 결과나 행동에 rest upon 달려 있다 한다. 예컨대 그 프로젝트의 성공은 rest upon the efforts of a team 팀의 노력에 달려 있다 한다. 팀이 기초층이라 상상해 보라. 위층을 쌓으려면 기초는 반드시 필요하다.

《Soul 소울》(2020)은 삶의 의미를 찾고 영혼을 갖는다는 게 진정으로 무엇을 뜻하는지 알아내기 위한 여정을 시작하는 음악 선생을 추적하는 애니메이션 영화이다. 목표와 열정이란 주제를 탐구하며, rest and reflection 휴식과 성찰의 시간이 중요하다는 걸 알려주는 영화이기도 하다.

rest
휴식하다

After a long day at work, she decided to rest on the sofa for a while.
하루의 긴 일화를 끝낸 뒤에 그녀는 소파에서 잠시 휴식을 취하기로 결정했다.

rest assured
확신하다, 안심하다

Rest assured, your package will arrive by tomorrow morning.
안심해라, 내일 아침까지는 네 소포가 도착할 거다.

누군가에게 확신을 주거나 누군가를 안심시키려 할 때 사용하는 표현이다. 무언가가 잘 처리되고 있기 때문에 혹은 걱정할 이유가 없기 때문에 상대에게 그 무언가에 대해 자신감을 갖거나 편하게 생각하라고 권유할 때 사용되는 표현이다.

no rest for the wicked
사악한 자에게는 안식이 없다, 딴 짓을 할 틈이 없다

I've got lots of deadlines next week. No rest for the wicked.
다음 주에 마감해야 할 것이 많다. 딴 짓을 할 틈이 없다.

도덕적으로 의심스럽거나 나쁜 행동을 하는 사람들은 마음의 평화나 안식을 누릴 가능성이 없다는 걸 뜻하는 관용구이다. 하지만 실제로는 누군가의 삶이나 상황이 민담에서 마음의 평화를 누리지 못하는 사악한 악당의 형편과 비슷할 정도로 분주하고 부담스럽고 힘겹다는 걸 유머러스하게 혹은 반어적으로 강조할 때 사용된다. 이 표현은 대체로 대화가 끝날 쯤에 정신없이 바쁘다는 뜻으로 미소나 한숨과 함께 사용된다.

(don't) rest on your laurels
성공에 안주하다/안주하지 마라

You did well in the test, but don't rest on your laurels and get complacent.
시험에서 좋은 성적을 받았다. 그러나 안주하고 자만하지 마라.

운동 경기를 비롯해 경쟁을 벌이는 대회에서 승리한 사람에게 월계관을 씌워주던 고대 그리스에 기원을 둔 표현이다. 과거에 Resting on these laurels는 새로운 도전을 추구하지 않고 과거의 승리에 만족하는 태도를 상징했다. 요즘 이 구문은 don't가 더해져 주로 부정적으로 사용되며, 현실에 안주하거나 과거의 성취에 만족하지 말라는 당부와 함께 지속적인 노력과 개선 및 혁신의 중요성을 강조한다.

rest in peace (R.I.P.)
편히 잠드소서

Our thoughts and prayers are with the family during this difficult time. May he rest in peace.
이 어려운 시기에 여러분을 생각하고 기도하겠습니다. 삼가 고인의 명복을 빕니다.

죽은 사람을 위해 애도와 명복을 표현할 때 사용되는 관용구이다. 묘석이나 부고에서 흔히 볼 수 있고, 고인과 그 가족에게 존경과 동정을 전달하는 대화에서 주로 사용된다.

be laid to rest
매장되다, 안장되다

She was laid to rest beside her beloved husband in the family plot.
그녀는 가족 묘역에서 사랑하는 남편 곁에 묻혔다.

죽은 사람을 매장하거나 안장하는 행위를 표현하는 데 사용되는 완곡어법이다. 고인에게 품위 있고 정중한 작별 인사를 건네는 게 중요하는 걸 강조하며, 공경심과 엄숙함이 함축된 표현이기도 하다.

snooze
잠깐 자다, 졸다

가볍게 짧은 기간 동안 잠을 자다. 대체로 아침에 눈을 뜨고 침대에서 나오기 전에 잠깐 자는 잠을 가리킨다. take a nap 졸다/낮잠을 자다과 비슷하다.

등장인물이 아침에 snooze하느라 평소보다 더 오래 잠을 자는 모습을 보여주는 영화가 있다. 《Ferris Bueller's Day Off 페리스의 해방》(1986)에서 페리스 블러가 아침에 snooze하며 자명종에도 아랑곳않고 늦잠을 잔다. 《Home Alone 나 홀로 집에》(1990)에서 맥콜리스터 가족은 snooze하며 늦잠을 잔 까닭에 파리행 비행기를 놓치지 않으려고 서두르는 바람에 막내 아들 케빈을 의도치 않게 집에 혼자 남겨두게 된다.

snooze
잠깐 잠을 자다

I like to snooze for an extra ten minutes after my alarm goes off in the morning.
나는 아침에 자명종이 울린 후에도 10분을 더 자는 걸 좋아한다.

(the) snooze button
스누즈 버튼

I hit the snooze button too many times this morning and slept late.
나는 오늘 아침에 몇 번이고 스누즈 버튼을 누르며 늦게까지 잠을 잤다.

자명종 시계에 달린 버튼으로, 몇 분 동안 자명종이 울리는 걸 지연시켜 snooze할 수 있게 해 주는 기능을 지녔다.

nap
낮잠을 자다, 낮잠

잠깐 잠을 자다. 특히 낮에 짧은 기간 동안에 눈을 붙이는 잠을 가리킨다. nap은 보통 10분에서 1시간 사이로 이뤄진다. 특히 노인들이 take a nap하는 걸 좋아한다. 하지만 nap은 모든 연령대에 좋다.

고양이가 오후에 nap하는 걸 좋아한다. 그래서 catnap도 nap과 똑같은 뜻으로 쓰인다. 《Cat Napping 낮잠 자기》(1951)은 톰과 제리, 즉 고양이와 생쥐가 해먹의 사용권을 두고 옥신각신하는 모습을 보여주는 고전적인 애니메이션 영화이다.

nap
낮잠을 자다

I like to nap on the sofa after lunch.
나는 점심을 먹은 뒤에 소파에서 낮잠을 자는 걸 좋아한다.

(a) power nap
기력을 회복하기 위한 낮잠

I need a power nap before I start studying.
공부를 시작하기 전에 기력 회복을 위한 낮잠이 필요하다.

또렷한 정신을 되찾고 생산성 향상을 위해 보통 10-30분 가량 취해지는 짧은 낮잠을 가리킨다.

(an) afternoon nap
오후의 낮잠

She's having an afternoon nap, so don't make too much noise.
그녀가 오후 낮잠을 자고 있으니까 큰소리를 내지 않도록 해라.

오후, 특히 점심 식사 후에 취하는 낮잠을 가리킨다.

hibernate
동면하다

잠을 자거나 활동하지 않는 상태로 겨울을 보내다. '동면' hibernation하는 많은 동물에서 확인되듯이 hibernate할 때는 대사 활동이 줄어들고 체온이 낮아지는 게 특징이다.
컴퓨터와 관련해 사용되면 hibernate는 '최소한의 전력을 사용하려고 컴퓨터 시스템이나 소프트웨어를 저전력 상태로 전환하다'를 뜻한다.
일반적으로 hibernate틀어박히다는 동물과 컴퓨터에 사용되지만, 사람이 집에 칩거하며 활동하지 않는 경우에도 사용될 수 있다. 디즈니가 제작한 고전적인 애니메이션 영화 《Sleeping Beauty잠자는 숲속의 미녀》(1959)에서 동화 속의 공주는 100년 동안 hibernate하지만, 진정한 사랑의 입맞춤으로 잠에서 깨어난다. 고전적인 공상 과학 공포 영화 《Alien에일리언》(1979)에서는 우주선 승무원들이 오랜 우주 여행 기간 동안 냉동 수면기에서 hibernate한다.

hibernate
동면하다

Bears hibernate during the winter months to conserve energy and survive the cold temperatures.
곰은 겨울철 동안 동면하며 에너지를 보존하고 추위를 견뎌낸다.

(a) power nap
기력을 회복하기 위한 낮잠

I need a power nap before I start studying.
공부를 시작하기 전에 기력 회복을 위한 낮잠이 필요하다.

hibernate mode
절전 상태

My computer is in hibernate mode, but I can turn it on if you want to see the figures.
내 컴퓨터는 절전 상태에 있지만, 네가 그 숫자를 보고 싶다면 컴퓨터를 켤 수 있다.

컴퓨터나 전자 기기가 에너지를 보존하려고 저전력 상태에 있는 경우를 가리킨다.

기타
EXTRAS

swim	draw
stitch	paint
measure	cook
pour	sing
sew	write
dance	read
splash	
kiss	

swim
수영하다, 헤엄치다

팔다리나 다른 수단을 이용해 추진력을 얻어 물에 떠서 움직이다. 인간과 동물은 swim in water 물에서 헤엄치다 하고, swimming 수영은 물속에서 속도를 경쟁하는 올림픽 경기이다. 《Ponyo 벼랑 위의 포뇨》(2008)는 미야자키 하야오 Miyazaki Hayao 가 감독한 일본 판타지 애니메이션 영화로, 금붕어 공주가 swimming 하며 드넓은 바다를 여행하는 아름다운 장면들을 보여준다.

swimming in 뒤에 work 일이나 debt 빚 같은 명사가 쓰인 표현은 '무언가의 양이 과도할 정도로 많다'라는 걸 표현하는 비유적인 방법이다. 그 표현은 어떤 특정한 상황이나 조건에 깊이 빠지거나 둘러싸인 느낌을 전달하는 데 주로 사용된다. 예를 들면 swimming in homework 숙제에 허우적대다 라는 표현이 있다.

swim
수영하다

She loves to swim in the ocean during the summer months.
그녀는 여름철에 바다에서 수영하는 걸 좋아한다.

swim against the stream
시류에 역행하다

In a society where conformity is valued, it takes courage to swim against the stream and stand up for one's beliefs.
순응을 중시하는 사회에서 시류에 역행하며 자신의 믿음을 지키려면 용기가 필요하다.

지배적인 방향이나 추세에 동조하지 않고, 그 흐름에 저항하거나 반항하는 태도를 가리킨다.

sink or swim
성공하느냐 실패하느냐 둘 중 하나이다

The training course is sink or swim so you'll just have to get used to it.
훈련 과정은 죽든지 살든지 둘 중 하나이다. 따라서 그 훈련에 익숙해져야 한다.

외부의 지원이나 도움이 없이 성공하거나, 아니면 실패할 수밖에 없는 처지에 있을 때 사용된다.

stitch 봉합하다

바늘과 실을 사용해서, 혹은 바느질로 묶다, 꿰매다,
수선하다. stitch는 쓰임새가 sew와 비슷하지만, stitch는
실로 두 부분을 매듭짓는 특별한 고리 모양을 가리킨다.
stitch는 옷감과 직물에 일반적으로 하지만, 베인 상처에 대한
의학적 처치로도 사용된다.
케이트 윈즐릿 Kate Winslet이 숙련된 재봉사로 출연한
오스트레일리아 영화 《The Dressmaker 드레스메이커》(2015)
는 sewing 바느질과 stitching 감치기이 자주 등장하는 영화이다.
자신의 과거에 대한 진실을 알아내려고 고향에 돌아온다는
주인공에 대한 이야기이지만, stitching의 예술성 및 주변을
바꿔가는 패션의 힘을 유감없이 보여주는 영화이기도 하다.

stitch
꿰매다, 감치다

She stitched the hem of the curtains to make them shorter.
그녀는 커튼의 단을 감쳐서 더 짧게 만들었다.

stitch someone up
누군가를 속이다, 누군가에게 죄를 덮어씌우다

He accused his former business partner of stitching him up during the negotiations.
그는 옛 사업 동업자가 협상하는 동안 자신을 속였다는 이유로 고발했다.

'누군가를 기만하거나 속여서 어려운 상황에 빠뜨리다'라는 뜻이다.

measure
측정하다

표준 측량 단위를 사용해서 무언가의 크기, 길이, 양, 넓이, 정도를 알아내다. 우리가 measure하는 것으로는 length길이, time시간, weight무게, temperature온도, speed속도, frequency주파수, sound level소음 수준 등이 있다. 책꽂이의 길이length of a bookshelf처럼 measure의 대상은 대체로 물리적이지만, 삶의 질quality of life처럼 비물리적인 것일 수도 있다.

measuring은 과학 영역에서 중요한 역할을 한다. 《Apollo 13아폴로 13》(1995)은 달 착륙이라는 임무를 완수하지 못한 아폴로 13호의 불운을 그린 역사극이다. 이 영화에는 NASA 공학자들과 우주 비행사들이 다양한 변수들을 measure하며, 우주선을 지구까지 안전하게 귀환시키기 위한 궤적을 계산하는 장면들이 나온다.

measure
측정하다

She measured the length of the room using a tape measure.
그녀는 줄자를 이용해서 방의 길이를 측정했다.

for good measure
추가로

He added a few extra spices to the dish for good measure, just to enhance the flavor.
그는 맛을 더 좋게 하겠다며 요리에 추가로 몇 가지 양념을 더 넣었다.

'꼭 필요한 것 이외에'라는 뜻이다.

beyond measure
몹시, 무척

Your kindness has been beyond measure, I can't thank you enough.
당신의 친절은 과분할 정도였습니다. 정말 감사할 따름입니다.

'크게, 측량할 수 없을 정도로'라는 뜻이다.

pour 붓다, 따르다

액체가 한쪽 용기에서 다른 용기로 지속적으로 흐르게 하다. 예컨대 우리는 pour a drink for a friend 친구를 위해 음료를 따르다 하고, pour milk on cereal 시리얼에 우유를 붓다 한다. 영화에서는 술집과 식당, 호텔에서 웨이터들이 손님을 위해 포도주 등을 pour한다. 《The Grand Budapest Hotel 그랜드 부다페스트 호텔》 (2014)에도 호텔 식당에서 등장인물들이 pour drinks 술을 따르다 하고, 정성스레 만든 요리와 음료를 즐기며 호텔 건물의 웅장함과 우아함에 대해 사색하는 장면이 나온다.

pour는 '비가 억수로 내리다'를 뜻할 수도 있다. 비가 마구 쏟아지는 모습은 pouring이라 표현된다. 《Singin' in the Rain 사랑은 비를 타고》(1952)에는 진 켈리 Gene Kelly가 pouring rain 퍼붓는 비을 맞으며 노래 <Singin' in the Rain>을 부르는 상징적인 장면이 있다.

무형의 것에 사용되는 pour는 '자유롭고 넉넉하게 행사하다, 내보이다' 라는 뜻으로 사용된다. 예컨대 우리는 pour support, affection, energy, gratitude, trust 지원, 애정, 에너지, 감사하는 마음, 신뢰 등을 아낌없이 드러내다, 베풀다 한다. 이 용례로는 pour something into라는 표현이 주로 사용된다(pour my energy into my homework 숙제에 에너지를 쏟아붓다, pour our support into it 그것을 아낌없이 지원하다).

pour
따르다

The bartender poured a glass of wine for the customer.
바텐더는 그 손님을 위해 포도주 잔을 채웠다.

when it rains, it pours
엎친 데 덮친 격이다.

First, her computer crashed, then she lost her phone, and now her cat is missing. When it rains, it pours.
처음에는 컴퓨터가 고장났고, 다음에는 휴대폰을 잃어버렸다. 이번에는 고양이가 행방불명이다. 그야말로 엎친 데 덮친 격이다.

문제나 어려운 일이 생길 때 유사한 사고가 연이어 계속 일어나며 상황을 더욱 어렵고 감당하기 힘들게 만드는 경우에 사용되는 표현이다.

like pouring money down the drain
돈을 헛되이 쓰는 것처럼

Spending so much on designer clothes seems like pouring money down the drain when you can find similar styles for much less.
비슷한 형태의 옷을 훨씬 싸게 구입할 수 있는 데도 디자이너 옷에 그렇게 많은 돈을 쓰는 것은 하수구에 돈을 버리는 것과 같다.

궁극적으로 낭비이고 비효율적이며 비생산적인 것으로 입증되는 것에 돈을 헛되이 쓰는 모습을 표현할 때 사용되는 관용어구이다.

sew 바느질하다

바늘과 실을 사용해 직물이나 다른 물질의 조각들을 연결하다, 이어붙이다. stitch와 비슷하지만, sew는 바늘과 실을 사용하는 일반적인 행위를 가리킬 뿐, 고리 형태의 매듭을 사용하지는 않는다.
sew는 직물이나 옷감에서 찢어진 곳, 구멍난 곳, 느슨해진 솔기를 바느질로 수선하거나 꿰매는 행위를 가리킨다. 더 일반적으로는 '천을 바느질로 이어붙여 옷, 액세서리, 장신구를 만들다'를 뜻할 수도 있다.
《Coco Before Chanel 코코 샤넬》(2009)은 패션계의 상징적 인물 코코 샤넬의 초기 삶을 다룬 전기 영화이고, 오드레 토투 Audrey Tautou가 코코 역할을 연기했다. 샤넬이 재봉사로 '바느질' to sew을 배우기 시작할 때부터 단순함을 강조한 우아한 디자인으로 여성 의상에 혁명적 변화를 일으킨 의상 디자이너로 성장할 때까지의 여정을 충실하게 다룬 영화이다.

sew
바느질하다, 깁다

She sewed a button onto her shirt that had fallen off.
그녀는 셔츠에서 떨어진 단추를 바느질해서 달았다.

sew up
꿰매다, ...을 잘 마무리하다

We need to sew up the deal with the client today.
오늘 우리는 그 고객과의 거래를 잘 마무리해야 한다.

비유적으로 쓰일 때 sew up은 '무언가를 성공적으로 완료하다, 획득하다'를 뜻할 수 있다.

dance 춤추다

음악에 맞추어 리드미컬하게 움직이다. 이때 발과 몸의 움직임step and gesture이 더해지는 게 일반적이다. dance는 K-pop에서 보듯이 계획된 움직임에 따라 치밀하게 만들어지거나, 음악 클럽과 연주장에서 보듯이 개개인에 따라 즉흥적으로 추는 것이 될 수 있다. dance는 동사나 명사만이 아니라 형용사로도 쓰인다dance studio, dance partner, dance floor. dancing을 소재로 다룬 영화는 많다. 《Dirty Dancing 더티 댄싱》(1987)에서는 한 소녀가 dance instructor춤 선생 와 사랑에 빠진다. 《Billy Elliot빌리 엘리어트》(2000)에서는 한 소년이 ballet dancing발레을 향한 사랑에 푹 빠지지만, 가족과 공동체의 반대에 부딪친다.

dance
춤추다

She loves to dance to salsa music.
그녀는 살사 음악에 맞추어 춤추는 걸 좋아한다.

(a) dance off
춤 경연 대회

She practices at a dance academy, because she wants to challenge the champions in a dance off.
그녀는 춤 경연 대회에서 우승하고 싶은 마음에 댄스 학원에서 연습하고 있다.

동사로 사용되면 '정식 춤이든 즉흥적인 춤이든 간에 우승자를 가리는 댄스 경연 대회에 참가하다'라는 뜻이다. 예컨대 《Saturday Night Fever 토요일 밤의 열기》(1977)에서는 디스코, 《Breakin' 브레이킹》(1984) 과 《Breakin' 2: Electric Boogaloo 브레이킹 2》(1984) 에서는 힙합과 브레이크댄스, 《Step Up 스텝 업》(2006-2019)에서는 요즘의 댄스 배틀이 경연 대회로 벌어진다.

dance the night away
춤을 추며 밤을 보내다

Let's go out on Friday and dance the night away.
금요일에 외출해서 춤을 추며 밤을 보내자.

'열정적으로 오랫동안, 대체로 밤늦게까지 춤을 추다'라는 뜻이다. 춤을 편하고 즐겁게 생각한다는 뜻이 함축된 표현이다.

make someone dance to one's tune
...의 장단에 맞추게 하다

The manager made his employees dance to his tune.
그 관리자는 직원들을 자기 뜻으로 부렸다.

'자신의 바람이나 의지대로 누군가의 행동을 조종하다, 통제하다'를 뜻하는 관용적 표현이다. 다른 사람에게 영향력이나 지배력을 행사한다는 뜻이 함축된 표현이기도 하다.

dance with the devil
위험하게 행동하다

I think you're dancing with the devil if you take that risk.
네가 그 위험을 감수한다면 악마와 함께 춤을 추는 것과 같다.

'위험하게 행동하다'를 뜻하는 관용어구이다. 부정적 결과를 염려한다는 뜻이 함축된 표현이어서, 누군가에 대한 경고로 주로 사용된다.

splash
끼얹다, 튀기다

액체나 물을 방울지게 혹은 소량으로 흩어지게 하다, 떨어지게 하다. 예컨대 우리는 수영장에 뛰어들거나 수영장에서 헤엄을 칠 때 splash water물을 튀기다 한다. 어린아이들은 수면을 때려 splash their friends친구들에게 물을 튀기다, 끼얹다 하는 것을 좋아한다. 《Splash스플래쉬》(1984)라는 영화는 뉴욕시 기업가의 삶에 splash into첨벙 뛰어들다 한 인어에 대한 로맨틱 코미디이다.

splash는 '갑자기 인상적이고 극적인 방법으로 눈에 띄게 되다, 두드러지다'를 뜻할 수 있다. to make a splash는 '관심을 끌다, 주목할 만한 인상을 주다'를 뜻한다. 예컨대 유명인들은 아카데미상 시상식이나 칸 영화제에 참석해 레드 카펫에서 make a splash하고 싶어한다.

splash
첨벙거리다, 튀다

The children like to splash in the pool on a hot summer day.
뜨거운 여름날이면 아이들은 수영장에 첨벙거리는 걸 좋아한다.

splash out
펑펑 쓰다

She splashed out on a designer handbag for her birthday.
그녀는 생일을 자축하려고 디자이너 핸드백을 사는 데 큰돈을 썼다.

'돈을 거리낌없이 사치스럽게 쓰다'라는 뜻이며, 특히 사치스럽고 낭비적인 것으로 여겨지는 것에 지출하는 경우를 가리킨다.

(a) splash of color
확연히 눈에 띄는 작은 점

That handbag is a nice splash of color in your outfit.
그 핸드백은 당신 의상에 대비해 멋지고 확연히 눈에 띈다

'배경에 대비해서 확연히 드러나는 소량의 색'을 뜻한다.

kiss
키스하다, 입맞춤하다

애정이나 인사의 표시로 누군가와 입술을 맞대다. 대부분의 국가에서 kiss는 낭만적인 사랑의 행위이지만, 일부 국가에서 a kiss on the cheek 뺨에 입맞춤하는 행위은 가까운 친구끼리의 인사법이다. 과거에 신사들은 여성의 손을 잡고, 존중의 표시이자 인사로 손에 가볍게 입맞춤했다 kiss the hand. 이 전통적인 행위는 등장인물들이 19세기 잉글랜드의 예법을 보여주는 《Pride and Prejudice 오만과 편견》(2005) 같은 영화들에서 어렵지 않게 볼 수 있다.

kiss
입맞춤하다, 키스하다

He kissed his wife goodbye before heading to work.
그는 출근하기 전에 아내에게 다녀오겠다고 입맞춤한다.

kiss and tell
추문을 폭로하다

The tabloids thrive on celebrity gossip, especially when someone decides to kiss and tell.
타블로이드판 신문들은 유명 인사의 소문, 특히 누군가가 불미스런 관계를 폭로하기로 결정하면 무척 좋아한다.

연인 관계에 대한 사적이고 은밀한 관계를 외부인에게 폭로하는 행위를 가리킨다. 유명 인사를 추적해서 소문을 퍼뜨리는 것은 타블로이드판 신문에서 무척 흔한 일이다.

(the) kiss of death
죽음의 키스, 결국 파멸을 가져오는 것

Ignoring customer complaints can be the kiss of death for a business's reputation.
고객의 불만을 무시하는 것은 기업의 평판에서 죽음의 키스일 수 있다.

결국 실패, 파멸이나 재난으로 이어지는 것을 비유적으로 가리키는 관용적 표현이다.

draw 그리다

연필이나 펜 등 그 밖의 제도 도구 drawing instrument 를 사용해서 그림, 형상, 도해를 만들어 내다. draw는 예술이란 목적을 띤 행위일 수 있지만, 친구를 위해 draw a map 지도를 그리다 하거나, 교사가 어떤 단어를 설명하려고 draw a sketch 스케치하다 하는 것처럼 단순한 행위를 가리키는 데도 쓰인다. 《The Secret of Kells 켈스의 비밀》(2009)는 채색된 drawing 그림들이 채워진 복음집, 《Book of Kells 켈스의 서》에서 영감을 받아 제작된 애니메이션 판타지 영화이다.

draw는 '끌다, 당기다, 뽑아내다'를 뜻할 수도 있다. 예컨대 우리는 draw attention, curiosity, conclusions 관심, 호기심을 끌다, 결론을 끌어내다 한다. 숨을 깊이 들이마시는 행위는 take a deep breath 만이 아니라 draw breath 로도 표현된다. 병원에서는 주사기로 draw blood 피를 뽑다 한다. 카우보이는 draw a gun 총을 뽑다, 꺼내다 하며, 기사는 draw a sword 칼을 뽑다 한다. 이때 draw는 '권총집이나 칼집에서 무기를 뽑아내다'라는 뜻이다. 아무것도 생각해 낼 수 없을 때 draw a blank 라고 말하며, 그 뜻은 '망각의 순간을 경험하다'이다.

draw
그리다

He drew a map to show the way to the nearest bus stop.
그는 가장 가까운 버스 정류장까지 가는 길을 알려주려고 지도를 그렸다.

draw attention
관심을 끌다

I want to draw your attention to this clause in the contract.
계약서에서 이 조항에 주목하라고 당신에게 말해주고 싶다.

'주의를 끌다, 관심을 갖게 하다'라는 뜻이다.

draw a line under something
이미 끝난 일이다, 더는 논의할 필요가 없다

It's time for us to draw a line under the mistakes of the past and focus on building a better future.
과거의 실수는 잊고, 더 나은 미래를 만들어가는 데 집중할 때이다.

'어떤 상황이나 쟁점, 특히 문제를 야기하고 논쟁을 초래하며 해결되지 않은 문제를 종결짓다, 마무리짓다'를 뜻하는 관용적 표현이다. 관련된 문제를 더는 왈가왈부하지 않고 앞으로 나아가겠다는 의지가 함축된 표현이다.

where to draw the line
경계가 그어지는 곳

In parenting, it's important to know where to draw the line between setting rules and allowing independence.
양육에서는 규칙을 정하는 것과 독립성을 허용하는 것 사이의 경계를 파악하는 게 중요하다.

777 | **draw**

주어진 상황에서 허용되는 것과 적절한 것에 대한 판단이나 결정을 가리키는 표현이다. 공정성과 균형을 보장하는 경계나 한계를 설정한다는 뜻이기도 하다.

paint
칠하다, 그리다

동사 paint는 '명사 paint그림물감/페인트를 바르다'라는 뜻이다. paint는 예술과 장식, 대중을 위한 신호 체계에 사용된다. painting그림 그리기은 예술적인 취미이지만, 우리는 paint tables, doors, walls, vehicles탁자, 출입문, 벽, 자동차에 색칠하다 할 수 있다.

예술가, 특히 painter화가를 집중적으로 다룬 영화가 적지 않다. 《Pollock폴록》(2000)은 미국의 추상 표현주의 화가painter로, 붓을 사용하지 않는 독특한 drip painting드립 페인팅 기법으로 유명하던 잭슨 폴록Jackson Pollock, 1912-1956의 삶과 작품을 다룬 전기 영화이다. 《Loving Vincent러빙 빈센트》(2017)는 빈센트 반 고흐Vincent van Gogh의 상징적인 style of paintings화법를 사용해 손으로 그린hand-painted 일련의 그림들을 통해, 그의 삶과 죽음을 추적한 실험적 애니메이션 영화이다.

paint
색칠하다, 그리다

The children painted pictures of animals in art class.
아이들은 미술 시간에 동물들을 그렸다.

go out and paint the town red
외출해서 즐거운 시간을 보내다

It's your birthday! Let's go out and paint the town red tonight!
네 생일이다! 오늘 밤에는 외출해서 즐거운 시간을 보내자.

'외출해서 대담하고 호사스럽게 즐기다'라는 뜻이다. 파티, 사교적 모임 등 다양한 활동에 푹 빠지는 시간도 여기에 포함된다.

(feels like) watch(ing) paint dry
지루하다, 지겹다

The lecture on tax law was so dull that it felt like watching paint dry.
세법에 대한 강의가 너무 따분해서 페인트가 마르는 걸 지켜보는 기분이었다.

지극히 따분하고, 특별할 게 없는 것을 표현할 때 사용된다.

one picture paints a thousand words
백문이 불여일견이다

When you see the devastation caused by natural disasters captured in a single photograph, you realize how powerful images can be. One picture paints a thousand words.
자연 재앙에 따른 파괴 현장이 한 장의 사진에 담긴 걸 보면, 이미지의 위력이 얼마나 강력한지를 실감하게 된다. 그야말로 백문이 불여일견이다.

하나의 이미지, 즉 시각적 표현이 말로 장황하게 나열한 설명보다 복잡한 개념이나 주장을 더 효과적으로 전달할 수 있다는 걸 깨닫게 해 주는 속담이다.

cook
요리하다, 조리하다

주로 열이나 불을 사용해서 가열함으로써 음식을 준비하다. 우리는 오븐, 프라이팬, 전자 렌지를 사용해서, 혹은 물에 넣어 삶는 방식by boiling in water으로 cook food음식을 요리하다, 만들다 한다. 우리는 cook meals like breakfast, lunch, and dinner아침, 점심, 저녁 같은 끼니를 요리하다, 준비하다 한다.
a cooked breakfast는 곡류나 요구르트보다 소시지, 달걀, 팬케이크 등으로 이루어진다. 토스트의 경우에는 cook이라 말하지 않는다. 따라서 toasted bread가 주로 쓰인다.
bake와 boil과 달리, cook은 열을 사용해 음식을 준비하는 많은 방법에 일반적으로 사용될 수 있는 동사이다.
cooking을 주제로 다룬 영화는 많다. 《The Hundred-Foot Journey로맨틱 레시피》(2014)는 프랑스의 한 예스런 마을에 식당을 개업해 cook Indian food를 선보이며, 미슐랭 별점을 받은 근처 프랑스 식당과 요리 경쟁을 벌이는 인도 가정에 대한 이야기이다. 《Burnt더 셰프》(2015)는 한때 장래가 촉망되던 셰프가 재주꾼들로 팀을 꾸려 런던의 최고 식당에서 cook하는 이야기를 담은 영화이다.

cook
요리하다, 준비하다

She cooks dinner for her family every evening.
매일 저녁 그녀는 가족을 위해 저녁 식사를 준비한다.

cook the books
장부를 조작하다

The CEO was found guilty of cooking the books to inflate the company's profits and mislead investors.
최고경영자는 장부를 조작해 회사의 이익을 부풀려 투자자들을 현혹했다는 이유로 유죄 선고를 받았다.

부당하게 속일 목적으로 재무 기록을 불법으로 조작하는 행위를 가리키는 관용적 표현이다.

what's cooking?
무슨 일이 있느냐?

So, what's cooking for the weekend? Any exciting plans?
그래서 이번 주말에 무얼 할 건데? 재밌는 계획이라도 있는가?

누군가에게 무엇을 하고, 무엇을 계획하고 있는지를 편하게 물을 때 사용할 수 있는 표현이다. 상대에게 현재 상황이나 활동에 대해 물으며 가볍게 인사를 나누거나 대화를 시작할 때 주로 사용된다. 이런 점에서 What's up?과 무척 유사하다('요즘 어때?', '잘 지냈어?').

sing 노래하다

발성해서 목소리로 소리를 내어 노래하다. sing은 동사이고, song은 명사이다. sing하는 사람은 singer가수라 일컫는다. singing에는 오페라, 뮤지컬, 팝송 등 여러 유형이 있다. singing하는 데 뛰어난 솜씨로 유명한 사람으로는 머라이어 케리Mariah Carey와 프레디 머큐리Freddie Mercury가 있다. 《Sing씽》(2016)은 애니메이션 뮤지컬 영화로, 인기 배우들이 목소리로 대거 출연했고, 많은 멋진 팝송들로 꾸며졌다. 쓰러져가는 극장을 구하려고, 많은 의인화된 동물들이 대거 노래 경연 대회에 참가한다는 이야기를 담은 영화이다.

sing
노래하다

He sings in a rock band on weekends.
그는 주말이면 록밴드에서 노래한다.

sing along
노래를 따라 부르다, 함께 부르다

We like to sing along with friends in the singing room.
우리는 노래방에서 친구들과 함께 노래하는 걸 좋아한다.

'다른 사람과 함께, 혹은 녹음된 음악에 맞추어 노래하다'라는 뜻이다.

sing someone's praises
...를 무척 칭찬하다

I will do a speech tomorrow about the new CEO and I plan to sing his praises to all the staff.
내일 나는 신임 최고경영자에 대해 연설할 때 모든 직원들 앞에서 그를 칭찬하려 한다.

'누군가를 크게 열정적으로 칭찬하다'라는 뜻이다.

sing from the same hymnbook
한 목소리를 내다

The success of the project depended on everyone involved singing from the same hymnbook.
프로젝트의 성공 여부는 관련자 모두가 한 목소리를 내느냐에 달려 있다.

'특정한 쟁점이나 상황 혹은 목표에 대해 동의하다, 통일된 방식으로 접근하다'라는 뜻이다. 개인이나 집단이 생각이나 의견 혹은 행동에서 한 방향이라는 뜻이 함축된 표현이다.

write 글을 쓰다

펜, 연필, 타이프라이터, 컴퓨터 키보드 등을 사용해서 표면에 문자나 단어 혹은 기호를 표기하다. 우리는 write things like an essay, story, poem, article, or book 에세이, 이야기, 시, 기사, 책 같은 것을 쓰다 한다. writing 글쓰기로 유명한 사람은 흔히 writer 작가, author 저자라 일컬어진다. famous writers 유명한 작가 에는 제인 오스틴 Jane Austen, 찰스 디킨스 Charles Dickens, J. K. 롤링 J. K. Rowling 등이 있다. writing을 주제로 한 영화 《Shakespeare in Love 셰익스피어 인 러브》(1998)는 윌리엄 셰익스피어가 writing 《Romeo and Juliet》《로미오와 줄리엣》을 쓰기 하는 동안 겪은 사랑과 창작 과정을 영화화한 것이다. 《Misery 미저리》(1990)는 스티븐 킹의 동명 소설에 기반한 스릴러 영화로, 자동차 사고 후에 광적인 팬의 포로가 된 writer에 대한 이야기이다.

write
쓰다, 작성하다

They are writing a report on climate change for their science class.
그들은 과학 수업에서 기후 변화에 대한 보고서를 쓰고 있다.

write off
탕감하다, ...을 실패한 것으로 보다

The bank had to write off millions of dollars in non-performing loans.
은행은 수백만 달러의 부실 대출을 상각해야 했다.

'특히 재무적 상황에서 무언가를 손실 혹은 실패로 생각하다'라는 뜻이다.

the writing is on the wall
불길한 조짐

The team's poor performance in recent matches means the writing is on the wall for their future chances.
그 팀이 최근 경기들에서 저조한 성적을 거두었다는 것은 미래의 기회가 밝지 않다는 뜻이다.

장래의 사건이나 결과를 명확히 알려주는 징후가 있다는 뜻으로 쓰인다. 어떤 사태가 필연적으로 일어날 수밖에 없다거나, 어떤 상황이 가까운 시일 내에 극적으로 변할 것이란 뜻이 함축된 표현이다.

the pen is mightier than the sword
펜이 칼보다 강하다

Journalists play a crucial role in exposing injustice. Truly, the pen is mightier than the sword.
언론인들은 불의를 폭로하는 데 주된 역할을 한다. 펜이 칼보다 강하다는 것은 사실이다.

write라는 단어가 포함되지 않는 속담이지만, the written word 글의 힘과 영향력을 강조한 표현이다. 변화를 이루는 데는 the pen으로 요약되는 글과 의사소통, 신념은 물리적인 힘이나 폭력, 즉 the sword보다 더 큰 영향을 미칠 수 있다는 뜻이 함축된 속담이다.

read 읽다

글로 쓰인 것이나 인쇄된 것의 의미를 해석하다, 이해하다. 우리는 read books, magazines, poems, signs, and posters책, 잡지, 시, 간판, 포스터를 읽다 한다. 우리는 read silently to ourselves소리내지 않고 속으로 읽다 하거나, 혹은 잠자리에서 아기에게 책을 읽어주듯이 can read aloud 소리내어 읽을 수 있다 하기도 한다.

reading책읽기, 독서을 다룬 영화로는 로알드 달Roald Dahl의 고전적인 동화책을 각색한 《Matilda마틸다》(1996)와 《The Jane Austen Book Club제인 오스틴 북 클럽》(2007) 등이 있다. 《마틸다》는 reading을 향한 사랑을 이용해서 어려운 가정 생활을 벗어나려고 애쓰는 염력을 지닌 소년에 대한 이야기이고, 《제인 오스틴 북 클럽》은 제인 오스틴의 작품을 reading한 뒤에 토론하는 북클럽을 만들어가는 여인들의 모임에 대한 이야기이다.

read

read
읽다

He reads the newspaper every morning to stay informed.
그는 정보에 뒤처지지 않으려고 매일 아침 신문을 읽는다.

read up (on something)
...에 대해 많이 공부하다

I'm planning to read up on healthy eating habits to improve my diet.
나는 내 식습관을 개선하기 위해서 건강한 식습관에 대해 폭넓게 독서할 계획이다.

'광범위하게 독서함으로써 특정한 주제를 공부하거나, 그에 관련한 정보를 파악하다'라는 뜻이다.

read between the lines
행간을 읽다

The politician subtly criticized his opponent without mentioning names, prompting the audience to read between the lines.
정치인들은 이름을 언급하지 않은 채 상대를 교묘하게 비판하며, 청중이 행간을 읽도록 유도했다.

'글이나 말에서 숨겨지거나 함축된 의미를 이해하다'라는 뜻이다.

read the fine print
작게 인쇄된 세부 사항을 읽다

Before signing the lease, make sure to read the fine print to understand all regulations regarding your tenancy.
임대차 계약서에 서명하기 전에 작게 인쇄된 부분까지 읽고 임차권에 관련된 모든 규정을 파악해야 한다.

계약이나 협의와 관한 서류의 세부적인 조건와 조항, 특히 작은 글씨로 쓰인 부분을 주의 깊게 살피라고 조언하는 관용적 표현이다. 이용 약관 T&C agreement 에서 작은 활자로 인쇄된 부분을 가리키는 표현이다.

편집자의 글

설명하지 말고 묘사할 것

전하고자 하는 바에 따라 그에 적확한 어휘를 능동적으로 선택할 수 있는 역량이 언어에 대한 제어력을 확인하는 순간이겠죠. 저는 한영 번역을 할 때 적절한 동사를 선택하는 것에 아쉬움을 가장 많이 느꼈습니다. think 계열의 동사를 사용하지 않으면서 무언가를 묘사해야 할 때, 그것이 단순히 부사나 이디엄을 더 많이 알아 덧붙여갈 표현의 문제일지, 문장의 핵심을 압축할 만한 합당한 동사를 찾아 그 흐름을 자연스럽고도 지루하지 않게 이어나가는 방법의 문제일지에 대한 고민이었던 것 같습니다.

　대학원에서 말하고자 하는 바를 설명하지 말고 묘사하라는 writing 수업을 들었던 적이 있었는데요. 개인적인 성향이 설명과 분석, 개념, 추상에 더 근접한 고로, 상대적으로 알게 된 점이 있다면 제가 영어로 글을 읽어도 그와 같은 추상적이고 분석적인 문장에 굉장히 치우친 독자라는 것이었습니다. 그럼에도 모국어 화자로서는 움직임의 표현에 어느 정도 재량을 가지고 표현할 수 있을 법한 그 언어 감각을 외국어 화자로서는 그만큼 쥐고 있지 못하다는 한계를 다시 한번 여실히 느꼈던 시간이었습니다. 아직도 내가 영어의 특질을 한참 모르는구나 하는 생각 속에서 그 어느 논리와 그 어느 일정 범주의 표현 속으로 피하고 싶은 마음도 들었고, 다른 한편으로는 정말 제대로 부딪혀 공부해야 되는 부분이 바로 이것이었구나 하는 동기부여도 강하게 받았던 듯합니다.

　저자인 에드워드 포비 교수님의 수업을 10여 년 전쯤 테솔 과정을 이수하면서 들었습니다. 테솔에 대해 본질적으로 들었던 상념이라면, 내가 누군가로부터 이런 교수법으로 영어를 배웠으면 적어도 10년은 그 시행착오를 단축했겠다는 학습자 입장에서의 강한 아쉬움과 체계적인 커리큘럼 개발이 단순히 형식적인 방편 그 이상이겠다는 업에 대한 일종의 사명감과도 같은 깨우침이었습니다. 당시 수업을 굉장히 모던하면서도 부드럽게 진행해주셔서 이후 작업을 하게 된다면 꼭 한번 의뢰드리고 협업해 보고 싶었습니다. 본 책 작업을 준비하면서 논의를 해나가는 가운데, 그때의 제 막연한 기대가 실제 어느 정도까지 유의미한 결과물을 만들어낼 수 있는 것이었는지를 확인하면서, 영어의 흐름에 대한 상념을 일련의 arc 속에서 결과물로 준비하는 입장에서도 큰 배움을 얻었습니다. 또한, 강주헌 선생님의 번역문으로 본 원고의 톤을 온전히, 가지런히 전달할 수 있어 감사한 마음입니다.

움직임의 표현을 가득 담아낸다는 명제 하에 수집한 'Hollywood Verbs' 동사는 아이러니하게도 생각과 인식까지 그 범주가 확장된다는 흐름을 보여주기에, 보이는 움직임 그리고 보이지 않는 움직임 사이의 상통이라는 이치 아닌 이치를 깨우치게도 됩니다. 모쪼록 움직임의 동사들을 면밀히 살펴보시는 가운데 독자 여러분께서 말하고 쓰는 영어 문장에 긴장과 밀도를 한층 더 담아낼 수 있는 소중한 일독이 되셨기를 바랍니다.

편집자
김효정

INDEX

A
absorb	548
accentuate	466
amplify	460
anchor	561
ascend	218
await	726

B
bear	730
beat	588
belt	606
bend	336
bounce	237
bow	341
brawl	631
broaden	438
buckle	372
bump	476
burst	177

C
carry	553
carve	664
cast	203
catapult	220
catch	517
charge	75
chase	32
chop	662
circle	327
clap	652
clench	575
climb	145
cling	244
clip	672
clutch	530
collapse	229
confront	619
cook	781
cradle	556
crouch	353
crumple	376
curl	300
curve	361
cut	656

D
dance	768
dangle	257
dash	44
delay	720
descend	250

dice	678
dip	357
distort	374
dive	264
drag	515
draw	775
drive	210
duck	395
duel	623
dwell	718

E

elevate	159
elicit	535
elongate	450
embrace	558
enlarge	457
evoke	539
exaggerate	462
expand	420
explore	137
extend	413

F

fall	225
fasten	565
fetch	513
fish	537
flare	446
flee	119
flex	339
flick	637
flinch	370
fling	200
flip	174
fold	345
force	191
freeze	707

G

gallop	49
gather	527
grapple	617
grasp	504
grip	532
grow	433
guide	541

H

hack	674
halt	705
hammer	613
handle	246
haul	495
hibernate	754
hike	56
hinge	385
hit	594
hitch	186
hold	569

hop	170
hover	711
hug	573
hunch	347
hunt	129
hurdle	152
hurry	127

I
idle	736
inflate	430

J
jerk	492
jog	41
jolt	180
jump	142

K
keep	484
kick	582
kiss	773
kneel	402
knock	610

L
last	734
launch	184
lean	343
leap	155

lengthen	428
lift	147
linger	709
loiter	716
loop	312
lounge	739
lug	511
lunge	216
lurch	80
lure	500

M
maintain	722
march	53
meander	101
measure	762
mix	331
mount	188
move	132

N
nab	524
nap	752
navigate	109
nod	387
nudge	648

O
open	409

P

pace	103
paint	778
parade	88
pass	240
pat	635
pause	700
persevere	728
persist	724
pinch	390
pivot	292
plummet	252
plunge	261
poke	645
pop	96
possess	248
pounce	150
pour	764
prod	650
project	194
prolong	435
promote	196
propel	165
protract	464
prowl	70
pull	480
punch	580
pursue	117
push	642

R

race	62
raise	232
rake	520
ramble	65
reach	416
read	788
reel	325
remain	690
rest	747
retract	546
retrieve	498
revolve	285
rise	162
roam	90
rock	322
roll	294
rotate	288
run	28
rush	93

S

sag	355
sashay	125
saunter	99
screw	315
scuffle	629
secure	567
seek	135
seize	506

sew	766	spin	280
shake	470	spiral	306
shear	668	splash	771
shift	213	split	680
shove	639	spread	425
shrink	367	spring	234
shuffle	59	sprint	47
sing	783	squash	400
sink	381	squeeze	543
skew	398	squirm	472
skim	259	stagnate	741
skip	167	stall	743
slam	608	stampede	77
slap	591	stand	686
slash	676	stay	693
sleep	745	step	121
slice	660	stir	329
slink	72	stitch	760
slip	267	stomp	83
slope	365	stoop	393
slouch	379	stop	697
slump	351	strain	455
smack	598	stretch	406
snatch	502	stride	35
snip	670	strike	585
snooze	750	stroll	51
soar	182	struggle	621
sock	604	support	732
span	423	surge	198
spar	625	suspend	713

sway	359
swell	441
swim	758
swing	319
swivel	283
swoop	223

T

take	550
tap	633
tether	563
throw	205
thump	602
tilt	349
tiptoe	86
toss	208
tow	509
track	112
trail	106
tremble	468
trim	666
trot	38
trudge	115
tug	488
tumble	254
turn	308
tussle	627
twirl	290
twist	272

U

unfold	444
unfurl	448

V

veer	317

W

wait	703
walk	22
wander	67
warp	275
whack	600
widen	452
wiggle/wriggle	474
winch	522
wind	303
wrap	278
wrestle	615
write	785

Y

yank	490

Edward Povey (지은이)

에드워드 포비는 2006년 한국에 와 볼티와 맥주를 파전과 막걸리로 맞바꾼 영국인으로, 울버햄튼(Wolverhampton) 대학교에서 Electronic Multimedia를 전공하고 랭카스터(Lancaster) 대학교에서 TESOL로 석사 학위를 취득했습니다. 현재는 한국외국어대학교에서 기술 및 자료 개발에 중점을 두고 TESOL을 가르치고 있습니다. 그 외, 서울교육대학교 강의, IELTS 스피킹 테스트 출제위원, 교육부에서 교사 연수를 하고 있으며, 교과서, 연구 논문, 스토리북을 집필 및 편집했습니다. 사랑하는 아내와 장난기 가득한 두 자녀를 두고 있으며 자전거 타기를 즐깁니다.

강주헌 (옮긴이)

한국외국어대학교 불어과를 졸업하고, 같은 대학원에서 석사 및 박사 학위를 받았다. 프랑스 브장송대학교에서 수학한 후 한국외국어대학교와 건국대학교 등에서 언어학을 강의했으며, 2003년 '올해의 출판인 특별상'을 수상했다. 옮긴 책으로 『권력에 맞선 이성』, 『촘스키, 세상의 권력을 말하다』, 『촘스키처럼 생각하는 법』 등 노엄 촘스키의 저서들과 『총, 균, 쇠』, 『문명의 붕괴』, 『어제까지의 세계』, 『대변동』, 『세상은 실제로 어떻게 돌아가는가』 등 100여 권이 있다.
노암 촘스키의 생성 문법으로 석사 논문과 박사 논문을 썼고, 프랑스 언어학자 모리스 그로스의 분포 문법으로부터도 많은 영향을 받았다. 두 이론은 상충되는 면이 있지만, 그로스의 분포 문법론과 촘스키의 생성 문법론을 결합해 보려는 시도로 문법 에세이 형식의 『원서, 읽(힌)다』와 이를 바탕으로 분야별 텍스트에 따른 번역 원칙을 소개한 『원문에 가까운 번역문을 만드는 법』을 집필했다.